동아시아 아나키스트의
국제 교류와 연대

서남동양학술총서

동아시아 아나키스트의 국제 교류와 연대
— 적자생존에서 상호부조로

초판 1쇄 발행/2010년 12월 27일

지은이/조세현
펴낸이/고세현
책임편집/고경화 김춘길
펴낸곳/(주)창비
등록/1986년 8월 5일 제85호
주소/413-756 경기도 파주시 교하읍 문발리 513-11
전화/031-955-3333
팩시밀리/영업 031-955-3399 · 편집 031-955-3400
홈페이지/www.changbi.com
전자우편/human@changbi.com
인쇄/한교원색

ⓒ 조세현 2010
ISBN 978-89-364-1322-4 93910

* 이 책은 서남재단으로부터 연구비를 지원받아 발간됩니다.
  서남재단은 동양그룹 창업주 故 瑞南 李洋球 회장이 설립한 비영리 공익법인입니다.
* 이 책 내용의 일부 또는 전부를 재사용하려면
  반드시 저작권자와 창비 양측의 동의를 받아야 합니다.
* 책값은 뒤표지에 표시되어 있습니다.

| 서남동양학술총서 |

동아시아 아나키스트의
국제 교류와 연대

적자생존에서 상호부조로

| 조세현 지음 |

창비

21세기에 다시 쓴 간행사

서남동양학술총서 30호 돌파를 계기로 우리는 2005년, 기왕의 편집위원회를 서남포럼으로 개편했다. 학술사업 10년의 성과를 바탕으로 이제 새로운 토론, 새로운 실천이 요구되는 시점이라고 판단했기 때문이다.

알다시피 우리의 동아시아론은 동아시아의 발칸, 한반도에 평화체제를 구축하고자 하는 비원(悲願)에 기초한다. 4강의 이해가 한반도의 분단선을 따라 날카롭게 교착하는 이 아슬한 상황을 근본적으로 해결하는 방책은 그 분쟁의 근원, 분단을 평화적으로 해소하는 데 있다. 민족 내부의 문제이면서 동시에 국제적 문제이기도 한 한반도 분단체제의 극복이라는 이 난제를 제대로 해결하기 위해서는 우선 서구주의와 민족주의, 이 두 경사 속에서 침묵하는 동아시아를 호출하는 일, 즉 동아시아를 하나의 사유단위로 설정하는 사고의 변혁이 종요롭다. 동양학술총서는 바로 이 염원에 기초하여 기획되었다.

10년의 축적 속에 동아시아론은 이제 담론의 차원을 넘어 하나의 학(學)으로 이동할 거점을 확보했다. 우리의 충정적 발신에 호응한 나라 안팎의 지식인들에게 깊은 감사를 표하는 한편, 이 돈독한 토의의 발전이 또한 동아시아 각 나라 또는 민족들 사이의 상호연관성의 심화가 생활세계의 차원으로까지 진전된 덕에 크게 힘입고 있음에 괄목한다. 그리고 이러한 변화가 6·15남북합의(2000)로 상징되듯이 남북관계의 결정적 이정표 건설을 추동했음을 겸허히 수용한다. 바야흐로 우리는 분쟁과 갈등으로 얼룩진 20세기의 동아시아로부터 탈각하여 21세기, 평화와 공치(共治)의 동아시아를 꿈꿀 그 입구에 도착한 것이다. 아직도 길은 멀다. 하강하는 제국들의 초조와 부활하는 제국들의 미망이 교착하는 동아시아, 그곳에는 발칸적 요소들이 곳곳에 숨어 있다. 남과 북이 통일시대의 진전과정에서 함께 새로워질 수 있다면, 그리고 그 바탕에서 주변 4강을 성심으로 달랠 수 있다면 무서운 희망이 비관을 무찌를 것이다.

　동양학술총서사업은 새로운 토론공동체 서남포럼의 든든한 학적 기반이다. 총서사업의 새 돛을 올리면서 대륙과 바다 사이에 지중해의 사상과 꿈이 문명의 새벽처럼 동트기를 희망한다. 우리의 오랜 꿈이 실현될 길을 찾는 이 공동의 작업에 뜻있는 분들의 동참과 편달을 바라 마지않는 바이다.

서남포럼운영위원회
www.seonamforum.net

'적자생존'에서 '상호부조'로

이 글은 20세기 전반기 동아시아 아나키스트의 국제주의 사상과 운동에 관해 탐색하려는 것이다. 서양의 고전적 아나키즘은 국가와 종교, 가족주의에 내재된 권위에 반대하며 성별과 종족별, 계급별 민족 간 억압의 요소들과 대항했다. 동아시아의 아나키스트도 무가족과 무종교, 무정부를 주장하며 자신들의 사상을 무강권주의(無强權主義)라고 요약했다. 여성해방과 민족해방, 계급해방 등에 관해서도 전방위의 투쟁을 추구했다. 19세기 말~20세기 초에 민족주의와 국민국가가 화두로 등장할 무렵 일본에서는 아시아주의나 국제주의도 소개되었다. 그런데 (동)아시아라는 범주를 가지고 서구적 근대에 대항한 것은 일본의 아시아주의뿐만 아니었다. 오히려 그들의 위로부터의 아시아주의는 무력에 의한 식민주의로 변질되면서 제국주의적 대동아공영권으로 나아갔지만, 아나키스트들은 근대적 국민국가의 억압에 저항하면서 아래로부터의 동아시아 공동체를 추구했다. 특히 일본 중심의 새로운 제국주의 질서를 추구하던 20세기 전반기에 일찍이 반전과 반제를 외치며 식민지 국가와 피억압민족 간의 동아시아 연대를 주장한 사실은 인상적이다.[1]

20세기는 민족주의의 시대 혹은 국민국가의 시대라고 불린다. 그래서인지 다수 연구자의 관점은 민족과 근대라는 두 가지 키워드에 맞추어 당시의 상황을 설명하려는 것이 일반적이다. 과거 동아시아 아나키즘 운동에 대한 연구도 대체로 일국사의 관점에 서서 주로 민족해방운동의 차원에서 그 운동을 정리함으로써 아나키즘 본래의 국제주의적 성격을 간과한 측면이 없지 않다. 여기서 저자가 다루려는 아나키스트들, 즉 한국과 중국, 일본, 대만, 러시아인 등의 다양한 활동은 비록 20세기의 시대정신에 어긋난 이단적 행동이었기에 실패했다고 간단히 치부해버릴 수 있을지는 몰라도, 엄연히 존재했던 동아시아 근현대사의 중요한 역사현상의 하나였음은 틀림없다. 이런 까닭에 필자는 동아시아라는 좀더 넓은 지역 범주를 가지고 각 나라의 아나키스트 교류와 협력을 정리해 근현대 시기의 아나키즘을 실감나게 이해하고자 한다.

동아시아의 아나키스트가 어느 정치 파벌보다도 민족과 국경을 넘어 다양한 교류와 협력을 추구한 역사적 사실은 무척 이채롭다. 그럼에도 불구하고 이들의 국제교류와 연대라는 주제는 지금까지 별로 다루어진 적이 없었다.

---

1) 한국 역사학계에서 민족이나 국가의 틀을 넘어서 동아시아적 시각에서 한국사나 동아시아사, 나아가 세계사를 바라보자는 주장이나 주변에서 동아시아를 보면서 그 역사를 재구성하자는 주장이 있다. 창비를 중심으로 한 백영서의 논의가 대표적이다(백영서 「자국사와 지역사의 소통 — 동아시아인의 역사서술의 성찰」, 『역사학보』 196호, 2007. 12; 「주변에서 동아시아를 본다는 것」, 『주변에서 본 동아시아』, 문학과지성사 2004 등 다수). 그리고 아시아 태평양이라는 개념을 분석하면서 21세기의 동아시아론은 세계자본주의 체제변혁에 개입하는 비판적 지역주의에 기초해야 한다고 주장한 아리프 딜릭의 논의가 있었다(아리프 딜릭 「아시아-태평양이라는 개념 — 지역구조 창설에 있어서 현실과 표상의 문제」, 『창작과비평』, 1993 봄 등). 특히 딜릭은 가장 뛰어난 중국 아나키즘 연구서를 쓴 저자이자 전지구적 자본주의 문제에 깊은 관심을 가진 인물이기도 하다(Arif Dirlik. *Anarchism in the Chinese Revolution*, Berkeley: California University Press 1991; 아리프 딜릭, 설준규·정남영 옮김 『전지구적 자본주의에 눈뜨기』, 창비 1998). 필자는 대략 이들의 주장에 기초한 동아시아 개념에 영향을 받아 이 책을 썼는데, 단지 여기서 말하는 동아시아란 추상적인 이론상의 문제가 아니라 실재했던 영역과 범주에 주목한다.

기존 연구는 주로 한국과 중국, 일본 등의 개별국가 차원에서 연구가 이루어졌으며, 한중과 한일, 중일 등 국가간의 아나키스트 교류와 협력에 관한 논문이 몇편 있다. 하지만 이런 방식으로는 아나키즘의 고유한 특징인 국제주의 정신과 그 활동을 잘 드러낼 수 없는 한계를 지니고 있다. 다행스럽게도 최근에는 동아시아라는 지역 범주가 주목을 받으면서 일부에서나마 동아시아 급진주의 연구의 하나로 아나키즘의 초국가주의에 주목하는 경향이 있다.[2] 이 연구는 한국과 중국, 일본은 물론 대만과 일부 러시아의 경우를 포괄한 다국적 차원의 형식과 내용을 갖추어 한 국가나 민족에 제한되지 않고 전방위의 교류와 협력이 있었다는 사실을 밝힐 것이다. 국제주의를 표방한 공산주의 운동조차 동아시아 사회에서 광의의 민족주의 범주 내에 포섭된 사실을 기억한다면, 아나키스트의 연대정신은 20세기를 설명하는 또다른 사례를 제공할 수 있을 것이다.

동아시아 아나키즘의 역사적 의미를 적극적으로 평가하는 한 연구자는 동아시아 사회주의의 첫 단계에서 아나키즘은 주도적인 이념이었고, 20세기 초반 20년간 전파되어 급진주의적 세력이 출현하도록 만들었으며, 이 사상은 당시 사회다원주의에 근거한 제국주의 합법화에 또다른 선택이 있을 가능성을 제시했다고 한다.[3] 아울러 아나키스트는 단순히 정부의 폐지만을 주장한 것은 아니며, 사회 각 기관 내의 권력을 분산시키려 했다고 보았다. 그

---

2) 황동연은 20세기 초 동아시아 급진주의자(특히 아나키스트)들이 서구의 '아시아'가 아닌 초민족적이며 세계주의적 전망을 갖는 새로운 아시아를 창안했다고 지적한다. 그리고 동아시아 개념과 관련해 구미 오리엔탈리즘과 미국 지역연구를 통해 만들어진 동아시아라는 지역 명칭을 비판하고, 지역시각과 초국가적 관점을 통해 동아시아를 대체할 '동부아시아'란 지역 명칭을 제안하면서, 동부아시아란 개념을 염두에 두고 20세기 전반 급진주의자의 역사를 재구성할 것을 주장한다(황동연 「20세기 초 동아시아 급진주의와 '아시아' 개념」, 『대동문화연구』 50호, 2005; 「지역시각, 초국가적 관점, '동부아시아' 지역개념과 '동부아시아' 급진주의 역사의 재구성 시론」, 『동방학지』 145호, 2009).
3) 阿里夫 德里克(Arif Dirlik) 「東亞的現代性與革命 — 區域視野中的中國社會主義」, 『馬克思主義與現實』, 2005年 第3期, 9면.

8

리고 다른 연구자는 "동아시아의 경우에 한중일 아나키스트들이 서로 긴밀하게 협력하면서 '민족'과 '국가'의 경계를 무너뜨리려 애썼다는 점에서 공산주의의 국제성을 그대로 닮았다. 그러면서도 그들은 개인의 자율문제나 '지도부로부터의 대중의 독립성' 문제를 제기하는 등 사상적 스펙트럼이 급진적인 부문에서 공산주의자들의 중앙집권적 운동이 이루어내지 못한 바를 이루어냈다"[4]고 높이 평가했다. 아나키즘의 의의와 더불어 그 한계를 지적한 또다른 연구자는 20세기 전반 동아시아 아나키즘에서 민간 차원의 지역연대가 나타난다고 보면서도, 이런 시도는 일반 민중의 일상생활 속의 실감과는 거리가 있었기 때문에 단명에 끝났다고 보았다. 즉 근대에 적응하지 못하면 망국, 망종한다는 위기의식이 아나키즘의 발목을 잡았다는 것이다.[5] 이처럼 변혁이론으로서의 동아시아에 주목하는 연구자에게 20세기 전반기 아나키스트의 동아시아 연대 사례는 좋은 본보기가 될 것이다.

동아시아 아나키즘 운동은 민족주의 사조와 밀접한 관련을 지니는 것이 두드러진 특색이지만 기본적으로 국제주의를 추구한 사상이다. 운동의 초창기인 1900년대에 아주화친회(亞洲和親會, The Asiatic Humanitarian Brother-hood)나 사회주의강습회(社會主義講習會) 활동 등에서 이미 나타난다. 특히 1907년은 상징적인 해로 일본과 중국의 아나키스트들이 직접 교류를 시작한 때이다. 당시 행덕추수(幸德秋水)가 중국과 인도를 비롯한 주변 국가들에 대해 우호적인 태도를 보이자 동경에 거주하던 외국인 혁명가들은 이에 호응했다. 그 결실의 하나로 중국인 혁명가들은 일본인 사회주의자들과 함께 아주화친회를 조직했다. 이 단체는 아시아 각 나라의 혁명을 달성하는 것을 목표로 삼아 혁명가 연합단체를 결성하고자 했는데, 동아시아 사회에 최초로 등장한 반제국주의 조직이라고 말할 수 있다. 일본인과 중국인들이 중

---

4) 박노자 「반란자들의 동아시아를 위하여」, 『우리가 몰랐던 동아시아』, 한겨레출판 2007, 18면.
5) 백영서 「중국에 '아시아'가 있는가」, 『동아시아의 귀환』, 창비 2000, 59면.

심이 되어 결성했으나, 인도와 조선, 월남, 필리핀, 말레이시아 혁명가들도 참여했다고 전한다. 20세기 동아시아 사회주의 수용 및 전개과정을 살펴보면, 중국과 일본의 경우 아나키즘이 맑스주의보다 먼저 사회주의운동의 주류를 점했던 까닭에 이곳의 아나키스트들은 상호부조론(相互扶助論)과 에스페란토를 매개로 민족주의와 제국주의 이론에 대한 최초의 강력한 비판자가 될 수 있었다.

1910년대에 일본은 행덕추수가 대역사건(大逆事件)에 연루되어 억울하게 사형을 당하고 정부의 가혹한 사상탄압으로 말미암아 '겨울의 시대'를 맞이했지만, 중국은 '중국 아나키즘의 초상'이라 불리는 사복(師復)의 정력적인 활동으로 전성기를 맞이했다. 사복은 해외 아나키스트와의 교류를 시도했으며, 일본 아나키즘 운동의 지도자로 부상하던 대삼영(大杉榮)과도 연락을 맺었다. 사복의 갑작스러운 죽음에도 불구하고 그의 학생들은 꾸준히 운동의 영향력을 넓혀갔으며, 1910년대 말부터는 시베리아나 연해주 등지에서 건너온 러시아 아나키스트들과도 교류가 있었다. 그런데 러시아혁명의 성공과 볼셰비키의 등장은 동아시아 아나키스트들에게는 새로운 강력한 도전자가 출현했음을 의미했다. 이 세계적 사건은 동아시아 사회에도 영향을 미쳐 한·중·일 사회주의운동의 대립과 분열을 가져왔으며, 아나키즘-볼셰비즘 논쟁을 촉발시켰다. 반드시 이 논쟁 때문에 아나키즘 운동이 쇠락했다고 보기는 힘들지만, 논쟁을 전후해 운동이 급격히 약화된 것은 사실이다.

1920년대 초에는 중국인뿐만 아니라 일본인 아나키스트의 국제활동도 두드러진다. 한 예를 들자면, 1920년 10월 대삼영은 극동사회주의자회의(極東社會主義者會議)에 참석해달라는 한인동지의 연락을 받고 상해로 잠행했고, 이때 동아시아 아나키스트의 연합문제를 논의했다. 그리고 다시 대삼영이 중국에 간 것은 1922년 말로, 다음해 베를린에서 열릴 예정인 국제아나키스트대회에 출석하기 위해 일본을 탈출하는 과정에서였다. 이 두 차례의 중국행을 통해 두 나라 아나키스트의 교류는 심화되었고, 결국 대삼영의 주도 아래 일본과 중국, 조선, 인도 등의 아나키스트들은 상해에서 국제조직을 결성할 계획을 세웠다. 하지만 1923년 관동대지진 당시 대삼영이 군부에 의해 무참히 살해되면서 이 계획은 유명무실해졌다. 그럼에도 불구하고 1920년대 후반 일본과 중국에서의 아나키스트 연대활동, 즉 흑색청년연맹(黑色靑年聯盟), 상해노동대학(上海勞動大學), 천주민단훈련소(泉州民團訓練所), 동방무정부주의자연맹(東方無政府主義者聯盟)의 결성 등은 동아시아 아나키스트의 국제연대활동이 꾸준히 지속되었음을 말해준다.

1930년대 이후 일본 제국주의의 대륙침략, 즉 만주사변과 중일전쟁의 발발은 아나키즘 운동은 물론 동아시아의 역사 전개과정을 크게 왜곡시킨 불행한 사건이었다. 일본은 천황제 강화와 군국주의 성장을 거쳐 대외팽창으로 나아갔고, 전쟁 상황은 국내적으로 사상운동의 통제를 가져왔다. 중국은 일제의 대륙침략에 따른 위기감으로 정치적 민족주의가 대두됨에 따라 국민당과 공산당의 양당 구도로 재편되면서 아나키즘 운동의 입지가 좁아졌다. 한국과 대만도 일제에 의해 전시동원 체제로 재편되면서 일체의 사상운동이 말살되었다. 당시 국제연대활동은 주로 항일운동의 차원에서 이루어졌다. 예를 들어 1931년에는 한중 아나키스트 간에 공동전선이 제기되어 항일구국연맹(抗日救國聯盟)을 결성했고 한인과 중국인뿐만 아니라 일본과 대만의 아나키스트도 참여했다.[6] 이 시기 민족주의의 고양과 국민국가의 건설이라는 시대조류 앞에서 아나키스트들이 점차 궁지에 몰렸다.

고전적 아나키즘의 이상주의에 대한 비난은 정부와 국가에 의해 끊임없이 반복되었다. 주로 아나키즘을 테러리즘, 허무주의, 공상주의 등과 일치시키려는 부정적인 평가가 그런 것들이다. 하지만 탈민족주의와 탈국가주의 시대를 맞이해 아나키즘적 상상력에 대한 적극적인 평가가 필요한 때가 아닌가 싶다. 민족주의와 국민국가의 신화가 붕괴되는 현재 상황과 관련해 이제

---

6) 졸고 「동아시아 아나키즘, 개인의 절대 자유 꿈꿔」, 『르몽드 디플로마티크』 2009. 1 참조.

는 어떻게 민족과 국가의 존재를 무시하고 우리가 생존할 수 있는가라는 현실논리에 따른 반복적인 질문을 하기에 앞서 민족과 국가가 도대체 우리에게 어떤 의미를 가지는가라는 더욱 근본적인 질문을 던져야 할 때인 것이다. 사회주의 체제의 몰락과 자본주의가 신자유주의라는 이름을 빌려 전지구적으로 확산되는 현실과 관련해 아나키즘이 그 대항논리를 제공할 가능성이 높기에 더욱 그렇다. 예를 들어 동아시아 아나키스트들이 가장 선호했던 크로포트킨 사상은 인간의 무절제한 욕구에 대한 비판에서부터 친환경적 공동체의 건설에 이르기까지 여전히 풍부한 상상력을 제공하고 있다.

지금 우리는 민족주의의 과잉으로 말미암아 파생되는 국가주의의 부작용을 최소화하기 위해서라도 범세계적 협력의 필요성을 되새길 필요가 있다. 그런 의미에서 동아시아의 아나키스트들이 내셔널리즘의 시대조류에 맞서 드물게나마 국경을 넘어 동아시아 평민연대를 주장한 것은 무척 인상적이다. 비록 중앙집권적 권력의 출현에 대한 적절한 대안과 청사진을 제시하지 못하고 원리원칙을 고집한 것이 운동의 패인으로 종종 지적되지만, 그래도 그들이 제시한 이상주의적 전망은 오늘날 여전히 유효한 듯하다. 왜냐하면 그들이 던진 본질적인 문제들에 대해 우리는 아직도 그 해답을 찾지 못하고 있기 때문이다. 어쩌면 망각되어가는 한 세기 전의 과거 속에서 현재의 대안적 희망을 찾을 수 있을지도 모른다.

이 책에서는 1900년대 초반부터 1940년대 중반까지 시기를 제한해 시간의 추이에 따라 여섯 장으로 나누어 개별 주제를 다룰 것이다.

제1장에서는 1900년대 아나키즘이 동아시아 사회에 수용되는 과정을 다룰 것이다. 프랑스 아나키스트와 중국인 유학생의 교류를 통해 세계사(世界社)가 성립되고 『신세기(新世紀)』가 출판되는 과정과 일본에서 사회주의 서적이 번역되는 과정, 행덕추수가 미국여행을 통해 직접행동론을 받아들이는 모습, 일본 아나키스트의 영향 아래 재일 중국인의 사회주의강습회가 만들어지고 이들을 중심으로 동아시아 최초의 반제국주의 단체인 아주화친회가

결성되는 내용을 서술할 것이다. 제2장에서는 1910년대 중국과 일본에서 아나키즘이 정착하는 과정을 다룰 것이다. 우선 중국에서 강항호(江亢虎)의 중국사회당(中國社會黨) 성립을 통해 아나키스트 세력이 결집되고 독자적인 '아나키즘'적 사회당을 만드는 과정과 사복이 코뮨적 아나키즘을 선전하고 그의 제자들이 신문화운동 시기에 전성기를 구가하는 모습을 묘사할 것이다. 그리고 일본에서 대삼영이 행덕추수를 이어받아 아나키즘 운동을 부활시키고 중일 아나키스트 간에 교류하는 내용을 서술할 것이다.[7]

제3장에서는 1920년대 초 중국의 '사회주의자동맹' 사례를 중심으로 동아시아 아나키즘-볼셰비즘 합작과 분열과정을 다룰 것이다. 여기서는 러시아혁명가들이 중국인과 접촉하는 과정과 중국공산당 창립시기의 아나-볼 분열과 논쟁의 내용을 그레고리 보이틴스키(Grégory Voitinsky) 일행의 행적을 따라가는 방식을 통해 정리할 것이다. 제4장에서는 우선 1920년대 중반 일본에서의 아나-볼 합작과 분열, 그리고 대삼영의 죽음에 따른 노동운동의 분열을 소개하고, 중국에서의 국민혁명을 둘러싼 아나키스트 내부분화를 다룰 것이다. 그리고 1920년대 후반 일본의 흑색청년연맹, 중국의 상해노동대학과 천주민단훈련소, 동방무정부주의자연맹의 사례를 통해 그들의 연대활동을 별도로 언급할 것이다.[8]

---

7) 필자는 아나키즘에 관해 『淸末民初無政府派的文化思想』(社會科學文獻出版社 2003)과 『동아시아 아나키즘, 그 반역의 역사』(책세상 2001)을 출판했다. 앞의 책은 필자의 박사학위논문이며, 뒤의 책은 한중일의 아나키즘을 일반 독자에게 간단하게 소개하기 위해 쓴 문고판이다. 대체로 제1장과 제2장의 내용은 이 두 권에 실린 내용에 기초해 작성했다. 그리고 국제주의와 관련한 상호부조론과 에스페란토 문제를 다루기 위해 별도로 쓴 논문으로는 「동아시아 3국(한중일)에서 크로포트킨 사상의 수용 ―'상호부조론'을 중심으로」(『중국사연구』 제39집, 2005); 「에스페란토(世界語)와 중국아나키즘 운동」(『역사와 경계』 63호, 2007)이 있다.

8) 제3장은 「보이틴스키의 중국 방문과 '社會主義者同盟'」(『중국사연구』 제36집, 2005); 「중국 5·4운동 시기 아나키즘-볼셰비즘 논쟁」(『역사비평』 2000 가을)을 중심으로 작성했다. 최근 이 주제와 관련해 중국공산당과 러시아 볼셰비키 및 한인 사회주의자와의 관계에 대

제5장에서는 한인과 대만인의 민족해방운동과 아나키즘과의 관계를 교류와 비교의 방식을 통해 다룰 것이다. 1920년대 초 양국의 아나키즘 운동의 출발, 1920년대 중반 중국대륙에서의 재조선무정부주의자연맹과 신대만안사(新臺灣安社)를 시작으로 한인과 대만인의 연합조직인 평사(平社) 등을 소개하고, 1920년대 말 양국의 아나키즘 운동을 기술하는 순으로 정리할 것이다. 제6장에서는 우선 1930년대부터 1940년대 중반까지 일본에서의 일본인과 재일 한인의 반파시즘 투쟁을 다룰 것이다. 다음으로 파금(巴金)과 유자명(柳子明)을 중심으로 일본의 대륙침략과 이에 따른 항일무장투쟁중의 교류와 연대를 소개할 것이다.9) 끝으로 맺음말에서는 20세기 전반기 동아시아 아나키즘 운동을 정리하면서 21세기 아나키즘의 현재적 의미를 생각해볼 것이다.10)

필자는 중국 근현대사 전공자로서 비록 한국과 일본 등의 역사에 대한 이해가 부족하지만 동아시아 아나키즘이라는 주제의 연구서를 고집하는 까닭은 적어도 아나키즘과 같은 국제주의 사상은 국가보다는 좀더 넓은 지역 범주를 가지고 파악해야만 균형감 있는 이해가 가능하다고 보기 때문이다. 물론 지역과 개별국가의 범주를 적절히 결합하는 일은 결코 쉬운 일이 아니기

해 쓴 글로는 「중국공산당 창립에 영향을 미친 한인 사회주의자들」(『한중관계 2000년―동행과 공유의 역사』, 책세상 2008)이 있다. 제4장은 「일본 아나키스트의 초상 ―대삼영(大杉榮)」(『한일연구』 15호, 2004) 등을 참조해 새로 작성했다.

9) 제5장은 「1920년대 전반기 재중국 한인 아나키즘 운동」(『한국근현대사연구』 35호, 2003); 「1920년대 재중 대만인의 아나키즘 운동」(『한국민족운동사연구』 제52집, 2007)을 중심으로 작성했다. 아울러 대만 내의 아나키즘 운동을 알아보기 위해 「1920년대 대만 내 아나키즘 운동에 대한 시론」(『동북아문화연구』 13호, 2007)을 썼다. 제6장을 작성하기 위해 시론적 성격의 논문 「1930년대 한중 아나키스트의 반파시즘 투쟁과 국제연대 ― 巴金과 柳子明을 중심으로」(『동북아문화연구』 17호, 2008)를 썼다.

10) 이 책은 서남재단의 지원을 받아 수행한 연구과제로, 필자가 지금까지 진행한 동아시아 아나키즘에 대한 연구를 정리하는 의미를 지닌다. 앞에서 열거한 논문 중에는 한국학술진흥재단이나 부경대학교 등의 지원을 받은 논문들이 있다.

에 다소 목차가 깔끔하지 못한 것도 사실이다. 그리고 이 책은 번잡함을 무릅쓰고라도 한국을 둘러싼 주변국의 아나키즘을 개괄적으로 이해할 수 있도록 구성했다. 왜냐하면 한국의 아나키즘을 제외하고 중국과 일본 등 주변국의 아나키즘에 대해 일반인들이 쉽게 접근할 수 있는 책을 찾아보기 힘들기 때문이다. 필자의 능력을 넘어선 이런 과욕이 오히려 독자로 하여금 혼란을 부추길지는 모르겠다. 그럼에도 불구하고 전체적인 맥락 속에서 왜 동아시아적 시각에서 볼 때 아나키즘은 복원될 가치가 있는지 혹은 21세기 한국 사회에서 아나키즘은 어떤 현재적 의미를 가지는지 등을 독자와 함께 생각 보고자 한다.

덧붙이자면 이 책의 출판 역시 세상의 다른 책들과 마찬가지로 주변 사람들의 따뜻한 관심과 격려를 받아 비로소 가능했다. 그럼에도 불구하고 여기서 도움 받은 분들을 일일이 열거하지 않는 것은 필자의 부족한 글로 말미암아 그분들의 명성에 혹시나 누를 끼치지 않을까 염려해서이다.

좀더 나은 글을 쓰기 위해 분투하겠다는 약속으로 감사의 마음을 대신 전한다.

2010년 12월
부경대 연구실에서
조세현

제1장

아나키즘,
동아시아 사회와의 만남

1. 프랑스에서 중국으로의 전파

크로포트킨주의와 세계사의 성립

아나키즘(Anarchism)은 개인의 절대적 자유를 추구하며, 이를 가로막고 있는 사회제도나 국가조직을 부정한다. 게다가 권력의 교체에 불과한 정치혁명에는 반대하며 더욱 근본적인 사회혁명을 추구한다. 그런데 근대 정치사상으로서의 아나키즘은 개념 정의에서부터 많은 논란과 오해를 불러일으켰다. 그 이유는 아나키즘 자체가 다양한 색깔의 주장을 담고 있어서 한마디로 정의하기가 어려울 뿐만 아니라, 아나키스트 내부에서조차 의견이 일치하지 않기 때문이다. 대체로 아나키즘은 국가와 종교, 가족주의의 내재된 권위에 반대한다든지, 혹은 성별, 종족별, 계급별, 민족별 차이에 내재된 억압의 요소들을 반대하는 경향을 보인다. 하지만 아나키스트는 운동을 위해 조직을 만드는 방식이나 폭력수단의 사용 여부 등에 있어 서로 다른 견해를 가지고 있다.

일반적으로 우리에게 '무정부주의(無政府主義)'라는 번역어로 더욱 익숙한 아나키즘이라는 용어는 그리스어 아나르코스(anarchos)라는 어원에서 출발한다. 이 개념은 '지배자가 없다' 혹은 '권력이나 정부가 없다'는 의미를 내포한다. 그런데 아나키스트의 여러 파벌이 공유하는 성격을 새롭게 규정하자면 무정부주의보다는 강요된 일체의 권위에 반대한다는 의미에서 '무강권주의(無强權主義)'가 좀더 그럴싸하지 않을까 싶다. 왜냐하면 강요된 권위에 대해 반항하는 태도는 대부분의 아나키스트에게 공통적으로 나타나기 때문이다. 그들이 추구하는 평등과 민주, 자유연합, 국제연대, 다양성 등의 특징은 무정부주의라는 범주에 모두 담을 수 없는 것만은 분명하다. 이런 개념의 혼란은 지금도 계속되고 있어 아나키즘의 올바른 이해에 적지 않은 장애가 된다.

근대 서양의 아나키즘은 프랑스대혁명을 배경으로 출현했다가 19세기 후반에 이르러 전세계적인 운동으로 나타났다. 유럽에서는 피에르 프루동(Pierre J. Prodhon), 미하일 바쿠닌(Mikhail Bakunin), 표트르 크로포트킨(Pyotr Kropotkin), 에리코 말라테스타(Errico Malatesta) 등이 대표 인물들이다. 이들은 모두 '사회적 아나키스트'로 분류할 수 있다.[1] 프루동은 사유제와 공산제를 넘어 개별 생산단위들이 중앙권력 없이 연합체를 결성하는 '상호부조적' 아나키즘을, 바쿠닌은 카를 맑스와의 논쟁을 통해 노동자의 자발성과 자유로운 연합에 근거한 '집산적' 아나키즘을, 크로포트킨은 진화론의 새로운 해석인 이른바 상호부조론(相互扶助論)에 기초한 '코뮌적 아나키즘(Anarco-Communism, 無政府共産主義)'을 주장했다. 어떤 아나키스트는 노동자의 혁명역량에 주목해 아나키즘과 생디칼리슴을 결합한 '노동조합적 아나키즘(Anarco-Syndicalism, 無政府工團主義)'을 주장했다. 이런 사회적 아나키즘은 '개인적 아나키스트'로 분류하는 윌리엄 고드윈(William Godwin)이나

---

1) 서양 아나키즘의 사상과 운동에 대한 개괄적인 소개로는 조지 우드코크, 하기락·최갑룡 옮김 『아나키즘』(사상편/운동편), 형설출판사 1989/1994 참조.

막스 슈티르너(Max Stirner) 등과는 어느정도 구별된다. 사회적 아나키즘은 사회문제의 공동체적 해결과 사회에 대한 공동체적 비전을 가지고 있는데 반해, 개인적 아나키즘은 사회문제의 개인주의적 해결과 사회에 대한 개인주의적 비전을 갖고 있다.[2]

국제 아나키즘 운동의 출발점이자 주요 무대였던 프랑스는 19세기 중반 이래 프루동과 바쿠닌, 크로포트킨 등이 폭넓게 활동했고, 20세기로 넘어오면서 이곳의 아나키즘 운동은 생디칼리슴 사조와 결합해 새로운 형태로 표현되었다. 이탈리아에서는 19세기 후반부터 말라테스타를 중심으로 '봉기를 통한 직접행동'을 전개해 혁명은 말보다는 행동으로 성취되는 것임을 강조했다. 아나키스트들은 1905년과 1917년의 러시아혁명에도 깊숙이 개입했으나 크론슈타트 수병의 봉기와 우크라이나에서 마흐노 운동이 볼셰비키에 의해 진압되면서 쇠퇴했다. 1930년대 후반 스페인 내전에서도 아나키즘의 이상이 자주관리의 형태로 부분적이나마 실현되었으나 프란시스코 프랑코(Francisco Franco)의 반혁명에 의해 소멸되었다. 그리고 미국의 경우 엠마 골드먼(Emma Goldman)과 알렉산더 버크먼(Alexander Berkman)이 유명한데, 그들은 페미니즘 운동과 동성애해방운동, 반전운동, 언론자유운동에 깊숙이 개입했다.

위에서 열거한 서양의 아나키스트들 가운데 동아시아 사회에 가장 큰 영향을 미친 인물로는 크로포트킨을 꼽을 수 있다. 크로포트킨의 코뮨적 아나키즘은 유럽 사회뿐만이 아니라 동아시아에서도 상징적인 지위를 가진다. 한중일의 대표적인 아나키스트 —— 일본의 행덕추수(幸德秋水)나 대삼영(大杉榮), 중국의 이석증(李石曾)이나 사복(師復), 한국의 신채호(申采浩)나 유

---

2) 사회적 아나키즘과 개인적 아나키즘은 이런 차이에도 불구하고 '개인의 자유를 극대화하고, 자본주의적 착취와 권위주의적 국가를 폐지하기를 바라는 반국가주의와 반권위주의, 반자본주의 입장'을 고수하는 점에서는 같은 입장에 서 있다(안상헌 「아나키즘 르네상스」, 백용식 옮김 『아나키즘』, 개신 2009, 284면).

자명(柳子明) 등——들이 모두 크로포트킨주의자라는 사실에서도 쉽게 알 수 있다. 왜 크로포트킨 사상이 동아시아 사회에 강력한 영향을 미쳤을까라는 문제는 약간의 이해를 필요로 한다.

우선 크로포트킨의 코뮌적 아나키즘이 당시 국제적으로 가장 광범하게 유행한 아나키즘 이론이자 운동이었다는 사실을 지적할 수 있다. 따라서 동아시아인들이 그의 이론을 손쉽게 접할 수 있었을 것이다. 특히 피압박자의 국제적 연대 주장은 군국주의로 나아간 일본뿐만 아니라, 전제군주제가 유지되던 중국이나 심지어 일본의 침략에 시달리던 한국에서도 고루 이용될 여지가 있었다. 다음으로 사상의 친근성을 들 수 있다. 러시아의 풍토에서 배태한 크로포트킨 사상은 동아시아의 정치문화 환경과 친근해 받아들이기가 쉬웠다. 예를 들어 그의 윤리학 중심의 사회주의이론은 전통적으로 윤리정치를 추구한 동아시아의 정치사상과 가까운 것이었다. 게다가 크로포트킨의 아나키즘에는 유럽 중심주의 색채가 적었다. 끝으로 크로포트킨의 이른바 '과학적' 아나키즘은 사회변혁을 위한 새로운 방향을 제공했다. 사회진화론의 적자생존 발상은 약자인 동아시아 지식인들에게 심각한 위기감을 불러일으켰는데, 상호부조론에 기초한 사회혁명의 방향 제시는 그들을 이론적 곤경에서 빠져나올 수 있는 돌파구를 마련해준 참신한 사상이었음이 틀림없다.[3]

특히 크로포트킨의 명저인 『상호부조론 — 진화의 한 요소』(1902)는 동아시아 아나키스트에게 경전의 지위를 가진다. 이 책은 찰스 다윈(Charles Darwin)의 『종의 기원』같이 거의 전편이 사실의 나열이며, 책의 제목에서 나타나듯 생물계 진화의 요인으로서 생존경쟁과 함께 상호부조 원칙이 있다는 것을 실증한 연구서이다.[4] 어쩌면 좀 지루해 보일 수도 있는 이런 책의

---

3) 졸고 『동아시아 아나키즘, 그 반역의 역사』, 책세상 2001, 41~42면.
4) 상호부조론에 관한 국내 번역서와 해설서로는 표트르 크로포트킨, 김영범 옮김 『만물은 서로 돕는다 — 크로포트킨의 상호부조론』, 르네상스 2005; 하승우 『세계를 뒤흔든 상호부

출현에 왜 동아시아의 급진주의자들은 열광했을까? 진화론의 창시자 다윈은 주로 자연계의 진화만 이야기했을 뿐, 인류사회의 진화문제는 언급하지 않았다. 그후 '다윈의 불독'임을 자처한 토머스 헉슬리(Thomas Huxley)는 적자생존의 생존경쟁을 인류사회에까지 적용했다. 헉슬리는 『생존경쟁과 그것이 인류에게 미치는 영향』(1888)에서 인간사회의 생존이란 피도 눈물도 없는 투쟁이라는 주장을 폈다. 그에 따르면 투쟁은 비단 진보의 조건으로서 바람직할 뿐만 아니라 또한 불가피한 것이다. 그리고 '종합철학'의 주창자 허버트 스펜서(Herbert Spencer)도 생존경쟁의 의미를 서로 다른 종의 동물간의 싸움뿐만 아니라 같은 종끼리의 생존을 둘러싼 격렬한 싸움으로 이해했다. 그런데 헉슬리나 스펜서의 사회진화론의 이면에는 우생학적 편견과 더불어 제국주의를 정당화하는 논리가 숨어 있었다. 우월한 백인의 제국주의가 다른 지역과 인종을 식민지배하는 것은 당연하다는 논리로 작용한 것이다.

헉슬리가 『생존경쟁과 그것이 인류에게 미치는 영향』을 발표했을 때, 크로포트킨은 헉슬리를 비롯한 사회진화론자들을 근본적으로 반박하기로 마음먹었다. 이에 따라 1890년부터 7년간 다섯 차례에 걸쳐 영국의 『19세기』라는 잡지에 일련의 논문을 연재했다. 그 제목을 열거하면 동물간의 상호부조, 원시인의 상호부조, 고대인의 상호부조, 중세도시의 상호부조, 근대사회의 상호부조 등이다. 이 논문의 내용들을 보완해 몇년 후 『상호부조론』이라는 제목으로 출판했다.[5] 책의 내용에 따르면 인간사회든 동물사회든 간에 상호부조 없이는 사회생활을 영위할 수 없으며, 모든 사회제도의 주변에서 상호부조를 발견할 수 있다고 했다. 여기서 기억할 점은 상호부조 원칙을 진화의 주요한 한 요소로서 인간의 삶에 결정적인 역할을 수행한다는 사실을 주장했지만, 진화의 유일한 요소라고 주장한 것은 아니라는 사실이다. 그럼에도 불구하고 동아시아의 아나키스트들은 불변의 진리로 인식되던 잔혹한 '적자

조론』, 그린비 2006 참조.

5) 克魯泡特金, 李平漚 譯 『互助論』, 商務印書館 1963, 序文.

생존'의 원리 대신 인류의 연대의식에 기반을 둔 따뜻한 '상호부조'라는 가치를 발견할 수 있었다. 그리고 이 새로운 사상으로 제국주의와 구체제에 대항할 수 있는 무기를 마련했다.

『상호부조론』에서 제시한 원리는 크로포트킨의 또다른 저서『빵의 정복』(1892), 『전원·공장·작업장』(1899) 등에서 그려진 코뮨적 아나키즘의 사상체계를 구성하기 위한 기반을 제공하고 있었다. 그렇다면 코뮨적 아나키즘이란 무엇인가? 이것은 1880년대 이래 크로포트킨과 엘리제 르클뤼(Elisée Reclus) 등으로 대표되는 사상으로, 국가를 초월해 개인의 자유에 기초한 상호부조의 정신으로 만든 사회를 확립하려는 혁명이론이다. 단순하게 보면 아나키즘의 국가폐지 주장과 공산주의의 생산수단, 사회적 생산물의 공유 주장을 종합한 것으로 볼 수 있지만, 그 역사적 과정은 좀 복잡하다.6) 크로포트킨의 『빵의 정복』은 코뮨적 아나키즘의 과학적 기초를 제공한 책으로 알려져 있는데, "모든 것은 모든 사람을 위한 것이다"라는 유명한 말이 담겨있다. 그리고 "능력에 따라 일하고 필요에 따라 소비한다"는 구호처럼 생산에서 소비로 흐르는 기존의 경제체제를 뒤집어, 소비를 기준으로 생산을 결정하는 씨스템을 구상했다. 『근대과학과 아나키즘』(1903)에서는 '사회생리학'이라는 이름으로 이를 설명했다. 크로포트킨은 임금제도의 폐지를 통해 노동소외를 극복하고 산업의 분산을 추구했는데, 중세도시의 길드조직을 모범으로 삼았고 농업을 중시했다. 그는 초기에는 노동자조직에 관심을 갖지 않다가 점차 노동조합의 발전에 주목했다.

크로포트킨은 지리학자 출신이어서 자연과학의 귀납법적 방법론을 굳게 믿었으며, 자신의 사상을 과학적 아나키즘이라고 주장했다. 그래서 크로포트킨을 전통적 아나키즘에 근대과학의 해석을 적용시켜 아나키즘 이론을 집대성한 인물로 평가하거나, 혹은 바쿠닌의 정신을 이어받으면서도 그의 파괴

---

6) John Crump, 碧川多衣子 譯『八太丹三と日本のアナキズム』, 靑木書店 1996, 15면.

28

의 이론을 건설의 논리로 바꾸어놓았다고 평가한다. 크로포트킨은 적자생존이라는 사회진화론자의 개념은 물론 계급투쟁이라는 맑스주의자의 개념에도 동의하지 않았다. 맑스주의를 '권위적' 사회주의라고 비판하는 과정에서 "능력에 따라 일하고 필요에 따라 분배" "정신노동과 육체노동의 결합" 등과 같은 유명한 명언들이 쏟아져 나왔다. 맑스의 최후 대표작이 『자본론』이라면 크로포트킨의 최후 대표작은 『윤리학』이라는 말이 있다. 이것은 코뮌적 아나키즘이 도덕과 윤리를 중시하는 특징을 잘 보여주는데, 『상호부조론』도 일종의 윤리학 교과서라고 말할 수 있다. 현대의 진화생물학에서 인간의 본성이 '이타적 유전자'로 구성되었는지, 아니면 '이기적 유전자'로 구성되었는지 하는 해결되지 않은 오랜 논쟁의 초기 모델이 크로포트킨과 맑스 사이에 나타나는 것이다. 어쨌든 자본주의가 충분히 발전하지 않은 동아시아 사회에서 크로포트킨의 경제와 관련한 몇몇 주장들은 이해하기 곤란했지만 정치문화 같은 다른 맥락에서는 매우 신선하게 받아들여졌다.

19세기 말 유럽에서 풍미했던 암살풍조가 쇠퇴하고 새로운 세기를 맞이하면서 크로포트킨의 코뮌적 아나키즘이 크게 유행했다. 특히 프랑스에서는 크로포트킨의 절친한 친구이자 동지인 르클뤼와 장 그라브(Jean Grave)가 아나키즘 운동을 주도하고 있었다. 20세기 초는 프랑스 아나키즘 운동의 전성기로 파리 한 곳에만 적어도 수십 종의 아나키즘 관련 신문잡지들이 출판되었다. 이런 신문잡지야말로 국경을 넘어 전세계적인 차원에서 정보의 공유를 가능케 했다.

르클뤼는 사회주의의 거대한 흐름 속에서 아나키즘이 분리되어 나오던 1870년대부터 유럽 아나키즘 운동에 큰 공헌을 한 인물이다. 그는 저명한 지리학자로 『인간과 대지』 『세계 신지리』 『진화와 혁명, 아나키즘이상』 같은 저서를 썼으며, 크로포트킨과 함께 코뮌적 아나키즘의 이론적 토대를 세웠다.[7] 르클뤼의 글들은 여러 나라 언어로 번역되었으며, 특히 그의 고매한 성품은 많은 추종자들을 만들었다. 그는 크로포트킨이 『반역자』에 기고했던 글들을 모아『한 반역자의 말』(1885)이라는 제목으로 편집 출판했으며, 크로 포트킨의 명저『빵의 정복』프랑스어판 서문을 쓰기도 했다. 일설에는 '코뮌 적 아나키즘'이라는 용어를 처음 만든 인물이 바로 르클뤼라고도 한다.[8] 르 클뤼는 대표 저서『진화와 혁명, 아나키즘이상』에서 "진화는 곧 혁명"이라 는 관점에 서서 혁명은 진화를 전제로 하며 진화가 곧 혁명을 만든다고 해 석했다. 그는 과학의 진보에 대한 신뢰가 무한했으며, 평생 채식주의를 실천 한 청교도적 혁명가였다.[9]

그라브는 프랑스 아나키즘 운동을 대표하는 잡지『신세기』(Les Tempa Nouveaux)의 편집자였다. 이 잡지는 크로포트킨이 1879년부터 스위스 제네 바에서 발행하던『반역』을 1885년에 파리로 옮겨와 발행하면서『반역자』로 개칭했으며, 다시 1895년에 잡지명을『신세기』로 개칭한 것이다. 그라브는 크로포트킨의 코뮌적 아나키즘을 선전하는 것 말고도 새롭게 대두되던 노동 조합적 아나키즘을 지지하여 잡지의 논조에 큰 변화를 가져왔다.『신세기』 는 장기간 발행하다가 제1차 세계대전이 일어나면서 정간되었다.

사실상 1902년부터 1908년까지 프랑스의 노동자들 사이에서 노동조합적 아나키즘의 영향력은 그 정점에 이르렀다.[10] 이 사상은 정당과 의회정치를 믿지 않고, 중앙집권보다 연합조직을 선호했으며, 조직형태를 중시한 것이 기존의 아나키즘과는 달랐다. 19세기 말 아나키스트는 테러와 봉기를 선호 해 통치자나 자본가를 암살해서 대중에게 혁명의식을 고취한다는 '행동을 통한 선전'을 시도했다. 그러나 1890년대 프랑스 등지에서 아나키스트의 적

---

7) 엘리제 르클뤼의 아나키즘에 대해서는 Marie Fleming, *The Anarchist Way to Socialism —
Elisee Reclus and Nineteen-Century European Anarchism*, London: Croom and Helm 1979 참조.
8) 石川三四郎 「日本無政府主義の由來」, 『日本無政府主義運動史』 第1卷, 黑色戰線社
1979, 1면.
9) 막스 넷트라우, 하기락 옮김『전세계 인민해방전선 전개 — 아나키즘약사』, 형설출판사
1993(1932), 175~82면.
10) 路哲『中國無政府主義史稿』, 福建人民出版社 1990, 82~86면.

들에 대한 무차별적인 공격은 시민봉기를 불러온 것이 아니라 오히려 고립을 자초했다. 그런 배경 아래 생디칼리슴에서의 노동조합 모델이 아나키즘의 새로운 출로로 인식된 것이다. 프랑스 아나키스트의 영향력은 노동총연맹(CGT)이 선언한 아미앵 선언(1906)에서 나타난다. 이 선언에는 첫째, 노동계급의 해방투쟁은 경제투쟁이다, 둘째, 노동조합은 오늘의 경제투쟁을 주도하는 것은 물론, 미래의 생산과 분배의 주체이다, 셋째, 총동맹파업은 경제투쟁의 유일한 수단이다, 넷째, 노동조합은 정당 이외에 독립적으로 노동운동을 영도한다 등의 내용을 담고 있다. 아미앵 선언을 통해 노동총연맹은 기존 정당의 존재를 부정하고 직접행동에 의한 사회혁명 실현, 노동조합에 의한 생산과 분배의 조직을 주장했다. 비록 일부 아나키스트들은 노동운동에 참여하는 것이 운동의 순수성을 훼손하는 것으로 보아 반대했지만 그라브 등은 노동조합의 혁명성을 인정했다.

르클뤼와 그라브가 해석한 크로포트킨 사상은 파리에 거주하던 중국인 유학생들에게 깊은 영향을 미쳤다. 그 대표적인 인물이 파리에서 생물학을 공부하던 이석증이라는 청년이다. 이석증에게 아나키즘을 처음 소개한 인물은 엘리제 르클뤼의 조카인 폴 르클뤼(Paul Reclus)였다. 이석증 연보에 따르면, "당시 이석증이 파리 숙소 주변의 식당에서 우연히 지리학 대가 르클뤼를 만났다. 그는 크로포트킨의 호조론, 라마르크(J. B. Lamark)의 생물호조병존론, 마리 장 귀요(Marie Jean Guyau)의 자연도덕론 등을 소개했는데, 이를 듣고 즐거워했다"는 기록이 나타난다.[11] 이것은 중국인 청년 급진주의자와 프랑스 아나키스트의 상징적인 만남이었다. 이석증은 르클뤼로부터 상호부조론 같은 아나키즘 사상은 물론 개인적인 감화도 받았다. 그는 르클뤼의 청교도적인 생활방식을 받아들여 자신도 채식주의를 실천했다. 얼마 후 이석증은 영국에 거주하던 망명객 오치휘(吳稚暉)를 만나 사상단체를 만들 것을

---

11) 박제균, 「중국 '파리그룹'(1907~1921)의 무정부주의 사상과 실천」, 경북대학교대학원 박사학위논문 1996, 40면.

제안했다. 오치휘는 소보안(蘇報案)에 연루되어 영국으로 망명 온 후 진화론과 고인류학에 매료되어 있었는데, 결국 이석증의 권유로 프랑스로 건너왔다. 이석증과 오치휘를 중심으로 일본에서 건너온 유학생 저민의(褚民誼)와 유럽에서 사업하던 장정강(張靜江)을 끌어들여 조직을 결성했다. 그 결과 중국 최초의 아나키스트그룹의 하나인 신세기파(新世紀派, 혹은 파리그룹)가 탄생했다.12)

중국인 급진주의자들은 1906년 말 파리에서 세계사(世界社)를 조직하고 사상 전파를 위해 인쇄소를 차렸다. 그리고 다음해에『세계(世界)』와『신세기(新世紀)』라는 두 가지 출판물을 간행했다.『세계』는 서구의 과학기술 문명을 중국에 소개하려는 목적으로 만든 화보집이었는데, 당시로서는 놀라운 수준의 호화판 인쇄물이었다. 그러나 겨우 두 권만을 간행하고 정간되었다. '세계'와 '세계사'라는 명칭에서 나타나듯이 그들은 세계주의를 추구했다. 또한『신세기』는 아나키즘을 선전하기 위한 목적으로 창간되었다.『신세기』는 1907년 6월 22일 프랑스 파리에서 주간지(후에 월간)로 시작했고, '라 템포 노바'(La Tempo Nova)라는 에스페란토 부제를 달고 간행되었다. 1910년 5월 21일 정간될 때까지 무려 121회 발행했다. 아나키즘 사상은 물론 영국과 프랑스, 독일, 포르투갈 등 세계 각국의 혁명 상황을 잡지에 게재하여 중국 지식인 사회에 적지 않은 영향을 미쳤다.

『신세기』를 출판한 인쇄소의 중국어 명칭은 '중화인자국(中華印字局)'이었고, 프랑스어 명칭은 '라 리베라트리스'(La Liberatrice, 자유)였으며, 주소는 파리의 브로카로 4번지였다. 이 주소는 다름아닌 그라브가 발간한『레 템파 누보(신세기)』가 인쇄된 곳과 같은 장소였다. 이와 같이 신세기파의 인쇄소

---

12) 1910년에 작성한 프랑스 정보문서에는 "4년 전부터 파리가 중국인 지식인들의 집결지로 변하고 있으며, 이들 중 상당수가 혁명의 전위대임을 자처하는 진짜 아나키스트들이다"라고 쓰여 있다(吳章煥「在佛中國無政府主義運動(1903~1907)」,『박영석 교수 화갑기념─韓國史學論叢』(下), 1992, 1190면).

가 프랑스 아나키즘 기관지를 출판하는 곳과 같은 건물에 있었다는 사실만으로도 중국인 혁명가들과 그라브를 비롯한 프랑스 아나키스트 간의 밀접한 관계를 알 수 있다. 게다가 『신세기』의 프랑스어 제호가 '레 템파 누보'여서 그라브의 그것과 같다는 사실에서도 다시금 확인할 수 있다.[13]

『신세기』의 아나키즘

『신세기』는 중국 아나키즘 운동의 기원을 이룰 뿐만 아니라 그 이론이 나중에도 상당한 영향을 미치므로 좀 자세히 알 필요가 있다. 이 잡지는 오치휘과 이석증, 저민의가 편집을 맡았고, 장정강이 재정을 담당했다. 오치휘는 연(燃)·연료(燃料)·이(夷)·사무(四無) 등, 이석증은 진(眞)·진민(眞民) 등, 저민의는 민(民)·천야(千夜) 등의 필명으로 글을 썼다. 필명을 사용한 까닭은 혁명파의 간행물이라 자신의 신분을 숨기려는 의도였겠지만, 다른 한편으로는 다양한 인물들이 투고한다는 인상을 풍기기 위해서였을 것이다. 『신세기』의 특징이라면 과학주의를 보편의 진리로 인식하고 진화론을 무기로 삼아 중국의 봉건주의와 전통주의를 전면적으로 부정한 데 있었다.

우선 『신세기』에 실린 유럽 아나키스트들의 저작 관련 번역문을 살펴보면, 프루동이나 바쿠닌의 글이 불과 몇차례 소개된 것과 달리 크로포트킨의 글은 「크로포트킨의 학설」을 비롯해 수십 차례나 게재되었다.[14] 이런 간단한 수치에서도 알 수 있듯이 신세기파는 크로포트킨주의자임을 이 잡지에 소개된 크로포트킨의 아나키즘은 중국 아나키즘 운동의 출발점을 이루었다.

---

13) 같은 글 1187면.
14) 『新世紀』에 크로포트킨의 글은 「克若泡特金學說」(眞譯, 4회), 「互助-進化之大原因」(眞譯, 16회), 「法律與强權」(無譯, 6회), 「國家及其過去之任務」(眞譯, 23회), 「萬民安樂」(『빵의 정복』 제2장, 反譯, 4회), 「獄中與逃獄」(『자서전』 제1편, 眞譯, 7회), 「俄羅斯之凶惡」(夷譯, 6회) 등 적어도 66회 이상 소개되었다. 그 밖에도 민족주의에 반대한 에르베(G. Herve)의 「反對祖國主義」(眞譯, 2회), 군국주의에 반대한 프라탈(Pratalle)의 「徵兵之悲境」(眞譯, 4회) 등도 실렸다.

특히 이석증은 「크로포트킨의 학설」(1907년 9~10월)이라는 글을 통해 중국인으로서는 처음으로 크로포트킨을 소개했다. 크로포트킨의 상호부조론을 중국 사회에 처음 번역 소개한 것도 이석증이다.[15] 『상호부조론』의 전반부 내용을 번역해 『호조론(互助論)』이라는 제목으로 『신세기』(1908년 1월 25일부터 6월 13일까지 총 16회)에 실었다. 그는 번역 서문에서 "크로포트킨은 생물의 과학으로서 인류의 사회를 논증했다. 러시아 박물학자 카를 카이슬러(Karl Kaisler)의 호조론을 넓혀 진화의 원인으로 삼아, 다윈의 생존경쟁의 결함을 보완했다. 이것은 실로 과학의 새로운 이치이자 사회의 정수이다"[16]라고 극찬했다. 이 잡지에서는 기존의 사회진화론은 인류를 포함한 동물계의 진화법칙이 생존경쟁이라고 증명할 증거가 충분하지 않은 상태에서 주장한 것이라고 비판했다. 그리고 크로포트킨의 관점을 인용해 생존하기 위해 필요한 것, 나아가 생존하면서 진보하기 위해 필요한 것은 생존경쟁이기보다는 상호부조라고 주장했다.[17]

우리가 여기서 주목할 점은 신세기파의 아나키즘에는 르클뤼가 재해석한 크로포트킨주의가 반영되어 있다는 사실이다. 그들은 르클뤼의 '진화혁명론'을 받아들여 진화란 사물의 점진적 변화과정을 말하며, 혁명이란 점진적 변화의 중단이자 급격한 변화를 수반하는 과정이라고 보았다. 다시 말하면 진화와 혁명이란 동일한 과정 속에 나타나는 두 가지 현상이라는 것이다.[18] 그래서 이석증은 개량이 점진적으로 변화하는 것이라면 혁명은 돌발적으로 변화하는 것이라면서, "혁명은 곧 진화를 방해하는 존재를 제거하는 것"이라고 주장했다. 그는 혁명의 어원을 해석하면서 'Revolution'을

15) 신세기파의 상호부조론 인식에 대해서는 박제균, 앞의 글 37~48면 참조.
16) 眞譯 「互助論」, 『新世紀』 第31號, 1908. 1. 25.
17) 『新世紀』와 동시에 발간한 『新世紀叢書』에서는 세계 7인의 아나키스트 가운데 한 사람으로 크로포트킨을 뽑고, 그의 『互助論』을 『告少年』이나 『秩序』라는 글과 함께 소개했다(李石曾 「革命」, 『新世紀叢書』 第1輯, 1907).
18) Elisée Reclus, 畢修勺 譯 『進化與革命』, 平明書店 1947, 5면.

'Re'와 'Evolution'으로 나누어 'Re'는 '다시' 혹은 '더욱'을 의미하고 Evolution은 '진화'를 의미하므로, 혁명이란 모든 사물이 더욱 새롭게 되는 '급격한 진화'의 한 형태라고 설명했다.[19] 『신세기』에는 크로포트킨의 상호부조론이나 르클뤼의 진화혁명론 말고도 다윈의 진화론이나 라마르크의 유전설 등도 일부 소개되었다.

신세기파의 오치휘는 아나키즘에 대해 "무정부주의란 인민의 공덕심(公德心)을 환기시키는 것이며, 개인과 사회의 호조를 중시하는 것으로, 일체의 권리를 버리고 공동의 행복을 도모하는 것"[20]이라고 정의했다. 또한 "사람들마다 진리와 공도(公道)에 따른다면 통치자와 피치자가 없게 되는데, 이를 무정부"라면서, "무정부사회란 도덕이 있을 뿐 법률은 없고, 각자 능력에 따라 일하지만 의무가 아니며, 각자 필요에 따라 소비하지만 권리를 말하는 것이 아니다"라고 설명했다.[21] 그리고 이석증도 아나키즘 이론의 특징을 자유와 평등, 박애, 대동, 공도, 진리, 개량, 진화 등의 다양한 개념으로 묘사하면서 아나키즘 사회를 "각자 능력에 따라 일하고 각자 필요에 따라 소비한다(各盡所能 各取所需)"는 의미의 여덟 자로 요약했다.[22]

파리의 아나키스트들은 아나키즘의 이상을 실현하기 위해 먼저 기존 질서에 대한 저항을 호소했는데, 그 구체적인 공격대상으로 군국주의, 조국주의(=애국주의), 가정주의, 사산주의(=사유재산주의), 종교주의라는 오대주의(五大主義)를 내걸었다. 그들은 잡지를 통해 이런 다섯 가지 주의를 비판할 것이라면서 이것들을 다시 '강권주의(强權主義)'라는 말로 요약하고, '강권주의 반대'가 자신들의 아나키즘이라고 선언했다.[23] 이에 따라 기존 국가와 정당

---

19) 李石曾 「革命」, 앞의 책.
20) 吳稚暉 「各盡所能與各取所需」, 『新世紀』 第70號, 1908. 10. 24.
21) 吳稚暉 「談無政府之開天」, 『新世紀』 第49號, 1908. 5. 30.
22) 李石曾 「革命」, 앞의 책.
23) 신세기파는 『新世紀』의 광고에서 자신들은 종교와 전통, 가족, 방종, 엘리트, 통치, 군벌, 국가를 반대할 것이며, 자유와 과학, 인도, 혁명, 공산, 국제 등을 찬성할 것이라고 했다(「本

에 대해서는 반군국주의와 반조국주의를, 기존 전통과 봉건에 대해서는 반가정주의와 반종교주의를, 사유재산제도와 관련해서는 이를 부정하는 반사산주의(反私産主義)를 각각 주장했는데, 당시 중국 사상계에서는 가장 급진적인 주장을 담고 있었다.

신세기파는 정부와 국가의 관계에 대해 "정부란 대동세계의 최대 장애" 혹은 "어떤 형태든지 모든 정부는 자유와 평등의 적"[24]이라면서, 이것은 인민의 대표기구가 아니라 소수 특권층이 조직한 단체에 불과하며, 특권층 스스로 자신에게 이로운 법률을 마음대로 제정하여 사회를 운영하는데, 이를 국가라고 했다. 따라서 국가는 소수가 다수를 지배하는 기관에 불과하며, 정상적인 사회를 파괴하는 근본 원인으로 인식되었다.[25] 자본주의에 대해서도 같은 맥락에서 비판하고 있다. 즉 자본주의란 자본가가 노동자를 착취하고 강한 종족이 약한 종족을 지배하는 구조이며, 이를 비호하는 기관이 정부이고 정부는 곧 국가를 대표하므로 결국 국가와 정부는 특권층의 이익을 보호하고 인민을 해치는 '만악(萬惡)의 근원'이라는 것이다.

파리의 아나키스트들이 타도해야 할 국가혁명의 첫번째 대상은 바로 청조(淸朝)라는 황제체제였다. 그들에게 있어 배황혁명(排皇革命), 즉 청조의 전복은 아나키즘 혁명의 시작을 알리는 것이며, 배황혁명은 배만혁명(排滿革命)보다 우월하며, 사회혁명은 배만혁명을 포괄한다고 믿었다.『신세기』에는 황제는 물론 황실귀족과 고위관료들의 정책에 대한 비판 기사, 황족의 무능과 부패를 조롱하는 기사들을 자주 볼 수 있다. 아울러 청조에 대항하여 봉기를 시도하다 처형된 혁명가들, 예를 들어 서석린(徐錫麟)과 추근(秋瑾) 등을 찬양하는 기사에 많은 지면을 할애했다. 이런 논조는 표면적으로 신해혁명(辛亥革命) 시기에 해외에서 발간된 여러 혁명파 선전물과 큰 차이

館廣告」,『新世紀』第52號, 1908. 6. 20).
24) 李石曾「來書附答」,『新世紀』第6號, 1907. 7. 27.
25) 李石曾「答軍魂氏第二次書」,『新世紀』第8號, 1907. 8. 10.

가 없어 보인다. 하지만 신세기파의 배황혁명론의 출발점이 공화파 혁명가들처럼 종족주의적 정서, 즉 배만혁명론에 입각했다기보다는 전제군주제라는 국가체제에 대한 반발심리에서 출발했다는 점에 뚜렷한 차이를 드러낸다. 다시 말하면 만주족의 지배에 대한 한족의 분노와 증오의 산물로서 청조의 전복을 주장한 것이 아니라, 왕조라는 전근대적 전제군주제에 대한 부정이라는 맥락에서 혁명을 주장한 것이다. 그들이 군주제를 반대한 까닭은 이 제도야말로 인간의 자유를 억압하는 가장 야만적인 체제라고 보았기 때문이다.

신세기파는 정당정치와 의회제도에 대해서도 기본적으로 부정하는 입장을 보였다. 심지어 대의제를 군주제 못지않은 나쁜 제도라고 폄하했다. 군주제가 절대 소수에 의한 절대 다수의 지배구조라면, 대의제는 다수의 지배계급이 평민들을 지배하는 구조이므로 결국 평민은 더욱 압박받는다는 논리를 폈다. 그래서 저민의는 "소위 민권(民權)이라는 것은 사실상 부권(富權)이다. 민주가 최고의 평등이고 공화가 최고의 자유라고 여기는 것은 자유가 부유한 자의 자유이며 평등이 부유한 자의 평등임을 모르기 때문이다. 빈민이 곤경에 처했는데 자유평등이 어디에 있단 말인가?"26)라고 했다. 이것은 대의제 선거를 통해 뽑은 의원들은 가난한 인민의 대표가 아니라 부유층의 대표일 뿐이며, 그들이 제정한 법률도 인민의 이익을 위해서가 아니라 돈과 권력이 있는 자들을 위한 것이라고 본 것이다. 따라서 대의제 정치는 오히려 사회의 불평등만 가속화한다고 생각했다.27)

그런데 청조라는 봉건왕조의 지배 아래 있던 중국은 전제국가로 아직까지 정당정치나 의회정치를 경험하지 않았다는 사실을 기억해야 한다. 따라서 그들이 비판한 대의제는 실제로 중국사회에는 존재하지 않았으며, 단지 서

---

26) 褚民誼 「伸論民族・民權・社會三主義之異同再答來書論『新世紀』發刊之趣旨」, 『新世紀』第6號, 1907. 7. 27.
27) 李石曾 「與友人論種族革命黨及社會革命黨」, 『新世紀』第8號, 1907. 8. 10.

구 아나키즘을 받아들이는 과정에서 선전 차원에서 혹은 공화파와의 경쟁 속에서 이론적으로만 제기된 것이다. 유럽의 아나키즘 운동이 대의제 정치의 모순을 경험하면서 전개된 것과 달리 초기 중국인 아나키스트는 이를 겪지 않고 막연히 반대했다. 같은 맥락에서 파리그룹의 자본주의 경제체제에 대한 비판도 아직까지 산업화가 이루어지지 않은 중국사회에서는 다소 설득력이 떨어지는 것이었다. 사실 그들이 아나키즘을 수용한 배경에는 청조라는 군주제를 타도하기 위한 이론적 무기의 성격이 강했으며, 대의제나 자본주의에 대한 비판 동기는 상대적으로 미약했다.

『신세기』의 가장 뚜렷한 특징이라면 중국의 전통문화에 대한 신랄한 비판에 있었다.[28] 청조 타도라는 국가혁명의 1차 목표는 중국사회의 낡은 전통과 봉건사회에 대한 비판과도 깊은 관련을 맺고 있었다. 그래서인지 여기서는 교육보급과 부녀해방, 가족해방, 노동중시 등의 사상을 열심히 전파했다. 국수(國粹)에 대한 신세기파의 반대나 물질문명에 대한 찬양은 반전통주의자 혹은 서구화론자로서의 전형적인 모습을 보여주었다. 그런데 엄격히 말하면 이들이 수용한 아나키즘은 서양 아나키즘의 전체가 아니라 자신들의 현실적 필요에 따라 선택한 것들이다. 키워드를 열거하자면 서양의 아나키즘 가운데 테러와 노동, 무정부, 무국가, 반제 등의 논리보다는 상대적으로 교육과 도덕, 과학, 진화, 반전통 등의 논리를 주로 받아들였다. 게다가 그들에게 있어서의 서양문화란 주로 프랑스의 지적 전통과 관련된 것들이었으며, 일부는 다소 왜곡된 것들도 있었다. 물론 그들 역시 중국의 전통으로부터 완전히 자유로울 수는 없었겠지만, 당시로서는 전통의 굴레로부터 가장 멀리 벗어나 있었다. 이 때문에 『신세기』를 신문화운동 시기에 발간한 『신청년』의 기원 가운데 하나라고 평가한다.

이석증은 크로포트킨의 『국가와 그 과거의 임무』를 번역하면서 후기에서

---

28) 신세기파의 전통문화 비판은 曹世鉉, 『淸末民初無政府派的文化思想』, 社會科學文獻出版社 2003, 제3장 참조.

말하기를, "크로포트킨은 전통학문에 지나치게 빠져, 그런 관념들이 이 책의 곳곳에 나타나는데, 실로 그의 약점이다"[29]라고 했다. 이 구절은 크로포트킨주의자를 자처했던 신세기파가 거의 유일하게 크로포트킨의 생각을 비판한 대목이다. 이석중은 철두철미한 반전통주의의 입장에 서서 아나키즘은 옛날부터 있었던 것이 아니라 최근 사회진화의 산물이라고 굳게 믿었다. 그래서인지 크로포트킨의 역사학적 접근방식에 약간의 의문을 제기한 것이다. 하지만 이런 과학주의 신앙 역시 실제로는 크로포트킨의 철학에서 기원한 것으로 볼 수 있다.

아나키스트는 자신들의 목표를 달성하기 위한 수단의 하나로 언어의 장벽을 무너뜨리고 국경을 철폐하는 데 기여할 에스페란토에 대해 열렬한 지지를 표시했다. 아나키즘과 더불어 국제 에스페란토 운동의 중심은 역시 프랑스였다. 이곳 파리에서 활동했던 신세기파도 중국에 가장 먼저 그리고 가장 열심히 만국신어(萬國新語)를 소개했다. 여기서 만국신어란 바로 에스페란토의 최초의 한역명칭으로 발음에 따라 애사불난독(愛斯不難讀)이라고 표기하기도 했으며, 같은 시기 일본에서는 세계어(世界語) 혹은 세계신어(世界新語)라고 번역했다. 『신세기』가 간행된 지 오래지 않아 이미 에스페란토를 소개하는 글을 발견할 수 있다. 여기서 오치휘나 이석중 등이 한자를 폐지하고 에스페란토를 수용하자고 주장한 것은 그들의 반전통주의를 극명하게 잘 보여준다. 이런 과격한 주장은 국학자인 장병린(章炳麟)과의 논쟁으로까지 발전했다.

파리의 아나키스트들은 국가나 정부 말고 사회의 최소 단위인 가족이나 지배 이데올로기로서의 종교 등에 대한 혁명도 주장했다. 이것은 맑스주의자들이 경제관계에 기초해 모든 것을 설명하려는 것과 차이점이다. 다시 말하면 맑스주의자들이 계급투쟁을 중심에 놓고 가족이나 종교문제를 여기에

---

29) 克若泡特金, 眞譯 「續國家及其過去之任務」(附記), 『新世紀』 第81號, 1909. 1. 23.

종속시켰다면, 아나키스트들은 계급은 물론 종교와 전통, 가족, 국가 등 주요 사회문제에 대해 선후 경중의 차별을 가지지 않고 근본적인 비판을 했다는 점에서 구별된다. 혁명을 실천하기 위한 방법에서도 차이점은 발견된다.

크로포트킨은 아나키즘을 실현하기 위한 방법으로 교육을 통해 인간의 도덕을 향상시키는 비폭력적인 수단과 테러, 총동맹파업, 무장봉기 같은 폭력수단 사이에서 갈등했다. 중국의 아나키스트들도 마찬가지였지만 대체로 비폭력과 폭력의 두 방법 가운데 전자의 방법이 중국혁명에 훨씬 효과적이라고 믿고 있었다. 혁명방법과 관련한 대표적인 주장이 오치휘의 「무정부주의는 교육으로 혁명을 이루는 설」이라는 글이다. 여기서 그는 "중국에서 사회혁명을 실행하기 위해서는 반드시 먼저 혁명사상을 선전해야 하는데, 교육이라는 방법을 통하여 혁명의 진리를 전파하면 사람들마다 사회혁명의 필요성을 자각할 것이다"[30]라고 했다. 다른 여러 편의 글에서도 교육의 중요성을 반복적으로 강조했다. 예를 들어 「각자 능력에 따라 일하고 각자 필요에 따라 소비한다」라는 글에서는,

무정부주의 혁명이라는 교육으로 혁명을 제창하는 것이요, 교육으로 혁명을 준비하는 것이다. 즉 (교육으로) 혁명을 이루는 것이다. 사실상 매일매일의 교육이 매일매일의 혁명이다. 교육의 효과가 적어서 사회의 작은 습관만을 고칠 수 있다면 이는 작은 혁명인 것이다. (…) 교육의 효과가 커져서 전체적으로 낡은 습관을 바꿀 수 있다면 이것이 곧 큰 혁명인 것이다.[31]

라고 했다. 신세기파는 사회변혁의 방법과 변혁 주체의 창출에 교육이 중요하다는 공통된 인식을 가지고 있었다. 그들은 기본적으로 혁명이란 갑작스럽게 이루어지는 것이 아니라 주변의 생활을 조금씩 개량하는 과정에서 준

---

30) 吳稚暉 「無政府主義以敎育爲革命說」, 『新世紀』 第65號, 1908. 9. 19.
31) 吳稚暉 「各盡所能與各取所需」, 『新世紀』 第70號, 1908. 10. 24.

비되는 것이라고 보았다. 이처럼 교육을 통해 아나키즘 사회를 추구하려는 온건한 태도는 신해혁명이 발발하여 중화민국이라는 공화정부가 성립하자 이를 부정하지 않고 과도기적 체제로 인정하는 태도에서도 나타난다. 신세기파의 세계사는 중화민국이 성립된 후에도 또다시 국내에 조직되어[32] 교육(유학)운동을 중심으로 아나키즘 활동을 재개했다.

2. 일본에서의 전파

사회주의 서적 번역과 러시아 허무당

일본에서는 명치유신(明治維新)의 서구화 과정에서 다양한 서양서적을 번역했다. 그 가운데 가등홍지(加藤弘之)는 스펜서의 사회진화론을 소개하면서 스펜서 철학의 자유주의적 측면보다는 보수주의적 측면을 강조하여 이른바 '우승열패(優勝劣敗)'의 신화를 만들어낸 인물로 유명하다. 그런데 그는 사회주의를 비판할 목적에서 아이러니하게도 일본에 사회주의를 가장 먼저 소개한 사람이기도 하다.[33] 보통 가등홍지의 저서 『진정대의(眞政大意)』(1870)에서 처음으로 'Socialism'이라는 용어를 '사회주의'라고 번역했다고 전한다. 사회진화론을 비판하는 사회주의 사조는 청일전쟁과 러일전쟁을 거치면서 점차 수용되었다. 1898년에는 촌정지지(村井知至)와 행덕추수 등에 의해 사회주의연구회가 만들어졌고, 다시 1900년에는 사회주의협회로 개칭했

---

32) 1912년 신세기파는 상해에서 세계사를 다시 조직해 교육문화 방면의 사업을 전개했다. 그후 원세개의 복벽으로 중국을 탈출해 프랑스 파리로 망명한 이들은 1915년 파리에서 또다시 세계사를 조직했다. 당시 세계사의 규정을 보면, 출판·연구·유학·선전의 네 분야의 사업계획을 제시했다(李石曾「世界社之簡章」, 中國國民黨黨史委員會 編『李石曾先生文集』(上), 中央文物供應社 1980, 218~19면).

33) 미야카와 토루·아라카와 이쿠오 엮음, 이수정 옮김 『일본근대철학사』, 생각의나무 2001, 222면.

다. 1901년에는 편산잠(片山潜)과 행덕추수 등에 의해 사회민주당이 성립되었다. 그런데 초기 사회주의는 단순히 신사상의 하나로 소개되었지 아직까지 운동 차원의 사회주의는 아니었다.

이 시기 일본학자들이 서양서적을 번역하는 과정에서 만들어낸 신조어는 무척 많은데, 사회주의 말고도 '사회진화론' '상호부조론' '무정부주의' 등이 모두 일본식 번역어였다. 이런 번역어가 중국을 비롯한 동아시아 사회에 널리 보급되면서 중요한 문화적 현상을 일으켰다. 여기서 중국의 경우를 잠시 언급하자면, 사회주의라는 용어가 중국인 잡지에 처음 등장하는 것은 1901년 재일 중국 유학생 잡지인 『역서휘편(譯書彙編)』에 유하장웅(有賀長雄)의 책 『근세정치사』가 번역 연재되면서부터라고 한다. 그리고 양계초(梁啓超)가 "사회주의가 곧 인군주의(人群主義)"라고 하면서부터 이 용어는 재일 중국인 사회를 넘어 중국대륙에서도 널리 사용되었다. 1902년부터 1904년까지 촌정지지의 『사회주의』를 비롯해 여러 권의 일문 사회주의 관련 서적이 중국 국내에 번역 소개되었다.[34] 같은 시기에 상해를 중심으로 진보적인 출판물인 『정예통보(政藝通報)』『대륙보(大陸報)』『국민일일보(國民日日報)』 『아사경문(俄事警聞)』 등에서도 사회주의를 소개하는 글들이 연재되었다. 이처럼 일본 사회에서 만들어진 번역어를 재일 중국인 유학생이나 혁명가들이 자신들의 간행물에서 인용하고 다시 본국에 전파했다. 단지 잊지 말아야할 점은 중국이 일본보다 먼저 개항했고, 양무운동을 거치면서 중국인들이고안한 적지 않은 번역어가 일본에 전파된 사실이다.

동아시아 사회주의의 전파과정에서 주목할 사실은 일본이나 중국 모두 러시아의 나로드니키(Narodniki) 운동과 허무당(虛無黨) 활동을 활발히 소개했다는 점이다. 허무당과 허무주의의 소개는 아나키즘의 수용과정에서 중요한

---

34) 村井知至, 羅大維 譯 『社會主義』, 上海廣智書局 1902. 4; 幸德秋水, 趙必振 譯 『廣長舌』, 商務印書館 1902. 11; 福井準造, 趙必振 譯 『近世社會主義』, 上海廣智書局 1903. 2; 西川光次郎, 周子高 譯 『社會黨』, 上海廣智書局 1903. 3 등이 대표적이다.

의미를 지닌다. 왜냐하면 동아시아 사회에 아나키즘이 처음 수용될 때에는 러시아에서 풍미하던 테러리즘이나 허무주의가 아나키즘과 거의 같은 의미로 받아들여졌기 때문이다. 아나키즘을 테러리즘이나 허무주의와 동일시하는 습관은 지금까지도 남아 있다. 이것은 19세기 후반 유럽 사회에 풍미했던 각종 테러와 암살활동을 벌인 사람들에 대해 유럽의 언론이 그들의 정치성향을 나로드니키와 니힐리스트, 아나키스트 등으로 명확하게 구분하지 않고 마구잡이로 섞어 쓴 버릇에서 기인한 것이다. 흥미로운 점은 본래 러시아에는 허무당이라는 이름의 조직은 없었으며, 실제로는 나로드니키를 비판하기 위해 만들어진 용어에 불과했다는 사실이다. 그 소개과정에서 허무당인을 아나키스트와 동일시한 것은 착오이지만 완전히 잘못된 사실만은 아니었다. 왜냐하면 허무당인의 범주에는 바쿠닌주의자로 분류할 수 있는 아나키스트도 다수 포함되어 있기 때문이다.[35]

일본 사회는 서구의 사회주의와 러시아의 허무당을 소개하면서 아나키즘을 수용했다. 허무주의와 허무당인을 아나키즘과 아나키스트 같은 것이라는 인상을 남긴 대표적인 저작은 연산전태랑(煙山專太郞)의 『근세무정부주의』(1902)를 꼽을 수 있다. 이 책은 전후 2편으로 구성되었는데, 전편은 「러시아 허무주의」라는 제목으로 러시아 허무주의의 계통을 차례로 소개했고, 후편은 「구미열강에서의 무정부주의」라는 제목으로 구미의 대표적인 아나키스트를 소개하고 개별국가의 사상운동 현황을 소개했다. 당시 동경제국대학 학생이던 작자가 이 책을 저술한 본래 목적이 아나키즘을 보급하는 데 있었던 것이 아니라 오히려 비판하려는 데 있었다는 사실은 아이러니하다.[36] 어쨌든 『근세무정부주의』는 널리 유통되어 사회적 영향력이 비교적 컸으며, 우리가 아나키즘을 '무정부주의'라고 부르게 된 것도 바로 이 책의 제목에서 비롯되었다고 보는 것이 통설이다.[37] 그렇다고 해서 연산전태랑이 무정부주

---

35) 路哲, 앞의 책 44면.
36) 嵯峨隆 『近代中國の革命幻影 ― 劉師培の思想と生涯』, 硏文出版 1996, 241~42면.

의라는 용어를 처음 만든 것은 아니다. 1900년에 쓴 양계초의 논문에서도 이미 '무정부당'이라는 표현이 나타나는 것으로 보아 적어도 19세기 말 일본에는 무정부주의라는 번역어가 있었던 것으로 보인다. 어쨌든 이 번역어가 중국인을 비롯한 동아시아인들에게 그대로 수용되어 널리 통용됨에 따라 그 의미는 더욱 각별해졌다.

『근세무정부주의』가 출판되자마자 일본에 있던 중국인들은 이 책(주로 전편)의 일부분을 발췌하여 번역 소개했으며, 중국 내의 신문잡지에도 여러 차례 실렸다.[38] 그리고 김일(金一)은 『자유혈(自由血)』(1904)이라는 제목으로 의역 출판했다. 이 번역본은 전편만을 번역했기 때문에 구미의 아나키즘보다는 러시아의 허무주의를 주로 소개했다. 김일은 서문에서 "허무당이란 무엇인가? 자유의 신이요, 혁명의 급선봉이자 또한 전제정치의 적"이라면서, "내가 허무당을 번역하는 것은 우리 국민이 그 투쟁할 바를 알기 원하기 때문"이라고 적고 있다.[39] 이처럼 이 책은 원래의 저술의도와 달리 중국인들에게 허무당에 대한 동경과 아나키즘에 대한 계몽 효과를 불러왔다. 러시아와 중국이 모두 전제군주국이라는 유사한 정치문화적 환경이 중국인에게 더욱 호소력이 있었던 듯싶다. 중국 내 급진주의자들이 만든 상해의 『소보(蘇報)』나 『경종일보(警鐘日報)』에는 허무당 관련 기사들이 적지 않은데, 여기서는 중국에서도 허무당원의 출현을 기대하는 바람과 더불어 허무당원이 아나키스트와 거의 같은 의미로 쓰였다. 그런 까닭에 1903년의 소보안(蘇報案)을 기점으로 중국 내에 처음으로 아나키즘이 유행했다거나 『경종일보』가

---

37) 小松隆二 『日本アナキズム運動史』, 青木書店 1972, 23~26면.
38) 『近世無政府主義』는 『大陸』 『童子世界』 『浙江潮』 『國民日日報』 『警鍾日報』 등에 부분 번역되어 실렸다. 장계(張繼)가 번역한 『無政府主義』(1903)와 진랭(陳冷)이 번역한 『虛無黨』(1904)도 이 책을 기초로 만들었다고 한다. 참고로 중국에서 최초로 아나키즘 학설을 소개한 것은 마군무(馬君武, 필명 獨立之個人)가 번역한 『俄羅斯大風潮』(廣智書局 1902)이다.
39) 金一 譯 『自由血』, 東大陸圖書譯印局 1904, 序文 2면.

44

중국 아나키즘의 원류의 하나라는 견해가 있다.

행덕추수도 일본 사회에 아나키즘을 가장 먼저 소개한 사람 가운데 하나이다. 그가 출판한 정치평론집 『장광설(長廣舌)』(1902)은 모두 32편의 글이 실려 있는데, 그 가운데 「무정부당의 제조」라는 글에서 아나키즘을 언급하고 있다. 여기서 행덕추수는 "무정부주의가 성행하는 것은 사람들이 오늘날 국가사회에 대해 절망했기 때문이며, 전제정부야말로 무정부주의의 제조창"이라는 유명한 말을 남겼는데, 이 구절은 한때 사람들의 입에 오르내렸다. 이 책도 출판되자마자 같은 해 말 상해 상무인서관에서 『광장설(廣長舌)』이라는 약간 바뀐 제목으로 번역, 출판되었다. 당시 그는 아직 아나키스트가 아니었으며 따라서 중국인에게 아나키즘을 전파한 것으로 알려진 「무정부당의 제조」라는 글은 실은 테러리즘을 소개한 것이며, 그것도 테러리즘 자체보다는 테러리스트가 등장한 사회적 요인, 즉 "국가사회에 대한 절망"에 대해서였다.[40] 허무주의와 아나키즘이 혼합된 것과 유사한 현상인 것이다. 다음해 행덕추수는 명치 시기 최고의 사회주의 저작이라고 평가받는 『사회주의신수(社會主義神髓)』(1903)를 펴냈다.

무정부주의라는 번역어가 처음에는 신선하게 들렸는지 모르지만, 이 용어는 머지않아 동아시아 사회에서 아나키즘에 대한 잘못된 이미지를 각인시켜 적지 않은 문제를 초래했다. 이 번역어가 널리 유통되는 과정에서 아나키즘은 테러리즘과 허무주의와 동일시되어 원래의 의미가 심각하게 왜곡되었을 뿐만 아니라, 일체의 정부나 조직을 부정하는 혼란과 폭력의 대명사가 된 것이다. 게다가 무정부주의라는 어휘에 담긴 부정적인 이미지가 그들의 경쟁자에게 쉽게 이용되어 불리하게 작용하는 경우가 많았다. 그래서 무정부주의라는 신조어가 만들어진 지 오래지 않아 동아시아 아나키스트들 사이에서는 무강권주의(無强權主義)나 무치주의(無治主義) 같은 새로운 번역어로 바

---

40) 嵯峨隆, 앞의 책 245~46면.

꾸려는 시도가 있었다. 하지만 한 번 통용된 개념은 쉽게 바뀌지 않는 법이다.[41] 본래 아나키스트는 폭력과 파괴를 맹목적으로 선호하지 않는다. 오히려 아나키스트 가운데 비폭력주의자들이 많다. 그럼에도 불구하고 지금까지도 무정부주의와 '무정부상태'를 동일시하는 편견은 아나키즘에 대한 가장 잘못된 오해라고 말할 수 있을 것이다.

20세기에 들어오면서 일본은 동아시아 급진주의자의 주요 활동무대가 되었다. 아시아 각지에서 유학생과 망명객이 모여들었는데, 특히 동경은 사상계가 비교적 개방되어서 아시아의 혁명가들에게 피난처를 제공하고 있었다. 서양 서적의 상당수가 이미 일본어로 번역되어 있어서 이들은 번역서를 통해 자국에서는 접하기 어려운 급진적인 사조를 자유로이 읽을 수 있었다. 예를 들어 크로포트킨에 관한 정보는 19세기 말부터 소개되었는데, 현재까지 알려진 바에 따르면 자유민권운동이 한창이던 시절에 서하통철(西河通徹)이나 궁기몽류(宮崎夢柳) 등이 주관한 『자유신문』에서 크로포트킨이 처음 소개되었다고 한다.[42] 하지만 이때까지만 해도 앞서 언급했듯이 허무당이나 허무주의와 뒤섞여 소개되었다. 실제로 일본 사회에서 크로포트킨 사상을 본격적으로 수용한 시기는 프랑스의 신세기파와 비슷한 것으로 보인다.[43]

아나키즘의 전파와 관련해 프랑스와 러시아의 영향을 강조하는 견해와 달리 최근의 한 연구에서는 필리핀의 민족주의운동이 아나키즘을 비롯한 유럽

---

41) 아나키즘이라는 용어가 '무정부주의'라는 번역어로 오역되어 말썽을 일으킨 것은 사실이지만, 그렇다고 해서 무정부주의란 역사용어를 쉽게 폐기할 수는 없다. 왜냐하면 무정부주의라는 번역어 자체가 생명력을 얻어 긍정적이든 부정적이든 역사적 작용을 했기 때문이다.

42) 日本アナキズム運動人名事典編輯委員會 『日本アナキズム運動人名事典』, 株式會社 ぽる出版 2004, 233면.

43) 중국 사회에 처음으로 크로포트킨이라는 이름이 소개된 것은 청말 강남제조국(江南製造局)에서 편찬한 『西國近事彙編續編』(1882)에서이다. 재일 중국인 아나키스트 장계가 쓴 『無政府主義』라는 소책자에서도 '가락파도금(哥樂波度金)'이라는 이름으로 크로포트킨을 소개한 사례가 보인다(坂井洋史·嵯峨隆 編 『原典中國アナキズム史料集成』(別冊), 綠蔭書房 1994, 122면).

의 급진적 운동과 쿠바를 비롯한 식민지의 저항적 민족주의가 서로 결합해 진행되었다는 주장과 함께 그런 흐름이 일본과 중국에도 전파되었다는 견해가 제기되었다. 필리핀의 대표적인 민족주의자 호세 리잘(Jose Rizal)과 이사벨로 데 로스 레예스(Isabelo de los Reyes)는 일찍부터 아나키즘과 매우 밀접한 관계를 맺고 있었으며, 특히 스페인 아나키스트나 유럽에서의 반제국주의 선전 및 암살활동에 영향을 받았다고 한다.[44] 이런 견해를 받아들인다면 적어도 사상의 전파에서 다양한 루트의 가능성을 열어놓아야 할 것이다. 만일 그렇다면 당시 일본이나 중국의 지식인들은 세계 정보가 교차하는 동경에서 필리핀에서 전해오는 여러 가지 운동소식에 영감을 얻었을 것이다.

행덕추수의 직접행동론

일본 아나키즘의 출발을 알기 위해서는 행덕추수의 움직임에 주목해야 한다. 그는 1901년 『만조보(萬朝報)』에 글을 써서 자신이 사회주의자라고 선언했으며, 그해 『이십세기의 괴물—제국주의』를 써서 제국주의와 군국주의에 대한 예리한 비판을 전개했다. 이 책은 영국인 로버트슨의 『애국심과 제국』(1899)에 근거해 쓴 것이라고 하는데, 일본에서 출판한 다음해 중국어로 곧바로 번역되었다. 여기서 계리언(堺利彦)과 함께 처음 제국주의적 침략전쟁을 반대하는 비전론(非戰論)을 주장했을 뿐만 아니라, 최초로 천황을 논리적으로 비판했다. 『사회주의신수』에 이르러 본격적으로 사회주의를 선전하기 시작했다. 그런데 행덕추수는 피압박 민족의 민족해방운동에 대해서는 단순한 민족주의나 애국주의로 이해해 부정적으로 보는 한계를 드러냈다. 예컨대 그는 평민사(平民社) 시절 이전까지만 해도 조선을 일본의 세력권에

---

44) 필리핀의 민족주의운동에 아나키즘이 영향력을 발휘할 수 있었던 것은 아나키즘이 민족주의에 대해 이론적 편견을 품지 않은 열린 사상이기 때문이라고 한다(베네딕트 앤더슨, 서지원 옮김 『세 깃발 아래에서—아나키즘과 반식민주의적 상상력』, 도서출판 길 2009, 해제).

편입시켜야 한다고 생각했다. 아마도 조선에 대한 정보가 부족해서 일본이 조선을 침범한 침략자라는 사실을 파악하는 데 시간이 걸린 것으로 보인다.45) 하지만 평민사에 참가한 후에는 일본의 조선 침략정책을 격렬하게 비판했다.

행덕추수는 평민사에서 발행한『평민신문(平民新聞)』(주간지, 1903년)을 중심으로 러일전쟁(1904~1905)을 준비하는 정부에 대항해 반전운동을 전개했다. 이 신문은 전쟁의 무모함을 반대하고 정부의 군국주의 정책을 비판하면서 계급차별을 타파하고 모든 압제와 속박을 제거하기 위한 평민주의, 생산·분배·교통수단의 공유를 위한 사회주의, 군비 반대와 전쟁 근절을 위한 평화주의 등을 주장했다.46) 러일전쟁이 일어나자 세상이 온통 전쟁의 열기로 들떠 있었으나,『평민신문』만 홀로 모든 전쟁을 부정하는 반전의 논리를 폈다. 그들은 러일전쟁의 배경에는 정치가와 자본가의 음모가 숨어 있으므로 전세계의 평민들은 국제적으로 연대해 반전운동을 펼쳐야 한다고 주장했다. 실제로 평민사의 동인들은 러시아 사회주의자들에게 군국주의를 반대하기 위한 반전 연대투쟁을 제의해 큰 충격을 던졌다. 1904년 3월 행덕추수는 러시아사회민주당에 편지를 보내 국제연대를 통해 전쟁을 막자고 제안했다.

러시아와 일본 양국 정부는 제국적 욕망을 달성하기 위해 전쟁을 개시했다. 그러나 사회주의자의 안중에는 인종과 지역, 국적의 구별이 없다. 제군과 우리는 동지이다. 형제자매이다. 결코 싸울 이유가 없다. 제군의 적은 일본인이 아니라 이른바 애국주의, 군국주의이다. 우리의 적은 러시아인이 아니라 이른바 애국주의, 군국주의이다. 그렇다. 애국주의와 군국주의는 제군과 우리의 공동의 적이다.47)

45) 石坂浩一「朝鮮認識における幸德秋水」,『史苑』第46(1~2)號, 1987, 153~54면.
46) 無政府主義運動史編纂委員會 編『韓國아나키즘運動史(前編)』, 형설출판사 1978, 59면.
47) 幸德秋水「與露國社會黨書」,『平民新聞』1904. 3. 13(박양신「메이지 사회주의자의 반전론―고토구 슈스이의 비전론을 중심으로」,『반전으로서의 동아시아』, 혜안 2008, 112면

당시 스위스에 망명중이던 게오르기 V. 플레하노프(Georgii V. Plekhanov)의 러시아사회민주당은 기관지『이스크라』를 통해 행덕추수의 편지에 호응했다. 네덜란드 암스테르담에서 열린 제2인터내셔널 제6차 회의(1904년 8월 14일)에서 일본사회당 대표 편산잠과 러시아사회민주당 대표 플레하노프가 반전의 악수와 포옹을 나누는 극적인 일이 벌어졌다. 행덕추수는 이 사건을 「일러사회당의 악수」라는 제목으로『평민신문』에 실어 "이 악수는 실로 세계당 발전 역사에 영원히 대서특필될 중대사건"이라고 높이 평가했다.[48] 평민사 회원들이 반전을 굽히지 않자 당국은 1905년 1월 신문을 폐간하는 것으로 응수했다.

행덕추수는『평민신문』의 폐간 직후에 일어난 한 필화사건에 연루되어 약 5개월 가까이 감옥생활을 했다. 감옥에서 크로포트킨 저작을 읽었는데, 훗날 이때를 회고하며 "나는 맑스파의 사회주의자로서 투옥되었으나 출옥할 때는 과격한 아나키스트가 되어 돌아왔다"[49]고 말했다.

비슷한 시기 구율견궐촌(久律見厥村)이라는 인물이『무정부주의』(1906)라는 책에 「크로포트킨의 특색」이라는 글을 썼다. 이 글이 크로포트킨에 대해 처음으로 자세히 소개한 문장으로 알려져 있다. 여기서 크로포트킨 사상의 특징을 과학적 귀납방법론과 상호부조론이라고 설명하면서 프루동이나 슈티르너의 사상과 비교했다고 전한다.[50] 그런데『무정부주의』라는 책자는 곧 발매금지 처분을 받았기 때문에 구체적인 내용은 잘 알려져 있지 않다. 구율견궐촌은 "나는 일본 유일의 아나키스트"라고 선언할 만큼 아나키즘 이론에

재인용).
48) 小松隆二, 앞의 책 31면.
49) 路哲, 앞의 책 4면 재인용.
50) 이 글은 재일 중국인 유학생 왕공권(汪公權)이 번역하여「苦魯巴特金之特色」이라는 제목으로『天義』第3號(1907. 7. 10)에 실었다. 재일 중국동맹회의 기관지『民報』에도 요중개(廖仲愷)가 구율견궐촌의『歐美의 無政府主義』와 연산전태랑의『近世無政府主義』를 부분 번역해 게재했다.

밝았다고 전해지지만, 개인 중심의 철학적 허무주의 색채가 강해 크로포트킨주의자라고 보기에 곤란하다는 평가가 있다.[51] 일본 초기 아나키즘 운동의 두 지도자로 꼽히는 구율견궐촌 및 행덕추수와 관련한 단편적 기록에 근거한다면 적어도 1906년 무렵 일본 사회에 크로포트킨의 원서가 전파되었음을 알 수 있다.

행덕추수는 출옥한 후 1905년 11월에 미국 방문의 길을 떠나 다음해 6월에 귀국했다. 불과 반년에 불과한 외국여행이었지만 본인뿐만이 아니라 일본 아나키즘 운동에 결정적인 영향을 미칠 세 가지 사상을 좀더 심도 있게 접하게 되었다. 먼저 크로포트킨의 코뮌적 아나키즘이다. 행덕추수가 탐독한 『빵의 정복』을 비롯한 크로포트킨의 여러 영문본 저작들은 앞으로 일본 사상계에 큰 충격을 던져주었다. 다음으로 미국 체재 기간 중에 현지의 아나키스트, 특히 노동조합적 아나키스트와 밀접한 교류가 있었다. 당시 구미의 아나키즘 운동은 혁명적 노동조합주의, 즉 생디칼리슴과 결합해 새로운 생명력을 얻고 있었다. 본래 프랑스에서 시작된 생디칼리슴은 권력을 정당의 손에서 노동자 단체로 옮기고자 한 사조인데, 프랑스 노동총연맹의 아미앵 대회에서 아나키스트와 생디칼리스트의 연합강령이 채택되었다. 이런 새로운 사조가 미국의 급진적인 노동단체인 세계산업노동조합(IWW)에 영향을 미쳤으며, 이들의 집회에 참석한 행덕추수가 자연스레 노동조합적 아나키스트의 이른바 '직접행동론'을 받아들인 것이다. 여기서 직접행동론이란 의회주의를 거부하고 총동맹파업을 통해 혁명을 실현한다는 전략을 담고 있었다. 끝으로 행덕추수는 정치적 테러리즘에 대해서도 어느정도 관심을 가진 것으로 보인다. 그는 귀국하기 전까지 미국인 아나키스트 말고도 러시아 망명객들과도 교류했는데, 러시아혁명가들의 헌신적인 테러활동을 들으면서 사상의 깊이를 더해갔다.[52]

---

51) 小松隆二, 앞의 책 23~26면.
52) John Crump, "The Anarchist Movement in Japan," *ACE Pamphlet*, No.8, Pirate Press

그런데 행덕추수가 미국에 체류중일 때 캘리포니아 주에서 대지진(1906년 4월 18일)이 일어났다. 온 시내가 무정부적 혼란상태에 빠지는 것을 직접 목격했는데, 혹자는 이 혼란 속에서 나타난 민중들의 강렬한 연대의식을 보고 행덕추수가 아나키스트로의 갑작스러운 전환이 이루어졌다고 한다.53) 이런 재해 상황을 이상적으로 보았을 리는 없지만 혼란중에 겪은 어떤 경험이 변신의 계기로 작용했을지도 모른다.

귀국환영회(1906년 6월 28일)에서 행덕추수는 일본 아나키즘 운동의 시작을 알리는 '직접행동 선언'을 했다. 이 유명한 연설내용을 담은 「세계 혁명운동의 조류」에서 보통선거와 의회주의를 거부하고 혁명수단으로 총파업을 제안함으로써 아나키스트임을 자처했다. 다음해 『평민신문』(1907년 초)을 일간지로 복간하고 여기에 「나의 사상의 변화」라는 글을 발표하여 "보통선거와 의회정책으로는 결코 진정한 사회주의혁명을 완성할 수 없다. 사회주의의 목적을 달성하려면 오직 일치단결한 노동자의 직접행동에 의지해야 한다"라며 좀더 구체적으로 직접행동론을 소개했다. 그는 총파업이야말로 자본주의 체제를 파괴하는 데 가장 극적인 수단이자 진정한 사회혁명의 매개체로 주목했다.

행덕추수와 함께 활동했던 편산잠은 「사회당운동의 방침」을 써서 행덕추수의 직접행동론을 비판하면서 의회정책을 병행하며 노동자의 훈련과 교육에 주력할 것을 주장했다. 이에 대해 행덕추수는 민주주의는 사실상 금권정치로 노동자에게 참정권이 주어지더라도 정당은 자신들의 이익을 대변하는 후보들을 뽑지 노동자들을 의회로 불러들이지 않을 것이라고 했다. 게다가 개인의 자유의지와 권리를 빼앗는 대의제 정부는 필연적으로 권위주의적이 될 것이라 보았다. 이들의 대립은 일본사회당의 분열을 가져와 온건한 의회정책파인 편산잠과 강경한 직접행동파인 행덕추수를 지지하는 그룹으로 나

1996, 4면.
53) 萩原晋太郎 『日本アナキズム勞動運動史』, 現代思潮社 1969, 23~25면.

누어졌다. 본래 유럽에서도 19세기 말부터 아나키스트는 맑스주의자가 의회와 선거에 집착하는 것을 비난하고 거부했는데, 제2인터내셔널의 의회주의 노선에 반대한 것이 그것이다.

일본사회당 제2차 대회(1907년 2월)에서 직접행동파가 압도적 우세를 보이자 일본정부는 사회당을 해산하고 『평민신문』도 폐간시켰다. 그후 의회정책파는 사회주의동지회를 만들고 『사회신문』과 『동경사회신문』을 창간했으며, 직접행동파는 금요강습회(金曜講習會)를 만들고 『평민신문』과 『대판평민신문』을 창간해 각자 독자적인 길을 걸었다. 그런데 행덕추수는 귀국 후 얼마 동안 정당정치와 보통선거에 대한 뚜렷한 입장표명이 없었다. 게다가 아나키즘의 근본을 이루는 국가권력의 부정에서도 다소 불분명한 태도를 취했다. 아마도 아나키즘과 맑스주의의 분기점인 혁명에서의 과도기 문제, 즉 프롤레타리아 독재에 대한 명확한 이해에 도달하지 못했던 것으로 보인다. 행덕추수는 크로포트킨의 『빵의 정복』을 번역하는 과정에서 코뮌적 아나키즘에 더욱 접근했으며, 이를 통해 이론적 모호함을 극복할 수 있었다.[54]

『빵의 정복』은 앞서 언급했듯이 크로포트킨이 유럽에서 활동하던 시절 아나키즘 잡지 『반역』등에 게재한 원고들을 1892년에 단행본으로 출판한 것이다. 여기서 그는 개인재산을 만인에게 반환할 것과 경제제도를 소비 위주로 재편할 것을 주장하면서 코뮌을 그물망처럼 연결해 국가를 대체하는 조직으로 만들자고 제안했다. 행덕추수는 크로포트킨의 승낙을 얻은 후 1907년부터 『빵의 정복』에 대한 번역에 착수하여 그 일부를 『평민신문』과 『웅본평론(熊本評論)』에 발표했다.[55] 그후 병 치료를 위해 고향으로 돌아온 후, 현지에서 번역을 계속한 끝에 1908년 7월에 작업을 완료했다. 『빵의 정복』은 비록 책의 일부가 압수되는 우여곡절을 겪기도 했으나, 일본에 크로

---

54) 이 번역은 대삼영과 산천균(山川均)이 할 계획이었으나 대삼영이 적기사건(赤旗事件)으로 투옥되자 행덕추수에게 인계된 것이라고 한다(John Crump, 앞의 책 44면).
55) 幸德秋水「'麵麭の略取'」, 『幸德秋水』, 中央公論社 1984, 譯者引 497면.

포트킨주의가 수용되는 전기를 마련했을 뿐만 아니라 얼마 지나지 않아 아나키즘의 경전이 되었다.

행덕추수는 생디칼리슴의 대표적인 텍스트 가운데 하나인 아널드 롤러(Arnold Roller)의 『사회적 총동맹파공론』(The Social General Strike, 1907년 5월)을 크로포트킨의 저서보다 먼저 일본어로 번역했다. 이 책은 미국에서 구입한 영문판을 기초로 번역한 것인데, 『경제조직의 미래』라는 제목의 소책자로 등사되어 관헌의 눈을 피해 비밀리에 배포했다.56) 이 작업을 담당한 삼강영치(森岡榮治)라는 인물은 얼마 후 적기사건(赤旗事件)에 연루되어 감옥에 들어갔다가 출소 후 사망했지만, 그가 비밀리에 인쇄한 이 책자는 몇사람의 손을 거쳐 대정(大正) 시대로 전해졌다. 그후 일본 사회주의운동에 중요한 영향을 미쳤으며, 특히 노동조합적 아나키즘의 발전을 가져온 초석이 되었다. 그런데 일본 사회에서 코뮌적 아나키즘과 노동조합적 아나키즘의 대표 저서인 『빵의 정복』과 『사회적 총동맹파공론』이 『상호부조론』보다 먼저 완역되었다는 사실은 나름의 상징성을 가지지 않을까 싶다. 아마도 일본이 중국보다 자본주의가 발전하여 노동자 계급이 어느정도 성장했기 때문에 가능했던 일인지도 모른다.

한편 행덕추수의 동료인 산천균(山川均)이 「동물계의 도덕」(1908)을 번역했는데, 이것이 현재까지 알려진 『상호부조론』의 최초 일본어 절역본이다. 이 번역은 '평민과학' 총서(6책) 시리즈의 하나로 계획되었으며, 본래 행덕추수가 담당하기로 했다가 산천균에게 인계된 작업이었다.57) 비록 『상호조

---

56) 『社會的總同盟罷工論』의 번역과정에 대해서는 田中ひかる 「『社會的總同盟工論』成立前史」, 『初期社會主義硏究』 第15號, 2002, 235~57면에 자세하다.

57) 이 총서의 제1편인 「인간발생의 역사」는 계리언이 담당하고, 제2편인 「식물의 정신」을 산천균이 담당했다. 그리고 제5편인 「동물계의 도덕」은 행덕추수가 담당해 『상호부조론』의 「동물의 상호부조」(제1장)를 번역해 실을 예정이었으나, 갑작스레 변경되어 산천균이 담당하게 되었다. 제6편인 하워드 무어(Haward Moore)의 「萬物의 同根一族」이라는 진화론 논문은 대삼영이 번역했다(山川菊榮・向坂逸郞 編 『山川均自傳』, 岩波書店 1963, 286면).

론』의 완역본은 아니지만, 그래도 이 책의 번역이 일본 아나키즘 운동의 초기에 나타난다는 사실은 그 사상적 비중을 다시금 짐작케 한다. 행덕추수는 『상호부조론』 번역에 직접 참가하지는 않았으나 이미 1906년 8월 『광(光)』에 실은 글에서 "누가 크로포트킨의 『상호부조론』이 오늘날 생물학상, 사회학상 일대 발견이자 일대 저술이라고 하지 않겠는가"[58]라며 칭찬을 아끼지 않은 바 있다.

일본학계에서는 행덕추수가 활약한 이 시기를 직접행동파의 시대라고 부르기도 한다. 이때는 격렬한 투쟁을 통해 국가권력에 맞섰고, 비밀출판이 하나의 특색을 이루었으며, 평민을 통해 역사를 만들려고 한 시기라고 묘사한다. 일본에서 아나키즘 수용과정의 특징이라면 우선 아나키즘이 맑스주의 등과 같은 다양한 사회주의이론과 뚜렷한 구분 없이 동시에 받아들여졌다는 점이다. 이런 특징은 중국의 신세기파가 프랑스에서 코뮌적 아나키즘을 수용하면서 맑스주의와 뚜렷이 거리를 둔 것과는 차이를 보인다. 다음으로 크로포트킨주의를 받아들일 때에도 생디칼리슴과 혼합된 상태로 수용되었다. 아마도 자본주의가 어느정도 발전한 일본 사회에서는 노동운동을 전개할 수 있는 토양이 마련되어서 곧바로 생디칼리슴이 받아들여졌지만, 자본주의가 성숙하지 않은 중국 사회에서는 노동자 계급이 충분히 형성되지 않아 생디칼리슴에 대한 관심이 부족하지 않았나 싶다.

일본 아나키즘 운동의 차세대 지도자가 될 대삼영은 행덕추수가 미국에 체류중이던 1906년 초 전차요금 인상을 반대하는 시민대회에 참가했다가 체포되어 그해 6월에서야 풀려났다.[59] 이 사건은 평생 계속되는 옥중생활의 서막이었다. 그는 프랑스의 한 아나키즘 신문에 실린 「신병 제군에게 드림」

---

58) 幸德秋水 「無政府黨鎭壓」, 『平民主義』, 隆文館 1907(『幸德秋水』(平民社百年記念), 論創社 2002, 73면에서 재인용).

59) 多田道太郎 「生と反逆の思想家 大杉榮」, 多田道太郎 編 『大杉榮』, 中央公論社 1984, 25~26면.

(1906년 11월)이라는 글을 『광(光)』에 번역 기고했다가 문제가 되어 기소되었으며, 다시 크로포트킨의 「청년에게 고함」(1907년 3월)을 『평민신문』에 일부 번역해 실었다가 또다시 기소되어 몇달간 복역했다. 특히 「청년에게 고함」이라는 짧은 팸플릿은 크로포트킨 저작 가운데 가장 많이 읽힌 글이자 일본 내 일찍 번역된 크로포트킨의 글 가운데 하나다. 얼마 후 『평민신문』에 「유럽 사회당 운동의 대세(大勢)」라는 글을 6회에 걸쳐 번역 게재해 유럽 사회당과 노동운동을 소개하기도 했다. 앞의 기사들이 대부분 유럽 아나키스트의 글이라는 사실에서도 알 수 있듯이 대삼영은 이미 아나키스트 투사로 바뀌고 있었다.[60] 그런 까닭에 그는 행덕추수의 아나키즘을 가장 빨리 받아들인 사람 가운데 하나로 별다른 갈등 없이 직접행동론을 열렬히 지지할 수 있었다.

대삼영은 청년시절부터 여러 차례 감옥에 들어갔는데, 자칭 감옥대학 안에서 아나키즘 이론은 물론 어학 공부에 열중하여 자신만의 사상적 기초를 마련해 나갔다. 그는 옥중생활을 매우 중시했는데, 자서전에서도 "감옥생활은 넓은 세상 생활의 축소판"이라며 자신에게 미친 영향을 자세히 언급했다. 대삼영은 "일범일어(一犯一語)"라는 유명한 말을 남겼다. 이 뜻처럼 한 번 투옥될 때마다 감옥에서 한 가지 외국어를 배우고 나와서 나중에는 10여가지의 외국어를 할 수 있다고 자부했다. 특히 그는 에스페란토에 대해 남다른 열정을 가지고 있었다.

에스페란토는 폴란드의 안과의사 라자루스 루드비크 자멘호프(Lazarus Ludwig Zamenhof)가 만든 '희망'이라는 뜻을 가진 세계 공용어로, 일본 사회에서는 세계어라고 불렀다. 일본 에스페란토 운동사에 따르면 『진화론강화』(1900)를 쓴 구천차랑(丘淺次郞)이 독일 유학 도중에 에스페란토를 배워 일본에 처음으로 소개했다고 전한다.[61] 그런데 대삼영이 에스페란토에 대해

---

60) 鎌田慧 『大杉榮自由への疾走』, 岩波書店 1997, 94면.
61) 大島義夫・宮本正男 『反體制エスペラント運動史』, 三省堂 1975, 6~7면.

큰 감명을 받고 감옥에서 배운 후 출옥하면서 일본 에스페란토 역사의 첫 페이지를 장식하는 인물이 되었다. 그는 일본에스페란토협회(1906년 6월)가 설립되자 창립대회에서 직접 에스페란토로 글을 낭독하기도 했으며, 일본 최초의 에스페란토 학교를 만드는 데 참여해 강의도 했다. 일본 사회에 에스페란토가 수용되는 데 공헌을 한 또다른 인물은 인쇄공 출신인 산록태치(山鹿泰治)가 있다. 대삼영과 산록태치 두 사람은 에스페란토를 매개로 평생을 함께하는 동지가 되었으며, 특히 지식인의 전유물이었던 에스페란토를 노동자들에게 확산시키는 공헌을 했다.[62] 여기서 우리가 주목할 점은 아나키즘 운동과 에스페란토 운동은 동서양을 막론하고 상호 밀접한 관계를 맺고 있다는 사실이다.

대삼영의 청년시절을 보여주는 것으로 그의 『자서전』이 남아 있다. 어린 시절부터 학교생활을 지나 사회주의운동에 투신하기까지의 과정을 섬세하게 묘사하고 있다. 이 책에 따르면, 대략 1906년부터 1910년까지 그의 초기 사상이 완성되었다. 이 시기 대삼영은 세 가지 일에 열중했다고 말한다. 첫째는 에스페란토 계몽활동에 적극 참여한 것이고, 둘째는 비군비론(非軍備論)을 적극 지지한 것이며, 셋째는 직접행동론에 공감한 것이다. 그는 서양의 아나키즘을 흡수하는 데 만족하지 않고, 인간과 사회를 포괄하는 새로운 이론을 확립하려는 야심을 가지고 있었다. 즉 서양의 아나키스트가 도달한 결론을 배우는 것에 만족하지 않고, 스스로 그런 결론에 도달하는 과정을 체험하고 확인하려는 충동을 지니고 있었던 것이다.

---

62) 向井孝 『山鹿太治, 人とその生涯』, 靑蛾房 1974 참조.

3. 일본과 중국 아나키스트의 교류

사회주의강습회의 성립과 『천의』의 아나키즘

행덕추수의 영향으로 일본사회당 제2차 대회에서 새롭게 등장한 직접행동파가 기존의 의회정책파를 압도했다. 그들은 1907년 9월 금요강습회를 만들어 매주 금요일 강연회를 개최하며 사회주의 세력을 결집해 나갔다.[63] 행덕추수가 아나키스트로 전환한 소식은 일본인은 물론 일본에 거주하던 동아시아 급진주의자들에게도 아나키즘이 널리 알려지는 계기를 마련했다. 특히 중국에 대한 행덕추수의 우호적인 태도는 재일 중국인 유학생과 망명객에게 강한 호감을 불러일으켰다. 이 시기 일본에 유학 온 중국인 학생은 1만여명에 다다랐으며, 유학생이 가장 많았던 동경은 사회주의운동이 왕성하던 도시였다. 중국동맹회원들도 일본 사회주의자들의 집회에 자주 참석했고, 일본 사회주의자들도 중국인들의 조직과 활동에 적극 참여했다. 그런데 행덕추수의 관심을 끈 것은 중국동맹회의 지도자 손문(孫文)이 아니라 동맹회 내에서 새로운 사상적 출로를 탐색하던 장계(張繼)와 장병린 등이었다. 그가 중국인들의 동태를 예의주시하고 있었음은 다음 같은 기사에서 알 수 있다.

프랑스와 일본에 유학중인 청년들과 망명중인 혁명파 대다수가 이미 만주인을 배척하고 중국을 회복하며 헌정을 창립하는 활동을 시작했다. 그들은 공화정치에 만족하지 않고 더욱 적극적으로 이른바 민생주의, 즉 사회주의를 주장한다. 더욱 급진적인 사람들은 공산적 무정부주의를 주장한다. 청년들은 심지어 열성적으로 개인적 무정부주의를 제창한다. 그들은 수만 권의 잡지나 소책자를 비밀리에 계속해서 본국으로 수송하고 있다.[64]

---

63) 금요강습회에 대한 중국인의 기록으로는 경매구의 회고가 남아 있다(景梅九 『罪案』, 國風日報社 1924. 4, 906~907면).

64) 幸德秋水「病中放語」, 『高知新聞』 1908. 1. 1(富田昇「社會主義講習會と亞洲和親會」, 『東洋學集刊』 第64號, 1990, 239~40면 재인용).

중국 최초의 아나키스트로 평가받는 장계는 1899년 일본으로 건너와 조도전대학(早稻田大學)에서 정치경제학을 공부하다 혁명파가 되었는데, 당시 재일 중국인 유학생 가운데 가장 과격한 인물로 알려졌다. 그는 일찍이 『무정부주의』(1903년 말)라는 책을 번역, 출판한 바 있었다.65) 1906년 말 동경에 다시 왔을 때 북일휘(北一輝)의 소개로 행덕추수를 알게 되었고, 다음해 3월 행덕추수에게 편지를 써서 교류를 희망했다. 장계는 행덕추수를 만나면서 그의 학문에 탄복했고, 그의 사상을 받아들였다. 이 만남은 중일 아나키스트의 교류의 시작을 알리는 상징적 사건이었다.66) 장계는 행덕추수로부터 롤러의 『사회적 총동맹파공론』을 빌려 『총동맹파공(總同盟罷工)』(1907년 11월)이라는 제목으로 번역해 생디칼리슴을 중국 사회에 소개했다. 혹자는 행덕추수의 일역본을 중역한 것이라고도 한다. 다음해에는 1903년에 출판한 책과 제목은 같지만 내용이 다른 『무정부주의』(1908년 2월)를 번역했다. 이 책은 이탈리아 아나키스트 말라테스타가 쓴 것으로 원래 제목은 『아나키』(Anarchy)인데, 백류수호(白柳秀湖)의 일역본을 중역한 것이다.67) 말라테스타의 책은 아나키즘이 자유의 실현을 추구하는 사상임을 설명한 계몽적 성격의 글로 『신세기』나 『천의(天義)』에도 번역 게재될 정도로 유명했다.68)

장계는 1907년 4월경 자신의 선배격인 장병린과 일본으로 갓 건너온 유사배(劉師培), 하진(何震)을 행덕추수에게 소개했다. 이 만남에서 전통학문의 대가였던 장병린과 유사배는 "유학자였다가 사회주의를 받아들인" 행덕추수에 강한 동질감을 느낀 듯하다. 그후 행덕추수와 대삼영 등이 주도하던 금요강습회에 자주 참석해 아나키즘에 대한 인식의 지평을 넓혀 나갔다.

---

65) 석무전정(石母田正)은 장계가 진정한 코뮌적 아나키스트가 아니라고 본다(石母田正「辛亥革命與幸德秋水」, 『國外中國近代史硏究』 第2號, 1981, 339면).
66) 竹內善作「本世紀初日中兩國革命運動的交流」, 같은 책 참조.
67) 嵯峨隆, 앞의 책 254면.
68) 말라테스타의 이 책은 『新世紀』에 「工人之無政府主義談」이라는 제목으로, 『天義』에 「無政府共産主義之工人問答」이라는 제목으로 부분 번역되어 게재되었다.

1907년 봄부터 교류를 시작한 그들은 같은 해 6월 초 중국인 급진주의자를 중심으로 금요강습회와 비슷한 사회주의강습회(社會主義講習會)를 만들었다. 제1회 강습회가 8월 31일에 열린 것을 기준해 이날 정식 성립되었다고 본다. '강습회'라는 명칭에서도 쉽게 알 수 있듯이 이 모임은 일본의 금요강습회 영향 아래 조직되었으며, 주로 일본 사회주의자들이 강사로 초빙되었다. 사회주의강습회는 1) 아나키즘과 사회주의이론, 2) 아나키즘의 역사, 3) 중국의 민생문제, 4) 사회학 등을 다루겠다면서 스스로 아나키스트 단체임을 자부했다. 당시 유사배의 처 하진은 여자복권회(女子復權會)를 조직하고 1907년 6월 10일 『천의』라는 여성잡지를 간행하기 시작했는데, 아나키스트들은 이 여성지를 자신들의 기관지로 삼았다. 따라서 『천의』는 진보적인 여성잡지인 동시에 아나키즘 잡지라는 이중적인 성격을 띠게 되었다. 동경의 『천의』는 파리의 『신세기』보다 약간 빨리 발간되었는데, 보통 잡지의 이름을 빌려 천의파(天義派, 혹은 동경그룹)라고 부른다. 마치 프랑스의 저명한 아나키스트 르클뤼나 그라브의 영향 아래 신세기파가 만들어졌듯이 일본의 대표적인 아나키스트 행덕추수, 대삼영 등과의 교류를 통해 천의파가 만들어진 것이다.[69]

사회주의강습회에는 행덕추수와 계리언, 대삼영 등이 정기적으로 참석해 강연했다. 강습회의 첫 모임에는 90여명이 참석했고 행덕추수가 연사로 나와 강연했다. 그 당시의 상황이 『천의』에 자세히 기록되어 있다. 여기서 행덕추수는 아나키즘의 기원과 다른 사회주의 파벌과의 차이점을 강연했으며, 행덕추수의 안전을 위해 기사에는 그의 이름을 표기하지 않고 기호로 처리

---

69) 마틴 버널의 지적에 따르면, 천의파와 신세기파의 출현은 1905년 이후 노동조합적 아나키즘을 추구하던 국제적 운동의 흐름과 관계가 있다고 한다. 그는 1906~1907년 사이의 중국 사상계는 아나키즘이 맑스주의보다 주류를 이루고 있다고 보았다. 그리고 동아시아 아나키즘의 수용과정에서 재일 러시아 망명객의 영향을 지적했다(Martin Bernal, *Chinese Socialism to 1907*, Ithaca / London: Cornell University Press 1976 참조).

했다. 이 강연기사는 지구 반대편에 있던 파리의 『신세기』에도 두 차례에 걸쳐 연재되어 서로 간의 연대의식을 과시했다. 강습회에는 대삼영도 여러 차례 강연(5, 6, 8회)한 것으로 나타나는데, 강연주제는 '바쿠닌의 연방주의' 였다. 현재 남아 있는 자료에 따르면 사회주의강습회는 대략 8차례 열린 것 으로 보인다.70)

　얼마 후 사회주의강습회가 경찰의 압력으로 열 수 없게 되자 강습회 회원 들은 1908년 4월 12일부터 제민사(齊民社)라고 단체명을 바꾸어 강연회를 계속 열었다. 제민사의 이름으로 열린 강연회는 대략 5차례였던 것으로 보 인다.71) 특히 제1차 강습회에서 대삼영이 '프랑스 반란의 정신'이라는 제목 으로 연설하면서 동양자유평화동맹을 만들자며 아시아의 연대를 주장한 사 실은 인상적이다.72)

　이 시기 장병린과 유사배 등은 일본 아나키스트의 도움을 받아 중국동맹 회의 동경본부를 접수하여 새로운 조직으로 만들려고 시도했다. 그 과정에 서 손문의 영도권을 쟁탈하기 위한 갈등과 대립이 일어났고 중국동맹회의 분열로 이어졌다. 이 사건에 대해 일본의 아나키스트들은 자신들의 경험에 비추어 중국동맹회의 분열은 혁명운동의 발전과정에서 피할 수 없는 것으로

---

70) 제1차 사회주의강습회(1907년 8월 31일)에서 행덕추수 강연, 제2차 강습회(1907년 9월 15일)에서 계리언 강연, 제3차 강습회(1907년 9월 22일)의 강사는 알 수 없고, 제4차 강습 회(1907년 10월 6일)에서 산천균 강연, 제5차 강습회(1907년 11월 10일)에서 대삼영 강연, 제6차 강습회(1907년 11월 24일)에서 대삼영 강연, 제7차 강습회(1907년 12월 8일)에서 산 천균 강연, 제8차 강습회(1907년 12월 22일)에서 대삼영 강연 등이 있었다(富田昇, 앞의 글 236면).

71) 제민사는 제1차 강습회(1908년 4월 12일), 제2차 강습회(1908년 4월 26일), 제3차 강습 회(1908년 5월 10일), 제4차 강습회(1908년 5월 17일), 제5차 강습회(1908년 6월 14일) 등 5차례 회의를 열었다(蔣俊·李興芝 『中國近代的無政府主義思潮』, 山東人民出版社 1991, 40면).

72) 이 강연은 『天義』의 후속 잡지인 『衡報』 第1號에서 소개되었다(富田昇, 앞의 글 243~ 44면).

보아 천의파를 지지했다.

동경의 『천의』에서 소개한 아나키즘도 기본적으로 파리의 『신세기』와 마찬가지로 크로포트킨 사상에 바탕을 두었다. 이 잡지에는 크로포트킨의 「유쾌한 노동」(『빵의 정복』 제10장), 「미래 사회생산의 방법과 수단」(『빵의 정복』 제8장 제2절), 「빵의 약탈」(『빵의 정복』 제1장 1~3절), 「아나키즘의 철학과 이상」 등을 번역 소개했다. 여기서 알 수 있듯이 천의파는 주로 행덕추수의 『빵의 정복』 일역본에 근거하여 중국어로 다시 번역 게재했는데, 신세기파처럼 크로포트킨 저작에 대해 두루 번역한 것은 아니었다. 하지만 유사배는 『천의』에 「크로포트킨 학설 요약」을 두 차례 연재해 그의 사상을 소개했는데, 『상호부조론』에 대해서는 "크로포트킨 학설 가운데 가장 핵심은 『호조』"[73]라고 높이 평가했다. 동시에 스펜서나 헉슬리의 사회진화론이 제국주의 이데올로기의 하나임을 비판하고, 상호부조론을 핵심으로 하는 크로포트킨 사상이 가장 원만한 사상이라고 주장했다.

천의파는 바쿠닌과 슈티르너, 톨스토이의 아나키즘에도 흥미를 보임으로써 다른 유럽 아나키스트 이론에 대해서도 호기심이 가득 찬 모습을 보였으며, 개인의 자유보다는 절대평등을 최고 목표로 삼았다는 점이 특색이다. 특히 국학자 출신의 유사배가 소개한 크로포트킨주의는 이른바 전통과 혁명이 결합된 것으로, 철저한 반전통주의를 내세운 신세기파의 그것과는 뚜렷한 차이를 드러냈다. 예를 들어 유사배는 아나키즘이 근대 서양의 산물이 아니라 중국의 전통사회에도 있다고 보아 노자(老子)를 중국 최초의 아나키스트라고 평가했으며, 이탁오(李卓吾)를 러시아 아나키스트 바쿠닌과 비교했다. 이석증이 과학자로서의 크로포트킨을 높이 평가했다면, 유사배는 크로포트킨의 귀납적 역사방법론에 관심을 보였다. 결국 '국수(國粹)'의 처리문제에 대해서만큼은 두 잡지는 뚜렷한 차이를 보였다.[74]

---

73) 申叔 「苦魯把特金學術述略」 2, 『天義』 第13~14合冊, 1907. 12. 30.
74) 曺世鉉 「二十世紀初的'反對國粹'和'保存國粹'」, 『文史知識』, 1999年 第11期 참조.

국수주의와 아나키즘은 외면상 하나는 민족주의와 전통주의의 색채가 짙고 다른 하나는 국제주의와 반전통주의의 색채가 농후해서 정반대의 입장을 취하는 듯하지만, 동아시아 사회에 거의 동시에 등장한 이 두 사조는 실제로는 서로 복잡하게 얽혀 있는 경우가 많았다. 심지어 한 인물에게서 이 두 가지 사상이 동시에 나타나기도 했는데, 대표적인 인물이 바로 천의파의 유사배를 들 수 있다. 그가 해석한 '중국식' 아나키즘은 기본적으로는 유가적 평균(平均)사상이나 도가적 무위(無爲)사상 같은 전통적 요소를 듬뿍 지닌 것이며, 루소의 사회계약설이나 크로포트킨의 새로운 진화론 같은 서구적인 이론의 자극을 받아 만들어진 것이다. 엄격한 의미에서 유사배에게 있어서 아나키즘이란 국학(國學)의 부흥을 위해 선택한 도구에 불과했으며, 필요하다면 언제라도 포기할 수 있는 것이었다. 중국의 전통사회를 "유정부이나 실은 무정부와 다름이 없다"면서 중국이 자본주의가 발전하지 않은 것이 오히려 서구적 근대화의 단계를 초월하여 아나키즘 사회의 실행에 유리하게 작용할 것이라고 주장한 대목에서 그의 독특한 면모를 읽을 수 있다. 여기서 나타나는 서학 수용방식의 한 가지 특징이라면, 서양의 근대를 초월하려는 지나친 '조급성'을 들 수 있을 것이다.

『천의』의 후원자이자 유사배보다 더욱 민족주의 성향이 강했던 장병린에게서도 구분진화론(俱分進化論)이라는 독특한 해석이 엿보인다. 그는 상해 시절부터 사회진화론의 문제점을 자각하여 도덕에서 선(善)과 악(惡)이 함께 진화하고, 경제에서도 낙(樂)과 고(苦)가 함께 진화한다는 구분진화론을 주장한 바 있다. 일본에 건너와서는 행덕추수, 대삼영 등과 교류하면서 상호부조론을 받아들였는데, 이를 통해 진화와 도덕의 이율배반적인 모순을 해결하는 데 도움을 받았다. 「오무론(五無論)」(1907년 9월), 「국가론(國家論)」(1907년 10월) 등에서 이런 영향이 나타나는데, "백이(伯夷)의 행동은 오늘날 톨스토이와 같고, 도척(盜跖)의 행동은 바쿠닌과 같다"는 식의 주장을 폈다. 하지만 그에게 있어서 서양에서 건너온 진화론은 오래 지니고 있을 사상이 아니었다. 실제로 장병린은 신세기파의 오치휘와 개인적인 불화가 있었으며, 그래서인지 「사혹론(四惑論)」(1908년 7월)에서는 한걸음 물러나 크로포트킨 주의를 비롯해 일체의 진화론에 대해 비판적인 태도를 취했다.

장병린의 경쟁자였던 손문에게서도 상호부조론의 영향이 나타나 흥미롭다. 그는 상호부조의 진화론으로 사회진화론에 내재된 우승열패와 약육강식의 논리를 비판할 수 있다고 믿었다. 일체의 악은 모두 인류의 몸속에 남아 있는 동물성에서 기원한다면서, 일체의 선이나 인의 도덕은 인류의 호조라는 천성에서 기원한다고 보았다. 그는 인류의 도덕 진화는 부단히 동물성을 극복하고 호조의 인성을 증진하는 과정이라고 주장했다. 하지만 크로포트킨이 상호부조가 모든 생물의 본성과 본능으로 본 데 반해, 손문은 "생물계는 경쟁을 원칙으로 하고, 인류는 호조를 원칙으로 한다"는 절충적인 주장을 펴서 약간의 차이를 드러냈다.[75]

『천의』는 「사회혁명 대풍조」라는 항목을 만들어 만국사회당대회와 관련된 소식은 물론 외국의 노동운동 농민운동을 소개하는 글을 자주 실었다. 특히 맑스의 『공산당선언』이나 프리드리히의 엥겔스의 『가족·사유재산·국가의 기원』 등을 절역해 실은 것은 이채롭다. 파리의 『신세기』에서는 거의 찾아볼 수 없는 맑스주의에 대한 관심은 일본 사회주의자의 영향을 보여주는 대목이다. 프랑스 아나키스트는 바쿠닌 및 맑스와의 논쟁 이후 맑스주의자와는 분명한 선을 그은 반면, 일본 아나키스트는 맑스주의에 대한 반감이 별로 없었다. 특히 톨스토이의 글이 일본 사회에 소개되자 유사배는 큰 관심을 가졌는데, 아마도 서양 자본주의를 비판하고 중국의 전통적 농업사회를 찬양하는 내용이 흥미를 끈 듯싶다. 『천의』에는 일본사회당의 분열 소식이나 금요강습회, 사회주의강습회의 기사 및 광고들도 실렸다. 특히 행덕추수 관련 기사는 자주 발견되는데, 그의 강연내용을 잡지에 싣는 것은 물론 「행

---

75) 졸고 「동아시아 3국(한중일)에서 크로포트킨 사상의 수용 ―'상호부조론'을 중심으로」, 『중국사연구』 제39집, 2005, 246면.

덕추수 선생 연설고」라는 제목을 달아 별도로 제본해 출판했다.

당시 사회주의자들이 에스페란토를 공부한 것은 운동의 국제화에 편리했기 때문인데, 동아시아 아나키스트의 다수가 에스페란토를 운동의 한 방편으로 배운 것도 여기에서 출발한다. 『천의』의 후반부에 실린 에스페란토 기사 중에는 대삼영이 중국인에게 에스페란토를 전파하는 대목이 있다. 그리고 『천의』의 후속편인 『형보(衡報)』(1908)에 실린 에스페란토 기사는 좀더 구체적으로 대삼영과 중국인 아나키스트의 교류를 보여준다. 『형보』의 「대삼영군의 세계어 Esperanto 강습회 개회 연설사」에 따르면,76) 1908년 대삼영은 중국인을 위해 에스페란토 강습회 강사로 일했으며, 유사배의 에스페란토 지식도 그와의 교류를 통해 얻은 것임을 알 수 있다. 『형보』에는 에스페란토란도 있어서 이 신문이 아시아 최초의 에스페란토를 제창한 간행물이라는 설이 있다. 1908년 상해에서 유사배가 세계어전습소(世界語傳習所)를 설치했다는 주장도 있으나 분명하지 않다.

앞서 언급했듯이 『천의』는 아나키스트 잡지인 동시에 진보적인 여성잡지였다. 따라서 일본의 『사회주의연구』『독립평론』『신시대보』같은 사회주의 잡지기사가 번역 연재된 것 말고도 『세계부인』『부인문제』『가정잡지』등과 같은 여성계몽지의 기사가 소개되었다. 특히 『천의』는 『세계부인』의 영향을 많이 받은 것으로 알려져 있다. 이 잡지는 초기 동아시아 여성해방운동과 아나르코-페미니즘(Anarco-Feminism)의 특징을 읽을 수 있어서 무척 유용하다. 대체로 서양의 페미니스트들이 남성적 권위가 제도화된 가부장제의 종식을 추구했다면, 아나키스트들은 일찍부터 가부장제와 국가는 구조적으로 긴밀하게 얽혀 있으며, 국가폐지야말로 제도화된 가부장제의 대행자를 폐기하는 것으로 인식했다. 이런 점들은 자유주의자의 정치혁명론이나 맑스주의자의 계급투쟁론과도 구별되는 것이었다.

---

76) 「大杉榮君世界語 Esperanto 講習會開班演說詞」, 『衡報』 第2號, 1908. 5. 8.

동아시아의 전통적 가족제도는 남자를 중심으로 한 대가족제였다. 그 특징이라면 가장 권위의 절대화로 설명할 수 있으며, 부자·부부·장유의 혈연관계를 기초로 어느 한쪽이 다른 한쪽을 강요하여 일방적인 복종을 요구한다는 것이다. 과거에는 이런 가족제도가 법률이나 관습의 형태로 굳어져 여성들을 철저하게 지배할 수 있었다. 그래서 동아시아의 아나키스트에게 가족제도란 공리(公理)에 대립하는 강권(强權)의 기초로 인식되었다. 그들이 비판한 가족이란 단지 가족성원 간에 압제와 복종이 이루어지는 곳일 뿐만 아니라, 나아가 국가와 마찬가지로 기본적으로 반사회적인 존재였다. 동아시아의 아나르코-페미니즘 운동은 서양의 경우처럼 처음에는 정치운동과 어우러져 진행되었으며, 점차 정치운동이 발전함에 따라 더욱 심층적인 변혁 즉 사회혁명으로 나아갔다. 이때 남녀교육의 평등과 여성의 노동참여, 여성 참정권 획득 등이 주요 화제로 떠올랐다.

그런데 『천의』에서는 극단적인 수준의 남녀간 절대평등을 요구해서 흥미롭다. 예를 들어 하진은 "초혼의 남자는 초혼의 여자와 결혼하고, 재혼할 남자는 단지 재혼하는 여자와 결혼할 수 있고, 여자가 재혼할 경우에도 단지 재혼하는 남자와 결혼할 수 있다"[77]는 당돌한 주장을 폈다. 행덕추수는 잡지에 실린 이런 하진의 남녀혁명론에 흥미를 느꼈다. 그는 여성문제 전문가인 계리언을 만나도록 주선하여 이 문제에 대해 토론하도록 제안했다. 하지만 하진은 계리언을 만난 후에도 일본 사회주의자들이 인류의 완전한 '자유'를 실현하는 것을 추구하는 데 비해, 자신은 인류의 완전한 '평등'을 이루는 데 뜻이 있으므로 서로 입장이 다르다고 고집했다.

중국의 아나키스트들은 가정이란 '만악(萬惡)의 근원'이라 주장했으며, 한 걸음 더 나아가 결혼제도야말로 '만악의 근원의 근원'이라는 독특한 관점을 가지고 있었다. 이에 따라 어떤 사람은 전통적 혼인제도에 굴종하는 것은 역

---

77) 「幸德秋水來函」, 『天義』 第3號, 1907. 7. 10.

사의 노예가 되는 것이라고 말했고, 심지어 어떤 사람은 연애문제에서 남녀 쌍방이 모두 애정의 만족을 느끼기 위해서는 반드시 남녀 공동연애를 실행해야 한다고까지 주장했다. 이들은 자유주의 경향의 지식인들과는 달리 대가족제뿐만 아니라 소가족제조차 부정했다. 아울러 혼인제도가 폐지된 후 자녀문제에 대해서는 공공기관에서 공동 양육할 것을 제안했다. 지나치게 과격하게 보였던 결혼제도 폐지문제는 5·4운동을 전후해서는 이미 아나키스트의 주장을 넘어 당시 진보적 인사들의 화두가 되었다.

동아시아 최초의 반제국주의 단체: 아주화친회

행덕추수가 아나키즘을 받아들이기 전에는 민족문제에 대한 정확한 인식이 결여되어 있었다. 사회주의자 시절에 그는 서양의 제국주의와 군국주의를 비판하는 과정에서 피압박 민족의 민족주의 경향을 모두 부정함으로써 민족해방운동 이론으로서의 사회주의의 의의를 홀시했다. 하지만 아나키즘을 받아들인 후 제국주의가 애국심과 군국주의를 무기로 삼아 세계로 확산될 것을 경계하면서, 중국과 조선에 대한 일본정부의 군국주의 정책에 반기를 들었다. 그래서 일본에 거주하던 중국인과 한인들에게 우호적인 태도를 보인 것이다. 특히 중국의 혁명가들과 긴밀한 협조관계를 구축하고자 한 행덕추수는 『평민신문』에 글을 실어 중국 혁명가와 일본 사회주의자가 서로 합작할 것을 제안했다. 이에 호응한 장병린과 장계, 유사배 등은 동아시아 각국의 혁명가를 규합하여 1907년에 아주화친회(亞洲和親會)를 만들었는데, 이 단체가 조직된 구체적인 시기는 논란이 있으나 대체로 사회주의강습회가 결성된 시점과 비슷한 것으로 보인다.[78] 우선 4월경 중국인과 인도인 망명

---

78) 아주화친회의 성립시기에 대해 탕지쥔(湯志鈞)은 1907년 4월경(18개월 정도 활동했다고 추측), 부전승(富田昇)은 봄과 여름 사이, 석무전정은 7월 20일경, 죽내선삭(竹內善朔)은 여름경, 옥천신명(玉川信明)은 사회주의강습회가 발족한 지 2개월 후 만들어졌다고 서로 다른 주장을 폈다.

객을 중심으로 설립을 준비했다가 사회주의강습회를 통해 중일 사회주의자와 각국 활동가들의 교류가 심화되자 여름에 본격적인 출발을 한 듯싶다.

아주화친회는 동아시아 사회에서 처음으로 만들어진 반제국주의 단체이기 때문에 그 활동 기간이 짧았음에도 불구하고 역사의의가 매우 높다. 여기서 아시아라는 지역은 일국 차원의 혁명을 넘어 세계혁명으로 나아가기 위해 일차적으로 설정된 범주였을 것이다. 기본적으로는 금요강습회의 일본인과 사회주의강습회의 중국인, 특히 유사배와 장계가 주축을 이루었지만 회원은 인도인과 월남인, 필리핀인, 말레이시아인, 한인(?) 등이 고루 참가했다고 전해진다. 단체 성립 후 몇차례의 모임을 가졌으며 장병린의 이름으로 작성된 선언문 「아주화친회약장」은 1907년 가을 무렵에 발표되었다. 장계와 유사배가 이 단체의 핵심인물이었지만 장병린이 선배였기 때문에 그의 이름으로 선언서를 발표했다고 한다. 약장 내용의 일부를 소개하면 다음과 같다.

명칭: 본회는 '아주화친회'라고 이름한다.

목적: 본회의 종지는 제국주의에 반항하여, 아시아에서 주권을 잃어버린 민족들이 각자 독립하도록 한다.

회원: 아시아인으로 침략주의를 주장하는 자를 제외하고, 민족주의·공화주의·사회주의·무정부주의를 막론하고 모두 본회에 가입할 수 있다.

의무:

1) 아시아 여러 나라에서 외래인에 의해 침략당해 어육이 되었거나, 이민족의 지배를 받아 노예가 되었거나, 그 비참함이 매우 심하다. 본회의 의무는 서로 협력해서 각자 독립과 자유를 얻는 것이 목적이다.

2) 아시아 여러·나라 중 만약 한 나라에 혁명이 있으면 나머지 나라의 회원들은 서로 협력하여 직접 간접을 막론하고 모든 능력껏 돕도록 노력한다. (…)

조직:

1) 회원들은 반드시 매월 한 차례 모임을 갖는다.

2) 각 회원들은 반드시 전체 회원의 명부에 주소지를 남긴다. 개회할 때 신

입회원을 명부에 기입하고 각 회원들에게 소개한다. (…)

　3) 본회에는 회장과 간사의 직이 없고, 각 회원은 모두 평등한 권리를 가진다. 각자 친목 평권의 정신을 가지므로 서로의 능력을 다해 본회의 뜻에 부합한다.

　(…)79)

　이 약장에 따르면, 아주화친회는 반제국주의 입장이 선명하여 "제국주의에 반대하여 스스로 자신의 민족을 보존하는 것"이 목적이었으며, 나아가 아시아 혁명을 달성하기 위해 아시아 각국의 연합을 결성하고자 했다. 또한 "아시아인으로 침략주의를 주장하는 자를 제외하고, 민족주의·공화주의·사회주의·무정부주의를 불문하고 모두 입회할 수 있다"고 규정하여 침략적 민족주의자를 제외한 진보세력의 연합을 추구했다. 그리고 규약 중에 "본회에는 회장과 간사의 직책이 없고, 각 회원은 모두 평등한 권리를 가진다"라는 구절이 있는데, 이 대목은 아나키즘의 영향을 추측게 한다. 본래 아나키스트 조직은 가입과 탈퇴의 자유를 보장하는 것이 한 특색이다.

　아주화친회는 매달 1회 모임을 개최하기로 되어 있으나 현재까지 확인할 수 있는 것은 1907년 여름에 개최된 두 번의 모임뿐이다. 인도회관에서 열린 제1차 회의에는 계리언·산천균·수전유추(守田有秋)·죽내선삭(竹內善朔), 인도인·중국인·월남인들이, 유일신교의 교당에서 열린 제2차 회의에는 계리언·삼근운평(森近運平)·대삼영·죽내선삭, 월남인·중국인·인도인·필리핀인들이 참석한 것이 확인된다.80) 이 단체의 회원들은 일본 제국주의의 침략 저지와 아시아 민족의 독립을 논의했으며, 고립된 혁명은 성공하기 어려우므로 식민지 민족해방을 넘어 혁명적 민중의 국제적 연합으로

---

79)「亞洲和親會約章」(湯志均「關於亞洲和親會」,『辛亥革命叢刊』第1輯, 中華書局 1980, 148면 인용).
80) 玉川信明『中國の黑い旗』, 晶文社 1981, 61면.

나아갈 것을 구상했다. 대삼영은 이 모임에 참석해 비군비주의(非軍備主義)를 고취했다고 한다.

사회주의강습회가 공개적인 조직이었던 것과는 달리 아주화친회는 비공개적인 조직이라는 인상이 짙다. 왜냐하면 이들의 활동에 대한 구체적인 기록이 거의 남아 있지 않기 때문이다. 어쩌면 재일 외국인들이 아시아 연대를 주장하는 일이 위험했을 수도 있고, 아니면 잠시 존재했다가 사라져버렸기 때문인지도 모른다. 하지만 이 단체의 존재는 20세기 초에 이미 일정한 규모로 동아시아 차원의 국제연대가 이루어지고 있었다는 사실을 보여준다. 일본인과 중국인, 인도인 등 다양한 국적의 인물들이 서로를 동지로 인식하고 제국주의에 대항해 공동보조를 취한 것은 분명 대단한 사건이었다. 그래서 아주화친회는 아나키즘의 국제연대정신을 가지고 열린 민족주의를 추구하고, 이를 초민족적 사고로 발전시키면서 아시아인의 해방운동에 세계주의적 전망을 불어넣었다고 높이 평가하는 견해가 있다.81) 비록 약자의 연합이라 오래 버티지는 못했지만 그 연대의 정신은 계속 이어졌다.

아주화친회에 한인이 참가했는지는 분명치는 않으나 조소앙(趙素昻) 등 일부 유학생이 참여했을 가능성이 높다.82) 대삼영의 회고에 "7~8년 전에 일본, 중국, 조선, 월남, 필리핀, 인도 등의 동지가 서로 계획하여 아주화친회를 설립했던 일이 있다. (…) 이미 2~3회의 회합을 갖고 여러 종류의 확실한 활동을 이루려 했으나 적기사건(赤旗事件) 때문에 일본의 동지들이 감옥에 투옥되자 아무런 효과도 거두지 못하고 해산하고 말았다"83)라는 내용이

---

81) 황동연 「20세기 초 동아시아 급진주의와 '아시아'개념」, 『대동문화연구』 50호, 2005, 154~55면.

82) 죽내선작의 회고에 따르면, 한인은 일본인이 참가할 경우 불참하겠다고 하여 모임에 출석하지 않았다고 했다. 거꾸로 이 기록은 한인과 아주화친회와의 일정한 관련성을 암시하는 대목으로도 읽을 수 있다(竹內善作 「明治末期における中日革命運動の交流」, 『中國研究』 第5號, 1948. 9).

83) 大杉榮 「事實と解釋」, 『近代思想』, 1915. 11.

남아 있다. 그리고 당시 베트남 유학생 반패주(潘佩珠)의 기록에는 아주화친회의 참가국으로 조선을 첫번째로 지명하고 있고, 한인 조소앙을 구체적으로 명시하고 있다.[84] 중국인 다음으로 한인 유학생이 많았으므로 일본 사회주의자와 교류가 잦았을 터이지만, 어쩌면 한인들은 일본인들이 주로 아시아 문제 혹은 중국문제에만 관심을 가지고 식민지 조선의 해방문제에 대해 관심이 적은 데에 불만을 가졌을 수도 있다.[85]

아주화친회의 이념과 관련해 유사배가 쓴 「아주현세론(亞洲現勢論)」(1907년 11월 30일)이라는 장문의 글이 『천의』에 실려 있어 참고할 만하다.

> 동경에 거주하는 (조선과 월남) 학생에게 사회주의를 이야기하면 모두 기꺼이 찬성한다. 사회주의의 진흥은 이들이 그 효시가 될 것이다. (…) 페르시아, 중국, 조선에서의 암살사건도 역시 무정부주의자의 존재를 암시하는 것이다. (…) 수년 안에 사회주의와 무정부주의는 반드시 아시아에서 큰 세력을 가지게 될 것이다. 만약 아시아 식민지의 인민과 구미 및 일본의 민당이 상호 연대하게 될 경우, 민당의 혁명은 식민지 독립의 기회가 되고 식민지의 독립은 또 민당 혁명의 기회가 된다. 아시아 인민이 이 사실을 이해하고 이러한 방책을 실행하게 된다면 전세계적으로 식민지에 행해지고 있는 강권이나 인민을 속박하고 있는 정치가 모두 동시에 전복되어 인류의 자유를 실현시킬 수 있을 것이다.[86]

「아주현세론」에서는 아나키즘에 가까운 중국에서 시작해 아시아 약소국가와 연락하고 구미의 아나키즘 정당과 연대해 백인의 강권과 정부를 전복하자는 논리를 전개한다. 특히 아나키즘 혁명을 실현하기 위해서는 자국의

---

84) 李京錫 「平民社における階級と民族—亞洲和親會との關聯を中心に」, 『帝國を擊て』, 論創社 2005, 104~10, 113~14면.
85) 嵯峨隆, 앞의 책 139면.
86) 유사배, 박제균 옮김 「아시아 현정세와 연대론」, 『동아시아인의 '동양'인식 19~20세기』, 문학과지성사 1997, 145~46, 158면.

통치자뿐만 아니라 외국의 제국주의도 반대할 것을 주장하면서, 아시아 약소민족이 서로 연대하여 투쟁할 것을 역설했다. 여기서 백인종뿐만이 아니라 침략정책을 펴던 일본정부 역시 '아시아의 공적'으로 본 것은 흥미롭다. 즉 일본을 아시아에서 강권을 행사하던 백인종의 일원으로 본 것이다. 작자는 세계정세와 아시아 정세, 중국정세를 분석하는 과정에서 조선과 월남, 인도 등의 식민지 망명객과 접촉한 것으로 보인다. 아시아 약소국의 동시 독립과 정부의 폐지를 역설한다든지, 아시아 약소민족의 독립을 서로 돕고 나라의 독립 후에는 아시아 연방을 결성한다든지, 아시아 혁명에서 세계혁명으로 나아가는 혁명 프로그램을 제시한 것 등은 당시로서는 매우 놀라운 내용이었다.[87] 이 글은 아시아 인민의 연대를 통한 반제국주의를 주장한 점에서 아주화친회의 정신과 맥을 같이하고 있었다. 같은 시기 『민보』에도 아주화친회의 주장과 유사한 논조의 글이 실려 역시 관련 있는 것으로 보인다.[88] 이처럼 아시아주의가 반제민족해방운동을 향한 국제연대로 나아간 것은 획기적인 일이었다.

한편 행덕추수는 일본의 제국주의화에 반대하는 동아시아 사회주의자 및 식민지 민족혁명가들을 규합해 '동경사회주의자유지회 결의' 명의로 일본의 조선 강제합병을 강력히 비판하는 글을 『대판평민신문』(1907년 7월 21일자)에 싣기도 했다. 여기서 "우리는 조선 인민의 자유 독립 자치의 권리를 존중하고, 이에 대한 제국주의적 방책은 만민 평민계급 공동의 이익에 반하는 것으로 간주한다. 따라서 일본정부는 조선의 독립을 보장해야 한다는 언질에 충실할 것을 바란다"[89]고 했다. 대체로 일본인으로서 행덕추수는 대외적으로 반제국주의를 중시하고 대내적으로 반천황제를 주장하면서 아시아 문제에 주목했다면, 중국인으로서 유사배는 반만 민족주의에서 출발해 민족해방을

---

87) 劉師培 「亞洲現勢論」, 『天義』 第11~12合冊, 1907. 11. 30.
88) 「亞洲和親之希望」, 『民報』 第23號, 1908. 8. 10.
89) 김명섭 『한국 아나키스트의 독립운동 ―일본에서의 투쟁』, 이학사 2008, 49면 재인용.

주장하고, 그것이 외연적으로 확대되어 아시아와 반제국주의문제로 나아갔다고 볼 수 있을 것이다.

1907년이라는 상징적인 해는 중일 아나키스트들의 교류가 매우 활발한 시기였다. 그런데 그해 말 미국에서 사회혁명당을 조직한 암좌작태랑(岩佐作太郎)이 천황제를 반대하는 글을 일본 각지에 배포해 정부를 긴장시켰다. 게다가 러일전쟁 후 국내통합이라는 시급한 문제에 직면하자 일본정부는 사회주의운동에 대한 적극적인 탄압에 나서면서 상황이 돌변했다. 1908년 1월 17일에 열린 제20차 금요강습회에서 경찰이 해산명령을 내리자 분노한 군중들이 가두행진을 벌이고 다시 회의장 옥상에 올라가 연설을 하는 등 소란을 피웠다. 이 옥상연설사건으로 말미암아 대삼영을 비롯해 계리언과 죽내선삭 등은 치안경찰법을 위반한 혐의로 체포되어 동경감옥에 투옥되었다. 이때 중일 아나키스트의 교량역할을 담당하던 장계에 대해서도 체포령이 떨어졌는데, 당시 그는 청조로부터 혁명파의 우두머리로 지목되어 현상금 3천금이 걸려 있었다. 비록 장계는 일본 동지들의 도움으로 프랑스 파리로 망명하는 데 성공했지만, 그가 사라지면서 중일 아나키스트 간의 연대는 급속히 와해되었다.[90] 그후 장계는 파리의 신세기파와 합류해 활동했고, 구미의 아나키스트들이 만든 이상촌을 방문하기도 했다.

일본 아나키즘 운동을 더욱 위축시킨 것은 1908년 6월 22일에 일어난 적기사건 때문이었다. 산구고검(山口孤劍)이라는 한 사회주의자의 출옥 환영회가 금휘관(錦輝館)이라는 곳에서 열렸는데, 이 모임은 분열된 사회당의 좌·우파의 화해를 목적으로 마련된 자리였다. 그런데 경찰이 환영회를 진압하려 들자 대삼영을 비롯한 일부 사회주의자들이 '무정부' '무정부공산' '혁명'이라 쓰인 적기를 휘두르며 경찰과 난투극을 벌였다. 이 유명한 적기사건으로 말미암아 대삼영을 비롯한 다수의 일본 아나키스트들이 또다시 체

---

90) 아주화친회의 좌절은 그 주요 원인이 가장 열성적인 조직가이자 연설가였던 장계가 프랑스로 망명가고, 적기사건 후 각국의 동지들이 흩어졌기 때문이라고 한다.

포, 투옥되었다. 사회적 충격이 적지 않아 이 사건의 책임을 지고 내각은 총 사퇴했으며 일본정부는 더욱 보수화되었다.[91] 적기사건을 계기로 일본의 사회주의운동이 침체에 놓이자 아주화친회나 사회주의강습회도 이들과 운명을 같이했다.

1910년은 대역사건(大逆事件)이 일어나 행덕추수를 비롯한 다수의 사회주의자가 체포된 해이다. 평민사를 들락거리던 궁하태길(宮下太吉) 등 몇몇 젊은이들이 천황제를 노골적으로 비판하다가 그 가운데 일부가 천황암살을 꿈꾸었다. 결국 그해 5월에 궁하태길이 폭발물 제조혐의로 체포되는 것을 시작으로 무려 26명이나 되는 사람들이 당국의 올가미에 걸려 기소되었다. 그 가운데에는 이 사건과 무관한 행덕추수와 그의 처 관야수하자(管野須賀子)도 있었다. 그보다 몇달 전인 1909년 10월 동양평화론을 주장한 안중근(安重根)이 이등박문(伊藤博文)을 암살한 사건이 발생하고, 다음해 2월 사형판결을 받자마자 곧이어 3월 사형이 집행되었다. 이 두 가지 사건은 겉으로는 별개의 것으로 보이지만 실제로는 일본정부의 군국주의화에 따라 사회주의와 민족해방운동에 대한 탄압이 시작되었다는 사실을 보여주는 것이다. 다른 각도에서 보면 19세기 말 유럽 사회에서 유행하던 권총과 폭탄을 이용한 암살이라는 새로운 혁명수단이 동아시아의 혁명가들에게 도달한 사실을 드러내는 것이기도 하다. 특히 20세기 초 러시아 아나키스트그룹 '검은 깃발'은 짜르체제를 붕괴시키고 사회혁명을 촉발시키기 위한 조직적인 테러활동을 시도하고 있었다.

행덕추수는 감옥에서 마지막 저서인 『기독말살론(基督抹殺論)』(1911)을 저술해 자신의 무신론 사상을 정리했다. 이 책은 기독교의 창시자인 예수의 존재에 대해 부정했는데, 기독교의 경전인 성서란 후대인이 조작한 것이며, 기독교의 교리도 잡다한 생각의 혼합물이라고 폄하했다. 그는 기독교의 도

---

91) 小松隆二, 앞의 책 52면.

덕을 노예의 도덕이자 부도덕으로 정의하면서, 결국 기독교는 세상에서 사라질 것이라고 주장했다. 행덕추수는 옥중생활에서도 자신의 변호보다는 아나키즘에 대한 오해를 푸는 데 노력했고, 주변 사람들에 대한 세심한 배려를 아끼지 않아 강한 인상을 남겼다. 대역사건은 국제적인 이슈로 부각되었고 전세계 여러 나라에서 구명운동이 전개되었다. 그럼에도 불구하고 행덕추수를 비롯한 열두 명은 간단한 재판절차를 거쳐 사형언도 6일 만인 1911년 1월 24일에 전격적으로 사형이 집행되었다. 이로써 일본 초기 아나키즘 운동의 지도자였던 행덕추수는 어처구니없이 형장의 이슬로 사라졌다. 하지만 이 사건의 구체적인 내막은 여전히 알려져 있지 않다.

대역사건으로 세상이 떠들썩하던 즈음 적기사건으로 체포되었던 대삼영은 아직 감옥에 있었다. 형무소 안에서 대역사건과 관련된 조사를 받았으나, 다행히 감옥에 있었던 관계로 탄압을 면할 수 있었다. 그는 1910년 11월 출소했다. 그러나 대역사건 후 일본인들은 사회주의자를 공포와 증오의 감정으로 대해 이들이 설자리는 거의 없어졌다. 이에 따라 일본 사회주의운동은 이른바 '겨울(冬)의 시대'에 들어가 깊은 침묵에 빠져들었다.

덧붙이자면 중국과 일본 아나키스트의 합작은 월남에 아나키즘을 수용하는 계기를 마련했다는 주장이 있다.[92] 20세기 초 재일본 월남 급진주의자 반패주는 중국과 일본의 급진주의자들과 함께 활동했다. 이때 받아들인 반제국주의적 사상은 그로 하여금 월남 인민의 해방을 위한 반프랑스 의식을 고취시켰다고 한다. 하지만 반패주의 국수주의적 경향은 중국 아나키스트의 국수주의와 유사했다. 그후 중국 아나키즘 운동의 발전은 월남 아나키즘의 발흥에 자극을 주었는데, 반패주가 중국 남방으로 이주했을 때 중국 아나키스트 사복의 지지를 받았다고 한다. 사복은 경제적으로 그를 지원했을 뿐만 아니라 조직활동을 제안했다. 그 결과 진화흥아회(振華興亞會)가 만들어졌

---

92) 阿里夫 德里克(Arif Dirlik)「東亞的現代性與革命──區域視野中的中國社會主義」,『馬克思主義與現實』, 2005. 3, 11~12면.

다고 하는데, 이 단체의 목적은 "중국과 아시아 식민지 국가의 단결을 촉진하고, 특히 월남과 인도, 미얀마, 조선 간의 단결을 촉진"하는 것이었다. 그런데 월남이 프랑스 식민지였다는 사실을 감안한다면, 어쩌면 반패주의 활동 이전에 월남 사회에 프랑스인들에 의해 아나키즘이 소개되었을 가능성도 없지 않아 보인다.

제2장

아나키즘,
동아시아 사회에서의 전개

1. 강항호와 중국사회당

삼무주의와 중국사회당의 창립

신해혁명의 성공으로 황제체제가 무너졌으나 곧 이은 군벌정권의 출현으로 공화제에 대한 희망과 불안이 뒤범벅된 가운데 사회주의가 중국 내에도 널리 소개되었다. 이 시기 잡지에 실린 사회주의 관련 글들은 청말에 소개된 문장을 다시 게재한 경우가 많았다. 당시 사회주의 관련 잡지들을 읽어보면 많은 사람들이 사회주의와 아나키즘, 공산주의 간의 차이점을 이해하지 못했다는 사실을 쉽게 알 수 있다. 중화민국 초기의 사회주의자들은 자신의 사회주의를 대동주의와 삼무주의(三無主義), 광의사회주의, 협의사회주의, 순수사회주의, 극단사회주의(極端社會主義), 무치주의, 무강권주의, 세계사회주의, 국가사회주의, 무정부주의 등으로 다양하게 정의했다. 대체로 일반인에게 사회주의란 최신 서양 사조로서 그냥 '좋은 것'으로 인식되는 경향이 있었다.[1] 이런 사상적 혼란을 잘 드러내주는 것이 중국 최초의 사회주의 정당이라고 불리는 중국사회당(中國社會黨)에서이다.

중국사회당은 강항호(江亢虎)를 중심으로 혁명이 한창이던 1911년 11월 5일 상해에서 창립되었다. 창립자인 강항호의 전력을 살펴보면 이 정당을 이해하는 데 도움이 된다.

강항호는 손문(孫文) 못지않게 해외여행을 많이 한 인물로 유명하다. 1907년 일본으로 유학 갔을 때 유학생 대표 신분으로 일본사회당 집회에 참석할 기회를 얻었으며, 이때 일본에서 유행하던 사회주의사상을 접했다. 또한 그는 다른 유학생들과 마찬가지로 주로 일본 사회주의자의 저서나 번역서를 읽으면서 이해의 깊이를 더해갔다. 미국 사회주의자 헨리 조지(Henry George)의 저작을 통해 토지 공유제나 단세설(單稅說)에 흥미를 느꼈으며, 독일 사회민주주의자이자 제2인터내셔널 지도자인 아우구스트 베벨(August Bebel)의 저작을 통해 여성해방에 관심을 가졌다. 특히 베벨이 쓴『부녀와 사회주의』는 강항호가 가장 즐겨 읽은 책 가운데 하나인데, 아마도 행덕추수(幸德秋水)가 번역한 책일 것이다. 그는 아나키즘을 행덕추수, 계리언(堺利彦) 등과의 교류를 통해 알았으며, 장계(張繼)와 유사배(劉師培) 등의 사회주의강습회와도 교류했던 것으로 보인다. 회고록에서 중국에 아나키즘을 처음 소개한 인물 가운데 한 사람이 자신이라고 밝힌 사실에서도 간접적으로 확인할 수 있다.[2]

강항호가 사회주의에 심취한 시기는 다시 관비의 지원을 받아 1910년 3월부터 1911년 봄까지 유럽을 1년간 여행한 때이다. 영국과 프랑스, 독일, 네덜란드, 벨기에 등지를 유람하면서 사회주의가 "20세기에 가장 유행할 사조"임을 감지했고, 따라서 이 주의를 공부할 필요성을 느꼈다. 그는 유럽 각국의 사회주의자들과 접촉했으며, 제2인터내셔널에서 개최한 정치집회에도

1) 「吳稚暉之社會主義談」, 『天聲』 第1輯, 1912.
2) 江亢虎 「中國無政府主義之活動及余個人之意見」, 『江亢虎文存初編』, 上海中華書局 1932(1914), 124면.

참석했다. 그리고 귀국 전에는 자신이 사회주의운동의 선구자가 되어 중국 사회를 개조해야 한다는 소명감에 들떠 있었다. 흥미로운 점은 강항호가 유럽에 체류할 때 파리의 신세기파와 교류한 사실이다. 그는 이미 일본 유학시절에 (서)안성((徐)安城)이라는 필명으로 「무가정주의(無家庭主義)」 「자유영업관견(自由營業官見)」이라는 두 편의 글을 『신세기』(제93호, 제97호)에 투고한 인연이 있었다.3) 특히 「무가정주의」라는 글에서는 가정과 종교, 국가의 존재를 부정하는 이른바 삼무주의를 제창했다.

삼무주의는 무종교, 무국가, 무가정의 세 가지 주장을 합쳐 부른 것으로, 무가정론에서 가족보다 개인의 중요성을 강조한 것은 중국의 전통과 대립한 것으로 곧바로 여성해방론과 연결되었으며 한 걸음 더 나아가 사회주의 이념과 관련되었다. 기본적으로 사회와 문화의 혁신 주장에서는 아나키즘 색채가 농후했으나, 정치경제적 문제의 해법에서는 오히려 개량주의에 가까웠다. 강항호가 비록 개인주의와 경제자립 및 유산 폐지를 주장했지만, 이것들은 대부분 여성문제를 토론하는 과정에서 나타났다. 그의 사회주의의 핵심은 반가정주의이지 반자본주의는 아니었다.4) 따라서 사실상 자본주의 경제체제를 받아들이면서 토지세와 유산의 공유화를 선전하는 선에서 그쳤다.

강항호는 귀국 후 사회주의연구회를 만들어 사회주의 선전에 앞장섰으며, 얼마 후 중국사회당을 만들어 상해본부의 책임자가 되었다. 짧은 기간 동안 강소성과 절강성 등 동남부 지역의 여러 성과 북경, 천진에 지부를 설립했다. 한때 중국사회당은 52만여명의 당원을 거느린 대규모 조직으로 급성장했지만, 사회주의이론에 정통한 당원은 거의 없었다. 당의 규약에 따르면, 당은 우두머리를 두지 않고, 당원은 단지 사회주의를 미래의 이상이라고 신앙하면 된다고 했다. 더구나 각종 사회주의 주장에 대해 개인이 자유롭게 선

---

3) 江亢虎, 같은 글 123면.
4) Arif Dirlik & Edward S. Krebs, "Socialism and Anarchism in Early Republican China," *Modern China*, 1981. 4, 131면.

택할 수 있으며 제한을 두지 않는다고도 했다. 이런 느슨한 규정 때문에 창당한 지 얼마 지나지 않아 당내에는 자연스레 몇몇 정치파벌이 형성되었다.

중국사회당은 대략 세 가지 파벌로 나눌 수 있었는데,[5] 첫째는 강항호 중심의 세계사회주의파로 개인을 사상의 중심에 놓고 교육과 선전을 주로 하는 방식을 추구했다. 그들은 정치에 참여하더라도 권력장악에 연연하지 말고, 국가나 정부를 거부하는 무모한 행동도 하지 말자고 주장했는데, 자신들이 진정한 다수파라고 생각했다. 둘째는 국가사회주의파로 기본적으로 중국사회당의 원칙에는 동의하지만, 의회정치나 정당정치에도 적극 참여해 선거를 통한 권력장악을 시도하자는 부류로, 손문의 영향을 받은 은인(殷仁)과 채정성(蔡鼎成) 등이 있었다. 셋째는 아나키스트로 공개적으로 반강권주의의 기치를 내걸고 국가 정부로부터 완전히 이탈하여 직접투쟁을 통해 사회혁명을 실현하자는 부류로, 신세기파의 영향을 받은 사감(沙淦)과 태허(太虛) 등이 있었다.[6]

이 정당은 처음부터 정치파벌이 뚜렷하게 구분되었던 것은 아니다. 강항호의 세계사회주의의 애매모호함에 불만을 품은 당원들이 아나키스트와 국가사회주의자로 각자 분리되어 나갔다고 보는 것이 적절하다. 강항호는 세계사회주의야말로 개인주의와 국가주의의 장점을 흡수한 것이라고 자랑했지만, 실은 아나키즘과 국가사회주의를 어정쩡하게 결합한 것으로 논리에는 자기모순이 많았다. 그가 세계사회주의에 대한 어떠한 체계적인 저술도 남기지 않은 사실에서도 알 수 있듯이 사회주의에 대한 이해가 깊었던 것은 아니다. 비록 강항호가 남긴 글들이 대부분 강연록이라는 특성을 감안하더

---

5) 중국사회당 내 파벌을 정치가 만능(萬能)이라고 믿는 맑스주의를 받아들인 '국가사회주의파'와 정치가 만악(萬惡)이라고 믿는 바쿠닌주의를 받아들인 '세계사회주의파'로 나누어 구분한 글이 있다(安眞「社會主義根本之探討」,『人道週報』第2期, 1913. 2. 2).
6) 社會黨月刊編輯部「中國社會黨主張社會主義之派別比較表」,『社會黨月刊』第3號, 1912. 9.

라도 기본적으로는 공명심 많은 개인적인 성격에 주목할 필요가 있다. 사회주의라는 간판을 빌리지만 사유재산제도를 부정하지 않거나, 심지어 자본주의 체제를 암묵적으로 승인한 태도에서 잘 나타난다. 당내 아나키스트 역시 사회주의와 아나키즘 간의 개념에 적지 않은 혼선이 있었다.

중국사회당은 이념과 조직이 모두 산만하고 활동도 단시간에 그쳐 뚜렷한 성과를 거두지 못했지만 국내외적으로 일정한 영향이 있었다. 대내적으로 중국사회당이 펼친 진보적인 사회정책과 민족정책, 평민학교의 개설과 에스페란토 선전, 노동자와 농민에 대한 개방적 태도, 여성참정권 요구, 신문과 잡지를 통한 다양한 선전활동 등은 민국 초기에 사회주의의 확산에 기여했다. 그들은 만주족과 몽고족, 회족, 장족 지역을 내지와 분리하여 자치를 실시하고 영구 중립지대로 만들자는 신선한 주장을 펴기도 했다.[7] 중국사회당의 민족정책에 희망을 품은 한인 독립운동가를 비롯한 피압박 민족의 대표가 찾아와 협조를 부탁하는 일도 있었다. 한편으로는 특정 지역을 선정해 무정부주의의 시험장을 만들자는 제안도 있었다. 중국사회당은 『사회성(社會星)』『사회잡지(社會雜誌)』를 비롯한 자신들의 기관지에 『신세기』의 기사나 크로포트킨과 관련된 글들을 적지 않게 실었다.

대외적으로 중국사회당은 일본과 영국, 러시아 같은 세계 여러 나라의 사회당과 연대를 모색하면서 만국사회당구락부라는 모임을 만들어 교류를 증진했다.[8] 그들은 중국사회당의 선언서와 강령 등을 에스페란토나 외국어로 번역해 해외 사회당에 발송했으며, 국제 사회주의자 조직인 제2인터내셔널에도 가입하려고 노력했다. 이에 대해 제2인터내셔널은 비록 중국사회당의 가입을 곧바로 승인하지는 않았으나 그들의 활동을 예의주시하고 있었다. 중국사회당에 참여한 아나키스트 화림(華林)은 각국 사회당과 연락하기 위해 유럽을 경유해 러시아로 건너갔다. 여기서 러시아 허무당의 환영을 받았

---

7) 江亢虎「社會黨籌邊策」, 『洪水集』, 上海社會性出版社 1913, 97~102면.
8) 「萬國社會黨上海俱樂部成立記」, 『中華民報』 1913. 7. 17.

다는 편지를 보내왔다. 일부 외국 사회주의자들도 개별적으로나마 중국사회당에 호감을 나타내어 그들의 집회에 참여했다. 예를 들어 일본의 아나키스트 석천삼사랑(石川三四郎)이 유럽을 향하던 중 상해의 중국사회당 본부를 방문해서 강항호를 만났다는 기록과, 당시 과장된 수치로 보이나 100여명의 국제 사회주의자들이 중국에 건너왔다는 정부 측의 첩보 내용 등이 남아 있다.9)

중국사회당의 분열과 아나키즘적 사회당

중국사회당 내 국가사회주의자들이 결집하자 이에 대항하여 순수사회주의를 추구할 것을 주장하는 사람들이 나타났다. 그런 인물들 가운데는 아나키즘을 신봉하는 사람들이 많았다. 아나키스트들은 평소 강항호가 현실정치에 접근하는 태도에 대해 불만을 가지고 있었다. 그러던 중 중국사회당 제2차 연합대회(1912년 10월)가 열리자 국가사회주의자와 아나키스트 간에 당의 주요 진로, 즉 정치활동 여부나 여성참정권 문제 등을 놓고 팽팽한 대결이 벌어졌다. 강항호는 이른바 당내 민주당(民主黨)과 무치당(無治黨)의 갈등이 고조되자 절충안을 내놓았고, 그의 제안은 표 대결에서 37 대 14로 부결되었다. 그럼에도 불구하고 자신의 주장을 당의 강령에 삽입하자 이에 분노한 사감과 태허 등은 극단사회주의를 표방하며 중국사회당 노선에 대한 분명한 반대를 선언했다.10)

비록 강항호가 기존 정당을 개조해 보통 정당을 만들려는 국가사회주의자의 입장에 반대했지만, 아나키즘 경향의 당원들은 당과 결별하고 '중국' 두 글자가 빠진 독자적인 '사회당'을 만들었다. 중국이라는 국가명을 제외한 것은 새로운 사회당이 국제주의를 추구한다는 사실을 상징적으로 보여준다.

---

9)「中英社會黨之握手」,『人道週報』第3期, 1913. 2. 16;「石川先生汗漫遊」,『人道週報』第7期, 1913. 3. 16.
10) 刺虎來稿「江亢虎之荒謬」,『社會世界』第5號, 1912. 12.

당시 중국사회당의 분열을 마치 제1인터내셔널의 맑스파와 바쿠닌파의 분열처럼 이해하려는 경향이 있었는데, 정부의 존폐 여부에 따라 국가사회주의자 그룹은 맑스파로, 아나키스트그룹은 바쿠닌파로 각각 인식한 것이다.[11] 그리고 이런 사회주의자의 분열은 몇해 전 일본사회당이 의회정책파와 직접행동파로 분열한 사례를 연상시켰다.

손문의 암묵적인 영향 아래 중국사회당 내 국가사회주의자가 결집되었듯이 중국사회당 내 아나키스트들은 신세기파의 영향을 받고 있었다. 예를 들어 오치휘(吳稚暉)는 프랑스에서 귀국한 후 중국사회당에 호감을 보이며, 중국사회당 강연회에도 나가 아나키즘을 선전했다. 그는 여기서 군벌주의와 군국주의에 반대하는 연설을 했고, 아나키즘 사회의 실현을 위해 교육개혁의 필요성을 주장했다. 한 잡지에 실린 오치휘 관련 기사에는 "예전에 강항호군과 만났을 때, 그는 나에게 '사회당을 정당으로 개조하는 것이 어떻겠느냐'라고 물었다. 그때 나는 개조할 필요가 없다고 했다. 우리 당이 비록 구체적이고 명확한 주장이 없는 듯 보이지만 자연의 취향에 따른다면 반드시 무정부로 돌아갈 것이다"[12]라고 답했다는 내용이 실려 있다. 이처럼 오치휘는 중국사회당이 일반 정당이 아니라 아나키즘을 선전하는 단체이기를 희망했으며, 이런 생각은 아나키스트 당원들의 지지를 받았다.

당시 중국사회당의 잡지인 『사회세계』(사감 편집)와 『인도주보』(서안진 편집)의 논조 변화를 보면 당내 아나키스트들이 결집하는 움직임을 포착할 수 있다. 중국사회당 본부 간사였던 사감이나 서안진(徐安眞)이 강항호의 대변자를 포기하고 아나키즘 입장을 분명히 한 것은 아나키스트들이 독자적인 세력을 구축했다는 사실을 보여준다. 그들은 독자적인 사회당을 만든 다음에 『양심(良心)』(1913년 7월 20일)이라는 기관지를 출판했다. 이 잡지는 중국 내에서 발간한 최초의 아나키즘 잡지로 평가받는다. 그런데 사회당의 아나키

---

11) 太虛「社會黨與中國社會黨之八面觀」, 『社會世界』第5號, 1912. 12.

12) 「吳稚暉之社會主義談」, 『社會黨月刊』第3號, 1912. 8.

스트들도 개인마다 출신성분이 달라서인지 이색적인 주장들이 난무했다. 실제로 사회당원은 중소학교원과 자유직업인, 인쇄업자, 노동자, 유학생, 상공업자, 회당, 신군, 승려 등 다양한 직업을 가지고 있었다.

불교식 아나키즘은 사회당의 한 가지 특색인데, 사회당원 태허나 화림이 자주 사용하는 양심(良心)이나 극락(極樂)이라는 용어에서 알 수 있다. 특히 승려 출신인 태허의 사상은 불교와 아나키즘의 결합이라는 측면에서 사상사적 의의가 높은데, 아나키즘과 불교 간에 소통 가능성이 있다는 사실은 주목할 만하다. 이미 청말 장병린(章炳麟)의 「오무론」에서도 불교의 영향이 엿보이며, 같은 시대의 초기 사복(師復)의 사상에도 불교의 흔적이 강하게 남아있다. 불교 말고도 유가의 대동과 평균 관념을 아나키즘과 결합하거나 도가의 노자, 장자, 포정언을 중국 고대의 아나키스트로 보려는 생각들이 나타났다. 아나키스트들은 『예기(禮記)』(「예운편(禮運篇)」)에 실린 대동사회를 빌려미래의 아나키즘 이상사회를 묘사하곤 했는데, 사회당원도 마찬가지였다.[13] 심지어 어떤 사람은 유교의 대동, 불교의 극락, 기독교나 이슬람교의 천당과 사회주의 이상은 사실상 같은 것으로, 사회주의와 종교 간의 관계는 서로 밀접해서 대립적인 요소가 없다고까지 주장했다.[14] 이것은 천의파의 경우와 유사하며, 근대 서구의 아나키즘이 중국 사회에 수용되면서 나타나는 특징의 하나이다.[15]

하지만 전통적 이상사회와 아나키즘을 동일시하는 태도가 사회당 주류의 입장을 대변하는 것은 아니다. 『양심』 등에 발표된 또다른 글에서는 종교나 미신을 격렬히 비판하며 반전통의 입장을 분명히 했다. 개인의 절대자유를

---

13) 「社會黨綱目說明書」, 『良心』第1號, 1913. 7. 20.
14) 蔡鑄九 「社會主義述古」; 病俠 「說平等親愛自由」; 唐仲彪 「社會黨之觀察」, 『社會世界』, 1912. 4. 15.
15) 딜릭은 도교와 불교 같은 전통사상이 아나키즘과 유사한 요소가 있는 것은 사실이지만 그런 과거의 영향이 20세기 전반 중국 사회에 아나키즘의 유행을 가져온 것은 아니라고 한다(阿里夫 德里克 『中國革命中的無政府主義』, 廣西師範大學出版社 2006, 中文版序).

쟁취해야 한다는 전제 아래 봉건문화의 잔재인 강상윤리와 종법관계의 타파를 역설하면서 종교를 부정했다. 반전통주의자의 글로는 노애명(魯哀鳴)의 이상세계 소설인 『극락지(極樂地)』(1912)가 유명하다. 이 책은 정부에 반항하다 실패해 해외로 표류한 부부가 우연히 압박과 착취가 없는 극락세계를 방문한다는 줄거리를 담은 공상적 사회주의 소설이다. 주인공은 사회빈부와 불평등의 원인을 금전 때문이라고 폭로한다. 그리고 "성인이란 만세의 적"으로 성인들이 만든 삼강오륜과 같은 거짓 도덕으로 말미암아 인간은 천부의 자유를 상실하고 인권이 불평등하게 되었다면서 빠른 시일 내에 성인에 대한 우상숭배를 타도해야 한다고 했다. 한마디로 소설 중의 주인공은 "무법(無法)·무천(無天)·무군(無君)·무성인(無聖人)"의 반역자였다.16)

사회당은 중국사회당으로부터 독립한 후 장강 남북을 중심으로 수십 개의 지부를 건설했으나, 불과 1개월도 지나지 않아 원세개(袁世凱) 정부에 의해 금지명령을 받았다. 사회당의 지도자 사감은 반정부활동을 벌이다 1913년 8월 정부에 체포되어 결국 처형당했다. 이 사건을 계기로 사회당의 활동은 정지되고 『양심』도 폐간되었다. 정당이 해체되는 과정에서 나온 일부 아나키스트들이 뒤에서 언급할 사복의 민성파에 합류했다.17) 사회당의 또다른 지도자인 태허는 사감의 죽음에 큰 충격을 받고 절간에 들어가 장기간 침묵하다 일본으로 건너갔다. 한편 중국사회당의 진익룡(陳翼龍)과 중화민국공당의 서기문(徐企文) 등과 같은 진보인사들도 북경과 상해에서 각각 체포되어 처형당하면서 사회주의운동이 크게 위축되었다.

중국사회당도 정부의 명령으로 해산되었고 강항호는 미국으로 망명했다. 미국에서 쓴 어떤 글에서, "사회주의는 반드시 대동주의여야 하며, 대동주의

---

16) 蔣俊 「略論『極樂地』的政治思想和社會意義」, 『近代史研究』, 1991年 第1期 참조.
17) 사복이 『民聲』(1914)을 출판하자 사회당원 성국성(盛國聲)이 민성파에 들어와 에스페란토 관련 업무를 주관한 것이 한 사례이다(鄭佩剛 「無政府主義在中國的若干史實」, 葛懋春·蔣俊·李興芝 編 『無政府主義思想資料選』(下), 北京大學出版社 1984, 946면).

가 아니면 사회주의가 아니다. 만약 국가사회주의가 국가를 중심으로 하고, 아나키즘이 개인을 중심으로 한다면 모두 대동주의라고 할 수 없다. 따라서 (진정한) 사회주의라고 할 수 없다"[18]라고 했다. 그렇다면 그가 말하는 대동의 사회주의란 무엇인가? 그것은 중국사회당 시절 자신이 주장한 세계사회주의와 마찬가지로 애매모호한 개념에 불과했다. 강항호의 말잔치는 '혁명가'로 화려하게 출발한 그를 한낱 우유부단한 '정치꾼'의 이미지로 추락시켰다. 그래서인지 국내에 남아 있던 중국사회당원들은 더이상 그의 말에 주의를 기울이지 않았고, 각자 뿔뿔이 흩어져 자신의 길을 찾아 나섰다.[19]

강항호는 미국에서 공부하다 1920년 여름 잠시 귀국했으며, 다시 1921년 3월 러시아혁명이 한창이던 소련을 1년 넘게 여행한 후 1922년 8월 완전히 귀국했다. 그런데 그는 소련의 현실에 실망하여 '신민주주의(新民主主義)' (그는 모택동보다 먼저 이 용어를 사용했다)와 '신사회주의(新社會主義)'라는 새로운 이론을 들고 정계에 복귀했다. '선민참정(選民參政)' '입법일권(立法一權)' '직업대의(職業代議)'를 내용으로 하는 신민주의와 '자산공유(資産公有)' '지세귀공(地稅歸公)' '노동보배(勞動報酬)'를 내용으로 하는 신사회주의가 그것이다. 1920년대의 강항호는 여전히 사복과 채원배(蔡元培), 오치휘, 진독수(陳獨秀) 등과 더불어 혁신파의 한 사람으로 인식되었으나, 그의

---

18) 江亢虎 「將來之中國社會黨」, 『江亢虎文存初編』 149면.

19) 강항호가 쓴 「한족(韓族)에 대한 감상」(1922)이라는 글은 조선문제에 대한 묘한 태도를 보여주고 있어 부기해둔다. "한족(韓族)은 실은 한족(漢族)이다. 따라서 한인(韓人)이 망국한 것은 한인(漢人)으로서는 매우 부끄러운 일이다. 그러나 한인(韓人)이 일인(日人)에게 망국한 것은 한인(韓人)에게는 불행 중 다행이다. 아마도 한한일(漢韓日) 세 개의 민족은 그 혈통과 문화가 같고, 그 이해관계 역시 같다. 일인(日人)은 한인(韓人)을 없앨 수 없으며, 잠시 겸병한 것뿐이다. 이 세 개의 민족은 결국 융합되어 하나가 될 날이 올 것이기에, 한인(韓人)은 결코 망하지 않는다는 것이다. 나는 일인(日人)이 교만에 빠지지 말고, 한인(韓人)이 굶주림에 허덕이지 말며, 한인(漢人)은 한일(韓日)의 일을 잊지 말기 바란다. 모두 함께 융합하는 즐거움을 위해 노력하고, 영원히 겸병의 고통을 피하도록 하자. 이것이 내가 생각하는 동아시아 3국 공동의 복리이다"(江亢虎, 같은 책 188면).

어정쩡한 태도는 곧 사람들을 실망시켰다. 강항호는 중국사회당을 재건(1924년 6월)하고 곧이어 중국신사회민주당(中國新社會民主黨)으로 개명(1925년 1월)하면서 이런저런 강령과 정책들을 제시했지만, 중국공산당이 창당되어 아나키스트와 경쟁하며 세력을 확산하는 상황에서 그의 말은 더이상 호소력이 없었다. 게다가 북경정변에 따른 선후회의(善後會議, 1924년 10월)와 관련된 다든지, 이른바 갑자복벽(甲子復辟, 1925년 8월)의 추문에 연루되면서 정객으로 낙인찍혔다.

2. 사복과 민성파

언행일치의 혁명가, 사복

사복의 본래 이름은 유소빈(劉紹彬)이다. 민족주의자 시절에는 만주족을 타도하고 광복을 생각한다는 의미에서 유사복(劉思復)으로 개명했고, 아나키스트 시절에는 봉건적 가족주의를 반대한다는 의미에서 아예 성씨를 없애고 사복으로 개명했다. 이처럼 그의 이름이 바뀌는 과정은 사상의 변화과정과 일치한다.[20] 광동 향산 출신으로 어린 시절 전통학문을 공부했으며 15세 때 수재가 되었다. 그러나 과거를 통해 관리가 되는 것에 대해 혐오감을 가졌던 그는 과거의 길을 포기하고 사회활동에 참가해 1901년 고향에서 연설사라는 단체를 만들었다. 1904년 친구들과 함께 일본으로 유학해 이듬해 중국동맹회에 가입했다. 유학시절 러시아 허무주의의 영향을 받은 것으로 보이며, 암살활동에 매료되어 러시아인으로부터 폭탄제조기술을 배웠다고 전한다. 사복은 귀국한 지 오래지 않아 고향에서 여자학교를 세워 교육운동을

---

20) 사복에 관한 대표적인 연구로는 Edward S. Krebs, *Shifu, Soul of Chinese Anarchism*, Rowman & Littlefield Publishers 1998이 있다. 여기서는 사복의 초기 암살활동이나 불교에 대한 관심에서부터 사후 신문화운동에의 영향까지 고루 다루고 있다.

전개했다. 당시 진보적 지식인들이 여성운동에 관심 가지는 것은 흔한 현상
이었다. 1907년에는 청조의 고위관리 이준(李准)을 암살할 것을 계획했다.
그는 폭탄을 제작하던 중 실수로 폭약이 터져 왼쪽 손이 절단되는 큰 부상
을 입고 체포되어 향산감옥에 수감되었다.

사복은 감옥에서 불교 관련 서적과 아나키즘 잡지들을 읽었다.[21] 하지만
그의 의식에는 강렬한 민족주의 열망이 충만해 여전히 배만혁명론자에 가까
웠다. 옥중생활 가운데 여러 편의 글을 썼으며, 『향산순보(香山旬報)』를 창
간하는 데 일조했다. 이 신문에 투고한 글을 보면 강렬한 남녀평등과 도덕의
식, 불교에 대한 심취와 유학에 대한 불만, 문자학과 사회학에 대한 관심 등
을 읽을 수 있다. 사복은 철저한 남녀평등론자라고 말할 수 있었다. 예를 들
어 「조자(造字)시대의 남녀평등관」이나 「불교의 남녀평등관」에서는 문자학
과 불교지식을 활용해 남존여비의 봉건사상과 봉건예교 때문에 여성들이 속
박당하는 것을 비판하며 남녀평등의 정당성을 역설했다.[22] 특히 사복이 불
교에 관심을 나타낸 것은 청말 지식인들이 불교에서 사회적 출로를 찾던 경
향과 관련 있는 듯하다.

출옥한 후부터 신해혁명 전까지 사복의 주요 활동은 두 가지였다. 하나는
『신세기』에서 선전한 아나키즘을 연구한 것이고, 다른 하나는 암살활동에
적극 참가한 것이다.[23] 그는 1910년 봄 홍콩에서 일체의 강권을 타도한다는
명분으로 지나암살단(支那暗殺團)을 조직했다. 이 무렵부터 중국동맹회에서
이탈해 아나키즘의 신념에 따라 행동하기 시작했다. 이준 저격사건(1911년 6

---

21) 文定 「師復先生傳」, 『師復文存』, 革新書局 1927, 1~8면.
22) 師復 「造字時代之男女平等觀」, 『香山旬報』 1908. 10; 「佛敎之男女平等觀」, 『香山旬
報』 1908. 10(張磊整理 「師復集外文(一)」, 『中國哲學』 第12輯, 1984, 507~508면).
23) 사복의 혁명활동은 동맹회시대(同盟會時代, 향산감옥 수감시기), 지나혁명단시대(支那革命
團時代, 출옥 후 암살활동을 하던 신해혁명 시기), 민성시대(『民聲』時代, 암살단 해산 후 『民
聲』을 통해 아나키즘을 선전하던 시기) 등 세 시기로 나누는 견해가 있다(石川洋 「師復と無
政府主義 — その理論と價値感を中心に」, 『史學雜誌』 第102卷 第8號, 1993. 8, 143면).

월)과 봉산(鳳山)장군 폭살사건(1911년 9월)이 일어나자, 이에 자극받은 사복도 동료들과 함께 섭정왕 재풍(載灃)을 암살하기 위해 북경으로 향했다. 상경 도중에 무창봉기가 일어나고 신해혁명이 성공하자, 목표로 삼았던 전제정부가 전복되었다고 판단해 암살활동을 중지했다. 그는 1912년 봄 암살단을 해체하고 아나키즘을 전파하는 데 주력했다.

신해혁명으로 마침내 청조가 전복되자 잠시 동안 낙관적인 정서가 지배했다. 아나키스트 역시 새롭게 건립된 공화정부를 부정하기보다는 일단 신임하는 태도를 보였다. 그들은 폭력행위를 자제하고 개인도덕의 수양을 통한 새로운 사회도덕의 창출을 추구했다. 1912년 2월 구신세기파의 오치휘와 이석증(李石曾), 저민의(褚民誼), 장정강(張靜江) 등은 해외로부터 귀국한 후 오랜 동지인 채원배, 장계 등과 함께 진덕회(進德會)나 육불회(六不會) 같은 개인도덕을 수양하는 단체를 조직했다. 이런 활동이 전형적인 아나키스트의 모습이라고 단정하기에는 약간 무리가 있었지만 유럽의 아나키스트들 사이에도 청교도적 금욕주의는 널리 퍼져 있던 전통이었고 사복도 이들에 대한 적극적인 지지의사를 밝혔다. 그리고 자신도 1912년 7월 광주에서 뜻을 같이하는 동료들과 함께 진덕회와 유사한 심사(心社)라는 단체를 조직했다. 그는 구신세기파의 도덕계몽운동에 동참하면서 갓 태어난 공화정부에 대해 노골적인 비판을 제기하진 않았다.

사복은 1912년 5월 광주에서 사회혁명을 선전하기 위해 회명학사(晦鳴學舍)를 만들었는데, 유석심(劉石心)과 정피안(鄭彼岸), 정패강(鄭佩剛), 여창인(黎昌仁) 등이 가입했다. 그들은 함께 노동하고 함께 학습하는 공동생활을 하면서 아나키즘 선전을 자신들의 사명으로 삼았다. 이 조직은 중국 내에서 아나키즘을 전문적으로 선전한 최초의 단체로, "몇년 전에 『신세기』에서 뿌린 종자가 (마침내) 회명학사를 통해 가꾸어지고 성장한 것"[24]이었다. 이때

---

24) 師復 「致無政府社會黨萬國大會書」, 『民聲』 第16號, 1914. 6. 27.

사복은 본래의 이름 유사복에서 성(姓)을 없애고 사복이라 부르기 시작했다. 당시 가족주의와 종족주의를 반대하는 의미에서 성씨를 폐지하는 것은 중국 아나키스트의 한 가지 특징이었는데, 민족국가의 이상을 버리고 철두철미한 아나키스트가 되고자 한 것으로 볼 수 있다.

회명학사와 심사의 성립은 중국 내 아나키즘 운동이 새로운 단계에 진입했다는 표지였다. 이 두 단체의 활동범위와 임무는 구별되는데, 전자가 대외활동에 비중을 두었다면 후자는 개인의 도덕수양에 주력했다. 회명학사는 1) 공산주의, 2) 군국주의 반대, 3) 생디칼리슴, 4) 종교주의 반대, 5) 가족주의 반대, 6) 채식주의, 7) 언어통일, 8) 만국대동25) 등 여덟 가지 강령을 내세웠다. 이에 비해 심사는 1) 육식을 하지 않는다, 2) 음주를 하지 않는다, 3) 흡연을 하지 않는다, 4) 용역을 부리지 않는다, 5) 가마나 인력거를 타지 않는다, 6) 결혼하지 않는다, 7) 족성(族姓)을 쓰지 않는다, 8) 관리가 되지 않는다, 9) 의원이 되지 않는다, 10) 정당에 가입하지 않는다, 11) (해군과 육군과 같은) 군인이 되지 않는다, 12) 종교를 믿지 않는다26) 등 열두 가지 규약을 제출했다. 이 양자를 비교하면 종교주의와 가족주의를 반대하는 것은 공통적이었다는 사실을 알 수 있다.

회명학사가 성립한 후부터 『회명록(晦鳴錄)』이 창간(1913년 8월)될 때까지 1년여 동안 사복은 주로 『신세기』에 연재된 글들을 모아 팸플릿을 만들어 출판하는 일에 종사했다. 회명학사에서 펴낸 『무정부주의 명저총간』(1913년 4월)에는 「크로포트킨 학설」 「법률과 강권」 「청년에게 고함」 「질서」 등이 실려 있었다. 자칭 철두철미한 크로포트킨주의자를 자부했던 사복은 "크로포트킨 학설이야말로 실로 우리 당의 위대한 경전"27)이라고 극찬했다. 그는 코뮌적 아나키즘을 "첫째, 경제상의 자유로 일체의 자본세력의 속박을 벗어

---

25) 師復 「編輯緖言」, 『晦鳴錄』 第1號, 1913. 8. 20.
26) 師復 等 「心社趣意書」, 『社會世界』 第5期, 1912. 11. 15.
27) 師復 「克魯泡特金之爲人及其言論」, 『民聲』 第8號, 1914. 5. 2.

나 공동노동의 생산물을 자유롭게 취하는 것이다. 둘째, 정치상의 자유로 정부의 속박에서 벗어나 각종 노동조합과 단체를 자유롭게 조직하는 것이다. 셋째, 도덕상의 자유로 종교의 도덕 속박에서 벗어나 의무와 제재가 없는 자유에 도달하고 사회생활을 호조의 정신으로 유지하는 것이다"[28]라고 요약했다. 그리고 아나키즘의 도덕은 '노동'과 '호조'라는 두 단어로 압축할 수 있다고 했다.[29] 사복은 『회명록』의 제목을 바꾸어 『민성(民聲)』을 발간했으며, 여기서 크로포트킨 사상을 널리 소개하면서, 동료 양빙현(梁冰弦)과 함께 『빵의 정복』을 직접 번역해 몇차례 실기도 했다. 이 번역은 그가 말년에 노동조합적 아나키즘에 관심을 가지는 계기로 작용한 것으로 보인다.

민성과 활동을 보면 아나키즘과 에스페란토와의 결합을 다시 한번 확인할 수 있다. 사복은 에스페란토를 보급하고 아나키즘을 선전하기 위해 광주 서관(西關) 화림사(華林寺) 안에 평민공학(1912년 여름)을 만들면서 세계어야학을 부설했다. 여기에는 청년 아나키스트 구성백(區聲白)과 황존생(黃尊生), 정피안, 정패강 등 60여명이 학생으로 참가했으며, 프랑스에서 유학하고 돌아온 허론박(許論博)이 교수가 되어 가르쳤다. 그해 가을, 사복은 허론박과 함께 광주 동제(東堤) 동원(東園)에서 광주세계어학회를 만들었는데, 허론박이 회장을 사복이 부회장을 각각 맡았다. 이 단체 회원들은 광주고등사범학당 내 세계어강습반을 만드는 등 여러 학교에서 세계어강습반을 만들었다.[30] 사복은 『회명록』(La Krio de Koko)과 『민성』(La Voco de la Popolo)에 별도로 에스페란토란을 두었다. 이 잡지의 한 회 16쪽 가운데 4쪽가량이 에스페란토로 꾸며졌는데, 중국어는 사복이, 에스페란토는 허론박이 각각 담당했다.[31] 기사 중에는 에스페란토 운동을 전세계의 금주 및 채식운동과 함께

---

28) 師復「克魯泡特金無政府共産主義之要領」,『民聲』第17號, 1914. 7. 4.
29) 上海無政府共産主義同志社「無政府共産黨之目的與手段」,『民聲』第19號, 1914. 7. 18.
30) 王炎「無政府主義與世界語」,『廣州文史資料』第5輯, 1962, 547~48면.
31) 侯志平『世界語運動在中國』, 中國世界語出版社 1985, 24면.

소개한 것이 적지 않다.

사복이 에스페란토를 주목한 까닭은 다른 아나키스트처럼 국제주의 정신에 따라 언어의 통일을 희망해서였겠지만, 다른 한편으론 에스페란토를 이용해 전세계에 중국 사회의 실상을 알리고자 한 목적도 있었다. 실제로 사복과 그의 동료들은 에스페란토 기사를 통해 세계혁명 소식을 꾸준히 중국에 소개하는 한편, 자신들의 활동도 에스페란토로 번역해 해외로 발송했다. 그리고 에스페란토의 역사와 문학, 단체를 간략히 소개하거나 각국의 에스페란토 단체와 잡지 교환 상황을 알리는 글들을 실었다. 사복이 쓴 「세계어와 무정부당」은 영국 아나키즘 잡지에 실린 글을 일부 번역한 것이다. 여기서 "세계어를 사회당이나 무정부당인이 제창하므로 세계어를 공부하는 것은 문제가 있지 않은가" 혹은 "세계어의 목표는 평화이나 무정부당의 목표는 파괴이므로 서로 융합할 수 없지 않은가"라는 한 중국인의 질문을 게재하면서 에스페란토는 국제간의 교류에 편리하며 중립적인 문자이므로 배우는 데 두려움을 가질 필요는 없고, 아나키스트도 평화를 추구하는 사람들이라는 사실을 설명했다.[32]

사복은 원세개 정권의 탄압을 피해 이곳저곳을 전전하다가 1914년 7월 상해 프랑스 조계의 한 사무실에 세계어강습소라는 간판을 내걸고 아나키즘 활동을 재개했다. 이때 만들어진 단체가 무정부공산주의동지사(無政府共産主義同志社)이다. 이 조직은 국내 아나키스트와의 연락은 물론 외국과도 교류를 시도했다. 대표적인 사례로 세계무정부당만국대회(1914년 8~9월)가 런던에서 개최되자 사복은 무정부공산주의동지사 명의로 만국대회에 편지를 보냈다. 여기서는 중국에서의 아나키즘 현황을 설명하고, 대회에 다섯 가지 건의안을 제출했다. 즉 1) 만국기관을 조직할 것, 2) 동아시아에의 전파에 주목할 것, 3) 노동단체와 연계하여 운동을 진행할 것, 4) 세계적 규모의 총파

---

32) 師復案語 「世界語與無政府黨」, 『民聲』, 1914. 4.

업을 할 것, 5) 에스페란토를 채용할 것 등이 그것이다.[33] 그의 활동은 해외 아나키스트의 주목을 받아 크로포트킨과 르클뤼, 골드먼, 대삼영 등으로부터 편지가 왔다고 한다. 이와 같은 사복의 국제교류에 대한 관심은 주목할 만하지만, 기본적으로 그는 중국의 현실을 감안해 국내에서의 아나키즘 선전에 주력했다.

제1차 세계대전이 일어나자 크로포트킨을 비롯한 르클뤼와 그라브 등은 아나키즘의 반전주의의 원칙을 버리고 영국과 프랑스, 러시아의 연합국을 지지했으며 독일과 오스트리아의 동맹국을 비판했다. 독일의 군국주의가 유럽의 사회운동을 위협한다는 이유에서였다. 이에 대해 말라테스타를 비롯한 적지 않은 아나키스트들은 그들이 전쟁의 정당성을 인정한 사실을 비난하고 나서며 나뉘었다. 본래 아나키스트에게 전쟁이란 자본가들이 권력과 이권을 위해 대중을 총알받이로 삼은 행위로 인식되었다. 그렇다면 중국의 아나키스트는 어떤 태도를 취했을까? 원세개 정권의 탄압을 피해 마침 유럽에 망명해 있던 구신세기파는 크로포트킨의 입장을 지지했는데, 이 사실은 중국의 아나키스트들이 얼마나 크로포트킨주의에 충실했는가를 잘 보여준다. 사복의 경우는 어떠했을까? 그가 쓴 마지막 글에는 크로포트킨의 연합국 지지에 대해 다소 당혹스러운 모습을 보이며 유보적인 태도를 취했다. 하지만 그의 갑작스러운 죽음으로 최종적인 입장을 알 수 없다. 요컨대 사복의 가장 뚜렷한 특징이라면 생각과 행동이 일치하는 비타협적인 혁명가라는 점이다. 이런 사실은 그를 둘러싼 몇차례의 논쟁에서도 잘 나타난다.

사복을 둘러싼 아나키즘 논쟁

중국사회당이 분열되었을 때, 사감은 사복에게 새롭게 만들어질 사회당에 가입할 것을 희망한 적이 있었다. 이때 사복은 완곡하게 사양하면서도 중국

---

33) 師復 「致無政府黨萬國大會書」, 『民聲』 第16號, 1914. 6. 27.

사회주의운동이 유아기이므로 사회주의자들이 어느 파벌에 속하든 자신은 그들을 변호할 것이며, 상대방을 비난하는 행위는 하지 않을 것이라고 했다. 그러던 사복이 오치휘가 정치에 접근하고 장계가 의회에 진출하자 큰 충격을 받고 태도가 돌변했다. 그는 장계와 오치휘에게 각각 편지를 보내 아나키스트가 정치에 참가한 사실을 비판했으며, 오치휘가 장계를 변호하는 글을 발표하자 곧 두 사람 사이에서 공개편지의 형식을 빌려 논쟁이 일어났다.[34]

오치휘와 이석증의 중화민국에 대한 우호적인 태도는 원론에 충실한 젊은 아나키스트들의 반발을 사기에 충분했다. 이들 혈기왕성한 아나키스트로서는 도덕계몽운동이나 유학을 통한 인재의 양성 같은 평화적인 방법으로 혁명의 목표를 성취하기에 턱없이 부족해 보였다. 사복은 일찍이 "우리는 오치휘 선생이 무정부주의의 선봉장으로 무정부주의를 선전하길 기다렸으나 평담을 일삼고 적극적인 고취를 하지 않으니 실망하지 않을 수 없다"[35]고 하여 강한 불만을 나타낸 바 있었다. 그는 진덕회나 유법검학회(留法儉學會) 같은 소극적 운동만으로는 아나키즘의 이상을 이룰 수 없다고 보았다. 구신세기파 아나키스트와 논쟁하게 된 직접적인 도화선은 청말 일본과 프랑스에서 아나키스트로 활동하던 장계가 정계에 진출한 사건 때문이었다.

신해혁명 시기 누구보다 과격한 혁명파의 한 사람이었고, 민국 초 진덕회의 발기인이자 유법검학회를 지원하던 장계가 정치에 참여한 배경에는 원세개 정부를 견제하려는 의도가 있었다. 당시 그는 아나키즘이 지나치게 이상주의적이어서 중국 현실에 적합하지 않다고 판단하고 있었다. 장계가 참의원에 참가하여 의장으로 취임하자 이 사건은 곧바로 사복의 반발을 불러일으켰다. 장계에게 보낸 글에서 "무정부주의는 정치라는 것이 사회에 유용하지 않다는 것을 기본 신념으로 한다. 선생은 과거에 무정부주의를 주장한 사

---

34) 師夏「致吳稚暉書」;「再致吳稚暉書」;「致張繼書」,『師夏文存』, 革新書局 1927, 131~38면.
35) 師復「答道一書」,『民聲』第3號, 1913. 12. 20.

람으로 알고 있는데, 지금 홀연히 정계에 투신한 것은 과거의 사상을 버리고 변절한 것이 아닌가?"라고 비판하고, "선생은 진덕회의 발기인이자 병종(丙種)회원으로 관리나 의원이 되지 않겠다고 맹세했다. 그런데 지금 중화민국 참의원 의장이 된 것은 결국 스스로 진덕회의 병종회원 자격을 포기한 것이 아닌가?"라고 질문하여 이에 대한 해명을 요구했다.[36]

사복은 장계뿐만 아니라 오치휘에게도 편지를 보내 장계의 정치참여를 비판했다. 여기서 "장계가 참의원에 참가해 의장으로 취임한 것은 아나키즘의 뜻에 배치되며 진덕회의 규약에도 어긋난다"고 지적하면서, "장계선생은 곧바로 참의원직에서 사퇴해야 하며 (…) 아나키스트라는 사실을 부인하고 변절했으니 스스로 진덕회에서 물러날 것을 선언하고 동지들에게 사죄해야 한다"고 하면서 오치휘가 장계에게 참의원직을 사퇴할 것을 권고하도록 요청했다.[37] 이런 사복의 비판에 대해 장계를 대신해 오치휘가 그를 옹호하고 나섬으로써 정치참여를 둘러싼 아나키스트 진영 내부의 논쟁으로 확대되었다. 논쟁은 사복의 질의 서신에 대한 오치휘의 답장 형식으로 전개되었으며 『회명록』에 일부 내용이 공개되었다.

오치휘는 답장에서 "민국은 만청 정부와는 달리 공공의 것이다"라는 전제 아래 난동과 파괴가 없는 사회로 나아가기 위해서는 현재의 국가체제를 안정시켜야 한다고 주장했다.[38] 공화제에 대해서는 비교적 좋은 제도이며 사회발전에 있어서 반드시 거쳐야 할 단계라고 언급했다. 그는 단도직입적으로 민국의 정치에는 정당이 필요하다고 말했다. "정치나 정당이 미래에 자연스럽게 소멸되더라도 현재의 과도기적인 단계에서는 불가피하게 필요하다"[39]는 것이다. 이처럼 오치휘는 정당을 정부가 존재하는 시대의 필요악으

---

36) 師復 「再致吳稚暉書」(「致張繼書」), 『晦鳴錄』 第2號, 1913. 8. 27.
37) 師復 「再致吳稚暉書」(「致吳稚暉書」), 같은 책.
38) 吳稚暉 「書某報短評後」, 『民立報』 1912. 6. 24.
39) 吳稚暉 「致江亢虎討論政黨函」, 같은 곳.

로 해석하여 아나키즘의 사상적 순수성을 유지하는 동시에 정당활동 허용문제를 동시에 해결하려고 했다.[40] 사복은 다음 같은 말로 논쟁의 마침표를 찍었다.

최근 반면적(半面的) 사회주의를 좋게 말하는 자는 왕왕 정치의 능력을 빌어 사회주의의 목적을 달성할 수 있다고 말한다. 이러한 거짓 주장은 사회주의의 오점이기에 족하다. 장계와 오치휘는 모두 중국에서 무정부주의를 일찍이 선전한 사람들로 수년간 『신세기』에서 전개한 논지는 격렬했다. 그러나 장계는 이미 의원이 되고 오치휘도 국민당의 주변을 맴돌며 정당에 날로 접근하고 있으니 사회당·무정부당으로부터 이탈하는 것이다. (…) 무정부를 주장하는 자가 유정부의 전투를 주창하는 것은 사람을 놀라게 하는 일이다. 기자(사복)는 무정부를 위하여 비통을 금할 수 없다.[41]

사복과 오치휘의 논쟁에 대해 이석증은 일절 말이 없었으며, 따라서 비판 대상이 되지 않았다. 이석증은 손문의 프랑스 공사직 요청을 거절하고 이른바 관직에 나가지 않는 '불관주의(不官主義)' 원칙을 고수하고 있었다. 그래서인지 이석증과 사복 사이에 오고간 서신은 주로 운동의 실천방식에 관한 의견을 교환한 것이었다. 이석증은 사복에게 교육의 중요성을 강조하고 노동조합을 성급하게 조직하기보다는 먼저 노동자에 대한 교육에 착수할 것을 충고했다.[42] 사복은 이에 대해 동의하면서 이석증을 선구적 아나키스트로 높이 평가하고 "선생(이석증)은 최근 과학 교육과 주의 선전을 하는 데 노력한다"[43]고 우호적으로 소개했다.

구신세기파 아나키스트들이 정치 참여한 것에 크게 실망한 사복은 이전의

---

40) 吳稚暉「續政府問題」,『民立報』1912. 7. 26.
41) 師復「再致吳稚暉書」,『晦鳴錄』第2號, 1913. 8. 27.
42) 李石曾「眞民先生與師復書」,『民聲』第5號, 1914. 4. 11.
43) 師復「眞民先生與師復書」(師復附識),『民聲』第5號, 1914. 4. 11.

온건한 모습을 버리고 중국사회당에 대해서도 공격적인 태도를 취했다. 사복은 강항호의 사회주의 정책에 대해 신랄하게 비판했는데,[44] 중국사회당이 토지와 자본의 국유를 주장하면서도 기존의 정치기구를 이용하자는 것은 어불성설이고, 토지세만을 징수하겠다는 정책도 단지 사회의 불평등을 해소하려는 개량적인 수단이지 혁명적인 방법은 아니라고 했다. 나아가 중국사회당의 여덟 가지 당의 강령 역시 사회정책에 불과하지 사회주의 정책은 아니라고 문제 삼았다. 그들이 주장하는 사회주의 정책이라는 것들은 기본적으로 개인의 사유제를 부정하지 않으므로 진정한 사회주의라고 볼 수 없다는 것이다. 이런 비판은 손문을 추종하는 국가사회주의자에게도 향해졌다. 사복은 손문의 민생주의가 국가권력의 성격을 구조적으로 파악하는 인식이 결여되었다고 판단해, "손문이 말하는 국유화 정책을 사회주의라 한다면 청조 정부와 원세개 정부의 국유화 정책도 사회주의라고 부를 수 있지 않겠는가?"라고 비아냥거렸다.[45] 그의 비판은 사회당 내 아나키스트조차 사회주의의 개념에 대한 이해가 부족하다며 질타하고 나섰다.

『민성』에는 사회당원의 질문과 사복의 답변 형식으로 사회당원의 사회주의에 대한 무지를 지적하는 기사가 있다. 한 예로 사복과 태허(필명 樂無) 간의 사회주의 개념에 관한 편지왕래를 들 수 있다. 태허가 무정부주의를 '무강권주의'라는 말로 바꾸자고 제안한 것에 대해, 사복은 답장에서 사회당의 명칭문제를 화제로 삼았다. 여기서 그는 사회주의는 사회에 대한 학설이지 정치에 대한 학설은 아니라면서 정치에 대한 학설은 아나키즘이라고 했다. 따라서 사회당이라는 명칭이 적절하지 않다고 했다. 나아가 지금의 사회당이 일반정당과 유사한 정강과 조직을 가진 것은 잘못되었으며, 지도자 중심

---

44) 師復「孫逸仙江亢虎之社會主義」,『民聲』第6號, 1914. 4. 18;「答江亢虎」,『民聲』第8號, 1914. 5. 2;「論社會黨」,『民聲』第9號, 1914. 5. 9;「駁江亢虎」,『民聲』第15號, 1914. 6. 15;「江亢虎之社會主義」,『民聲』第17號, 1914. 7. 4 참조.
45) 師復「孫逸仙江亢虎之社會主義」,『民聲』第6號, 1914. 4. 18.

의 당 운영은 적절하지 않고, 사회당 강령의 세부적인 내용에 모순이 많다면서 여러 가지 문제점들을 지적했다. 이에 대해 태허는 사회란 "가족 이상, 국가 이하"의 조직으로, 사회당원이 주장하는 무정부의 목표는 국가를 폐지하는 것이며, 공산의 목표는 가족을 폐지하는 것이라고 했다. 사복은 즉각 반론을 폈는데, 인류 역사를 보면 사회가 성립한 이후에 가족과 국가가 출현하므로 가족과 사회, 국가라는 세 가지 개념은 동등한 개념이 아니라고 반박했다. 사복은 사회당인이 아나키즘을 전통사상과 결합하려는 태도에 대해서도 비판했다.[46] 당시 중국인 가운데 사회주의이론에 가장 정통해 있던 사복의 지적은 비교적 예리한 것이었지만 현재의 관점에서 보면 이해하기 어려운 점도 없지 않았다. 그가 중국사회당이나 사회당에 대해 비판할 때 기본적으로는 동류이파(同類異派)의 우호적인 관점을 취했지 일방적으로 매도한 것은 아니었다.

요컨대 사복이 구신세기파 아나키스트와 결정적으로 다른 점은 아나키즘의 원칙을 충실히 고수하여 중화민국 체제 자체를 부정의 대상으로 삼았다는 점이다. 그가 정치와 권력을 거부하고 더욱 근본적인 변혁을 추구하는 과정에서 원세개의 독재는 물론 손문의 국민당이나 강항호의 중국사회당을 비판한 것이다.

사복은 1914년 무렵부터 생디칼리슴에 관심을 가지기 시작했다. 평소에도 "무정부주의의 도덕은 노동과 호조일 뿐이며, 이 두 가지는 모두 인류의 본능"[47]라고 즐겨 말했다. 이것은 코뮨적 아나키즘에 생디칼리슴이 결합하면서 운동의 새로운 방향을 모색했음을 암시한다. 그는 "코뮨적 아나키즘을 목표로, 생디칼리슴을 수단으로" 삼아 광주에 초보적인 노동조합을 만들기

---

46) 師復「答樂無」,『民聲』第7號, 1914. 4. 25;「論社會黨」,『民聲』第9號, 1914. 5. 9;「答樂無」,『民聲』第13號, 1914. 6. 6;「答樂無(續)」,『民聲』第15號, 1914. 6. 20 참조.
47) 上海無政府共産主義同志社「無政府共産黨之目的與手段」,『民聲』第19號, 1914. 7. 18.

시작했다. 보통 프랑스 아나키즘 운동사에서 1894년부터 1914년까지를 혁명적 생디칼리슴의 시대라고 말한다. 특히 20세기에 들어오면서 개인적 아나키즘이나 테러리즘은 소수파가 되었고, 코뮌적 아나키스트와 노동조합적 아나키스트가 주류가 되어 서로 경쟁하고 있었는데, 그 영향이 자본주의가 조금씩 발전하던 중국에도 도달한 것이다.[48] 하지만 제1차 세계대전의 발발은 유럽 아나키즘 운동에 심각한 충격을 주어 많은 조직들과 잡지들이 해체되고 폐간되었다.

사복은 1915년 초 폐병을 얻어 더이상 활동할 수 없었고, 그해 3월 27일 31세의 젊은 나이로 사망했다. 그는 병으로 쓰러지기 직전까지 『민성』을 편집하는 일과 에스페란토 저작을 번역하는 일에 매달렸다. 마지막 유언이 담긴 「사복군이 마지막으로 친구에게 보낸 편지」 중에는, "문명 과학은 본래 부자들의 전리품일 뿐이다. 톨스토이가 통탄해 마지않는 것도 이 때문이다. 현재 '민성'은 위기를 맞이하여 어쩌면 끝날지도 모른다. 내가 민성을 걱정하는 것은 병을 걱정하는 것보다 더욱 심하다. 아! 만약 민성이 어찌 된다면, 나 또한 진실로 폐결핵을 치료할 수 없다면, 사복은 장차 무정부주의와 함께 중국의 황토에 묻힐 뿐이다"[49]라고 비장하게 쓰고 있다.

사복의 제자 황룽상(黃凌霜)은 "선생의 주의는 어떠한 주의인가? 간단히 말하면 무정부공산주의이다. 상세히 말하면 세계어주의이며 종교주의에 반대하는 것이다"[50]라고 요약했다. 사복 사후 싱가포르에서 활동하던 양빙현과 정패강이 『민성』을 이어받았으나 1916년 11월에 결국 정간되었다. 하지만 사복과 그의 학생들의 헌신적인 노력으로 말미암아 신문화운동 시기 이전에 아나키즘은 사회주의 단체로서는 중국에서 거의 유일하게 독자적인 세

---

48) David Berry, *A History of the French Anarchist Movement 1917 to 1945*, AK Press 2009, 28면.
49) 『民聲』, 1915. 5. 5.
50) 黃凌霜 「師復主義」, 『民聲』, 1919. 3.

력을 갖출 수 있었다. 사복의 급진적인 저작들은 모택동을 포함한 중국의 진보 청년들에게 영향을 미쳤으며, 그의 논조는 진독수가 창간한 『신청년』에도 반영되어 다음 시대를 풍미하기에 이른다.

사복의 제자들과 신문화운동

1910년대 후반 북경이 아나키즘의 선전장이라면, 상해는 아나키즘의 신경 중추에 해당하며, 광주는 그 실천의 장이라고 말할 수 있다. 사복의 민성파가 광주와 상해를 중심으로 활동하던 중, 사복의 갑작스러운 죽음은 잠시 중국 아나키즘 운동을 침체에 빠뜨렸다. 상해에서 다시 『노동(勞働)』(1918년 3월)이 출판될 때까지 3년 동안 청년 아나키스트들은 북상하여 북경 및 천진으로 학업이나 취업의 길을 찾아 나섰다. 그들이 북상한 배경에는 구신세기파의 오치휘와 이석증 등이 원세개 사후 다시 귀국해 북경에 자리잡고 활동을 재기했기 때문이다. 특히 채원배의 북경대학 교장 취임(1917)은 신문화운동의 출발과 더불어 젊은 아나키스트에게 새로운 활력의 장을 제공했다. 이시기의 북경은 중국 아나키즘 운동의 새로운 중심이었으며, 그 가운데에서도 북경대학은 그 중심의 중심이었다.[51]

채원배가 북경대학에 자리를 잡자 이석증을 생물학 교수로, 오치휘를 학감으로 초빙했다. 이들의 영향력 아래 아나키즘은 북경대학에서 유행했는데, 사복의 제자였던 황릉상과 구성백도 북경대학 학생이었다. 대학 내에는 구신세기파의 진덕회나 사복의 심사의 영향을 받은 또다른 진덕회가 발족되었다. 채원배는 경사대학당 시절의 나쁜 습관을 타파하고 개인의 도덕을 향상시킬 목적으로 이 단체를 만들고 과거 진덕회 규약과 유사하게 갑·을·병세 가지 종류로 계율을 나눈 뒤 개인 의사에 따라 참여하도록 권장했다.[52]

---

51) 路哲 『中國無政府主義史稿』, 福建人民出版社 1990, 185면.
52) 진덕회는 갑종은 기녀·도박·첩을 금지하고, 을종은 앞의 세 가지 이외에 국회의원 관리가 되는 것을 금지하고, 병종은 앞의 다섯 가지 이외에 술·담배·고기를 금지했다.

북경대학 내 학생조직으로 청년 아나키스트를 중심으로 실사(實社, 1917
년 5월)가 조직되어 부정기간행물 『자유록(自由錄)』을 출판했다. 이 잡지의
주요 필자는 새로운 세대로 분류될 수 있는 황릉상과 원진영(袁振英), 구성
백, 화림 등이었다. 이들은 크로포트킨 사상을 기본 이념으로 삼았으며, 사
복의 민성파를 이어받아 "도덕을 진보시키고 지식을 습득하는 것"을 목적으
로 삼았다.

실사의 『자유록』은 처음으로 미국의 여성 아나키스트 엠마 골드먼(Emma
Goldman)의 저작을 중국 사회에 소개했다. 황릉상은 「애국주의」「무정부주
의」「조직론」 같은 글을 번역했고, 원진영은 「혼인과 연애」와 골드먼의 편
지를 번역 게재했다. 본래 골드먼은 해방대상을 여성으로만 국한하지 않고
남성과 여성이 모두 해방된 사회에서 살아야 한다는 전망을 가지고 있었다.
이런 믿음을 토대로 가부장제와 자본, 국가라는 삼중의 억압을 뛰어넘는 남
녀 협동의 공동체 사회를 지향했다. 여성해방은 단지 여성만의 과제가 아니
라 사회적 과제라는 것이다.[53] 그녀는 중국의 청년들과 편지를 주고받으며
여성해방운동에 큰 영향을 미쳤을 뿐만 아니라, 러시아혁명의 실상을 이해
하는 데도 도움을 주었다. 이 잡지에는 중국의 아나키스트들이 조선과 대만
의 독립운동가 및 일본 사회주의자와 연합해 일본을 견제해야 한다는 글도
실려 있다.

그리고 주겸지(朱謙之)와 역가월(易家鉞) 등을 중심으로 분투사(奮鬪社)
라는 조직이 만들어져 『분투(奮鬪)』(1920년 1월)를 발간했는데, 이들은 중국
에서는 독특하게도 개인적 아나키즘을 선전했다. 이 잡지는 허무주의 색채
를 띠며 볼셰비즘과 코뮨적 아나키즘 양자를 모두 비판했다. 또한 주겸지와

1918년 6월 성립대회 때에는 교수 70여명, 직원 90여명, 학생 300여명이 가입했다(蕭超然
『北京大與五四運動』, 北京大學出版社 1986, 82~84면).
53) 이윤희 「아나르코-페미니즘의 이론적 지평 ―엠마 골드먼을 중심으로」, 『사회와 이론』
2호, 2003, 271면.

황릉상, 구성백 등에 의해 편집된『북경대학학생주간(北京大學學生週刊)』에는 크로포트킨뿐만 아니라 개인주의적 아나키스트인 막스 슈티르너와 관련된 논문들도 종종 게재되었다. 아마도 주겸지라는 열혈청년의 영향 때문이었을 것이다. 같은 시기 북경에는 호조단(互助團) 같은 아나키스트 단체나『사회운동(社會運動)』같은 아나키스트 잡지도 연이어 출현했다.[54]

얼마 후 실사는 민성사(民聲社)와 평사(平社), 군사(群社) 등 다른 아나키스트 단체들과 연합해 진화사(進化社)를 만들었다. 황릉상은 진화사의 기관지『진화(進化)』(1919년 1월)의 창간사에서『신세기』에서 언급한 "Revolution(혁명)은 Re-Evolution(진화의 연속)이다"는 표현을 재인용하면서 자신들 잡지의 정체성을 소개했다.[55] 실사나 진화사 같은 조직은 신문화운동 시기 대표적인 코뮌적 아나키즘 단체였다.

신문화운동이 전개되면서 북경의『자유록』『분투』『북경대학학생주간』『사회운동』말고도 상해에서는『진화』『자유(自由)』, 광주에서는『민풍(民風)』『민성(民聲)』, 복건에서는『민성(閩星)』, 산서에서는『혁명조(革命潮)』『태평(太平)』, 사천에서는『반월간(半月刊)』, 천진에서는『신생명(新生命)』, 남경에서는『인군(人群)』등과 같은 아나키스트 잡지들이 쏟아져 나왔다. 불완전한 통계에 따르면, 이 시기에 아나키즘 선전 잡지는 80여종, 단체는 50여개에 다다랐다고 한다.[56] 신문화운동 시기는 중국 아나키스트가 사회주의 운동의 주도권을 가지고 있던 때로, "각파의 사회주의사상 가운데 무정부주의가 우세를 점하고 있었다"[57]라는 기록을 곳곳에서 확인할 수 있다.

---

54) 魏定熙『北京大學與中國政治文化』, 北京大學出版社 1998, 161~62면.
55) 黃凌霜「本志宣言」, 葛懋春·蔣俊·李興芝 編『無政府主義思想資料選』(上), 北京大學出版社 1984, 379~82면.
56) 蔣俊·李興芝『中國近代的無政府主義思潮』, 山東人民出版社 1991, 80면.
57) 梁漱溟『憶往談舊錄』, 中國文史出版社 1987, 41면; 許德珩『五四運動回憶錄』(上), 中國社會科學出版社 1979, 212~13면; 張國燾『我的回憶』第1卷, 東方出版社 1991, 40~41면 참조.

당시 시대의 화두라면 윤리에 있어서의 '호조(상호부조)', 인간의 본능에 있어서의 '노동'이라 말할 수 있다. 사복이 널리 제창한 호조와 노동은 진보적 지식인이라면 새로운 사회를 건설하기 위해서 반드시 가져야 하고 실천해야 할 가치로 인식된 것이다.[58]

중국 사상계에서는 제1차 세계대전을 사회진화론과 상호부조론의 대결로 보는 경향이 있어서인지 생존경쟁과 상호부조의 우열을 가리는 글들이 많이 쏟아져 나왔다.[59] 구성백이 『민풍』에 호조론을 다시 소개한 것을 비롯해 『북경대학학생주간』『학휘(學彙)』『민종(民鐘)』 등에 여러 차례 번역문들이 실렸으며, 『자유록』『진화』 등은 공개적으로 상호부조주의를 자신들의 종지로 삼았다.[60] 이 새로운 진화론적 해석은 아나키스트를 비롯한 진보적 청년들에게 군벌정권과 제국주의 문제를 넘어설 수 있는 전망을 제시해주었다. 이 시기 주목할 만한 크로포트킨 관련 서적이라면 천진 아나키스트그룹 진사(眞社)에서 출판한 『크로포트킨의 사상』(1920)을 들 수 있다.[61] 그 가운데 「호조론 대강」은 『호조론』의 내용을 25쪽 분량으로 요약한 것이다. 경쟁과 호조를 비교해 호조의 우월성을 여러 차례 강조한 바 있는 황릉상은, 이

---

58) 이석중의 『互助論』이 여러 잡지에 소개되어 큰 호응을 불러일으켰는데, 본인도 『互助論』의 전반부 네 장을 다시 번역해 『東方雜誌』 第16卷 第5~10號(1919년 6~10월)에 연재했다.

59) 대표적인 글로는 三無 「克魯泡特金主義之評論」, 『東方雜誌』 第17卷 第12號, 1920. 6. 25; 周建人 「生存競爭與互助」, 『新靑年』 第8卷 第2號, 1920. 10. 1; 愈之 「克魯泡特金與無治主義」, 『東方雜誌』 第18卷 第4號, 1921. 2. 25 등이 있다.

60) 『自由錄』 第1輯(1917년 7월)에는 화림의 「與克魯泡特金氏相見記」가 실려 있어 이채로우며, 『進化』 第1~3卷(1919년 1~3월)은 매호마다 크로포트킨의 저서와 근황, 체포 소식에 대해 전하고 있다.

61) 이 책에는 크로포트킨의 초상화를 포함해 주요 사상 및 저작에 대한 요점이 고루 소개되었는데, 「克魯泡特金略傳」「克魯泡特金藝術觀」「克魯泡特金文學觀」「無政府黨的道德」「無政府主義及其發展的歷史」 등의 글을 비롯해 「빵의 정복」, 「무정부공산주의」, 「임금제도」, 「전원·공장·작업장」, 「근대과학과 무정부주의」, 「호조론」, 「청년에게 고함」 등의 요약문이 담겨 있다(天津眞社 『克魯泡特金的思想』, 1920, 72면).

책이 말하고자 하는 것은 우리가 서로 협력하면 할수록 완전한 민주의 목적에 도달할 수 있다는 사실이라고 했다.[62] 그는 프롤레타리아 독재문제에 반대해 공산주의자와 갈등을 일으켰지만 한편으로는 레닌의 러시아혁명과 크로포트킨의 궁극적인 목표는 같다는 주장도 폈다. 그 밖에 『크로포트킨의 사상』에는 크로포트킨의 여러 저서와 논문들이 부분 번역되어 실렸다.

신문화운동 시기에 호조라는 개념은 아나키스트뿐만 아니라 대부분의 진보적인 지식인들이 받아들이고 있었다. 예를 들어 채원배는 크로포트킨의 호조론을 전통적 중용과 대동론을 매개로 수용하면서 호조론을 맑스의 계급투쟁론보다 높이 평가했다. 그는 '호조'란 개념이 이석증의 번역과 소개로부터 유래한 것이라는 사실을 분명히 밝혔다.[63] 채원배의 호조론에 대한 가장 자세한 언급은 제1차 세계대전으로 촉발된 두 강연, 즉 「유럽전쟁과 철학」(1918년 10월)과 「암흑과 광명의 소장(消長)」(같은 해 11월)에 나타난다. 여기서 그는 암흑의 강권론이 소멸하고, 광명의 호조론이 연합국의 승리를 가져왔으며, 이에 "모든 사람들이 신앙한다"고 말했다. 게다가 톨스토이나 니체의 사상보다 크로포트킨의 호조론이 우월하며 진화론의 공리라고 평가했다.[64] 진독수와 이대조(李大釗), 주작인(周作人), 모택동(毛澤東) 등 거의 모든 진보적인 인사의 글속에서도 『호조론』의 영향을 쉽게 찾아볼 수 있다. 상호부조의 정신은 중국 초기 공산주의자에게 심각한 영향을 끼쳐 중국 맑스주의의 특징인 인민주의적인 정신과 윤리 중심적인 경향에 기여했다.

중국 각지에서 호조라는 이름을 붙인 단체나 잡지들이 다수 등장한 사실만 보더라도 이 새로운 사상이 얼마나 광범한 지지를 받았는지 알 수 있다. 예를 들어 1917년 10월 운대영(惲代英)이 조직한 호조사(互助社)와 1920년

---

62) 兼生 「克魯泡特金的道德觀」, 『解放與改造』 第1卷 第6號, 1919. 11. 15.

63) 蔡元培 「五十年來中國之哲學」, 『最近五十年』, 申報館 1923.

64) 蔡元培 「歐戰與哲學」, 『新靑年』 第5卷 第5號, 1918. 11. 15; 蔡元培 「黑暗與光明消長」, 『蔡元培全集』 第3卷, 215~18면.

청년 아나키스트들이 창간한 『호조(互助)』, 1920년대 초 중국인과 한인 유력인사들이 만든 중한호조사(中韓互助社) 등의 명칭이 그렇다. 이즈음 중국 사회를 풍미했던 유법근공검학운동(留法勤工儉學運動)과 공학운동(工學運動), 공독호조단운동(工讀互助團運動), 신촌운동(新村運動) 등도 호조의 정신과 불가분의 관계가 있었다.

호조 말고도 노동 개념 역시 크로포트킨의 "육체노동과 정신노동의 결합"이라는 사상에다가 톨스토이의 범노동주의 사상이 결합해 나타난 것이다. 톨스토이는 모든 사람이 자신의 노동으로 먹거리를 마련해야 사회적 불평등과 차별을 없앨 수 있다고 주장했는데, 이 생각은 중국인 청년들에게 큰 공감을 얻었다. 이것은 구신세기파와 사복의 민성파가 제창한 "노공(勞工)과 노심(勞心)의 차별 폐지" 혹은 "공(工)과 학(學)의 차별 철폐"라는 신념과 맥을 같이하고 있었다. 실제로 오치휘와 청년 아나키스트들이 창간한 『노동』 (1918년 3월)에서 잡지 이름으로 노동이라는 명칭이 처음 나타났다. 그리고 이 용어는 채원배의 교육철학에도 나타나 1918년의 노공신성(勞工神聖)[65] 이라는 구호와 어우러져 널리 유포되었다.

제1차 세계대전의 시작과 함께 프랑스에서는 노동력의 부족 현상이 나타났고, 이 문제를 해결하기 위해 중국에서 노동자들을 수입하기 시작했다. 이런 배경 아래 오치휘와 이석증, 장정강, 오옥장(吳玉章) 등은 프랑스에 근공검학회(勤工儉學會)를 설립했다. 이 단체는 본래 노동자를 대상으로 한 조직이었는데, 젊은 노동자에게 노동하며 공부하는 이른바 반공반독(半工半讀)의 방법을 교육시키며 동시에 아나키즘 사상을 전파했다. 이석증 등은 다시 화법교육회(華法敎育會)를 설립해 프랑스에 있던 중국인 노동자의 교육과 취업을 도와주었다. 이런 단체들은 파리에서 『여구잡지(旅歐雜誌)』(1916년 창간)와 『화공잡지(華工雜誌)』(1917년 창간)를 출판했는데, 모두 "노동과 학습

---

65) 蔡元培「勞工神聖!」, 『新青年』 第5卷 第5號, 1918. 11. 15.

의 결합"을 선전하는 잡지였다.

이석증이 프랑스에서 중국으로 귀국하면서 채원배와 오옥장 등과 더욱 발전된 형태의 근공검학운동(勤工儉學運動)을 구상했다. 이에 따라 새롭게 조직된 유법근공검학회(留法勤工儉學會)는 과거와 달리 주로 젊은 지식인과 학생을 대상으로 삼았다. 이 단체는 화법교육회와 함께 지식인과 학생들을 프랑스로 유학시켜 노동과 학업을 병행하게 하는 유명한 유법근공검학운동(留法勤工儉學運動)을 전개했다. 근공검학회는 유법근공검학을 학생들에게 이론적으로 설명하는 일을 담당했고, 화법교육회는 유법근공검학회의 사무업무를 담당했다고 알려져 있다.[66] 1919년 중국 내에는 10여곳의 유법준비학교가 세워졌고 1920년에 이르러서는 1,000명 이상의 학생이 유법근공검학회를 통해 유럽으로 건너갔다. 이석증과 오치휘 등이 유법근공검학회를 통하여 근공검학운동을 추진한 것은 사복 사후 강력한 구심점이 없었던 중국 아나키즘 운동에 새로운 활력소를 제공했고 실제로 많은 아나키스트들의 공감을 얻을 수 있었다.[67] 유법근공검학운동은 기본적으로는 프랑스 유학운동으로 전형적인 아나키즘 운동은 아니지만 넓은 의미에서 아나키즘의 이상을 실천한 것으로 볼 수 있다.

청년 아나키스트들은 공학주의운동과 공독호조단운동, 신촌운동에도 참가해 학생들에게 일과 공부의 차별을 없애고 노동을 신성시하는 새로운 풍조를 일으켰다. 공학주의의 최초 주창자는 아나키스트 광호생(匡互生)이다. 그는 북경사범고등학교에서 『공학(工學)』(1919년 12월) 잡지를 창간해 크로포트킨의 "육체노동과 정신노동의 결합"이나 톨스토이의 범노동주의를 실행했다. 이 운동은 근공검학운동의 영향을 받은 것으로 이석증과 오치휘, 채원배 등의 학생들에게 직접적인 영향을 미치고 있었는데, 공학회 회원들 모두가

---

66) 江天蔚「回憶留法勤工儉學」,『五四運動回顧錄』(下), 中國社會科學出版社 1979, 994면.
67) 박제균『중국 '파리그룹'(1907~1921)의 무정부주의 사상과 실천』, 경북대학교대학원 박사학위논문 1996, 15면.

아나키스트였던 것은 아니었다.[68] 같은 시기 왕광기(王光祈)도 「도시 속의 새로운 생활」을 『북경신보(北京晨報)』에 발표하면서 공독호조단운동을 시작했다. 공독호조단은 "능력에 따라 일하고 필요에 따라 소비하는" 이상사회를 추구했다.[69] 주작인에 의해 제창된 신촌운동도 이와 유사한 경향을 띠고 있었다. 신촌운동은 일본에서 유래한 것으로 신촌을 건설해 모두 평등하게 노동하고 서로 도와 계급투쟁이 없는 사회를 만들자는 것이었다. 지금까지도 어떤 단체나 인물이 아나키즘인가 아닌가 여부는 끊임없는 논란이 있지만, 분명한 사실은 아나키스트들이 시작한 '호조'와 '노동'의 구호가 시대의 화두가 되었다는 것이다.[70]

한편 1910년대 후반은 에스페란토가 중국 사회에 활발하게 전파된 시기이기도 하다. 사복의 제자 가운데 에스페란토를 열성적으로 전파한 대표인물로는 구성백을 들 수 있다. 구성백은 광주에서 『세계어 독본』(1916)이라는 책을 출판했는데, 이 책은 상해와 북경, 천진, 상숙, 불산, 강문 등지에서 에스페란토를 학습하기 위한 교재로 널리 채택되었다. 그리고 그의 동료들에 의해 에스페란토 독서실 · 클럽 · 전파소 등도 만들어졌으며, 이런 단체들은 아나키즘의 선전과 밀접한 관련을 가지고 있었다.[71] 구성백은 북경대학에서 공부하던 시절에 『신청년』과 여러 아나키즘 잡지에 에스페란토 관련 글을

---

68) 박제균 「『工學』잡지와 오사시기 무정부주의 사조」, 『중국현대사연구』 제1집, 1995, 34~35면.
69) 일본학계에서는 오사운동이 사실상 아나키스트에 의해 주도되었다는 환산송행(丸山松幸) 등의 주장을 둘러싸고 논쟁이 있었다. 이와 관련해 공학회 같은 조직이나 공독주의(工讀主義) 같은 사조가 아나키즘 운동의 범주에 포함될 수 있는가라는 문제가 제기되었다(坂井洋史 「近年の中國アナキズムの研究おめぐって」, 『中國社會と文化』, 東大中國學會 1988, 266~69면).
70) 최근에는 5 · 4시기 직업단체를 중심으로 민의기구를 구성하려는 시도에서 길드사회주의 못지않게 아나키즘의 노동관이 그 토대를 형성하는 데 중요한 역할을 했다는 지적이 있다(유용태 「5 · 4운동과 직업주의의 대두」, 『중국근현대사연구』 제43집, 2009, 22면).
71) 王炎, 앞의 글 548면.

실었으며,[72] 1920년대에 이르러서는 에스페란토를 전파하는 주요 인물의
한 사람이 되었다.

상해에서 『화성(華星)』(1916년 1월)이 창간되었다. 『화성』은 순수하게 에스
페란토로만 만들었는데, 성국성(盛國聲)이 주편하고 정패강이 인쇄를 담당
했다. 이 잡지는 중국 에스페란토 잡지를 대표하며 훗날 『녹광(綠光)』이라고
제호를 바꾸면서 장기간 발행되었다. 그 밖에 북경대학의 『자유록』[73]과 『북
경대학학생주간』[74]을 비롯해 같은 시기에 나온 『자유』『인군』『진화』『민
성』 등과 같은 잡지에도 에스페란토란이 마련되었다. 이때는 이미 만국신어
(萬國新語)라는 용어보다는 세계어(世界語)라는 용어가 일반화되었다. 그런
데 보통 사람들은 아나키스트나 볼셰비키 같은 과격파가 에스페란토를 배운
다고 인식해 점차 에스페란토 운동에 대해 의심과 경계의 눈빛을 보내기 시
작했다.

신문화운동 시기에는 해외에서도 중국인 아나키스트그룹이 출현했다. 예
를 들어 프랑스의 공여사(工余社), 일본의 홍사(紅社)·인인사(人人社), 미주
지역의 평사(平社), 캐나다의 캐나다목와업화공연합회(加拿大木瓦業華工聯
合會), 동남아 지역의 진사(眞社, 1919)·아나키동지사(安那其同志社)·인쇄
공동맹(印工同盟) 등이 그것이다. 특히 동남아 지역의 경우 사복이 만든 『민
성』의 씨앗이 이곳에 뿌려지면서 시작되었는데, 양빙현이 마닐라에서 『평민
(平民)』(1914)을 창간하고 노동자조직을 만들었다. 얼마 후 동남아 지역 최초

---

72) 區聲白「通信」, 『新靑年』 第5卷 第2號, 1918. 8. 15; 第6卷 第1號, 1919. 1. 15.
73) 실사의 『自由錄』에는 자멘호프의 전기인 「世界語發明家Zamenhof博士史略」과 계급제도
    를 타파하고 전쟁을 방지할 수 있는 에스페란토를 노동자에게 권유하는 「世界語與無政府
    黨」 등이 실렸다(『自由錄』 第1輯, 1917. 7; 『自由錄』 第2輯, 1917).
74) 『北京大學學生週刊』에는 노동자들이 에스페란토를 배워 전세계적인 노동자연합을 만들
    어 사회혁명을 추구하자는 「世界語與工黨」과 자멘호프의 언어가 소비에트 정부에 정식 채
    용되었다는 소식을 알리는 「Bolchevlsme和Esperanto」 등이 실렸다(『北京大學學生週刊』 第
    14號, 1920. 5. 1; 『北京大學學生週刊』 第17號, 1920. 5. 23).

의 아나키스트 조직 진사가 결성되었다. 이 단체는 유석심 등이 참여했으나, 식민지 정부에 의해 핵심 멤버가 추방당하면서 운동이 잠시 위축되었다. 1922년에는 허주(虛舟) 등이 동남아에 와 아나키즘 활동을 전개했다고 전한다. 1923년에는 애진(愛眞)이 동방무정부주의자동맹(東方無政府主義者同盟)의 대표로 이곳에서 주의를 선전했다는 기록이 있어 흥미로운데, 그는 동맹의 지부를 만들고 아나키스트대회를 개최하려다 역시 추방당했다.[75] 현재까지 중국 밖의 화교들의 아나키즘 활동은 별로 알려져 있지 않다.[76]

3. 일본 아나키스트의 초상: 대삼영

일본 아나키즘 운동의 부활

행덕추수가 대역사건으로 처형되자 일본의 사회주의운동은 암흑상태에 들어갔다. 이른바 '겨울(冬)의 시대'에 사회주의자들은 글을 대신 써준다거나 번역일을 하면서 생계를 겨우 꾸려 나갔다. 몇해 동안 대삼영도 생활고에 시달리며 악전고투하지 않을 수 없었다. 대삼영과 그의 동료들은 대역사건으로 처형된 동지들의 시신을 동경감옥에서 인도받았으며, 대삼영은 행덕추수를 추모하는 모임에서 그를 기리는 시를 낭독하기도 했다.

대삼영은 황전한촌(荒畑寒村)과 함께 『근대사상(近代思想)』(1912년 10월)이라는 잡지를 만들어 학생과 지식인을 대상으로 출판사업을 시작했다. 이 일을 한 것은 기존 사회주의자들의 어정쩡한 태도에 더이상 만족할 수 없었

---

75) 歐西 「南洋無政府主義運動之槪況」, 『民鍾』 第2卷 第1期, 1927. 1. 25.
76) 한 연구자는 비록 동아시아 아나키스트들은 최종적으로 추구했던 이상사회를 만드는 데에는 실패했을지 모르지만, 그들은 살아 있을 때 자신들이 희망했던 사회문화 방면의 다양한 가치들이 실현되는 것을 직접 목격한 승리자였다는 생각을 가지기도 한다(Peter Zarrow, *Anarchism and Chinese Political Culture*, New York: Columbia University Press 1990, 258면).

기 때문인데, 여기서 그는 명치 시기 사회주의운동의 "권위주의적·정치주의적 체질"에 대한 반역을 시도했다. 이러한 반역은 곧 대정 시기 사회주의운동의 새로운 출발을 알리는 것이었으며, 전국 각지에 흩어져 있던 동지들도 큰 힘을 얻었다.[77] 이 잡지는 정치적 발언이 어려운 상황에서 문예의 형식을 빌려 개인주의를 선전했다. 여기서 개인주의는 개인의 내면을 강조하는 것이 아니라 사회의식이 강렬한 이른바 사회적 개인주의였다.

그리고 대삼영의 발의로 생디칼리슴연구회(1913년 7월)를 열었는데, 이 시도 역시 좋은 반응을 얻었다. 생디칼리슴연구회는 일본인은 물론 중국·조선의 유학생들과 간담회를 개최해 구미의 사회주의사상을 선전했다. 이 연구회는 나날이 발전하여 나중에는 평민대학강연회가 되었다. 평민대학강연회는 매월 2회가량 열렸고 매회 30여명이 모였는데, 강연회의 주제는 애국심의 해부와 대의정치론, 생디칼리슴, 크로포트킨의 사상 등이었다고 한다.[78]

대삼영은 『근대사상』(1914년 9월)을 스스로 폐간했다. 이 잡지가 문단에 유명해져서 자신이 사회명사가 될 수 있음에도 불구하고, 그런 안락함을 포기하고 새로운 모험 속으로 뛰어들었다. 그는 노동자를 대상으로 한 월간 『평민신문(平民新聞)』(1914)을 발간하고, 노동운동 관련 모임을 개최함으로써 대역사건으로 침체된 사회주의운동을 부활시키고자 했다. 『평민신문』은 「노동자의 자각」이라는 창간사를 통해 "노동자의 해방은 노동자 자신으로부터 한다"는 표어 아래 "노동자의 노예적 지위를 개선하고, 이 개선을 방해하는 일체의 사회적 제도에 대해 계급 전쟁의 반역을 하자!"고 호소했다.[79] 이 신문은 행덕추수의 정신을 이어 노동조합적 아나키즘의 입장에서 경제적 직접

77) 多田道太郎, 「生と反逆の思想家 大杉榮」, 多田道太郎 編 『大杉榮』, 中央公論社 1984, 39면.
78) 近藤憲二 『私の見に日本アナキズム運動史』, 麥社 1969, 13면.
79) 多田道太郎, 앞의 글 56면.

행동론을 주장했으나, 아나키즘 색채가 지나치게 선명한 탓에 황전한촌 같은 동지들의 강력한 반발에 직면했다. 게다가 계속되는 발행금지 처분으로 말미암아 재정적 어려움을 겪었으며, 다시 복간한 『근대사상』마저 단지 4호만 발간하고 폐간되었다.

1917년의 러시아혁명은 일본의 사회주의자를 흥분시키기 충분했다. 혁명의 발발은 사회주의자로 하여금 연구와 계몽의 단계를 넘어 노동조합을 통한 실천과 투쟁의 단계로 나아가도록 자극했다. 이에 대삼영과 이등야지(伊藤野枝), 동료인 촌목원차랑(村木源次郎)·화전구태랑(和田久太郎)·구판묘지조(久板卯之助) 등은 『문명비평(文明批評)』(1918년 초)을 창간하고 생디칼리슴연구회도 다시 정기적으로 열었다. 점차 생디칼리슴에 기초한 노동운동이 힘을 얻었으며, 평민대학강연회의 후신인 노동문제좌담회를 통해 본격적으로 노동자에게 접근했다. 대삼영은 동지들과 함께 『노동자신문』을 발행했으나 곧바로 발행금지 처분을 받았고, 『문명비평』조차 폐간을 당했다.[80] 그럼에도 불구하고 이 시기는 제1차 세계대전의 특수로 말미암아 일본 자본주의가 급속히 발전한 때여서 노동운동은 매우 활성화되었다.

대삼영의 좌담회는 또다른 단체인 아나키즘연구회와 연합해 북풍회(北風會)를 결성했다. 여기서 '북풍'이라는 이름은 이 단체를 결성하기 직전에 폐렴으로 사망한 아나키스트 도변정태랑(渡邊政太郎)의 호에서 따온 것이다. 대삼영과 근등헌이(近藤憲二) 등이 이끈 북풍회는 '노동운동의 정신'이라는 주제로 강연회를 개최했다. 여기서 대삼영은 노동운동은 임금 인상이나 노동시간 단축과 같은 단순한 생물적·경제적 요구에 그칠 것이 아니라 인간해방을 목표로 삼아야 한다고 강조했다. 그리고 노동자는 복종의 습관과 노예의 생활에서 해방되어야 하는데, 이런 해방은 비단 자본가의 질곡에서 해방되는 것뿐만 아니라, 노동운동 지도자의 권위로부터도 해방되어야 한다고

---

80) 萩原晋太郎 『日本アナキズム勞動運動史』, 現代思潮社 1969, 47~48면.

역설했다. 노동자들의 자발적 의지적 행동이야말로 노동운동의 기초이자 새로운 사회의 초석이라는 것이다. 이처럼 북풍회는 자유로운 사람들의 자유로운 연합을 실험했다.

러시아혁명을 견제하기 위해 일본이 시베리아 출병을 강행하자 일본 내에서는 계급모순이 격화되고 물가폭등이 야기되어 이른바 쌀폭동(1918년 7월)이 일어났다. 일본군이 시베리아로 출병하는 과정에서 쌀을 중개하던 상인들의 농간으로 말미암아 쌀 가격이 폭등했는데, 이것이 전국 차원의 폭동으로 이어진 것이다. 쌀 소동을 무마하는 과정에서 정부가 사상탄압을 잠시 완화하자 노동운동과 사회주의운동이 더욱 활기를 띨 수 있었다. 이에 대삼영과 화전구태랑, 근등헌이 등의 노력으로 노동운동사(勞動運動社)를 만들고 『노동운동(勞働運動)』(제1차 1919년 10월~1920년 6월) 창간호를 발행할 수 있었다. 창간사에서 "일본의 모든 방면에서 노동운동의 이론과 실천을 충실히 소개하고, 그 내용을 비평하는 것이 본지의 목적"이라고 설명했고, 「노동운동의 정신」(1호)이라는 글에서는 "노동운동은 노동자의 자기 획득 운동이자 자주자치적 생활 획득 운동이며, 인간운동이자 인격운동"이라고 자신들의 운동을 규정했다.[81] 여기서 노동자의 자각을 강조한 점은 큰 발전인데, 한마디로 "노동자의 해방은 노동자의 손으로"라는 말로 요약할 수 있다. 이 잡지는 대정 시기를 대표하는 노동운동의 기관지가 되어 전국의 노동단체에 큰 영향을 주었고, 노동운동사를 중심으로 아나키스트 세력이 결집하는 결과를 가져왔다.[82] 『노동운동』(제1차)은 운동의 이론과 실제를 충실히 소개한 것으로 유명한데, 노동자와 대중의 자발성을 강조하고 노동자 대중의 인격 획득에 주목했다. 특히 대삼영이 주도한 지도자이론의 비판과 지식인계급의 배척을 내용으로 하는 직접행동론은 노동조합적 아나키즘의 발달을 가져와 기존 제

---

81) 多田道太郎, 앞의 글 56면.
82) 국제 아나키즘 운동사에서 노동운동의 한 축을 이루는 것이 인쇄공인데, 일본에서도 신우회(信友會)와 정진회(正進會) 등의 아나키스트 인쇄공조합이 큰 위력을 떨쳤다.

도를 부정하는 자치적 조직론으로 나아갔다.

　일본 아나키즘 운동사에서 '겨울의 시대'에는 코뮨적 아나키즘과 노동조합적 아나키즘이 비슷한 것으로 인식되었다. 그런데 그후 노동조합적 아나키즘의 세력이 강화되는 현상이 나타난다. 이에 대해 영국학자 존 크럼(John Crump)은 다음 같은 몇가지 이유를 제시한다. 첫째, 일본 아나키즘 이론의 중심이었던 크로포트킨의 위상이 혁명가들 사이에서 약화되었다. 일본의 아나키스트들은 행덕추수 시대부터 반전(反戰)을 주장했는 데 반해, 크로포트킨은 제1차 세계대전 때 프랑스와 그 동맹국을 지지했기 때문에 다소 실망한 것이다. 둘째, 일본 아나키스트들이 보기에 정부 폭력에 대해 별다른 저항수단이 없었던 지식인들과 달리 공장과 탄광의 노동자들은 혁명적 역량과 노동조합이라는 조직을 가지고 있었기에 운동의 주력으로 주목한 것이다. 셋째, 일본은 유럽으로부터 지리적으로 멀리 떨어져 있었던 까닭에 정보부족이라는 변수가 노동조합적 아나키즘의 유행에 한몫을 했다. 실제로는 프랑스 노동총연맹(CGT)이 제1차 세계대전의 와중에 세력이 약화되었으나, 일본의 아나키스트들은 프랑스 노동총연맹의 세력이 확대일로에 있다고 착각하고 열광했다. 넷째, 대삼영의 노동조합적 아나키즘에 대한 개인적인 열정이 동지들을 감화시켜 운동의 활성화를 가져온 것이다.[83]

　당시 일본정부는 아나키즘 사상을 매우 위험하다고 여겼으며, 러시아혁명의 전파를 극단적으로 두려워했다. 그런 분위기에도 불구하고 아나키즘은 지식인이든 노동자이든 농민이든 간에 어떠한 편견을 품지 않고 특유의 열린 사상체계로 접근했기에 널리 받아들여졌다. 한편 비슷한 시기 하상조(河上肇)의『사회문제연구』의 창간(1919년 1월)을 시작으로 일본 맑스주의 연구의 전통이 구축되면서 다양한 맑스주의 문헌의 번역이 이루어졌다. 얼마 후 일본 사회에 맑스주의자들이 대거 출현했다.

---

83) John Crump, 碧川多衣子 譯『八太丹三と日本のアナキズム』, 靑木書店 1996, 51~52면.

대삼영의 아나키즘 철학

대삼영은 『근대사상』의 발간 시기(1912년 10월~1914년 9월) 중에 사상적 기초를 닦았다고 평가받는다. 이 잡지의 성공으로 지식계에서 높은 위치를 차지했으며, 점차 지적 자립을 추구하는 길로 나아간다.『근대사상』의 마지막 호에는 그의 인생관과 사회관을 잘 보여주는 구절이 있다.

연구와 사색은 유희가 아니다. 우리는 일상생활에서 반드시 무언가를 생각하고, 또 그 생각을 끝까지 진보시켜 나가지 않으면 안 된다는 어떤 요구에 직면한다. 아무리 해도 방치해서는 안 되는 어떤 사실에 부딪히는 것이다. 우리의 사색과 연구는 이 사실에 대한 우리 자신의 어쩔 수 없는 내적 요구인 것이다. 우리는 자신의 이 내적 요구를 어떤 다른 사람의 저서에 따라, 즉 다른 사람의 관찰과 실험과 판단에 따라 만족하는 게으름뱅이가 되어서는 안 된다. 만약 이미 받아들인 어떠한 판단이 있다 해도, 더욱 스스로의 관찰과 실험에 따라 다시 판단하지 않으면 안 된다. 진실로 스스로 각고의 노력으로 뼈 속까지 사무치도록 우리 스스로의 판단을 정립해야만 한다. 이런 개인적인 사색의 성취에 있어서 우리는 시작부터 자유로운 인간이 되어야 한다. 아무리 자유주의를 주장한다 할지라도, 그 자유주의가 남의 판단에서 빌려온 것이라면, 그 사람은 맑스 혹은 크로포트킨의 사상적 노예일 뿐이다. 사회운동은 일종의 종교적 열광을 수반하는 동시에 어쩌면 이러한 노예를 만들어내는 경향이 있다. 우리는 어떠한 경우에도 노예가 되어서는 안 된다.[84]

대삼영은 개인이 자립적인 존재라는 사실을 강조하며, "생(生)의 확충(擴充)"이라는 표현을 통해 자아의지를 통해 개인의 인격을 형성하는 과정을 무엇보다 강조했다. 그는 "생의 확충에서 생의 최상의 미를 본 나는 이 반역과 이 파괴에서만 오늘날 생의 최상의 미를 본다"라고 외쳤다. 자아가 주도하는 인격을 강조하며 신조차 자신의 안에 있는 것이라고 믿었던 점은 맑스

---

84) 大杉榮 「個人的思索」, 『大杉榮』 152~53면.

주의자들이 사회적 환경이 인간의 의식을 전적으로 지배한다고 주장하는 것
과는 상당한 차이가 있다.[85] 하지만 동시에 인격이 외적 환경에 종속되는
비자립적인 측면도 일부 지적했다. 대삼영 사상의 핵심 가운데 하나가 자유
라는 사실은 의심의 여지가 없다. 그에게 자유란 생과 동의어였다. 위의 구
절처럼 사상의 노예가 되는 것에 반대하여 크로포트킨조차 반성대상으로 삼
는 것이야말로 대삼영의 아나키즘 사상의 특징 가운데 하나였다. 그리고 그
것은 일본 아나키즘의 새로운 장이 열리는 것을 보여준다.[86]

그는 자아가 개인의 바깥에 있는 외적 환경 및 개인의 내부에 있는 내적
환경의 속박에서 모두 벗어나지 않으면 안 된다고 생각했다. 대삼영에게 정
부와 자본가, 지주 등의 정치적·경제적 지배로 나타나는 외적 환경의 속박
에 대한 투쟁은 중심적인 과제였다. 하지만 이에 못지않게 개인의 내적 환경
속에 자리잡고 있는 풍속과 습관, 종교, 이데올로기의 속박에서 탈피하는 것
도 무척 중요했다.[87] 당시 가족사상이나 부부사상의 발달을 사회의 적으로
믿은 사실이나, 상식적인 남녀관계를 나쁜 인습으로 인식해 부정하고 극단
적으로 자유로운 남녀관계를 주장한 것도 이런 맥락에서다. 그래서인지 평
소에 밥을 먹을 때나 글을 쓸 때도 전혀 남을 의식하지 않았고, 선후배에게
아무렇게나 반말을 하는 등 철저히 예의범절을 무시하는 것이 보통이었다.

「사회적 개인주의」(1915)라는 또다른 논문에서는 제목 그대로 사회적 개
인주의라는 역설적인 표현을 썼다. 일반적인 상식으로 사회주의와 개인주의
는 대립적인 구도이다. 그런데 대삼영은 사회주의의 계급 철폐와 국가 소멸
말고도 개인의 노예근성으로부터의 해방과 권위에 대한 반항을 동시에 주장
했다.[88] 일단 이것은 민중적 개인을 의미하는 것으로, 공리주의자의 개인과

---

85) 板垣哲夫 『近代日本のアナキズム思想』, 吉川弘文館 1996, 4~5면.
86) 小松隆二 『日本アナキズム運動史』, 青木書店 1972, 76면.
87) 板垣哲夫, 앞의 책 10면.
88) 多田道太郎, 앞의 글 41~42면.

는 구별되는 것으로 볼 수 있다. 하지만 그렇게 간단히 규정하기에 개인적 사회주의는 여전히 해석하기 어려운 문제가 남아 있다. 어쩌면 대삼영이 독학으로 공부했기에 사상사의 상식으로부터 자유로웠을 수 있고, 개인과 사회라는 대립적인 두 개념을 하나로 통일하려는 지향성을 보였다고도 설명할 수 있다.[89] 훗날 그가 쓴 「노동운동의 이상주의적 현실주의」라는 논문(1922년 12월)에서도 다시 한번 이런 역설의 논리가 나타난다.

대삼영은 아나키즘 사회로 가는 과정과 관련해 다음같이 말한다.

오늘날 자본가 사회는 그 경제제도의 필연적인 결과로, 이를테면 사회적 생산과 개인적 분배의 모순이 더욱 증대됨에 따라서 마침내 어떤 근본적인 개혁을 해야만 하는 필요에 부딪히게 된다. 이 개혁은 오늘날 사회제도에 따라 어떤 특권이나 이익을 누리고 있는 자들에 의해서가 아니라, 그것 때문에 가장 불이익을 받는 자들에 의해서 계획되고 실행되어야 한다. 그리고 노동자는 이러한 위치에 놓여 있으며 동시에 사회의 원동력을 생산하는 것을 손아귀에 쥐고 있다. 그들은 오직 가지려고만 하면 되는 것이다.[90]

여기서 그는 혁명방법으로 의회활동이 아닌 노동자조직의 자주적 행동을 강조한다. 노동자조직을 사회 전체의 조직으로 확대하려는 직접행동론을 주장하는 것이다. 이때 직접행동론이란 의회 등 기존 정치기구나 제도를 이용하는 것이 아니라, 총파업과 공장점거, 무장봉기 등에 의해 직접적으로 체제를 파괴, 변혁시키려는 것을 말한다. 대삼영은 여러 가지 사회운동에 비중을 매기고 계열화해 정치운동을 첫번째로 놓는 사고방식에 정면으로 반발했다. 정치혁명과 경제혁명을 합쳐 사회혁명이라 불렀으며, 문화혁명을 동시에 추진하는 전체혁명이야말로 진정한 혁명이라 보았다.[91] 이런 관점을 대삼영식

89) 大澤正道 『大杉榮集』, 筑摩書房 1974, 解說 418~19면.
90) 大杉榮 「勞働運動と個人主義」, 『大杉榮集』, 筑摩書房 1974, 205~206면.
91) 大澤正道 「大杉榮集」, 앞의 책 解說 426면.

혁명론의 독창성으로 설명하기도 한다. 그가 이처럼 노동자의 자주성을 중시하고 노동자 이외 사람들의 간섭행위를 배제한 사실은 얼마 후 러시아의 볼셰비키 정부가 노동조합을 통제한 사실을 강력히 비판하는 이론적 근거로도 작용했다.

보통 1918년을 전후해 대삼영의 사상이 개인주의적 아나키스트의 색채를 벗어나 생디칼리슴에 더욱 가까워진다고 본다. 1919년 한 해는 대삼영으로서는 가장 정력적으로 활동한 시기이며, 다음해인 1920년에도 불경기로 말미암아 노동쟁의가 빈번해지자 여전히 바빴다. 그는 『노동운동』(제1차) 종간호에서 반권위주의의 입장에서 각 개인의 실험적·실증적 자세로 모든 문제에 대해 주체적으로 대처할 것을 요구하면서 백지주의(白紙主義)라는 유명한 말을 남겼다. 인생은 백지의 책과 같으며, 노동자는 백지의 책에 노동문제라는 인생문제를 한 자 한 줄 한 장씩 써내려가는 과정이라고 했다.[92]

대삼영은 프래그머티즘의 번역어인 실제주의(實際主義)라는 용어를 약간 변형시켜 자신의 생각을 드러내기도 했다. 그는 생디칼리슴이야말로 실제주의에서의 인식과 이론의 좋은 사례라고 생각했다.[93] 어떤 글에서 "생디칼리슴은 그 오랜 여정 속에서 무정부주의의 영향을 받고 있지만, 동시에 다른 사회적 학설의 영향도 받고 있다. 그렇지만 생디칼리슴은 그런 영향을 받아 형성되었다기보다 오히려 노동자가 단지 살아가려는 본능을 좇아서 오른쪽으로 혹은 왼쪽으로 가거나, 앞으로 가고 혹은 뒤로 가서, 마침내 그들의 생활의 자각과 경험을 통해 끊임없는 변화를 거쳐 창조한 것이다"[94]라고 썼

---

92) "인생은 결코 사전에 결정된, 이를테면 완성된 한 권의 책이 아니라, 각 개인이 한 글자 한 글자씩 써 내려가는 백지의 책이다. 인간이 살아간다는 것, 그것이 바로 인생인 것이다. 노동자라는 것이 무엇인가라는 문제도 역시 마찬가지다. 노동문제는 노동자의 인생문제다. 노동자는 노동문제라는 백지의 거대한 책에 노동에 대해 한 자 또 한 자, 한 줄 또 한 줄, 한 장 또 한 장씩 써 내려가는 것이다"(大杉榮 「社會的理想論」, 앞의 책 222면).
93) 板垣哲夫, 앞의 책 20~21면.
94) 大杉榮 「個人主義者と政治運動」, 앞의 책 193~94면.

다. 기본적으로 행위의 결과를 끊임없이 평가하여 인식을 심화시키고 이론을 추출하는 것 말고도, 행위를 한 후에 인식하고 이에 따르는 방식을 주장한 것이다.

대삼영은 노동자의 투쟁이라는 물질적인 이익을 얻으려는 목적과 함께 인격적인 만족을 얻으려는 최후의 수단이라고 생각했다. 비록 물질적인 이해득실에서 패배하더라도 그 싸움 속에서 느끼는 인격적인 만족이 있다는 것이다. 자신의 힘을 시험해보는 유쾌함과 동료들 간의 연대감에서 느끼는 유쾌함, 적과 우리를 확실하게 구분하는 유쾌함, 자신의 인격이 향상되는 것에서 느끼는 유쾌함 등이 있다는 것이다. 그는 "이상은 운동의 전방에 있는 것이 아니다. 운동 그 자체에 있는 것이다. 운동의 과정 중에 모양을 새겨나가는 것이다. 자유와 창조는 미래의 우리가 동경하는 이상이 아니다. 우리는 우선 이것을 현실 속에서 포착해야 하고, 우리 자신 속에서 획득해야만 한다"[95]고 역설했다. 대삼영은 반역자에게는 고정된 사회적 진리가 따로 존재하는 것이 아니라 그런 진리란 생성해 나가는 것이라고 믿었다. 그래서 실패를 해도 조금도 뉘우치지 않았으며, 오히려 새로운 모험을 계획했다. 이를 사람들은 대삼영의 도박근성(賭博根性)이라고 말한다.

일본 사회주의운동의 암흑기를 거치면서 일부 소개되었던 『상호부조론』은 1917년에 대삼영에 의해 완역되었다.[96] 대삼영은 청년시절부터 자연과학 이론 가운데 진화론에 깊은 관심을 가졌으며, 생물학에 관한 연구와 번역에 몰두했다. 이미 다윈의 『종의 기원』을 완역한 바 있으며,[97] 나중에는 파브르의 『곤충기』(1922) 등 생물학과 진화론에 관한 저작들을 번역했다. 그는

---

95) 大杉榮 「生の創造」(板垣哲夫, 앞의 책 25~26면 재인용).
96) クロポトキン, 大杉榮 譯 『相互扶助論』, 春陽堂 1917. 이 책은 후에 『クロポトキン全集』에 다시 실렸는데, 부록과 주를 모두 번역해 실었다(山泉進 「大杉榮著書目錄」, 『初期社會主義研究』 第15號, 2002, 171면). 대삼영은 크로포트킨의 저서 가운데 『빵의 정복』 『상호부조론』 『한 혁명가의 회상』을 가장 중요한 저작으로 꼽았다.
97) Charles Darwin, 大杉榮 譯 『種の起源』, 新潮社 1914~15.

어린 시절 처음 진화론을 접하면서 "무엇이든 변하지 않는 것은 없다. 오래된 것은 쓰러지고 새로운 것이 솟아나는 것이다. 지금 권위를 세우고 있는 것 따위가 무엇인가. 하루빨리 그것을 무덤 속에 묻어버려야 하는 게 아닌가?"[98]라며 새로운 세계에 눈을 떴다. 대삼영은 인간을 생물계의 한 종으로 보았고, 인간사회의 현상을 생물계의 한 현상으로 보면서 관찰했다. 동물계에서 진화의 선두에 선 종족은 투쟁보다는 협동을 선호한다는 사실에 주목해 인류가 오늘날 동물계의 선두에 선 까닭도 이처럼 이해했다. 그는 인간사회 내부의 협동이야말로 진보의 원동력이라고 굳게 믿었다.

대삼영은 기존에 발표한 몇편의 논문을 모아 『크로포트킨 연구』(1920)라는 책을 출판했다. 이 책에는 「크로포트킨 총서」「크로포트킨의 생물학」「크로포트킨의 사회학(상)」「크로포트킨의 사회학(하)」「크로포트킨의 경제학」(이등야지의 글), 「크로포트킨의 교육론」(이등야지의 글) 등이 실려 있다.[99] 이 가운데 「크로포트킨의 생물학」에서는 상호부조설을 생존경쟁에 대한 새로운 학설이라면서 다윈주의의 올바른 해석이자 보충이라고 설명했다. 그리고 크로포트킨이 상호부조설의 창시자는 아니지만 젊은 시절부터 이미 다윈주의의 생존경쟁설에 의문을 품었다고 소개했다.

이 논문집에서는 『상호부조론』 말고도 『전원·공장·작업장』 같은 저서를 통해 아나키즘의 경제학에 대해 소개했고, "두뇌운동과 근육운동과의 조화"를 핵심으로 하는 크로포트킨의 교육론도 언급했다.[100] 얼마 후 대삼영은 청년시절 감옥에서 탐독하던 크로포트킨의 『한 혁명가의 회상』(1920)도 완역, 출판했다. 마치 중국의 문학가이자 아나키스트인 파금(巴金)이 1930~

---

98) 오스기 사카에, 김응교·윤영수 옮김 『오스기 사카에 자서전』, 실천문학사 2005, 201면.
99) 『クロポトキン研究』는 『大杉榮·伊藤野枝選集』(黒色戰線社 1986)의 제1권으로 나왔다. 이 책은 당시 『大杉榮叢書』의 하나로 혜림(惠林)이 번역해 중국에도 소개되었다(大杉榮, 惠林 譯 『克盧泡特金研究』, 1924). 국내에도 이 책의 편역본이 나왔다(이지활 편역 『아나키즘의 생물학·사회학·교육학·경제학』, 형설출판사 1979).
100) 山泉進, 앞의 글 163면.

40년대에 크로포트킨의 주요 저작을 대부분 번역했듯이 일본의 대삼영도 『빵의 정복』을 제외한 『상호부조론』『한 혁명가의 회상』 및 「청년에게 고함」 등 크로포트킨의 주요 저작을 고루 번역했다. 그 번역 수준이 뛰어나 지금까지도 사람들에게 읽히고 있다.

대삼영은 청년시절 크로포트킨을 우상시하다가 적기사건으로 투옥된 후 생각의 변화가 일어났다. 크로포트킨 저작을 왕성하게 번역할 때, 역설적이게도 크로포트킨을 무조건 추종하는 것에 반대하는 태도를 취한 것이다. 이 것은 아마도 당시 일본 아나키즘 운동에서 크로포트킨의 위상이 다소 약화된 상황을 반영하는 것이기도 하다. 대삼영은 사회적 개인주의를 생디칼리슴의 목표와 수단에 잘 결합해 노동조합을 통해 크로포트킨의 추상적인 이론을 명료화·구체화했으며, 이런 생각을 가지고 일본의 노동운동을 이끌었다. 비록 크로포트킨주의가 경전이었던 중국 사회와는 다소 차이를 보이지만, 그럼에도 불구하고 일본 역시 크로포트킨의 저작들은 결정적인 힘을 발휘했다.

대정 시기에 크로포트킨 사상과 관련해 주목할 만한 또다른 사건이라면 이른바 삼호사건(森戸事件)을 들 수 있다. 동경대학 경제학부 조교수인 삼호진남(森戸辰男)은 학부의 학술지 『경제학연구』 창간호에 「크로포트킨의 사회사상의 연구」(1920)를 발표했다가 학내 우익 교수 및 단체들에 의해 불온한 사상을 전파한다는 공격을 받았다. 그 결과 잡지가 회수되었으며 삼호진남은 휴직 처분을 받았다. 그들은 여기에 머무르지 않고 신문법을 위반했다는 혐의로 삼호진남과 편집 발행인을 기소했으며, 몇차례의 법정 공방 끝에 결국 두 사람은 동경대학에서 해직되었다. 이 사건은 일본 내뿐만 아니라 중국에서도 큰 화제가 되었고, 여러 잡지에 그의 논문이 번역 소개되었다.[101]

---

101) 森戸辰男, 于樹德 譯 「克魯泡特金社會思想之硏究」, 『建設』 第2卷 第3號, 1920. 3; 森戸辰男, 枕江 譯 「克魯泡特金之社會思想硏究」, 『解放與改造』 第2卷 第9~16號, 1920.

중일 아나키스트의 상호인식

1910년대는 중국과 일본 모두 자국에 아나키즘이 뿌리내리는 시기로, 양국간 교류는 그리 활발하지 않았다. 비록 중일 사회주의자의 교류는 정체되었지만, 그렇다고 전혀 없었던 것은 아니고 사복이나 대삼영은 꾸준히 상대방을 주목하고 있었다. 그래서인지 두 나라의 잡지를 보면 돈독한 연대의식이 있었음을 알 수 있는데, 아래에서는 그 현황을 간단히 정리하겠다.

중국의 경우, 신해혁명 직후부터 중국인들의 눈에 대삼영은 이미 일본을 대표하는 아나키스트로 비치고 있었다. 사복 생전에 『민성』에는 대삼영 관련 기사가 제4호, 제17호, 제18호, 제21호에 걸쳐 네 차례 소개되었다. 『민성』 제4호에 실린 「일본 무정부당의 근황」에서는 행덕추수의 피살 및 일본정부의 탄압 상황과 더불어 "대삼영과 몇몇 동지들이 『근대사상』이라는 잡지를 출판했는데, 은어와 암시의 방법으로 무정부주의를 선전"한다고 소개했다.[102]

『민성』 제17호에는 "일본의 대삼영은 행덕추수의 옛 친구로, 그는 행덕추수의 운동에 모두 참가했다. 일찍이 여러 차례 투옥되었고, 최근에는 『노동자』라는 새로운 잡지를 창간해 직접 노동혁명을 제창하고 세계어단체에도 가입하려 한다. 일본정부가 사회주의 아나키즘 서적을 금지 억압하는데, 유난히 이 신문 하나만은 출판하려고 해서 분명 금지당하고 형벌을 받을 것이다(일본정부가 대삼영을 질시하기 때문이다). 다수의 친구들이 말리지만 대삼영은 여전히 그 계획에 뜻을 두고 있으며 조금도 주저하지 않는다. 아마도 뜻을 세워 희생하려 하기 때문이다"[103]라고 했다.

『민성』 제18호에는 대삼영이 새로운 신문인 『노동자』를 출판하려 했으나, 같은 제목의 간행물이 있어서 『평민신문』으로 제목을 바꾸어 출판할 계획이며 10월 출판 예정이라는 소식을 전하고 있다. 덧붙여 『평민신문』은 과

---

102) 「日本無政府黨之近況」, 『民聲』 第4號.
103) 「『勞動者』之創刊」, 『民聲』 第17號.

거 행덕추수가 창간한 적이 있다면서, 지금 대삼영이 권토중래한 것은 실로 일본 동지들의 쾌거라고 했다. 사복은 일본의 사회주의운동을 온건파의 안부기웅과 맑스파의 계리언, 직접행동파의 행덕추수로 나누고, 행덕추수의 죽음 이후 그를 잇는 것이 대삼영이라고 소개하면서 "직접행동파에서 나아가 무정부공산주의를 주장하는 오늘날 우리 당의 걸출한 장수"라고 칭찬했다.104)

『민성』 제21호에서는 대삼영의 『평민신문』 출판 상황을 다시 소개하면서 "이 잡지의 제1호 인쇄는 끝났으나, 곧 경찰에 의해 몰수되었다"면서 일본에서 온 편지와 함께 일본 경찰의 억압 상황을 소개했다.105) 다른 글에서는 비록 『평민신문』이 몰수당했지만 비밀리에 그 한 부를 얻었다고 했다. 이 신문은 "노동자 혁명운동의 기관지"임을 자처하고 있으며, 신문의 일부분은 에스페란토로 나머지는 일문으로 되었다고 했다. 여기서는 첫 호의 기사 제목들을 소개하면서 그 가운데 「우리들의 각오」라는 기사의 일부를 번역 게재했다. 이처럼 사복의 민성파는 대삼영의 움직임을 잘 파악하고 있었다.

일본의 경우도 대삼영의 『근대사상』(제2권 제4호)의 편집후기에는 사복과 민성파의 활동에 대해 간단히 소개하면서 사복 측으로부터 온 편지를 받았으며 앞으로 『민성』에 글을 기고할 것이라고 했다. 그리고 대삼영은 생디칼리슴연구회가 열렸을 때(1915년 1월 15일) 회원들에게 "중국 상해에 아나키스트 모씨가 발행하는 잡지 『민성』에는 「크로포트킨의 전쟁관」이라는 기사가 있다"고 언급했다. 또한 민중연설회(1915년 4월 16일)에서는 한 일본인이 사복의 죽음을 애도하는 내용을 발표했고, 대삼영도 중국 아나키즘 운동의 근황과 사복의 죽음을 애도하는 담화를 발표했다.106)

---

104) 「『平民新聞』復活」, 『民聲』 第18號.
105) 「『平民新聞』之厄運」, 『民聲』 第21號.
106) 樋口進 「巴金和無政府主義」, 『巴金研究在國外』, 湖南文藝出版社 1986, 268면 재인용.

사복과 대삼영 간의 교량역할을 담당한 인물은 바로 대삼영과 에스페란토 운동을 함께 전개한 인쇄활자공 출신인 산록태치(山鹿泰治)이다. 대삼영은 1914년 봄 대련 만철 발전소에서 검정관으로 일하던 산록태치에게 편지를 보냈다. 여기서 그는 "중국의 동지 사복이 상해에 잠입하여 에스페란토－중국어 혼용 아나키즘 운동지『민성』을 발간하기 시작했다. 응원하러 가지 않겠는가?"라면서 사복의『민성』출판을 돕도록 제안했다. 이에 산록태치는 비밀리에 상해로 가서『민성』의 발간을 6개월가량 도왔다. 훗날 산록태치는 자신의 일생에서 가장 영향을 끼친 인물은 대삼영과 사복이라고 말할 정도로 상해에서 사복과의 합작이 산록태치에게 강한 인상을 남겼다.[107] 산록태치는 평소에 중국인 동료들과 에스페란토를 사용해 대화를 나누었으며, 그래도 불분명하면 한자로 필담을 나누었다고 전한다. 이처럼 에스페란토는 아나키스트의 국제교류와 연대를 가능케 하는 언어적 도구로 이용되었다. 그후 그는 대삼영이『근대사상』(월간)을 창간하고『평민신문』(일간)을 복간하자, 대삼영을 돕기 위해 일본으로 귀국했다.[108] 사복은 산록태치와 이별할 때, "무정부주의는 무강권이지 혼란이 아니다(크로포트킨의 말). 재산은 장물이고 자본주의는 도적이다(프루동의 말). 친애하는 벗 산록을 위해, 사복"이라고 쓴 글을 기념으로 선물했다.[109]

이 만남을 인연으로 산록태치는 중일 아나키스트의 교류에 큰 발자취를 남겼다. 예를 들어 1922년 산록태치는 대삼영의 위조여권을 만들기 위해 중국에 건너와 북경과 상해에서 활동했다. 북경에서는 주작인의 집에 머물며 경매구(景梅九) 등과 접촉했으나 여권구입은 실패했다. 다시 상해로 내려온 그는 화광병원의 등몽선(鄧夢仙)과 접촉했다. 이때 중국 아나키스트그룹 무정부주의자동맹(AF, 1922년 4월)에 가입하거나 아나키즘 성향의 대동당(大同

107) 大島義夫・宮本正男『反體制エスペラント運動史』, 三省堂 1975, 32~34면.
108) 近藤憲二, 앞의 책 18면.
109) 玉川信明『中國アナキズムの影』, 三一書房 1974, 93면.

黨, 혹은 흥아사나 구국단과 같은 유사단체)이라는 조직에 가입한 기록이 남아 있다.110) 그리고 산록태치는 1927년 상해노동대학의 초청에 응해 에스페란토 교원 자격으로 다시 잠행했다. 이런 단편적인 기록들은 중일 아나키스트 간의 연대정신이 행덕추수의 시대를 이어 대삼영의 시대에도 지속되고 있음을 보여준다.111)

사복 사후에 출간된 『민성』에도 일본 관련 기사는 계속 실렸다. 행덕추수의 일생을 다룬 번역문과 『평민신문』이 2, 3호 계속 인쇄되고 있다는 기사, 일본 에스페란토협회의 주장에 대한 소개 등이 연재되었으며,112) 중국에 온 한 일본인 아나키스트의 이야기를 담은 기사도 있었다.113)

신문화운동 시기 중국 아나키스트의 소식은 『노동운동』 등을 통해 일본에도 전해졌다. 『노동운동』(제2차) 복간호에는 1920년을 전후한 중국 사회의 변화상을 다룬 기사와 대만의 자치운동을 다룬 기사, 조선인의 독립운동을 다룬 기사 등이 실렸다.114) 이런 기사를 쓴 고진정도(高津正道)는 중국문제에 관심이 많았던 인물로 「중국에서의 무정부주의운동」이라는 기사도 썼다. 여기서는 1912년 광동에서 유사복이 회명학사를 만든 것을 중국 아나키즘의 출발로 잡아 1919년 5·4운동을 전후해 아나키즘이 중국 사회에 큰 호소력을 얻고 있다고 전한다. 현재 황릉상과 구성백 등의 아나키스트가 활동 중이고 여러 지역에 아나키스트 단체가 설립되었다고 소개하면서, 중국 사회운동의 양대 세력이 볼셰비즘과 아나키즘이라고 했다.115) 그는 "산업발전

---

110) 산록태치의 중국 회고는 『平民新聞』 第49號(1947. 11. 21)부터 상해의 민성사, 대삼영의 여권, 동지 경매구, 삼무주의, 동양의 해방 등의 제목으로 몇차례 실렸다. 또한 『自由聯合』 第97號(1964. 4. 1)부터 몇차례 대삼영과 관련한 회고록이 실렸다.
111) 川上哲政 「大杉榮のみた中國」, 『初期社會主義研究』 第15號, 2002 참조.
112) 「幸德秋水君行畧」, 「最近日本黨人擧動」, 「日本之無政府黨世界語會」, 『民聲』 第25號, 1915. 6. 1.
113) 「日本無政府黨一瞥」, 『民聲』 第29號, 1916. 12. 28.
114) 高津正道 「新支那の勃興」, 『勞働運動』 第1號, 1921. 1. 25; 「臺灣の自治運動」, 『勞働運動』 第3號, 1921. 2. 10; 「朝鮮人とその獨立運動」, 『勞働運動』 第4號, 1921. 2. 20.

126

이 늦은 중국에서 혁명도 늦을 것이라고 생각하는 것은 크게 잘못된 것이라며, 본인은 애국심이 볼셰비즘과 결합하는 중국의 변화에 크게 주의를 기울이는 사람"이라고 자신을 소개했다.

그리고 『노동운동』(제3차) 복간호에서 주목할 만한 기사는 중국인으로 보이는 진춘배(陳春培)의 「중국의 무정부주의」라는 장문의 글이 있다. 신문 한 면을 거의 다 차지하는 이 글에서는 전통적인 허무주의 사상과 신세기파의 사상, 사복의 회명학사 순으로 중국 아나키즘을 소개했다. 특히 사복의 『민성』 잡지와 그의 죽음, 심사의 계율 등을 설명하고, 사복의 죽음 후 광주에서의 노동운동과 기타 지역의 상황을 간략히 소개했다.[116] 이 글은 일본에 중국의 아나키즘 운동을 비교적 상세히 소개한 대표적인 기사이다.

115) 高津正道 「支那に於ける 無政府主義運動」, 『勞働運動』 第8號, 1921. 4. 3.
116) 陳春培 「支那の 無政府主義」, 『勞働運動』 第11號, 1923. 2. 10.

제3장

동아시아 아나키즘 – 볼셰비즘 합작과 분열

: 중국의 사례를 중심으로

1. 러시아혁명의 영향

러시아공산당과 아나르코 볼셰비키

동아시아 사회는 20세기 초반에 각종 사회주의 사조를 수용했는데, 아나키즘이 맑스주의보다 먼저 조직화의 과정을 거쳐 사회주의운동의 주류를 이루었다. 사복(師復)과 대삼영(大杉榮)은 신문 잡지의 발행을 통해 아나키즘 이념을 전파하는 것은 물론 전국적인 조직망까지 구축하는 수준으로 나아갔다. 맑스주의는 러시아혁명이 일어난 다음에야 본격적으로 동아시아에 전파되었는데, 여기서 맑스주의란 엄격한 의미에서 맑스 본래의 사상이라기보다는 레닌의 볼셰비즘에 가깝다고 말할 수 있다. 국제주의를 지향한 아나키스트나 공산주의자 모두 일국 차원을 넘어 '동아시아'라는 지역을 혁명의 범주로 삼았다.

그런데 흥미로운 사실은 중국과 일본에 처음 맑스주의를 소개한 급진주의자 가운데 적지 않은 사람들이 바로 아나키스트였다는 점이다. 그들은 서양의 각종 사회주의를 전파하는 과정에서 맑스의 『공산당선언』이나 엥겔스의 『가족・사유재산과 국가의 기원』 등을 인용하기도 하고, 부분적으로 번역했다. 물론 아나키즘이 맑스주의보다 우월하다는 입장에서 소개가 이루어졌으나 맑스주의를 노골적으로 비난하지는 않았다. 러시아혁명의 성공 이후 중국이나 일본에서 이른바 초보적 맑스주의자들이 등장한 다음에도 아나키스트는 맑스주의에 대해 얼마간 우호적인 눈길을 보냈다.[1] 실제로 아나키즘은 맑스주의와 유사한 점이 많다. 사유재산제도의 폐지와 생산수단의 공유, 사람의 개성과 자유회복, 착취계급과 반동정부의 타도 등이 그렇다. 뚜렷한 차이점이라면 투쟁방식에 있을 것이다. 이 때문에 국제 공산주의운동사에서 아나키스트와 볼셰비키의 합작(이하 아나-볼 합작)은 자주 나타나는 현상이었다.

러시아혁명이 일어나자 아나키스트 가운데 일부는 최우선의 과제가 볼셰비키와의 일시적인 동맹을 통해서라도 백군의 위협으로부터 혁명을 수호하는 일이라고 생각했다. 그래서 적지 않은 아나키스트들은 백군에 포위당한 볼셰비키 정권을 지지했으며, 심지어 아나키스트들 중에는 적군에 복무하면서 레닌 정권과 운명을 같이한 인물도 있었다. 따라서 이 시기에는 아나-볼 합작이 활발했으며, 어떤 의미에서는 러시아혁명 자체가 아나-볼 간의 합작품이었다. 혁명 직후 갈등 시기가 있었으나, 제국주의 열강의 간섭으로 내전이 시작되자 다시 양자간 합작이 이루어졌다. 레닌조차 1919년 8월 내전이 절정기에 다다랐을 때 아나키스트들을 이용할 목적에서, 그들이야말로 희생정신이 가장 풍부한 사람들로 "소비에트 권력을 가장 헌신적으로 지지하고 있다"고 치켜세웠다.[2] 러시아 볼셰비키는 국외의 아나키스트에 대해서

---

1) 아리프 딜릭은 중국의 급진적 지식인들이 맑스-레닌주의를 받아들이는데 호조와 노동을 강조하는 아나키즘이 결정적인 역할을 했다고 보았다. 그리고 아나키즘은 중국 공산주의의 기원을 밝히는 데 매우 중요하다고 지적한다(Arif Dirlik, *Anarchism in the Chinese Revolution*, Berkeley: California University Press 1991, 196~230면).

장기간 단결 합작의 방침을 세우면서, 그들은 가장 좋은 동지이자 친구이며 가장 아름다운 혁명가라고 칭찬했다. 특히 코뮨적 아나키스트와의 합작을 환영했는데, 실제로 이런 우호적인 분위기에 따라 이른바 '아나르코 볼셰비키'들이 나타났다. 러시아에 돌아온 만년의 크로포트킨도 코뮨적 아나키스트와 국가주의적 집산주의자(즉 맑스주의자)와의 심각한 갈등요소를 잘 알고 있었지만 일정한 수준에서 연합할 수 있다고 믿었다.[3]

동아시아 사회에 공산당이 창립되기 전에 아나키즘이 초보적 맑스주의자에게 상당한 영향을 미쳤다는 주장은 이미 정설이 되었다.[4] 그리고 1920년을 전후한 시기에 아나키스트와 초보적 맑스주의자 사이에 합작 시기가 있었다는 사실도 알려졌다. 양자의 연합은 전세계적으로 나타난 현상인데, 중국이나 일본은 물론이고 조선과 대만의 경우도 예외는 아니다. 여기서는 중국의 사례에 제한해 아나-볼 합작과 분열 및 논쟁과정을 살펴보고자 한다.[5]

---

2) 폴 애브리치『러시아 아나키스트 1917』, 예문 1989, 121면.
3) 李丹陽「AB合作在中國個案研究 — 眞(理)社兼及其他」,『近代史研究』, 2002. 1, 68~69, 71면.
4) 딜릭은 1917년 러시아혁명부터 1921년 중국공산당의 창당까지를 집중 탐구하여 기존의 입장과는 다른 새로운 해석을 제시했다. 그는 창당 배경에 관해 러시아혁명과 코민테른의 영향을 강조하는 외부적 요인보다는 기본적으로 중국 내의 움직임을 중시했다. 하지만 내부적 요인을 강조하면서도 중국학계와는 전혀 다른 관점을 취하고 있다. 즉 이대조(李大釗)와 진독수(陳獨秀)의 역할을 강조하기보다는 1917년 10월 혁명 이전부터 널리 퍼져 있었던 아나키즘과 인민주의 같은 사회주의 사조에 주목했다. 특히 그는 아나키즘이야말로 신문화운동의 문화혁명론에 큰 영향을 미쳤을 뿐만 아니라, 5·4운동을 거치면서 사회주의가 중국의 새로운 출로로 비치자 아나키스트의 주장이 더욱 부각되었다고 한다. 이런 전제 아래 딜릭은 중국공산당의 창당은 광의의 사회주의자 조직에서부터 시작되었고, 코민테른의 영향은 결정적이지 않았으며, 오히려 아나키즘의 영향이 중요하다는 결론을 내린다(Arif Dirlik. *The Origins of Chinese Communism*, New York: Oxford University Press 1989; 이병주「최근 美學界의 중국사 연구동향」,『大邱史學』제38집, 1989, 381~85면 참조).
5) 아나키즘-볼셰비즘 합작(ab합작)은 쌍방의 공동목표와 계급투쟁대상 말고도 러시아공산당과 코민테른의 책략이 중요한 동인이었다(李丹陽, 앞의 글 56면).

1917년 혁명이 있어났음에도 불구하고 1920년 초까지 러시아공산당은 시베리아 지역을 정치적 군사적으로 완전히 장악하지 못했다. 1920년 초 이후에 점차 안정을 찾아 중국에 대한 볼셰비즘 선전이 활발해졌다. 그래서인지 러시아공작원의 공식적인 보고서가 나타난 시점은 1920년 4월이다. 하지만 그전에도 개인적 차원에서 중국에 거주하면서 중국 내정에 관한 첩보를 탐문하는 자도 있었고, 러시아공산당 당내의 소속은 불분명하나 손문(孫文) 등 반군벌 정치세력에 접근하기 위해 파견되어온 자도 있었다.6)

당시 소비에트 러시아의 대중국 공작은 매우 복잡한 형태로 전개되었는데, 러시아공산당 계통과 외교인민위원회 계통, 코민테른 계통 등이 있었다. 게다가 1920년 4월에 러시아 극동 지역에 소비에트 러시아와 일본 사이의 완충 목적으로 성립한 극동공화국 계통도 있었다. 이렇듯 러시아의 여러 기관에서 동아시아 혁명을 추진할 조직을 동시다발적으로 준비했다.7) 우선 러시아공산당의 중앙 직속기구로 1918년 12월 성립한 러시아공산당 중앙위원회 시베리아국과 극동공화국 국경 내에 1920년 3월 성립한 러시아공산당 극동주위에 주목할 필요가 있다. 극동주위는 성립 초기에 시베리아국의 하급기관이었으나 얼마 후 개조하여 시베리아국과 동급기관인 러시아공산당 중앙위원회 원동국이 되었다. 시베리아국은 1920년 8월에 이르쿠츠크에 동방민족처를 설립했다. 그런데 동방민족처는 극동공화국 정부가 지휘하는 원동국과 관계가 좋지 않았다. 왜냐하면 극동공화국이 비록 러시아의 통제 아래 있었지만 독립국가의 지위를 가지고 중국과 교류하고 있었기 때문이다. 예를 들면 극동공화국의 정식 외교사절단으로 중국을 방문한 유린(M. I. Yurin) 대표단이 대표적이다.8) 러시아공산당이나 코민테른의 자금과 정보가

6) 서상문 『프로메테우스의 별』, 백산서당 2003, 199면.
7) 劉孝鐘 「コミンイテルン極東書記局の成立過程」, 『初期コミンイテルンと東アジア』, 不二出版 2007, 20면.
8) 유린 사절단에 대해서는 寺山恭輔 「革命ロシアからの密使と中國」, 『初期コミンイテルンと東アジア』, 不二出版 2007, 193~99면 참조.

중국에 들어가기 위해서도 반드시 극동공화국의 경내(치타 등)를 경유하지 않으면 곤란했다. 이 두 조직의 경쟁관계는 코민테른의 결정에 의해 코민테른 집행위원회 극동서기처를 극동 지역에 만들려 했으나, 시베리아국 동방민족처의 격렬한 반대로 결국 이르쿠츠크에 극동서기처가 겨우 성립한 사실에서도 알 수 있다.[9]

여기서는 러시아의 시베리아국이나 원동국 내에도 아나키즘적 경향이 농후했다는 사실을 지적하고자 한다. 특히 원동국은 노동조합적 아나키즘의 색채가 매우 강했다고 전한다. 예를 들어 극동공화국 지도자이자 러시아공산당 중앙위원회 원동국 위원장인 크라스노시코프(A. Krasnoshchkov)는 미국 망명시 아나키즘 계열의 IWW회원이었으며, 레닌의 지지에 힘입어 극동 지역의 실력자가 되었다. 그는 1918년 이동휘(李東輝)를 도와 한인사회당(韓人社會黨, 1918)을 탄생시킨 공로자이기도 하다. 극동공화국 교통부장도 저명한 아나키스트 샤토프(B. Shatoff)였다. 그는 아나키스트이면서 볼셰비키 정부를 지원한 대표적인 인물로 1919년 가을 적군장교의 신분으로 백군의 침입에 대항해 페트로그라드 방어에 중요한 역할을 했다. 1920년 크라스노시코프의 요청에 따라 극동공화국으로 건너왔는데, 그는 아나키스트가 '혁명의 낭만주의자'들이라면서 인간은 이상만 가지고 싸울 수는 없고 현재에 충실해야 하는데, 지금은 반혁명파를 패배시키는 것이 무엇보다 중요하다고 믿었다.[10]

러시아혁명가와 중국 아나키스트의 접촉

중국의 급진주의자와 러시아 볼셰비키와의 접촉은 우선 천진 지역에서 나

---

9) 石川禎浩, 袁廣泉 譯 『中國共産黨成立史』, 中國社會科學出版社 2006, 80~83면; 「中國共産黨成立史」, 『'一大'前後』 第3卷, 人民出版社 1984, 153~54면.
10) 폴 애브리치, 앞의 책 121~23면. 크라스노시코프는 1921년 모스크바로 소환되었고 1924년 공금횡령죄로 총살되었다.

타난다. 1919년 여름 장차 중국 최초의 맑스주의자가 될 북경대학 교수 이대조(李大釗)는 천진에 가서 보트만(N. Bortman)이라는 러시아인을 만났다. 보트만은 러시아공산당원으로 1919년 3월경 블라디보스토크에서 천진으로 와 활동하고 있었으며, 훗날 러시아공산당 중앙위원회 시베리아국 동방민족처 주임이 되는 인물이다. 이때 그는 이대조에게 러시아 공산주의와 노동운동의 상황에 대해 설명했다. 이것이 일반적으로 러시아 볼셰비키와 중국 초기 공산주의자와의 첫번째 접촉이라고 알려진 사건이다.[11] 그렇다면 이대조가 만난 보트만이 정말 최초로 접촉한 러시아혁명가였을까? 그리고 보트만이 하필이면 천진이라는 도시에서 이대조를 만난 까닭은 무엇 때문일까?

당시 천진은 중국 최대의 구(舊)러시아 조계가 있던 지역으로 여러 부류의 러시아인들이 이곳에 거주하고 있었다. 그 가운데는 공산당원은 물론 아나키스트도 있었다. 북양 정부의 보고에 따르면, "천진에서 러시아 과격당이 기관을 설치하고 활동한다"는 기록이 남아 있다. 1918년부터 천진에서 활동한 천진대학 교수인 폴레보이(S. Broway 또는 S. Polevoy)나 북경에서 활동한 북경대학 교수인 이바노프(A. Ivanof) 등 몇사람이 그런 과격당의 일원일 것이다.[12] 러시아공산당은 보트만을 파견하기 전에 이런 재중국 러시아 교민을 통해 중국의 상황을 파악하고 있었다.

한 연구자의 고증에 따르면, 이바노프야말로 이대조와 최초로 접촉한 러시아혁명가라고 한다. 이바노프는 코뮨적 아나키즘과 노동조합적 아나키즘 사상을 가진 인물로 1907~17년 사이 프랑스에서 크로포트킨과 함께 활동했다고 전한다. 그는 1917년 2월 혁명 후 러시아로 돌아온 다음, 같은 해 9

---

11) 당시 중국에 와서 활동했던 러시아공산당원 뮬러(A. A. Muller)의 회고록에서 언급한 사실이다. 그가 1919년 9월 천진에 왔을 때 이미 이곳에 와 있었던 보트만이 천진과 북경 일대의 진보 청년들과 광범위한 관계를 맺고 있었으며, 이들 가운데 다수가 중국 아나키스트였으며 그중 이대조도 있었다는 것이다(李丹陽, 앞의 글 52면).
12) 馬連儒 『風雲際會 — 中國共産黨創始錄』, 中國社會科學出版社 2001, 63면.

136

월 프랑스에서 배운 중국어 실력 때문에 케렌스키 정부의 외교대표로 북경에 파견되어 러시아공사관에서 통역으로 일했다. 이바노프는 중국문화를 연구하는 한학자이자 재북경 프랑스어 사회주의 잡지『북경보』의 편집 주필이었다. 러시아에서 10월혁명이 일어나자 혁명을 열렬히 지지했으며 1919년 9월부터 북경대학에서 러시아어와 프랑스어를 강의했다. 이 무렵까지만 해도 중국에는 아나키스트 말고는 사회주의를 선전하는 세력이 별로 없었다. 따라서 이바노프 같은 러시아인의 영향 아래 북경대학에 재직했던 이대조가 맑스주의를 이해했을 가능성이 높다.[13]

그런데 주목해야 할 또다른 인물은 바로 천진에 있던 폴레보이이다. 그도 여러 단편적인 기록에서 러시아공산당원이자 아나키스트로 묘사되고 있다. 천진의 구러시아 조계에 거주했기 때문에 자연스레 이대조와 보트만이 만나는 데 중계인 역할을 했다. 폴레보이는 이바노프처럼 러시아 한학자로 중국 고전문학 특히『시경』을 연구하고 있었다. 그는 블라디보스토크에서 중국인들과 왕래하며 중국어를 배웠고 1918년 후반에 천진대학 교수로 부임했다. 폴레보이는 천진의 영자신문『화북명성보』와 관련 있다고 알려져 있다. 얼마 후 이대조와 알게 되어 그의 소개로 북경대학 러시아어 강사를 하며 천진과 북경을 오가며 중국 상황을 파악했고, 일부 급진적인 중국인들과 꾸준히 접촉했다. 그는 러시아공산당원이 북경에 오기 위해서 거치는 중요한 연락 거점이자 영향력 있는 소개인이었다.[14] 폴레보이는 이대조에게 모스크바에서 보내온 맑스주의 관련 소책자를 건네주었고, 청년들이 러시아로 유학을 가는 문제를 상의해주었다. 특히 중국 아나키즘 관련 자료를 검토하다 보면 산발적이나마 그의 존재가 자주 나타난다. 이러한 사실은 보트만과 이대조의 만남 이전에 러시아혁명가와 중국 급진주의자와의 접촉이 이미 있었음

---

13) 李丹陽「最早與李大釗接觸的蘇俄代表 ― 伊万諾夫」,『中共黨史硏究』, 1999. 4, 88~90면.
14) 馬連儒, 앞의 책 82면.

을 알려준다.[15)

우리가 주목할 사실은 러시아 볼셰비키와 중국 아나키스트의 직접적인 접촉이 늦어도 1919년 이전부터 시작했으며, 천진 아나키스트그룹 진사(眞社)의 강반약(姜般若)이라는 인물이 아마도 중국에서 가장 일찍 볼셰비키와 접촉한 인물일 것이라는 점이다.[16) 실제로 1918년 천진에는 진사라는 아나키스트 단체가 출현했으며, 다음해 여름과 가을 사이에 『신생명(新生命)』이라는 잡지를 출판했다. 이 단체는 천진에서 활동하던 강반약이 남경의 아나키스트그룹 군사(群社)의 양지도(楊志道), 허진풍(許眞風) 등과 함께 처음 조직했으며, 북경의 아나키스트그룹 실사(實社)의 황릉상(黃凌霜)도 천진에 와서 『신생명』을 편집하는 데 참여했다. 그렇다면 천진의 진사는 천진과 남경, 북경의 아나키스트들이 연합한 단체로도 볼 수 있다. 이 청년들이 러시아혁명가와 일찍부터 접촉했을 가능성은 매우 높다.

1920년 2월 중순 황릉상이 이대조와 진독수를 데리고 천진에 왔는데, 일단 경찰에 쫓기는 진독수를 선박을 이용해 상해로 피신시킨 후, 어느 날 저녁 폴레보이를 방문했다. 이때 폴레보이의 제안과 이대조의 동의 아래 황릉상과 강약반, 장지, 호유헌 등이 '사회주의자동맹(社會主義者同盟)' 결성을 논의해 합의에 이르렀다고 한다. 이것이 아나ー볼 합작의 상징인 사회주의자동맹이라는 조직 명칭이 중국공산당사에 처음 등장하는 시점이다.[17) 중국 학계에서는 이 동맹의 결성을 통해 이대조와 진독수가 중국공산당 창립을 위한 탐색을 시작했으며 공산주의(사회주의)소조의 출발쯤으로 해석한다. 그

---

15) 폴레보이는 천진에 온 보이틴스키를 만나 중국 공산주의운동의 현황과 진보인사들을 소개했으며, 두 편의 중국 상황에 관한 보고문을 썼다. 1920년부터 1921년 사이에 중국공산당 창당공작에 참여하여 코민테른 (임시)동아서기처 북경혁명국의 중요 인물이 된다(張國燾 『我的回憶』第1卷, 東方出版社 1991, 85면; 寺山恭輔, 앞의 글 199~203면).

16) 李丹陽, 앞의 글 45~46, 53면.

17) 章志「關於馬列主義在天津傳播情況」, 北京大學圖書館・北京李大釗研究會 編『李大釗史事綜錄』, 北京大學出版社 1989, 544면.

래서 중국공산당사에 널리 알려진 "남진북이(南陳北李), 상약건당(相約建黨)"이라는 말이 생겨났다. 하지만 엄격히 말하면 사회주의자동맹은 러시아인 폴레보이의 제안으로 중국 아나키스트 및 진보인사들이 함께 만든 연합조직으로, 이대조와 진독수가 주동적으로 만들었다고 보기는 힘들다.

동아시아 급진주의자의 거점이던 국제도시 상해도 천진과 북경처럼 러시아 조계지를 중심으로 다수의 러시아인들이 거주하고 있었는데 1920년 무렵에는 수천여명에 다다랐다는 통계가 있다. 당시 러시아인들은 기차를 통해 합이빈(哈爾濱)과 천진 등을 거쳐 상해로 오거나 혹은 선박을 통해 블라디보스토크에서 상해로 곧바로 올 수 있었다. 상해는 블라디보스토크는 물론 일본을 연결하는 다양한 항로가 있어 러시아인은 물론 한중일 혁명가들의 주요 활동무대가 되었다. 북경 지역에 이바노프나 폴레보이가 있었던 것처럼 상해 지역에는 더욱 많은 러시아혁명가들이 활동하고 있었다. 이 가운데 주목할 만한 인물로는 리제로비치(Lizerovitch)와 포포프(M. G. Popov), 포타포프(A. S. Potapov), 세메슈코프(Semeshkov) 일행, 아가레프(A. F. Agareff) 등이 있다.

영국 출신 유대계 러시아인 리제로비치는 1917년부터 상해로 와서 생활하고 있었다. 그는 10월혁명 후 소비에트 정권을 옹호하면서 상해를 오고 가던 포포프, 아가레프 등 여러 혁명가와 연락했다. 실제로 러시아혁명가들은 상해에 장기 거주한 리제로비치로부터 많은 도움을 받았는데, 그는 중국인 급진주의자나 한인 독립운동가들과 두터운 친분이 있었다.[18] 리제로비치는 비록 볼셰비키는 아니었지만 공산주의를 선전한 것은 물론 영국 제국주의를 반대하는 운동에 심혈을 기울이면서 한중 혁명가의 지지를 이끌어내려 했다.

1918년 5월 러시아 적군 소속 포포프라는 밀사가 러시아 외교인민위원회

---

18) 李丹陽「紅色俄僑李澤洛維奇與中國初期共産主義運動」, 『中山大學學報』, 2002. 6, 61~62면.

의 지시를 받아 정보수집을 목적으로 상해에 왔다. 이때 그가 가명으로「한 러시아 무산자로부터의 호소」라는 글을 한 영문 잡지에 실었는데, 이것이 러시아가 중국에서 10월혁명을 선전한 최초의 문헌이라고 한다. 1920년 봄 다시 상해에 왔는데, 이때 그는 블라디보스토크의 러시아 학생이 중국과 한 인 학생에게 보내는 글을 휴대하고 있었다. 당시 포포프는 중국인 친구이자 저명한 아나키스트인 장묵지(張墨池)와 경매구(景梅九)의 도움을 받았다고 한다. 장묵지는 중국공산당의 하나인 지나공산당(支那共産黨)을 대표하는 인물이자 한인 혁명가와 친분이 깊었던 사람이며, 경매구 역시 청말 일본 유 학 시절부터 아나키즘 활동을 전개한 인물이다.[19] 포포프는 중국공산당 창 립과 관련이 깊은 『상해아문생활보(上海俄文生活報)』 편집에도 참여했 다.[20] 실제로 그는 중국에서 정보국을 세울 계획이었으며, 상해에 거주하던 손문을 만났고, 나중에는 장주(漳州)에 있던 '사회주의 장군' 진형명(陳炯明) 도 만났다. 뿐만 아니라 상해의 여러 사회단체의 책임자 및 국민당의 고위인 사들과 관계를 맺어 그들에게 러시아 공산주의를 선전했다. 포포프는 아나 키즘적 성향이 강하다고 알려져 있으며 일본 사회주의운동과도 일정한 관련 이 있었다고 전한다.

1919년 12월 상해에 온 러시아공산당 당원이자 해군중장인 포타포프 장 군 역시 주목할 필요가 있다.[21] 그는 한인사회당의 한형권(韓馨權)을 상해

---

19) 장묵지와 경매구는 조선 독립운동과 깊은 관련이 있다. 장묵지는 한때 『新大韓獨立報』 의 기자를 역임한 바 있으며, 경매구는 박은식과 깊은 우정을 나누었다. 포포프와 이 두 사 람은 항일운동을 매개로 상해임정의 한인 독립운동가와 관계를 맺은 것으로 보인다(李丹 陽·劉建一「英倫航稿 — 早期來華的蘇俄重要密使考」,『中共黨史研究』, 1998. 5, 92면).
20) 李丹陽·劉建一「早期來華的蘇俄重要使者 — 波波夫」,『檔案與史學』, 2002. 6, 54～56면.
21) 포타포프는 1903～1904년 동안 한성 주재 러시아공사관에서 무관으로 근무한 경력이 있 으며 1917년 러시아 2월혁명에 참여한 후 시베리아에서 활동하면서 많은 한인들과 교류했 다. 그와 친분이 있던 한인 가운데 이름이 확인되는 사람은 이동휘와 안창호, 한형권, 장건 상, 문창범, 이광수, 여운형, 김복 등이 있다. 당시 국내의『독립신문』(1920년 3월 1일자)에 는 포타포프 회견기가 실려 있다(이애숙「상해 임시정부 참여세력의 대소교섭」,『역사와

임정의 사절단으로 레닌 정부에 소개해 거액의 모스크바 자금을 받도록 주선한 사람이기도 하다. 일본 당국으로부터 추방되어 상해로 건너와 러시아 혁명기념 콘서트에서 처음 모습을 드러낸 포타포프는 상해 체류하던 몇달 동안 손문을 비롯한 다수의 국민당 인사들을 만났다. 그리고 1920년 4월 말에는 여운형(呂運亨), 포포프 등과 함께 진형명이 장악한 장주에 내려가 레닌의 친서를 전달하고, 소비에트 정부에 대해 소개했다.[22]

1919년 4월에는 블라디보스토크로부터 상해로 세메슈코프와 호도로프(Hodoroff), 클라싱(Klassing), 톨스토프(Tolstoff) 등 네 명의 볼셰비키가 한꺼번에 들어왔다. 이들은 상해에 도착하자마자 그해 9월경 세메슈코프를 중심으로 『상해아문생활보』라는 신문출판에 참여했다.[23] 러시아공산당 블라디보스토크 책임자로 새로 부임한 빌렌스키 시비랴코프(V. Sibiryakov)[24]와 상해의 세메슈코프는 협의 후 5천불에 이 신문사를 전격 인수해 볼셰비키의 신문으로 만들었다. 신문사의 사무실을 거점으로 러시아 볼셰비키들이 잦은 왕래를 가지며 동아시아 공산주의운동과 관련한 공작을 진행했다. 예를 들어 1920년 3월 하순 이 신문에는 중국과 일본, 조선의 운명은 서로 밀접하게 연결되어 있으며, 모두 외국의 간섭을 받고 있다는 내용의 기사가 실렸다. 같은 시기 여운형이 주편을 맡았던 『신한청년(新韓青年)』에도 "조선, 중국과 소비에트 러시아 인민들이 긴밀하게 단합하여 제국주의 일본에 대항하자"는 기사가 실렸는데, 이것은 우연의 일치라고 보기는 힘들다. 실제로 이런 기사들이 실린지 오래지 않아 러시아인과 한중일 인사 간에 중일아한사국연합회(中日俄韓四國聯合會)라는 단체가 조직되어 군벌을 타도해 자유와

현실』 32호, 1999, 6면).
22) 石川禎浩 『中國共産黨成立史』, 78면.
23) 『上海俄文生活報』에 관해서는 李丹陽 「『上海俄文生活報』與布爾什維克早期在華活動」, 『近代史研究』, 2003. 2 참조.
24) 본명은 블라디미르 드미트리예비치 빌렌스키로, '시비랴코프'라는 가명으로 더 알려져 있다(임경석 『한국 사회주의의 기원』, 역사비평사 2003, 198면).

평등, 호조, 행복의 목표에 도달하자는 주장을 폈다고 한다. 이 사국연합회에 누가 참여했는지 불분명하지만, 적어도 러시아 측에서 포타포프와 스테파니(V. A. Stepany) 등이 참석했다는 사실은 확인된다.[25] 한편 『상해아문생활보』에서 출판한 각종 선전물은 한중일 언어로 번역되어 동아시아 각 도시에 보급되었다.

세메슈코프 일행 중의 호도로프는 러시아 재중 통신사 수석대표이자 통신원 신분으로 활동하며 중국에 러시아 통신사를 설립하는 사명을 맡았다. 그는 북상하여 천진에서 통신사를 세웠으며 천진과 북경의 건당 공작에 주력했다. 톨스토프는 재상해 러시아 군관을 대상으로 한 사업을, 클라싱은 극동공화국에서 북경 정부에 파견한 유린 사절단의 대중국 교섭업무를 각각 맡았다. 이들의 노력으로 만들어진 신문사와 통신사는 중국공산당 창립을 위한 근거지를 제공했다.

1920년 초부터 재상해 러시아 볼셰비키의 활동이 두드러지는데, 특히 아가레프라는 인물을 주목할 만하다. 그는 학생시절부터 혁명운동에 참여했으며, 한때 블라디보스토크 시장을 역임한 인물이다. 아가레프는 리제로비치, 이한준(李漢俊), 여운형 등과 면식이 있었으며, 『상해아문생활보』의 편집도 담당했다. 특히 그는 앞서 언급한 호도로프, 세메슈코프, 클라싱 등과 함께 상해 주재 러시아 총영사의 일을 대행할 임시위원회를 만들고 자신이 위원장이 되었다. 아가레프 등은 러시아혁명을 경축하는 콘서트(1920년 3월 15일)를 개최해 소비에트 러시아 정부에 대한 충성을 맹세했다. 아마도 이 무렵 아가레프는 리제로비치를 통해 한인 독립운동가를 소개받은 듯싶은데, 결국 이런 인연이 앞서 언급한 사국연합회의 결성으로 이어진 것이다.[26]

---

25) 「過激派在滬活動之査禁 ― 在滬組織中日俄韓四國聯合會」, 『新聞報』(上海), 1920. 5. 5
   (李丹陽, 같은 글 17~18면 재인용).
26) 1920년 봄 상해에서 한인혁명가들이 러시아인, 중국인과 함께 삼이협회(三二協會)라는
   아나키스트 단체를 만들어 선전작업을 했다고 한다. 이 단체가 사국연합회(四國聯合會)와

위에서 간략하게 소개한 바와 같이 중국에 거주하던 러시아혁명가들은 그 레고리 보이틴스키(Gregory Voitinsky) 일행이 중국에 오기 전부터 나름대로 네트워크를 구축하고 있었으며, 이런 배경 아래 중국공산당 창립공작이 진행되었다.

2. 아나키즘 - 볼셰비즘 합작

북경 지역

중국 사회에서 아나-볼 합작의 상징인 사회주의동맹의 실체와 그 활동을 밝히기 위해 1920년 한 러시아인 일행의 행보를 따라 중국을 여행하는 방식으로 기술할 것이다. 그들은 다름아닌 중국공산당을 만드는 데 결정적인 공헌을 한 보이틴스키 일행이다. 보이틴스키 일행이 처음 도착한 북경에서부터 상해를 거쳐 광주로 이동하는 일련의 여행과정과 그들을 둘러싼 여러 움직임을 관찰하다 보면 우리는 중국에서의 아나-볼 합작의 의미를 읽을 수 있다.

중국에 대한 공작은 러시아공산당이 코민테른보다 더 일찍 착수했다. 러시아공산당 중앙위원회 정치국은 1919년 9월 극동에서의 정보수집을 포함한 혁명업무를 전담할 대표를 파견했는데, 빌렌스키 시비랴코프가 바로 그 인물이다. 정치국은 러시아공산당 원동국 산하 블라디보스토크 분회를 빌렌스키 시비랴코프에게 맡겼고, 이 분회를 모태로 삼아 해외공작처라는 기관을 설립했다.[27] 해외공작처는 반지하조직 상태에 있었던 원동국의 유력인물인 쿠슈나레프(Kushnarev)와 사하야노바(Sahayanova)가 중국혁명가들과 연락을 맺

어떤 관련이 있었는지 현재로서는 불분명하다(이호룡 『한국의 아나키즘(사상편)』, 지식산업사 2001, 150~51면).

27) 서상문, 앞의 책 201~202면.

겠다는 구상을 러시아공산당 중앙위원회에 보고하고 그 비준을 요청한 결과 1920년 2~3월 중 극동의 블라디보스토크에 설립된 조직으로 사실상 중국 공작 전담기구였다.

같은 시기 북경에선 폴레보이의 소개로 하하로푸친이라는 러시아인이 이 대조를 만나 공산주의 조직건설을 제안했다. 그의 요청에 대해 이대조가 진 독수에게 편지를 쓰고 진독수가 이에 동의하자, 하하로푸친은 이 소식을 러 시아로 돌아가 보고했다. 빌렌스키는 해외공작처의 업무를 맡자마자 중국에 대표단을 보내기로 결정하고, 대표단의 책임자로 젊은 공산당원 보이틴스키 를 선발했다. 빌렌스키는 보이틴스키에게 중국에서 활동하는 다양한 국적의 사회주의자들을 중국부와 조선부, 일본부를 만들어 흡수하고 이를 통괄하는 '중앙기관'을 설치하라는 사명을 내렸다. 이 중앙기관을 빌렌스키는 임의로 '코민테른 (임시)동아서기처'라고 불렀다.[28]

1920년 4~5월경 보이틴스키 일행은 러시아기자단 신분으로 위장해 천진 을 거쳐 북경으로 왔다. 보이틴스키에게 주어진 임무는 "중국 국내의 상황을 이해하고, 중국의 진보세력과 관계를 맺으며, 동시에 상해에 코민테른 동아 서기처 건립 여부를 고찰하는 것"이었다. 여기서 "중국의 진보세력과 관계 를 맺는다"는 부분은 러시아공산당과 코민테른이 1920년 초부터 중국에서 공산당 창당과 통일전선 형성이라는 두 가지 임무를 동시에 전개했다는 역 사사실과 관련시켜볼 때, 이들이 중국에서의 합작대상을 물색한 것이라고 볼 수 있다. 그리고 "상해에 코민테른 동아서기처 건립여부를 고찰한다"는 부분은 코민테른이 국제 사회주의운동의 하나로 한·중·일 3국에서 사회 주의 선전조직을 만들려는 것과 관련해 그 타당성 여부를 조사하려던 것이 다. 그들은 중국 국내의 상황을 파악한 후 대략 다음 세 가지 목표를 세웠다. "첫째, 공산주의소조를 건립하는 것에 협조해 장차 이러한 소조들을 모아 공

---

28) 「威廉斯基 ― 西比利亞科夫致共産國際執行委員會的信」, 모스크바 1920년 9월 1일(李 玉貞 譯 『聯共·共産國際與中國(1920~1925)』第1卷, 大東圖書有限公司 1997, 8~9면).

산주의(사회주의) 정당을 수립한다. 둘째, 지식분자 조직을 통해 노동자와 관계를 맺는다. 셋째, 각 혁명 파벌의 활동에 협조하는데, 여기에는 아나키스트와 국민당을 포함한다" 등이다.[29]

보이틴스키 일행이 북경을 방문할 즈음 신문화운동이 한창이었으며, 아나키스트의 활동도 매우 활발했다. 이 시기 중국의 아나키스트 단체는 전국적으로 90여개, 잡지는 70여종에 다다랐다는 불완전한 통계가 있다. 그 가운데 북경의 경우 북경대학을 중심으로 실사와 분투사 등 여러 조직이 활동하고 있었다. 북경대학의 이대조 역시 대학 내 청년 아나키스트와 밀접한 관계를 맺었다. 보통 이대조의 초기 사상에 크로포트킨의 상호부조론 영향이 뚜렷하게 나타난다는 사실은 널리 알려져 있다. 그런데 그의 아나키즘적 경향은 일본 유학 경험 말고도 북경대학에 있던 이바노프 같은 러시아 교수의 영향도 간과할 수 없을 것이다.[30] 그래서인지 이대조가 1920년 3월 맑스학설연구회(馬克思學說研究會)를 만들어 학생들과 공부할 때 어떤 사회주의 파벌에 대해서도 배타적인 태도를 취하지 않았다.[31] 보이틴스키 일행은 천진에 도착해 중국통 폴레보이와 접촉해 중국 상황을 파악했으며, 그와 이바노프의 도움으로 북경의 이대조를 만날 수 있었다. 또한 이대조의 주선으로 학생들과 좌담회를 열었고, 이를 통해 북경의 진보적인 청년들과 교류할 수 있었다.

현재로서는 자료부족으로 천진과 달리 북경 지역 사회주의자동맹의 건립 상황은 자세히 알 수 없으나, "북경의 이대조, 황릉상, 화림(華林), Broway 등"이 북경 사회주의자동맹 공작을 담당하는 주요인물이라는 단편기록이 남아 있으므로 결성 여부는 의문의 여지가 없다.[32] 하지만 북경의 사회주의자

29) K. E. 舍維廖夫「中國共産黨成立史」, 『'一大'前後』第3卷, 人民出版社 1984, 155면.
30) 李丹陽, 앞의 글 89~90면.
31) 북경대학 맑스주의연구회에 대해서는 羅章龍「回憶北京大學馬克思學說研究會」, 中國社會科學院近代史研究室 編 『五四運動回憶錄』(上), 中國社會科學出版社 1979 참조.
32) 鄭佩剛「無政府主義在中國的若干事實」, 葛懋春·蔣俊·李興芝 編 『無政府主義思想資

동맹과 이미 천진에서 결성되었던 사회주의자동맹이 어떤 관계인지는 불분명하다. 어쩌면 천진과 북경의 지리적 근접성과 회원의 중복 사실 등을 감안한다면 사실상 같은 단체였는지도 모른다. 게다가 이 동맹이 비슷한 시기 이대조가 만든 북경 공산주의소조(이하 북경소조)와 어떤 관계에 놓여 있었는지도 분명하지 않다. 그런데 얼마 후 장신부(張申府)가 북경대학 총장 채원배(蔡元培)를 따라 프랑스로 유학 가자 북경소조는 이대조와 장국도(張國燾) 두 명밖에 남지 않아 유명무실해졌다. 이때 돌연 여섯 명의 젊은 아나키스트들이 북경소조에 가입했다. 즉 황릉상과 진덕영(陳德榮), 원명웅(袁明熊), 장백근(張伯根), 화림, 왕경림(王竟林)(혹자는 다섯 명이라고 함) 등이 그들이다. 이 청년들은 프롤레타리아 독재조항에는 반대하지만 프롤레타리아 계급의 혁명에는 찬성한다는 취지 아래 가입했다. 이로써 사실상 북경소조는 아나키스트를 중심으로 여덟 명으로 확장되었다가, 다시 모택동(毛澤東)의 친구인 나장룡(羅章龍)과 운대영(惲代英)의 후배이자 5·4운동을 촉발시킨 유인정(劉仁靜)이 추가되었다. 그런데 사회주의자동맹의 구성원 명단에 황릉상과 화림 등의 이름이 있었다는 사실을 감안한다면 북경동맹과 북경소조는 매우 밀접한 관계를 맺고 있었음에 틀림없다.[33)]

당시 북경대학에는 아나키스트가 맑스주의자보다 훨씬 많았다. 아나키스트는 자신들이 맑스주의자와 서로 다르다는 사실을 인식하고 있었으나, 부르주아 정권을 타도한다든지 자본주의 체제를 전복시키는 사회혁명에 대해서는 서로 공감하고 있었다. 그런데 나장룡과 유인정 등이 북경소조에 가입해 맑스주의적 색채가 강화되자 아나키스트와의 입장 차이가 두드러졌다. 결국 진덕영을 제외한 나머지 아나키스트들이 북경소조에서 탈퇴하는 것으로 마무리되었다. 흥미로운 점은 아나키스트들이 소조에서 물러날 때에도

料選』(下), 北京大學出版社 1984, 961면.
33) 장국도의 회고가 북경소조 내의 아나키스트 상황을 이해하는 데 중요한 단서를 제공한다
(張國燾, 앞의 책 105~106면).

별다른 충돌 없이 화기애애하게 탈퇴했다는 사실이다. 그후 아나키스트들은 (무정부당) 호조단(互助團)이라는 모임을 중심으로 모였고, 북경소조는 중국 공산당 북경지부(1920년 11월 말)로 바뀌게 되며, 곧이어 북경 사회주의청년단 (社會主義靑年團)도 만들어졌다. 그럼에도 불구하고 이들의 개인적인 우의는 얼마간 유지됐는데, 서로 독자적인 모임을 가지면서도 경우에 따라 당 밖에서는 협력했다. 예를 들면 북경대학의 아나키스트들이 정양문에서 군벌정부를 반대하는 전단을 살포하다가 북경 당국에 몇사람이 체포되자, 이 소식을 전해들은 맑스주의자들이 적극적으로 구명활동에 나선 경우가 있다.

북경 사회주의자동맹과 (무정부당) 호조단의 관계도 서로 밀접해 보이나 동일한 조직인지 여부는 현재로서는 확인하기 어렵다. 게다가 그들의 활동이 북경소조나 사회주의청년단의 활동과 혼재되어 있어 명확한 구별이 힘들다. 이런 복잡한 상황은 상해의 경우도 마찬가지이다.

그렇다면 중국의 아나키스트가 러시아인들이 주도한 사회주의자동맹에 별다른 충돌 없이 손쉽게 가입할 수 있었던 까닭은 무엇 때문일까? 그들은 당시 레닌의 소비에트 정부에 대해 아무런 반감이 없었던 것일까? 우리는 천진 진사에서 출판한 『크로포트킨의 사상』(1920)이라는 번역서의 서문을 통해 청년 아나키스트들의 생각을 일부나마 읽을 수 있다.

우리들은 러시아의 사회혁명에 대해 무산계급이 전쟁(제1차 세계대전)에 대응한 첫번째 소리이자 만국혁명의 선구라고 생각한다. 그것은 19세기 이래 사회주의에 대한 의문에 한 가지 해답을 주었다. '소비에트 정부'(Soviet Government)는 '노동자 정부'(Government of Workers)이지 자본주의적 '민주주의 정부'(Democratic Form of Government)가 아니라는 사실이다. 그러나 우리들이 주장하는 것은 자유공산주의로, 세계의 평민들이 잘 알고 있듯이 모두이 방향을 향해 전진하고 있다. 따라서 (우리는) 대담하게 선언하노니 강권공산주의의 '프롤레타리아 독재'(Dictatorship of Proletariat)는 찬성하지 않는다.

이것은 불평등하고 불철저한 혁명이므로 당연히 오래 지속될 수 없고, 개인 자유의 경향에도 위배된다. 사회주의와 무정부주의는 본래 혈연관계에 있으므로 우리들은 러시아의 새로운 조직에 대해 반대하지 않으며, 오히려 그것을 형제처럼 바라본다. 러시아의 새로운 조직이 무정부혁명의 선구라고 믿는다. 새 조직이 빨리 현 단계를 넘어서 우리의 이상에 도달하길 희망한다.[34]

여기서 알 수 있듯이 중국의 아나키스트는 러시아혁명에 대해 아나키즘혁명의 선구라는 측면에서 일단 긍정적인 태도를 취하지만 자유공산주의 원칙에 어긋나는 프롤레타리아 독재에 대해서는 분명히 반대하고 있다. 동시에 비록 러시아혁명이 불완전한 혁명이지만 소비에트 정부가 하루빨리 발전해 자유공산주의의 이상에 도달하기를 희망했다. 이처럼 레닌의 볼셰비키 정부에 대한 우호적인 시각은 아나키스트와 볼셰비키의 만남을 가능케 했다. 러시아 볼셰비키가 중국 아나키스트에게 사회주의자동맹을 만들자고 건의한 시기는 러시아혁명이 일단락을 고한 상태이므로 앞으로 아시아의 혁명 세력과 연계하기를 희망한 것이다. 사회주의자동맹의 출현은 이런 배경 아래 이해할 수 있을 것이다.

상해 지역

1920년 4월 말 보이틴스키 부부와 통역 양명재(楊明齋) 등은 진독수를 만나러 상해로 내려왔다. 보이틴스키는 『상해아문생활보』를 중심으로 활동하던 러시아인들의 도움을 받아 신문기자 신분으로 이곳에 안착했다. 그는 진독수를 만나 러시아공산당과 코민테른에 대해 소개하고 중국 아나키스트와 국민당을 포함한 사회주의자들의 연합단체 혹은 공산주의소조를 만들자고 제안했다. 진독수는 보이틴스키 접촉 이후에야 비로소 공산주의에 심취한 것으로 보이는데, 그런 의미에서 1920년 여름쯤 그가 맑스주의를 신앙하게

---

34) 眞社 譯 『克魯泡特金的思想』, 天津眞社出版 1920, 編輯同人的旨趣 3면.

되었다는 설은 근거가 있다. 동시에 보이틴스키 일행은 아나키스트 정패강, 장묵지, 원진영, 위극수, 비철문(費哲文), 황벽혼 등과도 교류했다. 이런 와중에 상해에서 중국 최초의 공산주의소조(이하 상해소조)가 만들어졌다.

상해소조는 처음에는 '사회당'이라 불렸다가 나중에 진독수가 북경의 이대조와 상의한 끝에 '공산당'으로 바꾸었고, 곧이어 다시 '중국공산당'으로 고쳤다. 이대조는 젊은 시절 중국사회당에 가입한 적이 있었고, 강항호(江亢虎)가 조직한 이 정당이 용두사미 꼴로 몰락했기 때문에 사회당이라는 명칭에 대해 좋은 감정을 가지지 않았다고 한다. 더구나 러시아가 공산당이라는 명칭을 사용하고 있었으므로 사회당보다는 공산당이라는 명칭으로 할 것을 제안했다.[35] 그들의 기관지가 『공산당』이거나 그들의 선언문이 「중국공산당선언」인 것은 이런 이유에서다. 그런데 상해소조가 중국공산당이라고 명칭을 결정한 후에도 광주 공산주의소조(이하 광주소조)는 광주공산당(혹은 광주공산당지부), 북경소조는 공산당소조(후에 북경공산당지부), 호북소조는 무한공산당지부 등으로 일관성 없이 따로 불렸다.

흥미로운 사실은 중국 아나키스트의 회고에는 상해 사회주의자동맹의 활동과 앞의 상해소조 창립과 관련한 여러 활동이 서로 중복되어 나타난다는 점이다. 그 한 예를 들어보자.

(1920년 여름) 어느 날 밤 우리들은 어양리 1호 진독수의 집에서 사회주의자동맹 회의를 열어, 코민테른의 정신을 소개하고 사회혁명 사업을 적극적으로 전개하는 문제를 토론했다. 출석자는 Stromisky, 양명재, 진독수, 이한준, 위극수, 원진영, 유수송(兪秀松), 김모(金某―조선인), 그리고 한 인도인과 나였다. 회의 의제가 매우 많았는데, 주로 선전공작에 관한 것이었다. 사회주의자동맹은 마땅히 자신의 인쇄소와 선전 거점을 갖추어야 한다고 인식하고, 먼저 강력한 전투력을 가진 인쇄소를 만들 것을 의결해 내가 전체 책임을 위탁받았

---

35) 『李大釗研究事典』, 紅旗出版社 1994, 162면.

다. Stromisky군은 진군을 통해 나에게 2천원을 주어 인쇄소 준비금으로 삼도록 했다. 공작편의와 자력갱생을 위해 이 인쇄소는 공개적으로 운영되었는데, 외부의 주문을 받았지만 비밀리에 사회주의동맹의 책자, 문건, 전단 등을 인쇄했다.[36]

기왕의 고증에 따르면, 회고에서 등장하는 Stromisky는 보이틴스키이고, 김모라는 한인은 김가봉(金家鳳)이며, 인도인은 엽천저(葉天底)라는 사실은 거의 틀림없다. 여기서 보이틴스키 일행과 진독수를 제외하면 모두 아나키스트이거나 아나키즘적 성향이 강한 인물들인데, 그들 가운데 일부는 맑스주의연구회(1920년 3월)나 사회주의청년단 성원과도 중복된다. 그런데 이 모임에서 결의한 인쇄소의 설치와 사회주의 관련 서적의 발행문제는 보통 상해 사회주의청년단의 활동(혹은 상해소조의 활동)으로 알려진 것이다. 그렇다면 도대체 상해의 사회주의자동맹과 공산주의소조 및 사회주의청년단과는 어떤 관련성을 가지는 것일까? 우선 아나키스트를 비롯한 각종 사회주의자들의 연합체로 사회주의자동맹을 결성하고, 그 가운데 러시아공산당과 코민테른의 입장을 따르는 인물들을 골라 공산주의소조를 성립시키는 수순을 밟고 있다고 볼 수 있다. 그 과정에서 일부 아나키스트는 모임에서 탈퇴했고, 다른 일부 아나키스트는 잔류했던 것이다.

상해 사회주의자동맹이 성립한 것은 분명하지만 구체적인 조직과정은 알 수 없다. 게다가 상해의 아나키스트들은 맑스주의연구회의 활동이나 공산주의소조를 준비하는 일련의 과정을 사회주의자동맹의 활동으로 기록하고 있고, 이른바 초보적 공산주의자들은 이 과정을 중국공산당 창립활동으로 기억하고 있다. 현재 일부 중국공산당사 관련 서적에서 상해소조와 상해 사회주의자동맹을 동일한 것으로 보는 까닭도 여기에 있다.[37]

---

36) 鄭佩剛, 앞의 글 958면.
37) 졸고 「보이틴스키의 중국 방문과 '社會主義者同盟'」, 『중국사연구』 제36집, 2005, 224면.

보이틴스키가 러시아공산당에 보고한 내용 가운데 중국기사 말고도 조선과 일본에 관한 기사가 있어 주목할 만하다. 이것은 보이틴스키 일행의 중국 방문 목적 가운데 하나가 "상해에 코민테른 동아서기처 건립 여부를 고찰하는 것"이라는 사실을 기억한다면 자연스러운 일이다. 그들은 동아시아 3국에 사회주의 선전을 확대하기 위해 임시 중앙기관을 만들었다. 이 단체의 명칭은 코민테른 임시동아비서부로, 단체의 설립과 동시에 그 하부조직으로 중국부와 조선부, 일본부의 3개 민족별 지부를 두었다. 앞서 언급한 공산주의소조 건설과 관련된 일이 중국부의 일이라고 한다면, 아래의 내용은 조선부와 일본부의 활동 단면을 보여준다.

(1920년 8월 17일의 보고에는) 중국의 상해혁명국과 동시에 진행하는 사업에는 조선혁명국이 있는데, 인쇄소를 같이 사용합니다. 우리들 대표가 파견한 첫번째 연락원이 이미 동경에서 이리로 왔습니다. 그가 가지고 온 보고는 편지에 덧붙입니다. 연락원의 구두보고에 따르면 아래의 상황이 분명합니다. 1. 일본사회당은 현재 중앙위원회가 있다. 2. 이 당의 청년 중에는 노동조합에 참가해 지하공작에 종사하는 자가 있다. 3. 이 당에서 인쇄한 소책자와 전단이 병사들에게 뿌려져, 당과 병사들 사이에 점점 밀접한 관계가 맺어진다. (…) 나는 연락원(조선인)에게 서적 일부를 주어 동경으로 돌려보냈습니다. 일단 경비가 있기 때문에 우리들의 공작을 위해 다시 두 사람을 한성(서울)과 만주로 파견할 것입니다.[38]

이 보고는 보이틴스키가 조선혁명국의 건설을 시도하고 있고, 일본 사회주의자들과 관계를 맺고 있다는 사실을 보여준다. 먼저 기존연구를 참고해 조선혁명국의 상황을 살펴보자. 보이틴스키는 상해 임시정부 내 이동휘의 한인사회당[39]과 연락해 한인사회당을 한국공산당으로 개조할 것을 건의했

38) 中共中央黨史研究室 編 『共産國際聯共(布)與中國革命檔案資料叢書』 第1卷, 北京圖書館出版社 1997, 33면.

으며, 마침내 1920년 5월경 한국공산당이 조직되었다. 그 과정에서 저명한 한인 사회주의자 여운형을 공산당에 가입시켰다. 따라서 재상해 한국공산당은 코민테른 임시동아비서부의 조선부와 동일한 것으로도 볼 수 있다. 한국공산당은 조직과 선전, 군사 방면에서 일련의 활동을 펼쳤는데, 이것은 상해 소조의 활동과 유사했을 것이다. 아울러 상해 이외의 지역에 조직을 건설하기 위해 다섯 명의 밀사를 각지에 파견했는데, 한국 내에 한 명, 일본에 한 명, 중국령에 세 명이었다고 한다.[40] 특히 보이틴스키가 일본에 파견한 한인이 누구인지는 오랜 의문이었는데, 최근 일본학계의 연구에 따르면 대한민국 임시정부 재정부장이던 이춘숙(李春塾)이라는 설이 유력하다.[41] 이 밀사는 일본으로 건너갔으며, 임무는 "일본 사회주의운동과 그 지도자들과의 관계"를 맺는 데 있었다. 그는 일본 사회주의운동의 지도자이자 아나키스트인 대삼영에게 접근했으며, 재일 한인 유학생들과도 접촉했다.

1919년 겨울 러시아에서 온 신문기자 스테파니가 중국인 육식해(陸式楷), 장묵지, 호유지(胡愈之) 등과 모종의 조직을 만들었다는 짧은 기록이 남아 있다. 그런데 여기서 등장하는 육식해와 장묵지, 호유지 등은 모두 아나키스트이자 에스페란토 전문가로 알려진 사람들로, 이들이 만들었다는 모종의 조직은 아마도 에스페란토와 관련이 깊은 단체였을 것이다. 상해의 아나키스트들이 만든 세계어전습소(世界語傳習所)가 문을 닫고 얼마 지나지 않아 다시 신화학교(新華學校)가 설립되었다. 이 학교는 육식해와 장묵지 등이 관련된 아나키스트의 외곽조직이었는데, 혹자는 상해소조의 외곽조직이라고 한다. 왜냐하면 진독수와 심현려(沈玄廬) 등도 이 학교를 방문해 강연하곤 했으며, 상해소조의 활동과 종종 중복되기 때문이다. 아마도 스테파니와 중

---

39) 한인사회당의 한 갈래인 장도정(張道正)의 일세당(一世黨)을 코뮌적 아나키즘의 이념을 가진 비밀정당으로 보는 견해가 있다(반병률 「한국 사회주의운동 기원연구의 지평을 확대한 업적 ― 임경석, 『한국사회주의의 기원』」, 『역사학보』 184호, 2004, 354면).

40) 임경석 『한국사회주의의 기원』, 역사비평사 2003, 199~203면.

41) 川上哲政 「大杉榮のみた中國」, 『初期社會主義硏究』 第15號, 2002, 72면.

국인들이 만들었다는 모종의 조직이란 당시 신화학교 내 에스페란토 야학을 개설한 일을 말하는 듯싶다.

중국공산당 당사에서 거의 언급되지 않는 사회주의자동맹을 둘러싼 이런 인물과 조직이 상해소조와 어떤 관련을 가지고 있었을까? 여기서는 상해소조의 대표적인 활동으로 알려진 사회주의청년단과 외국어학사(外國語學社)의 경우를 통해 간단하게 알아보자.[42]

알려진 바와 같이 상해소조를 만드는 일과 동시에 1920년 8월 22일 진독수와 보이틴스키, 양명재 등은 여덟 명의 청년, 즉 이한준, 유수송, 시존통(施存統), 심현려, 진망도(陳望道), 원진영, 김가봉(한인), 엽천저(인도인) 등을 모아 상해 사회주의청년단을 설립했다. 청년단의 서기는 나이가 가장 어린 유수송(21세)이 담당하고, 외국어학사의 학생 30여명이 주요 회원이었는데, 일본인 판서다랑(坂西多郎)과 한인 박모(栢克), 안모(安某) 등도 모임에 자주 참가했다고 한다. 사회주의청년단은 뚜렷하게 어느 한 파의 사회주의를 신앙한 것이 아니었고, 오히려 아나키스트가 수적으로 가장 많았다는 사실은 여러 회고에서 확인된다. 이 시기 사회주의청년단의 활동은 사회주의자동맹과는 통일전선의 성격을 띤 것으로 양자간의 차이는 거의 구분되지 않았다. 그런데 앞서 맑스주의연구회의 경우처럼 사회주의청년단의 결성에 대해서도 회고록 가운데 초보적 공산주의자들은 이것을 창당과정의 하나로, 아나키스트들은 사회주의자동맹 활동의 연장선상에서 서술하고 있다. 이 사실은 그들의 선전활동을 보면 손쉽게 확인할 수 있다.

첫째, 상해소조나 사회주의청년단의 선전활동을 위해 만들었다는 우신인쇄소의 경우 실은 아나키스트의 도움으로 만들어진 것이다. 정패강이 상해

---

42) 석천정호는 사회주의자동맹과 사회주의청년동맹 및 사회주의청년단을 동일한 단체로 이해한다. 사회주의동맹은 아나키스트의 회고록에만 나타나며, 동맹이나 청년단이나 여러 파벌이 섞인 것은 사실이다. 청년동맹은 보이틴스키의 1920년 8월 보고에 나타나는데, 러시아어 표기가 청년단과 같다(石川禎浩, 앞의 책 170~71면).

로 와서 진독수를 만난 다음에 서로 의기투합하자, 그는 아나키스트 동지들과 함께 진독수의 일을 도왔다. 정패강은 진독수가 보이틴스키의 자금지원으로 인쇄소를 차리려고 하자 광주의 민성사 인쇄기를 가져와 상해에 우신인쇄소를 세웠다. 그리고 인쇄의 질을 높이기 위해 자신의 처와 사복의 여동생인 유무등(劉無等)을 광주에서 데려와 직접 인쇄업무를 맡겼다. 이처럼 우신인쇄소는 사실상 아나키스트에 의해 운영되었다.

둘째, 우신인쇄소는 『신청년』을 비롯한 많은 사회주의 간행물을 출판했는데, 아나키즘과 맑스주의 관련 서적들을 고루 출판했다. 이달(李達) 주편의 『공산당』이나 진망도가 번역한 「공산당선언」을 출판한 것 말고도 경매구 주편의 『자유』를 출판한 사실에서도 알 수 있다. 그리고 장묵지와 정패강이 관련한 『정보(正報)』라는 잡지와 상해 신화학교의 에스페란토 야학의 간행물인 『중화세계어월보(中華世界語月報)』도 간행했다. 상해의 아나키스트와 초보적 공산주의자들이 1920년 5 · 1절 행사에 함께 참여해 살포한 선전용 만화전단도 여기서 찍었다.

셋째, 노동자를 대상으로 한 통속 간행물도 아나키스트와 초보적 공산주의자의 합작품이었다. 상해에서는 진독수 주편의 『노동계(勞動界)』(1920년 8월 15일)가 창간되어, 여기에 보이틴스키의 연설문이 실렸다.[43] 북경에서는 황릉상 주편의 『노동음(勞動音)』(1920년 11월 7일)이 창간되었다. 진독수는 정패강과 원진영에게 편집을 담당하도록 했고, 이대조 역시 황릉상과 진덕영에게 주편을 맡도록 했다. 광주에서도 『노동자(勞動者)』(1920년 10월 3일)를 창간했는데, 양빙현(梁冰弦)과 유석심(劉石心)이 주편했다. 이 세 가지 잡지는 모두 아나키스트에 의해 편집되었으며 노동자들에게 널리 환영받았다.[44] 정패강이 이 잡지들은 공산주의소조가 아니라 모두 사회주의자동맹의 잡지라고 회고한 것도 이런 맥락에서 바라볼 수 있다.[45]

---

43) 吳廷康「中國勞動者與勞農議會的俄國」, 『勞動界』 第13冊, 1920. 11. 7.
44) 馬連儒, 앞의 책 126~27면.

상해 사회주의청년단은 주위의 이목을 피하기 위해 외국어학사라는 간판을 달았다. 상해소조의 외곽단체라고 알려진 이 외국어학사의 경우도 그 내부를 들여다보면 아나-볼 합작의 하나였음을 알 수 있다. 이 학사가 만들어진 배경에는 보이틴스키 일행의 임무 가운데 하나인 "모스크바 동방대학에서 공부할 진보적인 청년들을 물색해 러시아로 보낸다"는 것과 관련이 있었다. 외국어학사의 교장은 양명재, 비서는 유수송이었으며, 여기서 중국인 청년들에게 주로 러시아어를 가르쳐 러시아 유학을 준비시켰다.[46] 양명재와 보이틴스키 부인 쿠즈네조바가 러시아어, 이달(李達)이 일본어, 이한준이 프랑스어, 원진영이 영어, 한 러시아 신문기자가 에스페란토어를 담당했다. 외국어학사는 사회주의를 지향하는 모든 청년들에게 개방되어 외부로부터 청년단 단원을 확충하는 통로로도 활용했는데, 주로 개인적인 네트워크를 이용했다. 그런데 여기서 기억할 점은 에스페란토를 가르친 러시아 신문기자가 바로 스테파니라는 사실이다. 이 대목에서 우리는 천진과 북경에서 러시아어를 가르치며 아나-볼 합작을 주도하던 폴레보이의 역할과 상해에서 에스페란토를 가르치며 아나키스트와 초보적 공산주의자들 사이를 왕래하는 스테파니의 역할이 서로 유사하다는 사실을 알 수 있다.

외국어학사는 1921년 봄 러시아어 교육을 받은 20여명의 청년들을 모스크바 동방대학으로 유학을 보냈다. 당시 러시아는 볼셰비키 혁명의 성공으로 말미암아 급진적인 청년들에게는 혁명에 대한 호기심과 아울러 선망대상이 된 곳이었다. 하지만 유소기(劉少奇)와 임필시(任弼時) 같은 공산주의 성향의 청년들만이 러시아로 유학 간 것은 아니며, 아나키스트들도 여럿 있었다. 예를 들어 상해 사회주의청년단에 가입한 포박(抱朴), 화림 등과 같은 청년 아나키스트는 외국어학사에서 러시아어를 공부한 후 러시아로 떠났다.

---

45) 鄭佩剛, 앞의 글 957~60면 참조.
46) 외국어학사에 대해서는 華林 「漁陽里六號和赴俄學習的情況」, 『黨史資料叢刊』, 1980. 1, 43~45면 참조.

그런데 그들은 오히려 혁명 러시아의 현실에 실망해 귀국 후 볼셰비키 반대에 앞장섰다.[47] 이 학사는 1920년 말 보이틴스키 일행이 광주로 이동하자 재정적 어려움에 봉착했으며 1921년 전반부터 이미 활동이 부진해졌다. 게다가 1921년 5·1절 행사에 불온전단이 뿌려진 사건에 연루되어 프랑스 조계 경찰이 외국어학사를 조사하자 결국 학생들을 해산하고 문을 닫았다. 이즈음 사회주의청년단도 외국어학사와 마찬가지로 활동이 침체되어 점차 유명무실해졌다.

광주 지역 등

중국 아나키즘 운동의 본거지인 광주는 민국 초 사복의 활동 이래 아나키스트들이 막강한 세력을 유지하고 있었다. 1919년 여름 북경대학의 구성백(區聲白)과 황릉상 등이 고향인 광주로 내려와 『민풍』을 창간해 신문화운동을 선전하고, 얼마 후 사복의 죽음으로 폐간되었던 『민성』을 복간했다. 광주의 아나키스트들은 이미 노동운동에도 깊숙이 참여해 공인구락부(工人俱樂部)나 공회(工會)조직 등을 만들어 활동하고 있었다.[48] 이곳에도 1920년 9월 러시아공산당에서 파견한 밀사가 나타난다. 보이틴스키가 파견한 스토야노비치와 사하야노바 두 명이 천진에서 광주로 내려왔는데, 그들의 임무는 보이틴스키의 상해활동과 같았다. 즉 공산주의소조의 건립을 돕는 일, 지식인 조직을 건립해 노동자와 연계하는 일, 아나키스트 국민당원 등 다른 혁명파의 활동을 돕는 일이었다. 이들은 북경에서 이대조를 통해 아나키스트 황릉상을 소개받아 함께 내려왔으며, 곧 광주에서 러시아신문사 지사를 만들었다.

---

47) 抱朴「赤露旅行記」; 華林「漁陽里六號和赴俄學習的情況」, 玉川信明·坂井洋史·嵯峨隆 編譯 『中國アナキズム運動の回想』, 總和社 1992, 223, 246면.

48) 광주의 노동운동에 대해서는 「無政府主義者在廣州搞工會活動回憶」, 中國人民大學中共黨史系敎硏室 編 『中國無政府主義資料選編』, 中國人民大學出版社 1982, 507~21면 참조.

러시아인들이 광주에 내려와 접촉한 인물로는 황존생(黃尊生)과 담조음(譚祖蔭), 유석심, 양빙현, 양일여(梁一余), 양우천(梁雨川), 구성백 등이다. 그런데 이들은 모두 아나키스트였다. 스토야노비치 일행이 처음부터 아나키스트와 접촉한 까닭은 광주로 올 때 황릉상과 함께 내려왔기 때문일 것이다. 같은 해 9월 이들 러시아인 두 명과 중국인 일곱 명은 광주 공산당소조를 만들었다. 그리고 광주소조는 앞서 잠시 언급했듯이 『노동자』라는 잡지를 발행했는데, 유석심과 양빙현, 양일여 등이 출판을 담당하고, 러시아 기자가 경비를 제공했다. 이 잡지는 사실상 광주 아나키스트의 기관지로 프롤레타리아 독재와 계급투쟁에 반대하면서 전형적인 크로포트킨주의 혹은 노동조합적 아나키즘을 선전했다. 『노동자』의 편집자들은 중국 최초의 노동잡지이자 아나키스트 잡지인 『노동』에도 참가한 바 있으며, 광주의 하남협동화기기창(河南協同和機器廠)에 공인구락부를 세워 활동하고 있었다.

그런데 광주소조 구성원의 한 사람이었던 유석심의 회고에 따르면, "(1920년 가을) 그들은 광주에서 사회주의를 찬성하는 동지들을 모아 사회주의자동맹을 조직했다. 당시 천진과 상해, 항주에도 이런 조직이 있었다. 예를 들어 정패강은 상해동맹의 회원이며, 심중구(沈仲九)는 항주동맹의 발기인이었다"[49]라고 했다. 이 회고에 따르면 광주 는 광주 사회주의자동맹과 같은 단체임에 의심의 여지가 없다. 아울러 이 기록은 아나키스트 심중구에 의해 항주에도 사회주의자동맹이 만들어졌다는 새로운 사실도 알려준다. 그리고 담조음의 회고에 따르면, 광주에 온 러시아인들은 자신이 접촉하는 사람들이 아나키스트라는 사실을 잘 알고 있었으며, 공산당을 조직하는 문제에 대해서는 전혀 대화를 나누지 않았다고 한다. 뿐만 아니라 자신은 공산당소조에 가입한 적이 없으며, 공산당원이 아니었다고 분명히 기록했다.[50]

---

49) 劉石心「關於無政府主義活動的点滴回憶」, 『無政府主義思想資料選』(下), 936면.
50) 「譚祖蔭的回憶」, 『共産主義小租』(下), 中共黨史資料出版社 1987, 762면; 「劉石心的回

이 아나키즘적 공산당은 사실상 "어떤 조직이나 기율의 속박을 받지 않는" 단체였는데, 상해에서 진독수가 만든 공산주의소조와는 차이가 있었다. 여기서 공산당이라는 용어는 당시 볼셰비키뿐만 아니라 아나키스트도 자주 사용했다는 사실을 기억할 필요가 있다. 보통 크로포트킨의 아나키즘을 코뮌적(=공산주의적) 아나키즘이라고 부르거나, 사복이 아나키즘을 공산주의로, 맑스주의를 집산주의로 각각 분류한 것도 같은 맥락에서 볼 수 있다. 어쨌든 광주에 온 러시아인들이 정보 부족으로 아나키스트와 접촉했다는 생각은 잘못된 것이다. 왜냐하면 북경과 상해처럼 광주에서의 활동은 보이틴스키의 중국방문 목적과 크게 위배되지 않기 때문이다. 단지 아나키스트 조직에 러시아공산당원이 참여하는 아나키즘적 공산당이라는 형태였던 것은 광주라는 도시가 원래 아나키즘적 성향이 매우 강했던 까닭이다. 이러한 합작에 변화가 나타난 것은 진독수가 상해에서 광주로 내려온 다음의 일이다.

1920년 말 광서성 군벌을 격파하고 광주를 점령한 진형명은 진독수를 광주 교육위원회 위원장으로 초빙했다. 그의 초빙을 받아들인 진독수는 원진영과 함께 광주로 내려와 위원장을 맡았다. 그리고 정치적 지위를 이용해 광주의 진보인사들을 만나 맑스주의를 전파하는 데 힘썼다. 이즈음 진독수는 상해에서의 경험을 통해 내심 아나키스트와의 협력관계를 청산하려 했던 것으로 보인다. 보이틴스키가 파견한 스토야노비치 일행이 아나키스트에 의해 포위되었다고 판단한 진독수는 1920년 겨울 담평산(譚平山)과 진공박(陳公博), 양빙현, 구성백, 황존생, 유석심 등이 참석한 가운데 광주소조 모임을 주최했다. 그런데 이 모임에서 회원간에 격렬한 의견대립이 일어났다. 그 결과 초보적 공산주의자들과 아나키스트 사이에 넘지 못할 골이 생겼고, 그후 자연스레 러시아인들과 광주 아나키스트 간의 접촉 역시 소원해졌다.

상해에 있던 보이틴스키도 1920년 12월 중순 광주로 내려왔다. 그는 아

憶」, 같은 책 722~23면.

나키스트와의 갈등, 광주소조의 건설, 손문과의 회담, 진형명에 대한 탐색 등의 문제를 해결해 중국혁명의 새로운 방향을 모색하려 했다. 그런데 보이틴스키는 진독수와 마찬가지로 "비록 공산당이 조직되었으나 공산당이라고 부를 뿐 실은 아나키즘적 공산당"[51]이라고 판단해 광주소조 모임에 참석해 기존의 노동운동 성과는 높이 평가하면서도, 다른 한편으로 소조의 구성원들에게 프롤레타리아 독재강령에 찬성하라고 요구했다. 이에 대해 대다수의 성원들은 거절했고, 결국 조직은 해산의 길을 걸을 수밖에 없었다. 그후 광주에서 구 조직을 대신할 새로운 공산주의소조를 건립하는 일이 늦어졌다.

1921년 초(대략 1~2월쯤) 보이틴스키는 귀국해 업무를 보고하라는 밀명을 받아 러시아로 돌아가게 되었다. 귀국 도중 보이틴스키는 북경에 들러 이대조, 장국도 등과 몇차례 만났다. 그런데 그는 원래 출발했던 러시아 극동의 블라디보스토크가 아닌 서쪽의 이르쿠츠크로 갔다. 왜냐하면 코민테른 집행위원회가 1921년 1월경 원동국을 갓 설치했으며, 이곳에서 그를 필요로 했기 때문이다. 그는 코민테른 원동국의 서기를 맡음으로서 반년가량에 걸친 중국방문의 사명을 무사히 마쳤다.[52]

그런데 보이틴스키가 심혈을 기울여 만든 상해의 혁명국은 얼마 지나지 않아 소멸되었다. 이 조직이 사라진 원인은 러시아공산당과 코민테른 영도기구의 조정과 관련이 있어 보인다. 빌렌스키에 따르면 상해의 동아서기처는 원래부터 임시기구였으며, 이르쿠츠크의 원동서기처가 동아시아 사업을 주도하면서 상해의 조직은 사라졌다. 따라서 동아서기처의 하부조직인 혁명국의 운명도 마찬가지였다. 이것은 러시아 정부 내 각 기구의 대중국 정책과 관련한 정치 투쟁의 결과였다. 당시 러시아공산당 시베리아국과 러시아공산당 원동국, 당의 성급위원회, 코민테른 집행위원회, 외교인민위원회 등 당정기구와 코민테른 기구가 중국, 조선, 몽고혁명의 주도권을 놓고 서로 다투며

---

51) K. B. 세비뇨프 「中國共産黨成立史」, 『極東問題』 第4期, 1980.
52) 于俊道 編著 「維經斯基」, 『中國革命中的共産國際人物』, 四川人民出版社 1986, 213면.

비방했다. 그 가운데 시베리아국과 원동국 간의 투쟁이 가장 격렬했다. 그런데 상해의 동아서기처가 코민테른 중앙의 공식적인 승인을 받았는지는 의문의 여지가 있다.[53] 빌렌스키는 코민테른 제2차 대회 기간인 1920년 7~8월 동아서기처를 공식적으로 승인해줄 것을 당 중앙과 코민테른에 요청했으나, 코민테른은 이들의 요구를 받아들이지 않았다고 한다. 뿐만 아니라 빌렌스키와 보이틴스키 간에도 창당방식을 놓고 사회주의 세력의 연합단체를 만들 것인가 아니면 순수한 공산당을 만들 것인가에 대해 이견이 있었던 것으로 보인다.

상해 지역에서는 상해소조 중심의 중국공산당 창립 움직임 이외에도 아나키스트들이 대거 관여한 또다른 공산당 창당 움직임이 있었다. 대동당(大同黨)과 지나공산당(支那共産黨)이 그것이다. 이 조직들의 동향을 간단히 소개하면 아래와 같다.

대동당의 전신은 신아동맹당(新亞同盟黨)인데 일본에서 조직되었다. 이 단체의 결성이 추진된 것은 1915년 가을이었다. 당시 일본 유학중인 김철수(金綴洙)와 최익준(崔益俊), 하상행 등은 중국인 유학생들과 반제국주의운동을 결의했다. 이들은 동경의 중국 기독교청년회에서 중국인 황개민(黃介民), 나활(羅豁), 등결민, 대만인 팽화영(彭華榮) 등과 만났다. 여러 차례 논의 끝에 1916년 봄 동경의 한 중국음식점에 모여 신아동맹당을 결성했다. 이들은 일본 제국주의를 타도하고 상부상조하며, 민족 내부의 평등 및 국가 간의 평등을 달성하는 것을 목표로 삼았다. 이 조직은 한국 사회주의운동의 기원으로 알려진 한인사회당보다 빨리 조직되었으나 조선과 중국, 대만 3개국 연합체라는 점에서 뚜렷한 차이가 있다. 아시아의 이름을 걸고 출현한 급진주의자의 국제적 조직으로 1900년대에 아주화친회가 있었다면 1910년대에는 바로 신아동맹당이 있었던 것이다. 신아동맹당에 참여한 중국 유학생들은

---

53) 「威廉斯基-西比利亞科夫致共産國際執行委員會的信」, 모스크바 1920년 9월 1일.

졸업 후 상해로 근거지를 옮겨 1916년에 바로 대동당을 조직했다. 따라서 대동당은 신아동맹당이 중국에서 재조직된 것이라고 볼 수 있다. 이 단체는 중국과 인도, 대만, 미얀마, 필리핀, 베트남 등과의 연대를 추구했으며, 그 핵심 멤버인 황개민은 조선의 독립운동가와도 친분이 깊었다.[54] 신아동맹당 조선지부는 1920년 6월 서울에서 사회혁명당으로 이름이 바뀌었다.

황개민은 청년시절 신해혁명에 참가한 후 일본 동경으로 유학했다. 이때 신아동맹당 결성에 참여해 한인 유학생들과 친분을 쌓았으며 1918년 귀국해 학생운동에 참여했다. 1919년에는 중화공업협회(中華工業協會)와 중화전국공계협진회(中華全國工界協進會)를 발기했고, 노동자들과 함께 5·4운동에도 참가했다. 그의 동료인 요작빈(姚作賓)은 중화전국학생연합회(中華全國學生聯合會)의 대표로 블라디보스토크에 건너가 러시아공산당과 중국의 학생운동에 대한 지원문제를 논의했던 학생운동의 지도자였다.[55] 그들은 자칭 아나키스트로 한인 혁명가의 경제적 도움 아래 노동단체를 매개로 대동당을 만들었다. 장국도의 회고에는 "중화공업협회의 상무이사인 황개민이 현재 대동당이라는 조직을 만들려고 노력한다. 그는 중국 전체의 사회주의자와 연합하고, 조선의 혁명파와 합작하자고 주장하며, 러시아와 관계를 맺으려 한다"[56]라고 기록했다.[57] 황개민과 요작빈은 보이틴스키 일행이 상해

---

54) 이현주 『한국 사회주의 세력의 형성』, 일조각 2003, 151~54면.
55) 「俄共(布)中央委員會西伯利亞局東方民族部就本部組織與活動向共産國際執行委員會的 報告」, 이르쿠츠크 1920년 12월 12일.
56) 張國燾, 앞의 책 82, 130면.
57) "(대동당의) 발기인인 황개민의 말에 따르면 대동당의 전신은 1915년 7월에 성립한 신아동맹당이었다. 이것은 당시 일본에서 유학하던 자신과 조선유학생인 신익희(申翼熙), 장덕수(張德秀), 중국유학생인 진기우(陳其右), 왕희천(王希天) 등이 함께 조직한 것이다. (…) 신아동맹회 성립 후 오래지 않아 그는 당의 종지를 실행하기 위해 일부 조선유학생과 조선에 건너갔다. 여기서 조소앙(趙素昻) 등과 같은 조선독립인사 및 사회주의자들과 광범위한 교류를 했다. (1920년) 당시 신아동맹당 시기의 동지 신익희, 조소앙 등 조선독립운동지사는 임시정부와 중한호조사(中韓互助社) 등을 중심으로 적극적인 활동을 전개했다. 피압박

에 오기 전부터 재상해 러시아혁명가들과 연락하고 있었던 것으로 보인다. 당시 러시아 측 첩보에 따르면 손문은 대동당과 긴밀한 관계를 맺고 있었고, 그의 비서와 재정부장도 대동당 당원이었다는 흥미로운 기록이 있다.[58] 그리고 일본 측 첩보에 따르면 대동당은 "인도인, 조선인, 지나인, 일본인 등 모두 3천인"이라고 하는데, 아마도 과장된 수치이겠으나 국제주의를 지향한 조직임에는 분명하다.[59]

지나공산당은 여러 아나키스트 단체의 연합으로 알려져 있다. 1918년 천진에서 강반약을 중심으로 진사(眞社)가 만들어지고 『신생명』이라는 잡지를 출간했다. 1919년 남양 지역에서는 진사라는 같은 이름의 조직이 만들어졌는데, 이것은 중국의 남북 아나키스트들이 연합해 만든 조직이었다. 그런데 다시 장주에서도 진리사(眞理社)라는 유사한 이름의 단체가 만들어졌는데, 이 진리사는 전국 각지에서 진형명의 사회주의 실험에 동참하고자 모인 아나키스트들이 만든 것이었다.[60] 이러한 진(리)사가 지나공산당의 전신으로 보인다. 한때 『대한독립보』의 기자를 역임했던 장묵지는 1920년 4월 장주에 와서 진형명 통치하의 교육국의 고문이 되었다. 앞서 언급한 포타포프 장군 일행이 장주에 내려오는 것도 이때의 일이다. 포타포프가 장주에 온 목적은 진형명을 이용해 동아시아 사회주의자들의 연합단체를 만들고, 중국 현지에 공산당을 건설하는 것이었다. 이때 만들어진 공산당이 아마도 장묵지가 주도한 지나공산당이 아닐까 싶다. 이미 1919년 여름 전국 아나키스트

민족의 연합을 추구하는 것을 목적으로 하는 대동당 지도자의 한 사람인 황개민이 조선독립운동을 지지한 것은 사상적으로 본다면 매우 자연스러운 일이었다"(石川禎浩, 앞의 책 116~18면).

58) 「波塔波夫給契切林的報告」, 모스크바 1920년 12월 12일.

59) 시존통의 진술에 따르면, "상해의 공산당은 두 가지가 있었다. 하나는 진독수가 창건한 것으로 순수한 맑스주의를 신봉했고, 다른 하나는 황개민파가 조직한 것으로 아나키즘과 맑스주의가 혼합된 것이다"(石川禎浩, 앞의 책 123면 재인용).

60) 李丹陽, 앞의 글 44~51면.

단체가 모여 지나무정부공산당(支那無政府共産黨)을 만들려는 시도가 있었으나 실패했다고 한다. 비록 이때 성립되지는 못했으나 그 명칭이 후에도 쓰였을 가능성에 유의할 필요가 있다. 장묵지가 돌연 장주에서 상해로 돌아온 것도 창당 공작과 관련이 있어 보이는데, 이즈음 진형명의 위탁으로 상해에서 신화학교 내 세계어학교가 만들어졌다.[61] 장묵지는 무정부공산주의동지사의 외곽조직이었던 신화학교에서 활동하던 육식해, 스테파니 등과 함께 활동했다.

대체로 지나공산당은 상해·복건·남양 일대에서 활동한 아나키스트와 에스페란토주의자가 만든 것으로 추측된다. 그리고 장묵지를 중심으로 한 일련의 움직임이 곧 지나공산당의 활동일 것이다. 육식해와 스테파니 등은 상해혁명국(중공 상해발기조)과 사회주의자동맹 소속의 우신인쇄소를 통해 아나키즘과 에스페란토 관련 서적들을 출판하고 있었다. 한편 사회주의청년단의 대표인물 유수송도 아나키즘에 공감하고 있던 인물로 아나키즘과 볼셰비즘의 합작을 추구하고 있었고 역시 에스페란토를 배운 적이 있었다. 이처럼 각 단체들 간의 복잡한 관계는 지금도 풀기 어려운 난제로 남아 있다.[62] 대체로 중공 상해발기조, 지나공산당, 동방공산당(東方共産黨)은 별개의 조직이지만 서로 밀접한 관련을 가진 것으로 볼 수 있을 것이다. 예를 들어 사회주의자동맹은 중공 상해발기조는 물론 지나공산당의 뿌리인 진(리)사, 진화사 등의 아나키스트가 참가한 연합조직이라고 한다. 대동당은 코민테른의 지원을 받아 후에 동방공산당으로 불리지만 같은 아나키스트 계열인 지나공산당과 밀접한 관계였다. 사상적 유사성 말고도 대동당의 황개민과 요작빈 등은 과거 일본 유학시절 유일학생구국단 단원이었는데, 지나공산당의 장묵지도 역시 같은 단원이었다. 이 두 단체는 모두 한인사회주의자 혹은 아나키즘 경향이 강한 볼셰비키를 통해 러시아공산당과 코민테른의 지원을 받으면

61) 李丹陽, 앞의 글 63면.
62) 같은 글 56면.

서 상호교류가 있었다. 현재로서는 진독수의 중공 상해발기조가 노동자조직을 활용하기 위해 대동당원과의 연락했다거나 군대에 침투하기 위해 진리사를 이용했다는 단편적인 사건들만 일부 확인될 뿐 그 세부적인 내용은 알 수 없다.[63]

3. 아나-볼 합작의 분열과 논쟁

아나-볼 분열의 과정

1920년대 중국과 일본은 물론 식민지 조선과 대만에서도 비록 시기는 조금 달리하지만 모두 아나키즘-볼셰비즘 논쟁(이하 아나-볼 논쟁)이 일어났다. 여기서는 중국 사례에 제한해 살펴보기로 한다.

중국공산당이 창립할 무렵 아나키스트와 맑스주의자 간에 논쟁이 벌어졌다. 중국학계에서는 아나-볼 논쟁을 중국 공산주의운동의 출발을 알리는 신호탄으로 이해하는데, 이 논쟁은 프롤레타리아 계급정당 혹은 프롤레타리아 계급독재가 필요한가 등을 놓고 이루어졌다. 그런데 문제는 논쟁을 당사(黨史) 위주의 역사해석방식에 따라 중국 맑스주의의 수용 및 공산당의 창립 과정과 곧바로 연결하고자 하는 강한 의지 때문에 본모습을 제대로 드러내는 데에 소홀했다는 점이다. 아나-볼 논쟁을 정확하게 이해하기 위해 먼저 사건을 시간의 순서에 따라 재구성해보자.

아나-볼 합작시기에 아나키스트가 맑스주의자의 출현에 대해 우호적 태도로만 일관한 것은 아니었다. 사복은 1914년경에 맑스주의를 집산사회주의 혹은 국가사회주의라고 부르며 비판한 바 있다. 그리고 사복의 학생인 황릉상도 『진화』(1919년 2월)에서 사복의 관점을 이어받아 아나키즘을 공산주의

---

63) 李丹陽·劉建一 「'革命局'辨析」, 『史學集刊』, 2004. 3, 48면.

로 맑스주의를 집산주의로 분류한 후, 맑스주의는 국가사회주의라는 시각에서 비판했다. 중국의 경우 1920년대 이전에는 아나키즘을 공산주의와 동의어로, 맑스주의를 집산주의의 동의어로 이해되는 경향이 있었던 사실을 상기할 필요가 있다. 그리고 『신청년』의 「맑스연구」 특집호(6권 5호, 1919년 5월)에 게재한 「맑스학설의 비평」에서 다시 한번 프롤레타리아 독재는 물론 잉여가치설, 유물사관, 변증법 등에 대해 개괄적인 비평을 전개했다. 그 밖에 광주에서 출판되는 『민풍』 등에도 맑스주의를 공격하는 글들이 보인다. 이렇게 사복의 뒤를 잇는 구성백과 황릉상, 양빙현 등 코뮨적 아나키스트들은 크로포트킨의 관점에 근거해 맑스주의의 문제점을 지적했지만, 아나-볼 논쟁이 개시되기 전까지 그들의 비판은 원론적인 수준에 머물렀다.

그런데 아나-볼 논쟁이 시작되기 전부터 맑스주의, 특히 러시아 볼셰비즘에 대해 집중적으로 비난을 퍼부은 그룹이 있었다. 중국 아나키스트의 비주류라고 할 수 있는 이른바 개인적(허무적) 아나키스트가 바로 그들이다. 대표인물인 주겸지(朱謙之)는 『현대사조비평』(1920년 1월)이라는 책에서 맑스-레닌주의를 변형된 국가주의이며, 과거의 화석이라고 몰아붙였다. 그는 맑스주의가 과학이라는 주장에 대해 과학은 혁명과 대립한다는 독특한 관점으로 반론을 제기했다. 과학의 시대는 이미 끝났으며, 과학 역시 하나의 권위에 불과하다는 것이다. 그리고 혁명은 파괴이지만 과학은 건설이며, 혁명은 사상의 절대자유를 주장하지만 과학은 나날이 보수화된다고 지적했다. 그는 혁명이란 본능의 충동이라고 믿었으며, 과학은 그런 욕망을 충분히 채워주지 못한다고도 주장했다. 이런 비판은 맑스주의나 볼셰비즘은 물론 호적(胡適)의 실용주의나 심지어 코뮨적 아나키즘에도 적용되었다. 주겸지는 허무주의 철학이야말로 과학주의에 기초한 혁명론보다 더욱 진보적이라는 독특한 주장을 폈다.

주겸지는 북경대학 동료인 역가월(易家鉞), 곽몽량(郭夢良) 등과 함께 『분투』(1920년초 창간)를 창간하여 러시아혁명과 볼셰비즘에 대해 집중적으로 비판했다. 이들 분투파는 『분투』 제2호에 이미 「우리들은 '볼셰비키'를 반대한다」를 실어 볼셰비즘을 공격하기 시작했다. 그리고 『분투』 제8~9합호를 아예 '볼셰비키 반대 특집호'라는 제목으로 간행해 당시 볼셰비키 혁명에 호기심을 가졌던 대다수 사회주의자들과는 달리 대담한 비판을 마다하지 않았다. 그들은 「볼셰비키와 세계평화」 「왜 볼셰비키를 반대하는가」 등의 글을 통해 러시아 10월혁명은 불철저한 혁명이며, 불철저한 혁명은 개량과 다름없으므로 부정해야 한다고 선언했다. 분투파가 제기한 이른바 분투주의는 과학과 혁명, 과학과 철학을 대립관계로 설정해 볼셰비즘과 코뮌적 아나키즘을 모두 부정했다. 이들의 비판은 코뮌적 아나키스트인 황릉상을 자극해 서로 논쟁을 벌이기도 했다.[64]

『신청년』은 1920년 9월부터 상해소조의 기관물이 되었다. 일반적으로 진독수가 여기에 실은 「정치를 말한다」(8권 1호, 1920년 9월 1일)라는 글이 아나키즘을 공개 비판한 아나—볼 논쟁의 서막으로 본다. 이 글에서 그는 정치를 말하지 않는 세 개의 집단, 즉 학계(호적, 장동손 등), 상계(상해 등지의 상인집단), 무정부당을 지목하면서 문제를 제기했다. 진독수는 앞의 두 집단은 단지 현실 정치문제로부터 도피한 이탈자로 보았으나, 아나키스트에 대해서는 본래 일체의 정부조직을 타도하는 것을 목적으로 하는 집단이라고 따로 구분했다.[65] 그는 여기서 국가·정부·법률을 단번에 폐지할 수 없으며, 현실적으로 노동자가 권력을 집권하는 과정이 필요하다면서 아나키즘에 반대하는 입장을 표명했다.

「정치를 말한다」가 발표된 지 얼마 지나지 않아 정현종(필명 鄭太朴)이 이 글에 대해 문제를 제기하는 편지를 『신청년』에 연재하면서 논쟁이 시작되었다. 정현종은 주겸지와 함께 『분투』에서 볼셰비즘에 대해 공개적인 비판을

---

64) 졸고 「중국 5·4운동 시기 아나키즘 — 볼셰비즘 논쟁」, 『역사비평』 2000 가을, 330~31면.
65) 陳獨秀 「談政治」, 『新青年』 第8卷 第1號, 1920. 9. 1.

한 인물이기도 하며, 진독수가 자신의 글에서 '중국식 무정부주의'의 대표인
물로 지목한 사람이기도 하다. 그는 편지에서 중국인에게는 중앙집권적 정
치조직이 적합하지 않으며, 중국 사회에서는 프롤레타리아 독재를 실행할
수 없다고 주장했다. 그가 주로 비판한 것은 '당의 건설' 또는 '당의 독재'보
다 이런 조직을 추구하는 '주의'와 '목적'에 집중되었다. 정현종은 자신이
주장한 중국식 아나키즘이란 중국 사회와 중국인의 정서에 걸맞은 것으로,
서양 이론을 추종하는 크로포트킨·바쿠닌·프루동주의자와는 다른 것이라
고 주장했다.[66] 이에 대응해 진독수는 『신청년』에 「국가·정치·법률」 「노
동전정」 등과 같은 글들을 잇달아 연재했고, 이에 만족하지 않고 다시 「중국
식 무정부주의」 「하품(下品)의 무정부당」 등의 글을 써서 자신의 논적에 대
한 비판의 강도를 높여갔다.

그런데 진독수가 이번 논쟁에서 비판하고자 한 직접적인 대상은 코뮌적
아나키스트라기보다는 개인적 아나키스트(혹은 중국식 아나키스트)였다는 사실
은 별로 알려져 있지 않다. 그가 표적으로 삼은 사람은 정현종을 포함해 『분
투』의 주겸지, 『자유』의 경매구[67] 등이었다. 진독수의 눈에는 주겸지가 우
주혁명을 운운하며 자살과 자유연애를 주장한다든지, 경매구가 노자와 장자
를 운운하며 허무주의를 선전하는 것이 청년들을 타락시키는 행위로 보였
다. 특히 중국식 무정부주의를 운운하는 것은 그가 가장 혐오하던 전통문화
의 부활로 비쳐졌다. 진독수가 분노한 것은 개인적 아나키스트들이 자신이
주도하던 신문화운동의 민주와 과학이라는 계몽운동을 전면적으로 부정한
것은 물론, 최근에 자신이 받아들인 맑스주의나 러시아의 볼셰비키 혁명에
대해서조차 비난을 퍼부었기 때문으로 보인다. 사실 다른 맑스주의자도 코
뮌적 아나키스트보다는 개인적(혹은 중국식) 아나키스트를 비판하는 경우가

---

66) 鄭賢宗 「國家·政治·法律」, 『新青年』 第8卷 第3號, 1920. 11. 1.
67) 경매구는 신해혁명 이전부터 아나키즘 활동을 한 인물로, 5·4운동 시기에 슈티르너의
   영향 아래 개인의 절대자유를 노자와 장자류의 전통사상과 결합했다.

많았다. 적어도 1920년 말까지는 중국식 아나키즘의 주류인 코뮨적 아나키스트를 대상으로 비판하는 경우는 드물었고, 비판의 수준도 그리 심각하지는 않았다. 그렇다면 맑스주의자와 코뮨적 아나키스트 사이의 아나-볼 논쟁이 본격적으로 펼쳐진 때는 언제일까?

중국의 맑스주의자들은 상해소조 이름으로 『공산당』을 창간(1920년 11월 7일)하고 여기에 「중국공산당선언」의 초안이 실렸는데, 이를 기점으로 자신들의 세력을 결집하기 시작했다. 얼마 후 장동손이 『시사신보』에 「내륙 여행에서 얻은 교훈」이라는 글을 게재하여 개량적인 사회주의의 길을 제안하자, 이에 반발한 맑스주의자들이 길드사회주의를 비판하는 '사회주의 논쟁'을 개시했다. 곧이어 광주법정학교에서 있었던 진독수의 사회주의비평 강연(1921년 1월 15일)에서는 과거의 수준을 넘어 맑스주의를 제외한 기타 사회주의 사조에 칼을 겨누었다. 이 강연에서 진독수는 사회주의를 아나키즘, 공산주의, 국가사회주의, 노동조합주의, 길드사회주의 등 5개 파벌로 나누어 설명했다. 그중 아나키스트에 대해 "비록 무정부주의는 몇가지 파벌로 나눌 수 있으나, 각파의 공통된 핵심은 개인 혹은 작은 단체의 절대자유를 존중하는 것"에 있는데 이것은 현실적으로 불가능한 주의라고 전제했다. 그들이 경제 분야에서 현대적 공업발전을 주장하지만 "통일된 조직이 강제력을 사용해 간섭 조절하지 않으면, 자연스레 생산물이 남거나 혹은 부족한 폐단이 나타난다"고 지적하고, 정치 분야에서도 "사람에 대한 불간섭을 주장하고 근본적으로 법률을 폐지하자는 것은 큰 착오"라고 비판했다. 이런 강연 내용은 아나키스트의 강한 불만을 샀으며, 결국 본격적인 아나-볼 논쟁의 도화선이 되었다.

광주는 과거 사복이 활동했던 근거지이자 중국식 아나키즘의 본부로 인식되던 곳이다. 따라서 이곳에서 진독수가 아나키즘을 비판했다는 사실은 그 자체가 이미 중요한 정치적 의미를 지니는 것이었다. 진독수는 북경대학의 사제지간이자 광동 출신인 진공박과 담평산, 담식당(譚植棠) 등을 광주로 불러들여 『광동군보(廣東群報)』를 창간했는데, 바로 이 신문 1921년 1월 19일자 기사에 광주법정학교의 강연이 실렸다. 그리고 이 강연 내용이 공개되자마자 구성백이 1월 22일자 같은 신문에 진독수에게 편지를 써서 강연 내용에 의문을 제기함으로써 문제가 불거지게 되었다. 이처럼 아나키스트와 맑스주의자의 분열이 본격적으로 시작된 것은 대체로 1920년 말과 1921년 초 사이의 일이다. 알려진 바와 같이 그후 전개된 아나-볼 논쟁은 주로 '프롤레타리아 독재와 맑스주의 국가론 문제' '개인의 자유와 당의 기율문제' '생산과 분배문제' 등을 중심으로 이루어졌다.

진독수는 광주의 사회주의자들과 가진 모임에서, "다른 지역의 사회주의자동맹은 모두 취소되었고, 무정부주의 또한 무슨 정당이 아니다. 사상과 행동의 통일을 위해 반드시 조직을 통일시켜 공산당을 만들어 사회주의를 제고해야 한다. 오직 공산당에 가입해야지 다른 조직은 일절 승인하지 않겠다"고 일방적으로 통보했다. 이에 충격을 받은 광주의 유석심은 상해의 정패강에게 편지를 보냈는데, 정패강은 답장에서 "물을 필요도 없다. 전국이 모두 같은 상황이다. 당신이 공산당에 가입하기를 원하지 않으면 그만두라"고 회신했다.[68] 광주의 아나키스트들은 격렬한 논쟁 끝에 모임을 떠났고, 『노동자』도 정간되었다. 얼마 후 아나키스트와 맑스주의자 간의 협력이 다시 논의되었지만, 결국 진독수의 공산당에 가입하든지 아니면 합작을 포기하라는 주장과 아나키스트의 프롤레타리아 독재 반대주장이 서로 첨예하게 맞서 양자의 협상은 결렬되었다.

1921년 3월에 스토야노비치와 베슬린이 참가하고 진독수와 담평산, 담식당, 진공박을 중심으로 한 광동 공산주의소조(이하 광동소조)가 새롭게 만들어졌다. 진독수의 지원 아래 담평산이 서기, 담식당이 선전, 진공박이 조직을 담당했는데, 여기에 다시 상해소조의 일부 인원이 내려와 가담했다. 그해 초

---

68) 劉石心, 앞의 글 936면.

상해소조의 기관지였던 『신청년』은 프랑스 조계의 수사를 받자 광주로 옮겨와 진독수의 거처에 자리잡고 있었다. 이때는 보이틴스키 일행이 러시아로 돌아간 후여서 진독수에게 모든 권력이 주어진 상태였다. 다시 만들어진 광동소조는 유명무실화되었던 광주 사회주의청년단을 재조직했다. 이 무렵 청년단의 담평산은 구성백, 양빙현 등과 수차례 만나 맑스주의 지도 아래 청년단을 만들 것을 요구했다. 하지만 청년단 대표회의는 결렬되었고 아나키스트들은 곧바로 청년단에서 탈퇴했다.[69] 이에 따라 광동 사회주의청년단은 1921년 봄에 사실상 해산되었다가 1922년 5월에야 다시 조직된다.

광주에서 한치의 양보 없는 양측의 대립은 상해, 북경 등의 분열로 확대되어, 중국 각지의 아나-볼 합작은 끝났으며 따라서 사회주의자동맹도 차례로 해산되었다.[70] 진독수의 프롤레타리아 독재조항을 강요하는 권위적이고 강압적인 태도가 아나키스트의 반감을 가져와 광주를 시작으로 전국적인 사회주의자동맹의 붕괴를 가져온 사실은 분명하다. 하지만 아나-볼 논쟁이 시작되고 사회주의자동맹이 해체된 시기는 당시 레닌 정부가 아나키스트를 포함한 기타의 정치파벌에 대한 탄압을 시작하던 때와 거의 일치한다. 따라서 단지 진독수 개인 성향 때문에 분열이 일어났다고 보기에는 어려운 측면이 없지 않다. 이와 관련해 특히 주목되는 것은 러시아공산당 제10차 대회 (1921년 3월)에서 볼셰비키가 아나키스트와 생디칼리스트의 배격을 최종 결정한 사실이다.

아나-볼 합작이 분열되었을 때, 상해에서 에스페란토를 전파하던 러시아 청년 스테파니가 돌연 자살(혹은 타살)했다. 이 아나르코 볼셰비키의 죽음은 여전히 의문의 베일에 싸여 있다. 그가 죽기 직전 『민성』에 기고한 글인 「러시아 동지 V. Stopani가 보내온 편지」의 전문을 옮기면 아래와 같다.

---

69) 唐宝林·林茂生 編 『陳獨秀年譜』, 上海人民出版社 1988, 147~48면.
70) 馬連儒, 앞의 책 128면.

나는 무정부주의에 적극 찬성하며, 나는 무정부야말로 진정한 행복과 자유를 실현하는 길이라고 믿습니다. 그러나 우리 당이 현재 처해 있는 자본주의 제도 아래, 인류의 이기적 사상이 이처럼 견고하고 지혜가 이처럼 결핍되어 있는 상황에서는 아마도 얼마 동안은 실현되기 힘들 것입니다. 무정부가 우리의 목적이기 때문에 이 목적을 실현하기 위해서는 어쩔 수 없이 각 방면의 운동에 종사해야 하고 무수한 곡절을 겪어야 하며 결코 단숨에 도달할 수는 없을 것입니다. 나는 볼셰비키 당원이기도 한데, 볼셰비즘은 우리의 목적에 도달하기 위한 첫번째 단계에 불과합니다. 중앙집권은 결코 목적이 아니며, 단지 한 때 경과해야 할 단계일 뿐입니다. 레닌 역시 무정부주의에 반대하지 않으며, 오히려 그것이 실현될 수 있다고 굳게 믿고 있습니다. 만약 무정부주의가 일반 인민에게 선전하고 깨우치는 데에 불과하고, 혁명하는 데에 적합하지 않다면 곤란합니다. 따라서 우리들은 무정부주의의 성공을 이루기 위해 어쩔 수 없이 다른 여러 가지 방법을 사용해야 합니다.

최근 (러시아)공산당의 선언은 그들의 목적이 무정부주의와 거의 같다는 것을 보여줍니다. 그들이 프롤레타리아 독재를 한 가지 방법으로 받아들이는 까닭은 실제로 러시아 인민 대다수의 각오가 부족하기 때문입니다. 결국 소수의 사람에게 운이 따라주어 정권을 탈취할 수 있었다는 이유만으로 우리들은 결코 러시아혁명이 잘못되었다고 비판할 수는 없습니다. 그런데 소수인이 정권을 장악하던 사람의 손에서 권력을 빼앗고 산업을 소유했기 때문에 매우 쉽게 다시금 새로운 자본가들이 등장할 위험을 가지고 있습니다. 무정부주의자는 혁명의 방법에 대하여 우선 대다수 인민의 공감을 얻어야 합니다. 비밀기관을 조직하여 혁명과제를 실행하는 것은 무정부당도 찬성하는데, 예를 들어 바쿠닌의 '공민회(公民會)'가 그런 것입니다. 그러나 무정부당이 추구하는 목표는 반드시 지방별 직업별로 자치의 전권을 얻어 각 지방과 개인 정신이 자유로운 발전을 얻어 일종의 자유연합 사회조직을 건설하는 것이므로, 중앙집권적 국가에는 반대합니다. 이것이 무정부주의와 볼셰비즘의 가장 큰 차이점입니다.[71]

---

71) 「러시아 동지 V. Stopani가 보내온 편지」, 『民聲』 第31號, 1921. 4.

위의 기고문은 언뜻 읽어보면 아나키즘과 볼셰비즘의 합작을 주장하는 것으로 보인다. 작자는 "아나키즘을 적극 찬성"하지만 현실적으로 아나키즘적 이상사회가 곧장 실현될 수 없기 때문에 "볼셰비즘을 우리의 목적에 도달하기 위한 첫번째 단계"로 생각해 받아들였다고 한다. 그리고 레닌 정권은 아나키즘과 적대적이지 않으며, 그들의 프롤레타리아 독재는 러시아의 불가피한 상황 때문에 출현한 것이라고 수긍한다. 게다가 "소수인이 정권을 장악하던 사람의 손에서 권력을 빼앗았기 때문에 매우 쉽게 다시금 새로운 자본가들이 등장할 위험을 가지고 있다"는 우려까지 나타낸다. 하지만 글의 후반부에서는 여전히 중앙집권화된 국가에 대한 분명한 반대 입장을 언급하고 있다. 이것은 스테파니가 혁명이란 제조할 수 없으며, 더욱이 독재수단을 채용할 수 없다는 아나키스트의 자세를 견지하고 있음을 보여준다. 이 기고문의 다소 자기모순적인 내용은 아나-볼 분열이 시작되는 1921년 초의 상해 상황을 염두에 둔다면 이른바 아나르코 볼셰비키라고 부를 수 있는 그의 고뇌를 드러내는 글로도 읽을 수 있을 것이다. 그러던 중 1921년 3월 27일 스테파니는 돌연 사망했다. 대체로 타살 가능성이 높아 보이지만, 만약 당시 신문기사대로 "자살의 가장 큰 원인이 '정신상의 고통' 때문인데, '환경의 압박'을 받아 마지막까지 고민하다가 이와 같은 결심을 했다"는 내용을 그대로 믿는다면, 어쩌면 그의 죽음은 중국에 온 이래 전력투구했던 상해에서의 아나-볼 합작이 붕괴된 것과 관련 있을지도 모른다.[72]

---

72) 스테파니의 의문의 죽음에 관해서 당시 상해의 여러 신문에 기사가 실렸다. 그 내용을 정리해 옮기면 대략 다음과 같다. 1921년 3월 27일 새벽 상해 동서화덕로(東西華德路) 2098번지에서 사건 발생했다. 러시아 신문기자 스테파니(27세)가 6연발 권총으로 오른쪽 머리에 4발 발사한 채 쓰러진 것을 발견해 공제의원(公濟醫院)에 옮겨졌으나 다음날인 28일 사망했다. 러시아 총영사가 시신의 상태를 확인한 후 곧바로 매장했다. 공식적인 검시가 이루어지지 않았다는 의견도 있었으나, 병원에선 러시아 총영사의 동의가 있었으므로 불법이 아니라고 회답했다. 스테파니의 침실에는 여기저기 혈흔이 있었고, 6연발 권총 1정과 4발의 탄피가 발견되었다. 시신의 우측 태양혈 머리에 4곳의 구멍이 있었고, 탄알은 모두 머

아나-볼 논쟁의 전개

광주에서 진독수와 구성백은 몇차례의 공개서신을 통해 논쟁을 계속했고, 얼마 후 진독수는 『신청년』에 「토론무정부주의」(9권 4호)라는 제목으로 그 내용을 전부 공개했다.[73] 몇개월 전에 이루어진 진독수와 정현종의 논쟁과는 상황이 크게 달라졌다. 왜냐하면 구성백은 5·4운동 시기 북경에서 『자유록』, 상해에서 『진화』 등을 발간하던 유명한 코뮌적 아나키스트였기 때문이다. 드디어 맑스주의자가 중국식 아나키즘의 주류인 코뮌적 아나키스트에게 포문을 연 것이다.

대부분의 논쟁이 그렇듯이 처음에는 비교적 우호적인 토론이 이루어졌으나, 점차 시간이 지나면서 논쟁이 가열되고 더 많은 사람들이 논쟁에 가세하면서 사상투쟁의 성격이 점점 분명해졌다. 전국의 주요 도시에서 아나-볼 논쟁이 일어났다. 아나키스트들은 이 시기에 『신청년』 『각오』 등의 지면을 빌려 반격에 나섰고, 특히 사복이 죽은 뒤 장기간 정간되었던 『민성』을 복간해 논쟁에 참여하기에 이르렀다. 이 잡지는 특별호(제30호)를 발행해 맑스주의, 볼셰비즘, 프롤레타리아 독재, 계급투쟁 등에 관한 비판을 쏟아냈다. 이에 대응해 『공산당』 같은 맑스주의 잡지에서도 아나키즘에 관한 여러 가지 비평을 실었다. 그 대표적인 글은 몇차례에 걸쳐 실린 「단언(短言)」이라는 사설과 이달(필명 江春)의 「사회혁명에 대한 생각」 「무정부주의의 해부」 및 필명 무해(無懈)의 「우리는 왜 공산주의를 주장하는가」 「정권을 탈취하자」 등을 들 수 있다.

아나키스트와 맑스주의자 사이의 논쟁에서 초점이 됐던 문제는 대략 세 가지이다. 첫째, 프롤레타리아 독재와 맑스주의 국가론 문제, 둘째, 개인의 자유와 당의 규율문제, 셋째, 생산과 분배문제 등이다. 아나키스트는 국가의

릿속에 남아 있었다. 방안에서 친필로 쓴 부모형매(父母兄妹)에게 보내는 편지 1통이 발견되었다(「자살한 한 청년」, 『民聲』 第31號, 1921. 4).

73) 鄭賢宗·陳獨秀 「討論無政府主義」, 『新靑年』 第9卷 第4號, 1921. 8. 1.

해체를 목표로 하므로 자유를 억압하는 강권이라는 점에서는 부르주아 국가이든 프롤레타리아 국가이든 간에 크게 다를 바가 없다고 보았다. 그들에게 프롤레타리아 독재란 단지 폭력으로 폭력을 제압하는 방식에 지나지 않는 것이므로, 그것에 동의할 수 없었다. 아나키스트는 자유연합의 원리에 기초해 조직과 규율이 개인의 자유를 침해할 경우 가차 없이 비판했는데, 여기에는 볼셰비키의 민주집중제 같은 다수인이 소수인의 자유를 억압하는 원칙도 해당되었다. 이에 반해 맑스주의자는 국가를 단숨에 폐지할 수는 없으며, 부르주아의 음모를 분쇄하기 위해 프롤레타리아 독재도 과도기적이나마 유지해야 한다고 주장했다. 또한 그들은 인간사회에 절대자유란 없으며, 오히려 당의 규율에 대한 절대적 복종의 필요성을 역설했다. 나아가 혁명시기에 권력의 집중을 위해선 개인의 자유를 제약할 수 있다고 했다.

아나키스트는 생산자의 자주관리원칙에 의거해 "능력에 따라 일하고 필요에 따라 소비한다"는 구호를 내세웠다. 그들은 경제투쟁을 정치문제로부터 철저히 분리할 것을 강조하며, 노동문제를 노동자 스스로 해결할 것을 희망했다. 이에 반해 맑스주의자는 자주관리는 애당초 불가능하며, 혁명 후에도 생산력의 한계가 있으므로 "노동에 따른 분배"를 해야 한다고 역설했다. 그들은 경제와 정치문제는 밀접한 관계를 가진 것으로 서로 분리할 수 없다고 믿었다. 이처럼 맑스주의자의 눈에는 아나키스트가 공상주의자로, 아나키스트의 눈에는 맑스주의자가 국가주의자로 비쳤다. 아나-볼 논쟁은 러시아공산당과 코민테른의 지도 아래 중국공산당 제1차 대표대회가 열림으로써 새로운 전기를 맞이했다.

아나-볼 논쟁이 전개되던 중 레닌의 지시를 받은 코민테른의 정식대표 마링(H. Maring)이 1921년 6월 중국에 파견되었다. 그의 지위는 보이틴스키보다 높았고, 러시아 볼셰비키도 아니었다. 그해 7월 마링은 보이틴스키를 대신해 파견된 원동국 요원 니콜스키(V. A. Nikolsky)와 함께 전국 여덟 곳의 공산주의소조 대표 15명을 모아 중국공산당을 창립했다. 중국공산당 역사의 시작이자 코민테른이 직접 중국 공산주의운동에 개입하는 시점이었다. 당시에 발표한 중국공산당 강령에는 아나키즘을 배척하겠다는 의지가 엿보이지만, 공산당 내에는 여전히 적지 않은 아나키스트들이 포진하고 있었다. 그래서인지 마링은 훗날 이른바 중국공산당의 '일대(一大)'를 정당이 아닌 '공산주의소조'라는 용어로 묘사하고 있는데, 이것은 중국학계와 달리 '일대'의 역사의의를 낮게 평가하려는 의도로 보여 의미심장하다.[74]

그럼에도 불구하고 양 파벌의 합작은 창당을 전후해서 여러 차례 나타난다. 예를 들어 1921년 2~4월경 사복의 제자로 알려진 비철문이 러시아 블라디보스토크에서 파견된 한 러시아공산당원의 경제적 도움을 받아 상해에서 노동단체 지도자들과 삼무학사(三無學社)라는 단체를 만들었다는 정부문서가 남아 있다.[75] 이 단체는 평민혁명을 고취하여 노동자들 사이에 지지자들이 많았는데, 특히 군인 등을 대상으로 「목병수지(目兵須知)」 「고소년(告少年)」 등의 아나키즘 혁명관련 소책자를 배포했다고 전한다. 그리고 1921년 3월 크로포트킨이 사망하자 광동의 아나키스트는 광주에서 대규모의 추도회를 열었는데, 여기에 진독수와 진공박, 담평산 등도 참가했다. 같은 해 5·1절 행사에서도 이들은 함께 성대한 기념식을 열고 시위를 했다. 이때 맑스주의를 찬성하는 사람은 맑스의 초상화와 붉은 기를, 아나키즘을 찬성하는 자는 크로포트킨의 초상화와 검은 기를 내세웠다고 한다.[76]

중국 맑스주의자는 아나-볼 논쟁과정에서 공산당 창립에 성공하자 독자적인 길을 찾아 나섰다. 그리고 논쟁의 또다른 당사자인 아나키스트들 가운데 일부는 이석증(李石曾)과 오치휘(吳稚暉) 등에 의해 추진중이던 유법근공검학운동에 참여해 프랑스 유학을 떠났다. 이석증 등은 중국과 프랑스에 각

---

74) 劉宋斌·姚金果『中國共産黨創建史』, 福建人民出版社 2002, 413~15면.
75) 「國務院爲嚴密查緝費哲文等在滬密設三無學社鼓吹平民革命有關文書」, 『中國無政府主義和中國社會黨』, 江蘇人民出版社 1981, 82~84면.
76) 鄭佩剛, 앞의 글 963면.

각 화법교육회와 리옹 중법대학을 만들어 유학운동을 전개했는데, 이때 구성백과 화림, 유석심, 이탁(李卓), 유무위(劉無爲), 유포촉(劉抱蜀) 등 차세대 청년 아나키스트 다수가 유학을 갔다. 혹자는 이로서 논쟁이 일단락되었다고 보지만, 실제로는 논쟁이 지식인 사회를 넘어서 노동운동 분야로까지 확산되고 있었다. 뿐만 아니라 논쟁은 프랑스 유학생 사회에도 번져 더 한층 과열되는 양상을 나타냈다. 당시 프랑스는 사회주의운동이 매우 활발하게 전개되던 곳이었다. 따라서 이곳 중국인 사회에서의 논쟁은 당의 건설과 프롤레타리아 독재와 관련해 토론의 수준이 높았으며, 한창 진행되던 러시아 혁명에 대해 좀더 자세한 논의가 이루어졌다.

재프랑스 중국 아나키스트들은 1921년 가을 공여사(工餘社)를 만들고, 다음해 1월에 『공여(工餘)』를 창간했다. 이 잡지를 통해 소련의 프롤레타리아 독재를 비판했는데, 이것은 일당독재일 뿐만 아니라 당내 몇사람의 독재에 지나지 않는다고 선전했다. 그리고 볼셰비키 혁명은 개인자본주의를 국가자본주의로 대체한 것에 불과하며, 새로운 국가 곧 볼셰비키 정당과 관료가 개인 사업가를 대신해 착취의 우두머리가 되었다고 했다. 소련 정부가 실행한 산업국유화정책도 노동자와 농민의 권리를 박탈한 것으로 자본주의 제도 아래의 압제와 다름없다면서 생산수단을 노동자에게 넘겨줄 것을 요구했다. 특히 레닌의 신경제정책을 자본주의의 부활이라고 맹비난했다. 또한 아나키스트는 공산주의자들이 "맑스를 교주로 받들고" "『자본론』이나 『공산당선언』을 성경처럼 여긴다"고 조롱하면서 중앙집권적 당조직을 해체할 것을 주장했다.

이런 비판에 대해 채화삼(蔡和森)과 주은래(周恩來) 같은 맑스주의자는 『소년(少年)』(1922년 창간)이라는 잡지를 통해 반론에 나섰다. 그들은 프롤레타리아 독재는 역사발전과정의 필연적인 산물이며, 현재 러시아의 소비에트 안에서 다수의 노동인민이 충분한 민주를 향유하고 있다고 선전했다. 그리고 산업국유화정책은 생산력을 집중하는 데서 나타나는 필연적인 현상이

176

고, 그 안에서 노동자와 농민의 권리가 보장된다고 강변했다. 또한 레닌의 신경제정책은 현실에서 출발한 정책으로 매우 성공적으로 추진중이라고 보았다. 그래서 그들은 아나키스트와는 달리 소련의 혁명이 정상적으로 진행되고 있다는 평가를 내놓았다. 덧붙여 공산당원이 지도자에게 복종하는 것은 교도가 교주에게 맹종하는 것과는 전혀 다르다면서, 당원은 지휘를 받으면서도 지도자를 감시하기도 한다는 점을 강조했다.

앞에서 소개한 논쟁 내용을 보면 논쟁과정이 매우 격렬하게 진행된 것처럼 보이지만 실제로는 반드시 그렇지만은 않았다. 어쩌면 그들의 논쟁은 동류이파(同類異派)의 관점에서 이루어졌다고 보는 것이 오히려 실제와 가까울 것이다. 일부 맑스주의자는 아나키즘이 중국에서 가장 오래된 사회주의이며, 상당히 심오한 이론적 기초를 가지고 있다는 사실을 인정했다. 그래서인지 등중하(鄧中夏)와 구추백(瞿秋白), 시존통 등의 글을 보면, 이들 모두 논쟁 당시 아나키스트와 맑스주의자는 궁극적인 목적이 동일하나 단지 그 수단에서 차이가 날 뿐이라고 주장했다. 한 맑스주의자의 말을 빌리면, "우리들이 현재 주장하는 것은 아나키즘이 아니라, 아나키즘에 도달하기 위한 과정의 하나인 공산주의"[77]라는 것이다. 양자의 구분조차 애매한 경우도 나타난다. 이달의 경우, 아나-볼 논쟁에서 레닌의 볼셰비즘을 적극 옹호했던 대표적인 논객 가운데 한 사람이지만 노동조합적 아나키즘과 볼셰비즘의 차이점을 분명하게 나누지 않았다. 그가 보기에 이 두 집단의 차이는 단지 채택한 수단이 다르다는 점뿐이었다. 그리고 시존통이 볼셰비즘의 입장에서 아나키즘을 비판했음에도 불구하고 당의 영도나 노농연맹이 필요 없다고 주장한다든지, 혹은 사회주의를 믿는 학생과 노동자, 군인의 3대 세력이 연합해 사회혁명을 이룩하자고 한 사실은 차라리 볼셰비즘이라기보다는 아나키즘의 주장에 더 가까운 것이었다.[78] 이처럼 상당수의 맑스주의자는 동류이

---

77) 無解「我們爲什麼主張共産主義」, 『共産黨』 第4號, 1921. 5. 17.
78) C. T.「我們要怎樣干社會革命」, 『共産黨』 第5號, 1921. 6. 7.

파의 관점에서 가까운 시일 안에 각 사회주의 파벌이 동일한 목적지에서 만날 것을 희망했다.

당시 어떤 맑스주의자는 아나키스트와 공산주의자의 공동투쟁에 찬성하면서도, "무정부당은 우리의 친구이지, 우리의 동지는 아니다"[79]라고 기술했는데, 이 대목은 둘 사이의 미묘한 불협화음을 느끼게 한다. 맑스주의자가 중국공산당을 창당한 후 시간이 흐르면서 그들 사이의 틈은 더욱 벌어졌으며, 합작을 유지할 가능성은 점점 엷어졌다. 그럼에도 불구하고 1919년부터 1922년까지 이들의 합작관계는 어느정도 유지되었다. 대체로 1922년 7월 '이대(二大)'를 기점으로 중국공산당이 코민테른의 조직적 이념적 원칙을 전적으로 수용하면서부터 아나키즘과 결별한 것으로 보인다. 하지만 중국공산당 '이대'에서조차 여전히 아나키스트와의 임시 합작방침이 있었다는 사실을 보면 아나키스트 세력이 당내에 소멸되지 않고 건재했음을 반증한다. 한편 같은 시간 러시아에서는 다수의 아나키스트들이 서유럽으로 망명의 길에 올랐으며, 버크먼이나 골드먼 같은 저명한 아나키스트도 "혁명은 죽었다"며 러시아를 떠났다.

아나-볼 논쟁을 정리하자면, 맑스주의자가 아나키스트들을 반대한 이유는 아나키즘의 이상주의 그 자체가 아니라 그들이 목표에 다가가기 위해 제시한 방법과 수단이 충분한 설득력을 가지지 못했다는 점에 있었다. 그리고 자신들의 우월함을 과시한 부분은 다름 아닌 맑스주의야말로 이상사회 건설을 위해 볼셰비키 정당이나 프롤레타리아 독재 같은 현실적인 방법이나 수단을 가지고 있다는 것이었다. 이런 관점에서 본다면 중국의 아나-볼 논쟁의 진정한 성격은 누가 더 수준 높은 과학이냐는 이론의 줄다리기라기보다는 누가 더 중국 사회의 변혁문제에 그럴싸한 대안을 내놓을 수 있느냐는 실제적인 문제로 요약된다. 다시 말하면, 그들의 논쟁은 누가 서양의 아나키

---

79) 江春「無政府主義之解剖」, 『共産黨』第4號, 1921. 5. 17.

즘, 맑스주의 혹은 볼셰비즘 이론에 더욱 정통한가에 대해서가 아니라, 단지 군벌정권의 억압과 제국주의 침탈에 대항하기 위한 현실방안의 마련에 효과적인 주장을 내놓는가의 경쟁이었다. 사실 양자 모두 서양의 사회주의에 대한 이해의 수준을 보면 전면적이라기보다는 부분적이었으며, 체계적이라기보다는 선택적이었다.

여기서 아나키즘이 그 이론의 공상성 때문에 논쟁에서 패배했다는 역사평가에 대해 다시 생각해보자. 과학적 사회주의라는 이름 아래 중앙집권적 혁명정당의 건립을 주장했던 맑스주의자에 대해 아나키스트는 자유연합과 분권적인 조직원리를 제시했다. 그들의 조직원리가 현실에 적절한가에 대해서는 여전히 이론이 있을 수 있으나, 최소한 그들은 볼셰비즘에 내재된 권위주의적인 일당독재의 출현을 정확하게 예측했던 사람들이다. 그리고 소수 엘리트 집단에 의해 주도되는 프롤레타리아 독재를 승인했던 맑스주의자에 대해, 아나키스트는 이런 시도는 결국 변질되며 모든 변혁운동은 반드시 그 운동 주체에 의해 추진되어야 한다고 주장했다. '인민을 위한' 사회주의가 아니라 '인민의' 사회주의를 제창했던 그들의 선언은 의미심장하다. 또한 맑스주의자는 경제결정론과 역사유물론의 신봉자들이었다. 그들의 결정론과 목적론적인 사고방식은 당시로서는 매우 강한 설득력을 지녔으나, 오늘날의 관점에서 본다면 오히려 이런 경직된 사고방식이 많은 문제를 불러왔다. 과학임을 자랑하는 이론의 독재를 믿느니 차라리 그 목적을 포기하는 것이 낫다는 생각은 20세기의 역사가 우리에게 가르쳐준 교훈일 것이다.[80]

---

80) 한 연구자는 고전적 아나키즘이 초기 자본주의 사회의 모순을 해결하기 위해 맑스주의와 결합한 사례가 있듯이, 21세기의 새로운 아나키즘 역시 후기 자본주의 사회의 모순을 해결하기 위해 여러 반세계화 운동들과의 연대가 필요하다는 전제 아래 다시 한번 맑스와의 대화가 필요하다고 생각한다(안상헌 「아나키즘 르네상스」, 백용식 옮김 『아나키즘』, 개신 2009, 318면).

제4장

동아시아 아나키즘 운동의 분화와 연대활동

1. 일본 아나키즘의 분화

아나-볼 합작과 분열

러시아혁명은 중국의 경우처럼 일본의 사회운동과 노동운동에 중요한 영향을 미쳤으며, 아나-볼 합작의 계기를 마련했다. 대삼영(大杉榮)이 그 가운데에 놓여 있었다. 앞 장에 잠시 언급했듯이 1920년 여름 중국 상해에서 한인 동지가 대삼영의 집을 방문해 그를 만났다.[1] 대삼영은 그의 요청에 따라 그해 10월 일본을 비밀리에 탈출해 상해에서 열리는 극동사회주의자 회의에 참석했다. 이 회의는 코민테른이 주최한 것으로 알려졌으며, 중국과 조선, 일본, 러시아 등 각국의 대표가 모여 동아시아 사회주의운동과 관련해 의견을 교환했다. 극동사회주의자 회의에는 각파의 사회주의자들이나 독립운동

---

[1] 상해에서 온 밀사는 보통 M으로 표기되어 성이 마모(馬某)로 알려졌으나, 최근에는 대한민국 임시정부 재정부장이었던 이춘숙(李春塾)이라는 설이 유력하다(川上哲政「大杉榮のみた中國」, 『初期社會主義研究』第15號, 2002, 72면).

가들이 모두 참석할 수 있었으며, 코민테른이 동아시아에서 활동하기 위한 준비모임 성격을 띠었다. 이 회의를 계획한 러시아 밀사 보이틴스키(G. Voitinsky)는 대삼영에게 코민테른 일본지부를 설치해달라는 요청을 했으나, 대삼영은 단지 정보교류를 위한 위원회를 만들겠다고 약속하고는 활동자금을 받아 11월 말경 일본으로 귀국했다.[2] 이 자금은 『노동운동』(제2차)을 복간하는 데 사용했는데, 보통 이 신문의 출간을 일본에서 아나-볼 합작의 출발이라고 말한다.

일본에서도 중국의 사회주의자동맹과 유사한 명칭을 가진 '사회주의동맹'이 조직되었다. 1920년 12월 9일 전국 각지에서 온 40여명의 사회주의자들이 대삼영의 집에 모여 사회주의 각 파벌의 분열을 막고 통합하기 위한 목적으로 사회주의동맹을 결성했다. 이 동맹은 대삼영, 암좌작태랑(岩佐作太郎), 근등헌이(近藤憲二) 등과 같은 아나키스트와 계리언(堺利彦), 산천균(山川均) 등과 같은 맑스주의자는 물론 사회민주주의자와 국가사회주의자, 노동조합주의자 등 대표적인 일본 사회주의자들이 고루 참여했다. 이 조직은 다양한 사회주의자들의 공동전선으로 "모든 색채의 사회주의를 규합해 일대 단체를 조직할 것을 목적"으로 삼았는데, 당시 발기인의 3분의 1 정도가 대삼영의 지지자였다. 비록 일본 내 독자적인 통합 움직임이 이전부터 있었다고는 하지만 중국의 사회주의자동맹과 일본의 사회주의동맹은 명칭은 물론 그 성격도 유사하므로 우연히 동시에 만들어졌다고 보기에 힘든 측면이 있다. 실제로 보이틴스키 일행이 동아시아 3국에서 사회주의 선전과 조직사업을 하려던 것과 밀접한 관계가 있었으며, 일본에서의 아나-볼 합작을 상징하는 것으로 볼 수 있다.

이 시기 중국과 일본의 사회주의자 간의 교류는 단편적이나마 계속 나타난다. 예를 들어 1920년 6월 말 상해 맑스주의연구회의 일원이었던 시존통

---

2) 대삼영의 『日本脫出記』에는 제1차 상해 여행에 대해 자세히 언급하고 있다(飛鳥井雅道 編 『自敍傳·日本脫出記』, 岩波書店 1971, 290~98면 참조).

(施存統)이 일본으로 유학을 왔다. 시존통은 상해에서 출간된 아나키스트 잡지『자유』의 주일대표이기도 했는데, 일본 경찰은 그가『자유』편집부와 오고간 편지를 정탐하며 감시활동을 펴고 있었다. 시존통은 중국과 일본의 사회주의(자)연맹의 연결통로를 맡은 것으로 보인다.[3] 북경의 이대조(李大釗)도 1920년 말 혹은 1921년 초 일본 사회주의동맹에 가입하고 동맹의 소개책자 50부를 구입했다고 전한다. 이 동맹에는 일본 사회주의자는 물론 중국인 인도인을 비롯해 정수홍(鄭守洪)과 강인수(姜仁秀) 등 한인 유학생도 발기인으로 참여했다. 이를 근거로 사회주의동맹의 건립을 일본 사회주의운동의 국제화의 출발로 평가하는 경우도 있다.

사회주의동맹에 참가한 회원은 3천여명이 넘었고, 각 지역에서 연설회를 개최했으며, 기관지로『사회주의』를 발행했다. 이처럼 의욕적으로 출발한 사회주의자들의 합작은 출발부터 사상적 대립이 심화되어 흔들거렸고, 다음해 5월에 열린 사회주의동맹의 제2차 대회 직후 정부의 해산명령이 내려지자 곧바로 해체되었다. 동맹의 기관지『사회주의』도 9월호로 폐간되었다.[4]

한편 1921년 1월 말 대삼영은 코민테른으로부터 받은 자금으로 아나키스트와 맑스주의자의 공동잡지『노동운동』을 복간했다. 제2차『노동운동』은 세계의 혁명운동에 눈을 돌렸으며, 통일전선의 사상적 모색을 했다. 창간호에 실린「일본의 운명」에서 대삼영은 다음같이 서술했다.

점차 가열되는 조선의 독립운동은 일본과 러시아의 충돌을 다시 초래할 것이며, 신흥 중국의 남경 정부와 러시아는 동맹국이 될 것이다. (…) 이리하여 일본은 러시아·중국·조선을 적으로 하여 전쟁을 하지 않으면 안 될 것이고, 그렇게 되는 날이면 일본의 자본주의와 군국주의는 끝장이 날 것이다. (…) 결국 일본은 망하게 될 것이니, 이 낡은 일본을 근본적으로 개혁하여 새로운 일

3) 李丹陽「AB合作在中國個案研究 ― 眞(理)社兼及其他」,『近代史研究』, 2002. 1, 65~66면.
4) 近藤憲二『私の見に日本アナキズム運動史』, 麥社 1969, 39~41면.

본을 건설하려는 사상이 유력한 애국자들 간에 일어나고 있다.[5]

이즈음 대삼영을 비롯한 일본의 아나키스트는 중국의 아나키스트와 마찬가지로 러시아혁명의 실상과 볼셰비키의 정체에 대해 큰 관심을 가지고 있었다. 왜냐하면 러시아혁명이 자본주의 체제를 전복한 세계 최초의 혁명이었고, 전세계의 피압박 민족에게 커다란 희망을 불어넣었기 때문이다. 따라서 처음에는 그들과의 공동전선에 대한 희망을 품고 적극적인 지지와 성원을 아끼지 않았다. 그런데 혹자는 이런 아나-볼 합작을 추구한 대삼영의 행동을 본인의 일생일대의 실책이라고 본다.[6] 대삼영의 맑스주의자와의 합작에 반대하던 아나키스트들, 즉 고미신병위(高尾新兵衛)과 암좌작태랑 등은 따로 동지 30여명을 모아 『노동자』라는 간행물을 중심으로 결집했다.

1921년 3월경에 대삼영은 맑스주의자와의 협력을 재검토하기 시작했다. 러시아에서 크로포트킨이 1921년 2월 8일 폐결핵으로 사망하자 지독한 추위에도 불구하고 장례식에 2만명의 추모인파가 몰렸으며, 그들은 "권위가 있는 곳, 그곳에는 자유가 없다" 또는 "노동계급의 해방은 노동자 자신의 일이다"와 같은 플래카드나 검은 깃발을 흔들며 레닌 정부에 대해 시위를 벌였다. 소비에트 정부의 독재에 실망한 크로포트킨도 죽기 얼마 전 레닌과의 서신교류를 통해 볼셰비키의 방식을 비판하면서 노동조합을 통한 이상사회의 실현을 희망했다. 얼마 지나지 않아 볼셰비키 정권에 대항하는 크론슈타트 수병의 반란이 일어났고 곧바로 진압되었다. 대삼영은 미국 아나키스트 엠마 골드먼이나 알렉산더 버크먼이 쓴 러시아혁명 경험담을 읽고 번역하는 과정에서 레닌 정권이 아나키스트를 대규모로 탄압한 사실을 알게 되었다.[7]

5) 大杉榮 「日本の運命」, 『大杉榮集』, 筑摩書房 1974, 256~57면.
6) 萩原晋太郎 『日本アナキズム勞動運動史』, 現代思潮社 1969, 60면.
7) "(1921년) 트로츠키는 크론슈타트의 반란자들을 '토끼 사냥하듯 사살하라'는 명령을 적군에 내렸다. 크론슈타트 반란자들의 가족이 볼모로 잡혔고, 적군은 얼어붙은 바다를 건너 이섬을 공격해 1만 8,000명의 아나키스트들을 살해했다. 그해 말 질려버린 골드먼과 버크먼

이런 러시아의 현실이 폭로되면서 점차 일본 국내의 맑스주의자와 불협화음이 일어났다.

1921년 4월 상해에서 임모(林某)라는 한인으로부터 대삼영에게 다시 연락이 왔다. 대삼영은 신병 치료중이라 자신이 직접 중국에 갈 수 없는 상황이어서 대리인으로 근등영장(近藤榮藏)을 추천했다. 그래서 근등영장이 대신 상해로 건너갔다. 문제는 근등영장이 일본공산당 결성의 지하공작을 담당하던 인물로, 대삼영 모르게 계리언, 산천균과 연락하고 있었다는 사실이다. 그는 운동자금 6,500원을 가지고 귀국하다가 경찰에 체포되었고, 조사과정에서 계리언 등과 비밀리에 공산당 건설을 모색한다는 사실이 신문에 폭로되었다.[8] 대삼영은 배신감에 크게 분노했으며, 결국 그들과의 합작을 단념하지 않을 수 없었다. 1921년 6월 일본 맑스주의자들이 공동전선을 파기하자 다음 달『노동운동』(제2차)은 15호로 폐간되었으며, 마침내 일본에서의 아나-볼 합작은 끝났다.

원래 대삼영은 공산당의 노동운동에 대한 지도에 대해 강한 경계심을 보였다. 그는 당과 운동가의 노동자에 대한 지도를 비판했으며, 노동자 스스로의 운동을 무엇보다 강조했다. 여기에는 코민테른이 세계 사회주의운동을 지도하는 것을 반대하는 관점도 포함되었다. 심지어 아나키즘 운동에서조차 예외는 아니었다. 그는 "무정부주의자의 한 무리가 이른바 선민(選民)이 되어, 그들의 이상인 새로운 사회를 어리석은 민중에게 강요하려는 것은 안 된다. 사회혁명 일체의 과정을 예정하여 한정하고, 그 길을 민중에게 강제로 부과하는 것도 안 된다. 일체를 민중 자신의 자유로운 창조력에 맡겨야 한다"[9]면서 민중에 대한 모든 지도와 강제를 명백하게 부정했다.

은 러시아를 떠났다"(숀 슈안, 조준상 옮김『우리시대의 아나키즘』, 필맥 2003, 137면).

8) 多田道太郎「生と反逆の思想家 大杉榮」, 多田道太郎 編『大杉榮』, 中央公論社 1984, 61~62면.

9) 大杉榮「無政府主義將軍」,『大杉榮』273면.

대삼영은 지배에 대항하는 자세와 관련해 '반항'이라는 기본정신만 강조하고, 구체적인 전술의 복잡성에 대해 언급하지 않았다. 오직 반항 그 자체에 집중하라는 것이다. 마치 "나는 주위의 압박에 민감하며, 그런 압박에 대해 강렬한 반항본능이 있다"는 그의 개인적인 취향과도 관련이 있을 것이다. 이즈음 대삼영은 크로포트킨의 『한 혁명가의 회상』을 번역 출판했는데, 여기서도 크로포트킨에 대한 무조건적인 추종에 반대하는 태도를 취했다.

모스크바에서 열린 극동민족대회(1921년 12월)에 참석한 일본대표단 중에는 맑스주의자보다 아나키스트가 많았다. 그들 대부분은 노동단체의 지도자였으며, 대회참석 말고도 러시아의 실상파악에 많은 관심을 가졌다. 대표단은 볼셰비키의 회유에도 불구하고 소비에트 정권 아래서 노동자·농민이 많은 희생을 감내하고 있다는 사실과 특히 아나키스트에 대한 탄압을 목격하면서 혁명 러시아의 현실에 큰 실망감을 느꼈다.[10] 같은 시기 일본에서는 아나키스트 잡지로 거듭난 『노동운동』(제3차)이 복간되었다. 이 잡지에는 소비에트 정부의 아나키스트에 대한 탄압 사실을 게재했으며, 러시아혁명을 실패한 혁명이라고 비판했다. 제3차 『노동운동』의 특징은 본래의 아나키스트 잡지로 돌아와 볼셰비키의 프롤레타리아 독재에 대한 비판기사가 많다는 점인데, 볼셰비키의 중앙집권주의를 조합제국주의라고 비판하면서 자유연합파의 입장을 견지했다. 한편 일본의 볼셰비키는 정부의 탄압에도 불구하고 조직을 정비하고 『전위(前衛)』를 발간하면서, 중국과 마찬가지로 아나-볼 논쟁은 피할 수 없게 되었다.

일본의 아나키스트는 프롤레타리아가 달성해야 할 최대 과제는 일체의 정치권력을 파괴하는 것이지만, 정치권력을 파괴하기 위해 소위 혁명적 임시정부 같은 권력조직을 만드는 것은 속임수에 불과하다고 주장했다. 그들은 만국의 프롤레타리아는 모든 부르주아 정치를 배제하고 사회혁명을 수행하

---

10) 近藤憲二, 앞의 책 43면.

기 위한 연대를 공고히 해야 한다고 믿었다. 특히 노동운동 분야에서 아나키스트와 볼셰비키의 갈등이 두드러졌다. 이전까지 아나키스트 계열 노동조합과 맑스주의자 계열 노동조합은 이론상의 차이점에도 불구하고 어느정도 단결을 유지하면서 정부의 탄압에 저항하고 있었다. 하지만 전국적인 노동조합의 건설과정에서 조직과 운영방식을 놓고 충돌이 벌어졌다. 그 논쟁의 요점은 전국노동조합의 조직형태를 자율적인 조합의 연합으로 할 것이냐 아니면 중앙집권적인 통일조직으로 할 것이냐의 문제였다. 1922년 전반기에 양측 노동단체는 연합이냐 합동이냐를 놓고 팽팽한 대결을 벌이다가 끝내 합의에 이르지 못했다.11)

일본의 맑스주의자는 일본공산당을 창립(1922년 7월 9일)하고, 자파 계열의 노동조합을 모아 '총동맹'을 결성했다. 이들은 러시아공산당이 아나키스트와 생디칼리스트의 배격을 결정한 사항에 따르고 있었다. 이때 맑스주의자 산천균은 「무산계급운동의 방향전환」(1922년 8월)이라는 유명한 논문을 『전위』에 발표했다. 여기서 소수 지식인 중심의 사상투쟁에서 노동대중의 행동과 정치투쟁을 중시하는 것으로 노선을 전환해 정치투쟁의 중요성을 강화하자고 했다. 정부를 거부하는 것은 소극적인 전술이며 정치를 통해 저항하는 것이 적극적인 전술이라는 것이다. 대삼영은 이런 주장을 비난하면서 과거의 동지였던 산천균을 비롯한 일본공산당의 지도자들을 격렬히 공격했다. 결국 아나키스트 계열의 노동조합도 독자적인 전국조직인 '총연합'을 구축하고 아나-볼 논쟁을 전개했다.

일본에서 좁은 의미의 아나-볼 논쟁은 1922~23년 사이에 대삼영과 산천균 사이에 벌어진 논쟁을 말한다. 대체로 산천균은 노동운동이 새로운 단계로 나아가야 한다고 주장했으며, 대삼영은 노동문제도 인생문제라는 독특한 관점을 견지했다. 초기에는 노동조합의 전국적 결집 문제를 놓고 대립하

---

11) 萩原晋太郎, 앞의 책 107~12면.

다가 그 범위가 확대되었다. 세부적인 논쟁의 내용들은 중국의 경우와 차이가 있었지만 넓은 의미에서 산천균의 현실주의와 대삼영의 이상주의의 대립이라는 측면에서는 유사했다. 이런 아나-볼 논쟁의 기원은 1907년 일본사회당 내에서 직접행동과 의회정책을 둘러싸고 아나키스트와 사회주의자 간의 갈등에서 이미 찾아볼 수 있다.[12] 일본공산당의 출현에도 불구하고 대삼영의 활약으로 말미암아 여전히 아나키스트들은 일정한 세력을 유지했으나 대삼영의 갑작스러운 죽음은 그런 균형을 깨뜨렸다.

대삼영의 죽음과 노동운동의 분열

대삼영은 국내에서 맑스주의자와의 합작이 실패하자 국제 아나키즘 운동에 관심을 돌렸다. 1923년 1~2월경 베를린에서 개최 예정이던 국제아나키스트대회의 참가요청 편지를 받자, 그는 즉각 초청을 받아들여 다시 일본을 탈출하기로 마음을 먹었다. 마침 대삼영의 오랜 동지인 산록태치(山鹿泰治)가 러시아를 가기 위해 중국에 체류중이었는데, 그는 일본을 탈출하려던 대삼영의 위조여권을 만들기 위해 북경에서 맹인시인 바실리 에로센코(Vasilii Erosenko)와 북경대학 교수 주작인(周作人) 등과 접촉했다. 그후 경매구(景梅九)에게 일을 의뢰했으나 실패했다.[13] 이 소식을 들은 대삼영은 직접 상해로 와서 일본 유학 출신 아나키스트 등몽선(鄧夢仙)의 도움으로 위조여권을 구입했다.[14] 그의 여행목적은 대회참석 말고도 러시아에서 일어난 크론슈타트 수병의 반란과 마흐노 운동 및 레닌 정권의 신경제정책 등을 자세히 파악하려는 의도가 있었다.[15] 대삼영은 상해를 출발해 프랑스로 떠날 무렵,

---

12) 大窪一志「アナ・ボル論爭再見」, 『山川均大杉榮アナ・ボル論爭』, 同時代社 2005, 273~365면 해설.
13) 玉川信明『中國の黑い旗』, 晶文社 1981, 213~15면.
14) 프랑스 리옹 중법대학의 호의로 그 대학에 유학중인 중국인 유학생 당계(唐繼)라는 학생의 명의를 빌려 위조여권을 만들었다(近藤憲二, 앞의 책 53면).
15) 玉川信明『中國アナキズムの影』, 三一書房 1974, 84~99면.

광주에서 결성되었다가 상해로 옮겨온 아나키스트그룹인 무정부주의자동맹(AF)의 존재를 알게 되었다. 이 조직은 중국공산당에 대항하기 위해 만든 단체로, 대삼영은 이들과 몇차례 회의를 열어 중일 양국의 혁명문제를 논의했다고 한다.16) 이 만남은 중일 아나키스트의 국제연대를 향한 새로운 실마리를 제공한 것으로 보인다.

대삼영은 프랑스에 도착한 후 현지에서 다양한 국적의 아나키스트 망명객과 접촉했다. 그중에는 중국인 아나키스트 필수작(畢修勺)을 만난 기록도 남아 있다.17) 그런데 1923년 2월 예정이었던 국제아나키스트대회가 각국 정부의 방해로 무기한 연기되었고, 우연히 파리 근교의 한 집회에 참석하여 연설하던 중 체포되었다. 경찰은 처음에는 중국 여권을 소지해 중국인인 줄 알았던 인물이 조사 결과 일본의 유명한 아나키스트 대삼영임을 알게 되자 강제 출국시키기로 결정했다. 당시 일본의 신문 지상에서는 대삼영이 홀연히 국내에서 사라지자 러시아로 탈출했다는 등의 유언비어가 무성했다. 일본 선박을 이용해 신호(神戶)로 강제 송환될 즈음에 대삼영은 이미 러시아 볼셰비키에 대한 일체의 환상을 버린 상태였다. 비록 본래 여행목적이었던 국제아나키스트대회에는 참가하지 못했으나 여행과정에서 러시아혁명에 대한 비교적 풍부한 정보를 얻을 수 있었다. 그가 유럽 여행을 하던 기간 중 아나키스트 계열 노동조합은 전열을 착실히 정비하고 있었다. 『노동운동』과 쌍벽을 이루는 잡지 『조합운동』(1923년 2월)도 출판하며 독자적인 운동을 추진하기 위한 기반을 다지고 있었다.

귀국 후 대삼영은 전국적 아나키스트 연합조직의 필요성을 절감했다. 그

---

16) 鄭佩剛 「無政府主義在中國的若干事實」, 葛懋春 · 蔣俊 · 李興芝 編 『無政府主義思想資料選』(下), 北京大學出版社 1984, 967면.

17) 1923년 봄 리옹 중법대학의 장동(章桐)이 대삼영을 데리고 프랑스인을 만났을 때, 필수작이 통역이 되어 일본 아나키즘 운동의 상황을 프랑스인에게 소개해주었다(畢修勺 「我信仰無政府主義的前前後後」, 『無政府主義思想資料選』(下) 1027면).

런데 전국조직을 준비하던 1923년 8월 말 관동대지진이 일어났다. 수도인 동경은 아비규환의 지옥으로 변했으며, 재일 한인들이 우물에 독극물을 넣었다는 유언비어가 돌면서 다수의 한인들이 일본인들에 의해 무참히 학살당했다. 지진의 혼란 속에서 벌어진 한인 학살책임을 피하기 위해 일본정부는 재일 한인 아나키스트 박열(朴烈)과 그의 처 김자문자(金子文子) 등을 대역사건에 연루시켜 체포, 투옥시켰다. 뿐만 아니라 이번 기회에 일본인 사회주의자에 대한 대대적인 검거열풍도 불었다. 혼란의 와중인 9월 16일 대삼영은 부인인 이등야지(伊藤野枝), 어린 조카와 함께 헌병대위 감박정언(甘粕正彦)의 부하들에게 연행되었다. 그런데 이번 구속은 이전과는 상황이 달랐다. 그들은 모두 무참히 피살되어 우물 속에 던져졌다.

비록 대삼영의 살해 용의자로 감박정언 등이 체포되어 군사재판에서 유죄판결(징역 10년, 후에 감형)을 받았으나, 법원은 군대에 책임을 묻기보다 단순한 개인범죄로 결론을 내렸다. 대삼영의 죽음에 정부나 군대가 개입했는지 여부는 피의자들이 입을 굳게 다물어서 지금까지도 수수께끼로 남아 있다. 하지만 그의 살해에 가담한 한 병사가 "사령부의 명령"이라고 진술한 사실에 근거한다면, 학살 배후에는 군부가 있었을 가능성이 매우 높다.[18] 자유연합파의 노동조합 및 20여개 아나키스트 단체는 공동으로 대삼영 등 세 사람의 합동 장례식을 수천명의 조문객이 참석한 가운데 성대하게 치렀다. 장례식 후 이들 시신은 이등야지의 고향인 복강(福岡)의 한 산중에 묻혔다.

일본정부가 명치 말기에 직접행동론의 지도자 행덕추수(幸德秋水)를 교수대에 보냄으로써 한때 정점에 이른 사회주의운동을 붕괴시켰듯이 대정 말기에 노동조합적 아나키즘의 지도자 대삼영을 살해함으로써 다시 한번 아나키

---

18) 당시 대삼영의 사인에 대해 교살설과 총살설 등이 있었으나, 훗날 공개된 「감정서」에는 외부로부터 강한 충격이 가해진 흔적이 있고, 기도가 막혀 질식사한 것으로 추정하는 소견이 담겨 있어 교살설이 확실한 듯하다(飛鳥井雅道 編, 앞의 책 解說 434면).

즘 운동을 무너뜨렸다. 혹자는 일본 아나키즘 운동이 극단적인 순수성을 추구하는 경향이 있는데, 이러한 비타협적인 원론적 아나키즘으로 말미암아 세계 아나키즘 운동사에 보기 드문 엄청난 희생을 치렀다고 해석한다.[19]

대삼영의 죽음은 중국 아나키스트에게도 큰 충격을 주었다. 마치 크로포트킨의 죽음 직후 아나키스트 잡지에 그의 죽음에 관한 기사가 자주 실렸듯이 대삼영의 죽음 이후에도 여러 잡지에서 그의 죽음을 애도하는 기사가 많이 실렸다. 이는 대삼영이 동아시아 아나키스트의 상징으로 인식되었기 때문인 듯하다. 광주에서는 대삼영 추도회가 열렸다. 광주 진사(眞社)의 기관지 『춘뢰(春雷)』에는 다음 세대를 이끌어갈 아나키스트이자 문학가인 파금(巴金)이 쓴 「위대한 순교자」라는 대삼영 추도시가 실렸다.[20] 그리고 광주 민종사(民鍾社)의 기관지 『민종(民鍾)』에는 대삼영의 저작들을 소개하면서 "동방무정부주의의 건장이며, 또한 자유와 인도의 창도자"라고 칭송했다.[21]

근등헌이와 산록태치, 암좌작태랑 등은 제4차 『노동운동』(1923년 12월)을 다시 발간해 대삼영의 뜻을 계속 이어나갔다. 이 잡지의 한 가지 특징이라면 중국 아나키스트의 기고문이 많다는 점이다.[22] 그만큼 양국간의 국제교류가 활발해진 징표일 것이다. 중일 간의 교류에 공헌이 많았던 산록태치의 기사

---

19) 鈴木靖之 『日本無政府主義運動史』 第2卷, 黑色戰線社 1979, 24, 29면.
20) "위대한 순도자여, 눈을 떠라. / 너희의 외침은 영원히 우리의 심중에 남고 / 너희의 피가 물든 깃발은 우리의 손에 있다. / 우리는 그 깃발을 내걸고, 자유에의 길을 걸어갈 것이다" (嵯峨隆 『近代中國の革命幻影 ― 劉師培の思想と生涯』, 硏文出版 1996, 263면 재인용).
21) 「等捐刊大杉榮生平著作」, 『民鍾』 第9期, 1924. 8. 1.
22) 예를 들자면 천진에서 오일(五一)이 보낸 「支那近況」(1924년 4월 1일)에서는 중국 아나키즘 언론의 중심은 북경, 실천의 중심은 광동, 운동의 신경중추는 상해라면서 중국의 상황을 간략히 소개한다. 또한 대삼영 추도회가 있었다는 사실도 알리고 있다. 자유인사의 오극강(吳克剛)이 보낸 「支那の同志から」는 중국에서 『자유인』을 출판하던 오극강이 일본 동지에게 원고와 아나키즘 관련 자료를 부탁하는 내용이 담겨 있으며, 일본·조선·중국 동지들이 협력할 것을 주장했다. 중국에서 혜림(惠林)이 보낸 「民衆運動の基調指標」(1925년 11월 1일)도 실려 있다. 한편 『勞働運動』(제4차) 복간은 1926년 7월 1일 제18호로 끝난다.

도 있는데, 주로 중국의 노동운동 현황, 파업 관련 기사, 공산당 계열 노동단체와의 투쟁소식을 전하고 있다.[23] 그리고 전국적 규모의 아나키즘 단체의 연합체를 만들려던 대삼영의 유지는 1926년 1월 흑색청년연맹(黑色靑年聯盟)의 결성으로 열매를 맺었다. 이 연맹은 일본을 넘어 동아시아 차원의 아나키스트 연대조직을 꿈꾼 조직으로, 다음 절에서 따로 언급할 것이다.

대삼영의 죽음 후 일본에서는 테러리즘이 대두했다. 프랑스대혁명 때 사용한 단두대의 이름을 딴 길로틴사가 대표적인데, 중빈철(中濱鐵)과 고전대차랑(古田大次郎) 등의 테러활동이 유명하다. 고전대차랑은 아나키스트그룹 소작인사(小作人社)를 설립해 농민운동에 가담한 바 있다. 중빈철이 소작인사를 방문하면서 두 사람은 급격히 가까워졌다. 이들은 기존의 운동방식에 회의를 품고 테러리즘을 받아들이게 되었다. 길로틴사는 1921년 12월에 결성되었으며 러시아 나로드니키(Narodniki)와 허무주의자의 영향을 받은 극좌적 아나키스트 단체였다. 중빈철은 노동운동사(勞動運動社)의 화전구태랑(和田久太郎), 촌목원차랑(村木源次郎) 등과 협의해 황실섭정 암살계획과 대삼영 복수계획을 실행하기로 합의했다. 이 조직은 영국 황태자를 암살하려다 실패했고, 운동자금을 모으기 위해 은행도 습격했다.[24]

고전대차랑은 대삼영 학살의 복수를 결심하고 과거 대삼영의 동료였던 화전구태랑과 함께 조선으로 건너가 의열단을 통해 폭탄을 구하려고 했다. 이들이 조선에 머무를 무렵, 일본에 있던 중빈철은 테러자금을 구하려고 한 회사의 사장을 위협하다 체포되었다. 일본에 빈손으로 돌아온 화전구태랑은 관동대지진 때 계엄사령관이었던 복전아태랑(福田雅太郎) 대장을 저격했으나 실패하고 체포되었다. 고전대차랑도 복전아태랑의 집에 폭탄을 보내다가 발각되어 검거되었다. 법정에서 중빈철과 고전대차랑은 사형선고를 받았으

23) 山鹿太治 「上海の勞働運動」, 『勞働運動』 第4號, 1924. 6. 1; 「隣接支那に注目せよ─支那民族の精神」, 『勞働運動』 第14號, 1926. 1. 1.
24) 板垣哲夫 『近代日本のアナキズム思想』, 吉川弘文館 1996, 113~18면.

며, 화전구태랑은 무기징역을 선고받았다가 옥중에서 자살했다.[25] 이때 길로틴사 단원에게 제공한 폭탄과 권총의 일부는 한인 여성 아나키스트 김선희(金善姬)가 북간도에서 가져다준 것이다. 김선희도 서울에서 체포되어 3년간 복역했다. 당시 의열단의 지도자 김원봉(金元鳳)은 상해에서 대삼영을 만났을 때 일본 내 암살 파괴활동을 계획한 적이 있으며, 실제로 동경에 파견한 단원이 약 20여명에 이르렀다고 한다. 하지만 그들의 테러계획은 정보유출로 실패했고, 관동대지진이 일어났을 때 다수가 희생되었다고 전한다.

길로틴사는 권력핵심을 암살하여 사회혁명의 돌파구를 만들어 민중봉기를 기다린다는 전략을 세웠다. 일반적으로 대중운동이 어려운 억압의 시대에는 테러리즘이 쉽게 출현한다. 하지만 일본의 테러도 유럽의 경우처럼 사회악을 제거하기는커녕 오히려 혁명의 에너지를 낭비하고 아나키스트에 대한 무자비한 탄압을 불러왔다.[26] 크로포트킨도 생전에 테러가 억압받는 민중에게 유용한 저항수단의 하나라는 사실은 인정했지만, 혁명과정에서 테러를 어떤 위치에 놓느냐는 항상 문젯거리였다. 여기서 길로틴사와 대삼영과는 이론적으로 상당한 차이점이 존재한다는 점을 기억할 필요가 있다. 대삼영은 단순한 아나키스트가 아니라 자신의 철학을 가진 노동조합적 아나키스트라고 말할 수 있다. 그는 전국적인 혁명적 노동조합을 결집해 거대한 전투력을 조직해 자본주의를 붕괴하고 새로운 사회를 건설하려 했다. 이와 달리 길로틴사의 단원은 단순하면서도 순수한 아나키스트로 테러라는 수단을 통해 국가권력의 최고 상층부 인물들을 암살하여 권력기구를 파괴하고자 했다.[27]

관동대지진 이후 일본의 아나키즘 운동은 공산주의운동과 대립하며 조직 재정비의 과정을 거쳤는데, 그 와중에 이른바 순정아나키즘이라고 불리는

---

25) 近藤憲二, 앞의 책 58~60면.
26) 板垣哲夫, 앞의 책 113면.
27) 樋口進 「巴金和無政府主義」, 『巴金研究在國外』, 湖南文藝出版社 1986, 269면.

그룹이 출현했다. 대표적인 인물로는 팔태주삼(八太周三)[28]과 암좌작태랑[29]이 있다. 그들은 이상사회를 추구하는 아나키즘의 원칙에 위배되는 일체의 요소를 제거한다는 부정의 논리로 일관하여 맑스주의뿐만 아니라 노동조합적 아나키즘도 비판대상으로 삼았다. 한마디로 아나키즘에서 생디칼리슴을 뺀 순수한 코뮌적 아나키스트를 말한다.

특히 팔태주삼은 행덕추수와 대삼영의 사상적 계보를 잇는 새로운 인물이므로 기억할 만하다. 팔태주삼은 원래 목사 출신이었는데, 대삼영 사후 동경에서 노동운동에 참여하면서 아나키스트가 되었다. 그는 아나키즘을 맑스주의의 오염으로부터 건져내 순수한 아나키즘을 만드는 것을 목표로 삼았다. 맑스주의를 비판하는 과정에서 노동가치설은 진정한 공산주의가 아니라며 부정하고, 변증법도 인간의 자유를 속박하는 결정론이라고 비판했다. 팔태주삼은 크로포트킨의 영향 아래 절대 자유주의를 추구했다. 그는 크로포트킨의 사회생리학 이론을 연구하는 과정에서 농민들의 연대성에 주목했는데, 생물학적으로 연대성은 인간의 원조적인 본능이라고 믿었다.[30]

팔태주삼은 「계급투쟁설의 오류」(1929)를 통해 자유연합주의와 생디칼리슴을 비교하면서 노동조합을 비판적으로 검토했다. 아나키스트는 권력의 기

---

28) 팔태주삼에 대한 대표적인 연구로는 존 크럼이 쓴 『八太丹三と日本のアナキズム』(青木書店 1996)이 있다. 작자는 팔태주삼의 순정아나키즘을 일본식으로 공산주의 이념을 잘 설명한 이론이자 일본인이 도달한 가장 우수한 이론의 하나로 높이 평가한다.

29) 암좌작태랑은 어린 시절 미국에 건너가서 알렉산더 버크먼, 엠마 골드먼과 교류하면서 아나키스트가 되었다. 1907년 미국에서 사회혁명당을 조직했으며, 행덕추수를 만난 인연으로 대역사건 때 항의편지를 일본에 보낸 바 있었다. 그는 1927년 5월을 전후해 중국에 와서 상해노동대학의 강사를 역임했다. 1928년 가을에는 천주민단훈련소에 참가해 1930년 겨울까지 있었다. 귀국 후 흑색청년연맹과 전국공회자유연합회의 지도자의 한 사람으로 활약했다. 전후에도 일본무정부주의연맹 전국위원회 위원장을 맡았다(樋口進, 앞의 글 297면).

30) 岡崎正道 「八太舟三の無政府共産主義—反マルクス主義原理の構成」, 『日本思想史研究』第16號, 1984, 145면.

반인 대공장제도나 분업제도를 혁명적으로 해체해야 함에도 불구하고 생디
칼리슴과 공산주의는 자본주의 생산양식을 계승해 대공장제도나 분업제도를
유지시키는 기능을 한다고 보았다. 그는 일본의 노동운동사는 실패의 역사
라고 보았다. 노동운동이 지배자와 타협한 참정권운동으로 변질되거나, 자본
가와 타협하는 경제적 직접운동이 되거나, 독재정치로 변질되는 강권적 혁
명운동이 되었다는 것이다. 팔태주삼은 생디칼리슴과 공산주의의 이론적 기
반인 유물사관과 계급투쟁론을 비판하는 과정에서 노동조합운동은 혁명운동
이라고 볼 수 없다는 결론에 다다랐다.

행덕추수의 시대부터 미국에서 활동했던 암좌작태랑도 이 시기에는 노동
조합운동에 회의적이었다. 1914년 미국에서 귀국한 그는 1919년부터 대삼
영의 노동운동에 동참했으며, 대삼영과 별도로 『소작인』을 발행했다. 일본
사회주의동맹의 중심인물이었으며, 기관지 『사회주의』의 명목상 발행인이기
도 했다. 암좌작태랑은 대조직의 권위주의화 또는 관료주의화를 비판하며
소규모 조직만을 취하다가 점차 노동조합을 부정하며 소수정예주의로 기울
었다.[31] 그가 노동조합이란 산적(자본가)의 친자식에 불과하다고 주장한 이른
바 '노동조합산적론'은 젊은이들 사이에서 인기를 끌었다. 이에 따라 노동운
동에서의 생디칼리슴에 대해 경시하거나 부정적 태도를 취하여 노동조합 내
분열을 가져왔다. 팔태주삼과 암좌작태랑은 1926년 1월경 동경흑색청년연
맹을 만들어 전국적인 규모의 아나키스트 연합체를 구성했다.

대중적 노동조합 조직을 통한 경제적 직접투쟁을 강조하는 노동조합적 아
나키스트는 순정아나키스트의 주장을 쁘띠부르주아의 감상주의 혹은 관념적
아나키즘이라고 비판했다. 대삼영의 활동을 잇는 이런 흐름을 대표하는 인
물로는 석천삼사랑(石川三四郎)[32]이 있었다. 그는 행덕추수와 함께 활동한

---

31) 無政府主義運動史編纂委員會 編 『韓國아나키즘運動史(前編)』, 형설출판사 1978, 84면.
32) 석천삼사랑은 행덕추수와 함께 평민사에 참가해 반전론을 주장한 바 있었던 기독교 사회
　　주의자였다. 『平民新聞』이 창간되자 참여했다가 투옥되었고, 『世界婦女』에 실은 글로 다

명망 있던 아나키스트로, 행덕추수 사건 때 옥중에 있어서 죽음을 모면했다. 1913년 일본을 떠나 유럽 각국을 유랑했는데, 잠시 귀국한 일을 제외하면 거의 10여년간 유럽에 머물면서 아나키스트들과 교류했다. 석천삼사랑은 오랜 프랑스 경험을 통해 아나키즘 운동은 노동단체와 결합해야 한다는 믿음을 가졌기 때문에 귀국한 후 노동운동에 참가했다.

석천삼사랑은 강권을 부정한다는 측면에서 아나키즘과 생디칼리슴은 마치 부부 혹은 형제 같은 관계라고 보았다. 양자 모두 자유연합이나 자치를 추구한다든지, 자본과 노동과의 계급투쟁을 인정한다는 점에서 서로 손잡아야 한다고 주장했다. 따라서 아나키스트는 노동조합 안에 들어가 개량적 조합을 혁명적 조합으로 바꾸고 혁명적 조합을 아나키즘적 조직으로 개혁해야 한다고 호소했다. 그는 노동조합의 혁명수단으로서의 중요성을 인정하고, 총파업 여하에 따라 미래사회가 결정된다고 보았다. 석천삼사랑은 순정아나키스트와의 협력을 호소했으나 화합에 이르지는 못했다.

유럽 사회에서도 아나키즘과 생디칼리슴 사이의 논쟁은 이미 20세기 초반부터 시작되었다. 1907년 여름 암스테르담에서 열린 아나키스트 국제회의에서 프랑스의 노동조합적 아나키스트인 모나트와 이탈리아의 코뮌적 아나키스트 말라테스타 간에 논쟁이 있었다. 모나트는 아미앵 선언(1906)의 내용처럼 노동조합이야말로 부르주아 체제를 노동자들의 천국으로 전환시키는 임무를 지녔다고 주장했다. 이에 대해 말라테스타는 생디칼리스트가 맑스주의의 냄새를 풍기며 프롤레타리아 계급만을 중시하는 것은 한 계급이 아닌 모든 인간의 해방을 목표로 하는 아나키스트의 목표와는 다르다고 반박했

시 투옥되었는데, 이때 아나키스트가 되었다. 유럽에서 귀국한 후 노동운동에 참가하다 1927년 9월 중국에 가서 상해노동대학의 강사로 있으면서 한 달여 지내다가 귀국했다. 같은 해 11월 농민문제에 관심을 가져 농민생활을 시작했는데, 그는 이른바 토민생활(土民生活)을 제창한 것으로 유명하다. 1929년에는 공학사(共學社)를 발기했다. 1933년 중국 여행후 동양문화에 대한 연구를 시작해 중국학에 높은 경지를 이루었다. 전후 일본무정부주의연맹의 고문을 지냈다(樋口進, 앞의 글 298면).

다.[33] 이런 코뮨적 아나키스트와 노동조합적 아나키스트 간의 논쟁은 그후에도 계속되었고, 결국 아나키즘 운동을 약화시켰다.

일본노동계에서는 '전국노동조합자유연합회'(자련, 1926년 5월)가 창립되었다. 이 단체는 아나키스트 노동조합의 최초의 전국적 조직으로 자유연합주의를 제창했다. 그런데 여기에 팔태주삼과 암좌작태랑을 중심으로 한 순정아나키즘이 침투해 얼마 후 자련을 장악하고 『자유연합』을 발간하면서, 사상운동의 순수성을 강조하기 시작했다. 이에 대항해 석천삼사랑은 혁명적 조합을 많이 만들어 아나키즘 단체로 개조해야 한다고 주장했다. 그를 추종하는 노동조합적 아나키스트그룹은 자련에서 탈퇴해 별도로 '관동자유노동조합자유연합협의회'(1928년 7월)를 조직하고 『흑색노동신문』을 발간했다. 이들은 다시 독자적으로 '일본노동조합자유연합협의회'(자협, 1930년 11월)를 결성하고, 석천삼사랑과 근등헌이를 중심으로 『노동자신문』을 발간했다. 결국 이런 조직의 분화는 일본 아나키스트 노동운동의 분열을 가져왔다.[34] 일본 노동운동의 분열은 재일 한인 노동조합의 분화도 초래했다. 순정아나키즘을 추구하는 조선자유노조와 생디칼리슴을 추종하는 조선동흥노동동맹(朝鮮東興勞動同盟, 1924년 창립)의 분열이 그것이다. 이런 일본 내 아나키스트의 분열현상은 1934년 일본무정부공산당(日本無政府共産黨, 1934년 1월 30일)의 결성으로 일단 봉합된다.

2. 중국 아나키즘의 분화

아나키즘(흑기)과 에스페란토(녹기)의 결합

1920년대에 들어서면서 중국 아나키스트의 신문화운동에 대한 관점이

---

33) 폴 애브리치 『러시아 아나키스트 1905』, 예문 1989, 124~25면.
34) 穢原晉太郞 『日本アナキズム勞働運動史』, 現代思潮社 1969, 134~37면.

바뀌고 있었다. 기존의 문화운동이 지식인운동에 제한되었다는 점을 비판하고, 노동자를 중심으로 한 새로운 운동양식을 주장했다. 실제로 『민성』과 『노동』 등의 영향을 받은 일부 아나키스트는 문화비판에서 정치선전으로 변화하면서 노동조합적 아나키즘 운동을 전개했다. 그들은 "정치를 묻지 않고 경제만 묻는다"면서 지식인들이 적극적으로 노동운동에 참여함으로써 사회현실을 구체적으로 이해할 것을 요구했다. 1920년대는 중국 아나키즘 운동의 전성기로 인물과 사건들을 한 마디로 깔끔하게 정리하기란 쉽지 않다. 여기서는 흑색깃발로 상징되는 아나키즘과 녹색깃발로 상징되는 에스페란토와의 상호관계를 중심으로 이 시기의 상황을 간단히 기술하고자 한다.

1910년대 후반 『신청년』을 둘러싸고 전개된 에스페란토 논쟁은 1920년대에 들어와 안정되는 추세를 보였다. 장차 중국 에스페란토 운동의 대표인물이 될 호유지(胡愈之)는 『동방잡지』에 실은 「국제어의 이상과 현실」이라는 글에서 국제어와 민족어의 관계를 다음같이 서술했다.

보통 사람들은 모두 국제어의 최후의 이상으로, 그것이 일체의 국어와 민족어를 완전히 소멸시키고, 전지구의 인류가 동일한 언어를 채용하게 만들어, 모두 동일한 문자를 사용하는 것이라고 여긴다. (…) 사실 국제어의 이상은 결코 이처럼 과장된 것이 아니다. 국제어는 일체의 국어와 민족어를 침범하려는 것이 아니다. 국어를 침범하려는 것이 아니라 국어를 보조하려는 것이다. 인류의 사상을 서로 교통하기 위해서는 오로지 언어문자에 의존해야 하지만, 언어가 서로 다른 인민이 서로 교류할 때에는 벙어리와 마찬가지로 무엇도 이해할 수 없는데, 국제어의 목적은 단지 이러한 결점을 보완하려는 것이다. 이것 말고 국제어는 결코 인민 내부의 생활을 간섭하려는 생각은 없다. 따라서 국제어가 민족의 정신과 특징을 간섭한다고 말하는 것은 마치 우체국에 부친 편지가 일반인의 대화 능력에 해를 끼친다는 것과 같다. 이것은 얼마나 우스운 일인가?[35]

---

35) 胡愈之 「國際語的理想與現實」, 『東方雜誌』 第19卷 第15號, 1922.

사실 에스페란토는 기본적으로 '일민족, 이언어'주의를 표방한다. 나라 안에서는 자국어를, 나라 밖에서는 국제어를 사용하자는 것이다. 이런 까닭에 한자 폐지 같은 과격한 논조는 점차 사라졌다. 하지만 에스페란토는 민족주의의 장벽을 허물고 국제연대를 꾀하기 위해 아나키스트들이 채용한 문화혁명의 수단인 것은 분명하다. 따라서 1920년대에 들어와서도 구성백과 황릉상(黃凌霜)36) 등이 열심히 선전활동을 전개했다. 이 시기 아나키스트 가운데 에스페란토에 관심을 가지지 않는 사람이 드물었다. 아래에서는 광주와 상해, 북경으로 나누어 아나키즘 운동과 에스페란토 운동의 확산과정을 살펴보겠다.

광주 지역의 경우, 그곳에서 활동한 대표적인 아나키스트로는 양빙현(梁冰弦)을 꼽을 수 있다. 그는 광동 남해인으로 젊은 시절 사복(師復)의 영향으로 아나키즘을 받아들였다. 1910년대에 남양 지역에서 화교 등을 대상으로 아나키즘을 전파했는데, 싱가포르에서 『정성(正聲)』을 출판하고 『세계공회』(I.W.W.)라는 소책자를 번역한 바 있다. 사복이 죽자 대륙으로 옮겨와 활동했다. 양빙현은 유석심, 정패강(鄭佩剛) 등과 함께 상해에서 『노동』을 출판하는 데 참여하고 광주의 『민풍』 발간도 주도했다. 특히 『민풍』은 광동지역에서 신문화운동을 전파하는 대표적인 잡지였다. 한때 양빙현은 진형명(陳炯明) 초청으로 유석심과 함께 장주(漳州)로 가서 『민성(閩聲)』을 출간하는 책임을 맡았으며, 다시 얼마 후 광주로 돌아와 『민성(民聲)』을 복간했다. 이 시기는 중국 사회에 자본주의가 점차 발달해 노동운동 분야에 노동조합적 아나키즘이 유행하기 시작했다.

황릉상과 양빙현, 유석심 등은 한 러시아 아나키스트와 함께 광주 기기공회를 중심으로 무정부주의자동맹을 만들었다. 이 단체는 엄격한 조직체계를

---

36) 황릉상은 1921년 말 러시아에 갔다가 1922년 6월 귀국했는데, 러시아 체재중에 크로포트킨 부인을 비롯한 국제 아나키스트와 접촉했다. 그는 러시아혁명에 대한 큰 실망을 안고 돌아와 얼마 후 미국으로 유학을 떠난다.

갖춘 것이 기존의 조직과 차이를 이루는데, 광동·홍콩·마카오 등지의 50여명의 아나키스트가 참여한 것으로 보인다. 그런데 조직 내부에 밀고자가 있어 러시아 아나키스트가 체포되면서 그해 8월 자진 해산했다. 그후 이 단체는 상해로 옮겨갔으며, 등몽선이 책임을 맡았다. 대삼영이 프랑스로 가기 위해 상해로 잠입했을 때 중일 양국의 혁명문제를 토론했다고 알려진 단체가 바로 무정부주의자동맹이었다.[37] 광주 무정부주의자동맹이 해산하고 얼마 지나지 않아 왕기(王祺)를 중심으로 20여명의 아나키스트가 진사(眞社, 1923년 9월)를 만들어 노동자를 대상으로 활동했다. 이 조직은 『춘뢰』를 발행해 국내외 아나키즘 소식을 전파했다. 『춘뢰』에는 대삼영을 추모하는 글들이 많았는데, 아마도 대삼영이 동아시아 아나키스트 연대의 상징이어서 그의 죽음에 대한 아쉬움이 컸기 때문일 것이다.[38] 사복의 『민성』 이후 가장 영향력 있고, 가장 오랫동안 출판한 광주 민종사의 『민종』도 이때 나왔다.[39]

광주를 중심으로 한 아나키즘 운동은 다른 지역보다 활발했으며, 사회의 주요 요직에 광범위하게 포진한 그들은 에스페란토 운동에도 큰 영향을 미쳤다. 광주에서 제7회 전국교육연합회의(1921)가 열렸을 때, 아나키스트 황존생(黃尊生)은 오치휘와 이석증, 채원배(蔡元培)의 지지 아래 전국 사범학교에 에스페란토 과목을 증설할 것을 내용으로 하는 안건을 통과시키고 교육부를 통해 전국에서 시행토록 했다. 1912년의 첫 시도 이래 에스페란토가 정식으로 사범학교 과정에 들어간 것은 중국 에스페란토 운동사에서 한 획을 긋는 사건이었다. 황존생은 한때 광주에서 사복과 함께 허론박(許論博)에게 에스페란토를 배운 인물로, 이곳을 중심으로 세계어전습소를 운영해 에스페란토 인재들을 배양했다. 그는 1922년부터 1925년까지 매년 국제에스

---

37) 鄭佩剛, 앞의 글 966면.
38) 嵯峨隆, 앞의 책 263면.
39) 민종사의 『民鍾』은 1927년 4·12 쿠데타 이후 광주에서 상해로 옮겨와 발행되었다. 오치휘의 글이 많이 실렸고, 반공반소의 관점에서 삼민주의를 주장했다. 이 단체는 크로포트킨 전집의 번역을 시도하는 등 외국 저작의 번역이 많은 것이 특색이다.

페란토대회에도 참가했다.[40]

그리고 아나키스트 오대광(伍大廣)이 광주시 교육국장을 맡아 광동성 제6차 교육회의(1926)를 열자 당시 광동대학에 재임하던 황존생이 회의중 두 가지 문제를 제안했다. 첫째, 에스페란토 강습을 위한 연구전문기관의 설립, 둘째, 전성의 중소학 과정에 에스페란토 과목을 증설하는 것이다. 이 제안이 통과되면서 그해 여름부터 준비작업에 들어가 광주시립사범학교 내에 세계어사범전습소가 설치되어 황존생이 소장이 되었다. 얼마 후 황존생이 남경으로 이주하고, 오대광조차 미국으로 건너가자 또다른 아나키스트 구성백이 이 업무를 이어받았다. 주변 지역과 학교에 에스페란토 수업이 개설되면서 광주의 에스페란토 운동은 더욱 활발해졌다.[41] 당시 광주시에만 무려 20여곳 이상의 대학과 중학에 에스페란토가 선택과목이었다고 한다.

상해 지역의 경우, 앞서 언급했듯이 에스페란토를 전파하던 러시아 아나키스트 스테파니(V. A. Stepany)가 1921년 봄 의문의 죽음을 맞이했다. 스테파니가 죽은 그해 가을 또다른 러시아 아나키스트가 상해로 와서 중국 에스페란토 운동사에 큰 족적을 남겼다. 바로 러시아의 맹인시인이자 에스페란토 작가인 에로센코[42]가 그 사람이다.

에로센코는 일본에 거주하면서 사회주의동맹 회의에 참석하고 시위에 참여했다가 일본정부에 의해 추방되었다. 그는 러시아 입경을 거절당하자 호

---

40) 侯志平 主編 『世界語在中國』, 中國世界語出版社 1999, 71면.
41) 王炎 「無政府主義與世界語」, 『無政府主義思想資料選』(下), 548~49면.
42) 에로센코는 우크라이나에서 중농의 아들로 태어나 네살 때 실명했다. 1914년부터 인도와 미얀마, 일본 등을 유랑했다. 1921년 5월 그는 동경에서 5·1절 시위와 일본사회주의동맹 제2차 대표대회에 참가했다가 일본 당국에 체포되어 추방당했다. 경찰에 의해 블라디보스토크에 압송되어 귀국하려다 거절당하자 어쩔 수 없이 합이빈(哈爾濱)으로 갔다. 같은 해 10월 상해세계어학회 회장 호유지의 요청으로 대련을 거쳐 상해로 왔다. 에로센코는 상해세계어학회의 세계어학교에서 강의를 하다가 1922년 2월 채원배의 요청으로 다시 북경으로 갔다. 그는 북경대학의 에스페란토 강의를 맡았으며 노신(魯迅)의 집에 머물렀다(侯志平 『世界語運動在中國』, 中國世界語出版社 1985, 108~109면).

유지의 요청을 받아들여 상해로 와서 에스페란토를 가르쳤다. 신체적 결함에도 불구하고 그의 왕성한 활동은 중국인은 물론 일본인이나 한인 아나키스트에게도 깊은 감명을 준 것으로 유명하다. 에로센코는 "모든 사회주의자는 에스페란토주의자이어야 한다. 또 모든 에스페란토주의자는 사회주의자이어야 한다"는 유명한 말을 남겼다.[43] 에로센코가 상해에 있을 때 에스페란토로 동화 『고엽잡기(枯葉雜記)』를 썼는데, 호유지는 곧바로 이 글을 중역해서 『동방잡지』에 실었다. 당시 『동방잡지』에는 에스페란토에 관한 기사들이 꾸준히 실렸으며, 호유지가 주편한 『학생잡지』에도 에스페란토란이 증설되었다.

전국 각지에 에스페란토학회가 만들어졌지만 가장 활발한 활동을 펼친 곳은 바로 상해세계어학회였다. 이 학회의 활동 가운데 한두 가지를 소개하자면 다음 같은 것들이 있다. 먼저, 에스페란토 전문지인 『화성(華星)』이 『녹광(綠光)』(1922년 1월)이라는 이름으로 바뀌어 다시 출판되었다. 이 잡지광고에는 "무력에 반대하고 평화를 제창하는 세계어 잡지로 매월 한 차례 발행하며, 논설・독본・소설・시가・소식・통신 등의 내용이 있다. 매호마다 에로센코와 성국성(盛國聲)의 걸작이 실린다. 이 두 사람은 세계어 작가이자 인도주의자로 그들의 문장은 우리들에게 애독되고 있다"[44]라는 선전문구가 남아 있다. 그후 『녹광』은 무려 10여년 가까이 출판되면서 중국 에스페란토 운동사에서 상징적인 잡지가 되었다. 다음으로, 상해세계어학회를 중심으로 다양한 출판활동이 있었다. 학회는 에스페란토 도서관이나 서점을 열었는데, 진조영(陳兆瑛)이 유럽에서 가져온 에스페란토 서적으로 서점을 연 일이 유명하다. 그리고 에스페란토 사전출판에 힘을 기울여 『세계어-한문 신사전』이 나왔으며, 성국성 편저의 『세계어강의』도 보급되었다. 그 밖에도 상해 주변 여러 지역에 에스페란토 강습반을 만드는 데 공헌했다.

---

43) 大島義夫・宮本正男 『反體制エスペラント運動史』, 三省堂 1974, 106면.
44) 『互助』 第1號, 1923. 3. 15.

상해 국민대학에 있던 노검파(盧劍波)는 중국공학의 장신(蔣新)과 1924년 (혹은 1925년)에 에스페란토주의자를 중심으로 국제조직인 '국제무국가주의세계어연맹(國際無國家主義世界語聯盟)'이라는 단체를 만들었다. 이 연맹은 "무국가·무강권주의자, 아나키스트, 혁명적 생디칼리스트 가운데 에스페란토가 가능한 자들이 건립한 국제적 조직"이라고 하며,『자유노동자』라는 잡지를 출판했다고 전한다. 또한 상해 지역의 몇몇 학교에는 에스페란토 과목이 개설되었는데, 주목할 만한 학교로는 아나키스트들이 다수 교수로 재직하던 남양중학과 노동대학 등이 있다. 이 학교들은 에스페란토가 필수과목이었다.

북경 지역의 경우, 경매구(景梅九)가 주관하던 『국풍일보(國風日報)』는 국내 아나키스트의 주요 연락처이기도 한데, 이 신문의 부간인 『학휘(學彙)』에는 크로포트킨과 대삼영의 저작이 다수 실렸으며 에스페란토 선전에도 힘썼다. 그리고 진정번(陳廷璠)이 관계하던 세계어전문학교도 아나키스트의 중요한 거점이었다.

전국 제7차 교육회의의 결정에 따라 북경대학에서는 가장 먼저 에스페란토 과목을 신설하고 상해에 있던 에로센코를 초빙했다.[45] 이때 에로센코는 북경에 올라와서 노신(魯迅)과 돈독한 우정을 쌓았으며, 노신도 그의 동화를 번역해 『에로센코 동화집』이라는 제목으로 상무인서관에서 출판했다. 에로센코는 북경대학에서 에스페란토를 강의하면서 같은 학교 교원이던 전현동(錢玄同), 주작인(周作人) 등과 교류했다. 이때 한인 청년 이정규(李丁圭), 이을규(李乙圭) 형제도 에로센코를 통해 에스페란토를 배웠다고 하며,[46] 그의 글은 국내 『동아일보』에도 실렸다.[47] 에로센코는 1923년 봄 러시아로

---

45) 王炎, 앞의 글 552면.
46) 안종수 『에스페란토, 아나키즘 그리고 평화』, 선인 2006, 98면.
47) 에로센코 「세계의 평화(1), (2), (3)」,『동아일보』1924년 10월 13일자, 20일자, 27일자. 중국에서 활동하던 또다른 러시아 에스페란토주의자 이노센트 세리세프의 글도 여러 차례 『동아일보』에 실렸다(박환 『식민지시대 한인아나키즘 운동사』, 선인 2005, 24~25면

영구 귀국했다.

북경에서 에스페란토와 관련해 주목할 만한 사건이라면, 전국세계어연합대회(1922년 말)가 북경대학에서 열려 무려 2천여명이 참가한 가운데 세계어전문학교 설립안이 통과된 일이다. 다음해, 북경대학의 책임 아래 세계어전문학교가 북경 맹단학교(孟端學校) 내에 정식 성립했다. 채원배(蔡元培)가 겸임교장이었고, 이사로는 채원배와 노신, 에로센코 등이 있었다.[48] 이 학교는 의욕적인 출발에도 불구하고, 오래지않아 학내분규로 인해 채원배 교장과 교사 책임자인 마서륜이 사직하면서 폐교되었다. 학내분규는 부교장이자 아나키스트였던 경매구와 교무를 담당하던 진곤산(陳昆山) 간의 정치적 갈등에서 비롯되었는데, 이곳 학생들은 아나키스트와 국민당, 공산당을 지지하는 학생들로 나뉘어 있었다.

1920년대에 더욱 활발해진 에스페란토 운동은 파금(巴金)이라는 걸출한 아나키스트 문학가를 낳았다. 어린 시절 파금은 『신청년』에 실린 에스페란토 관련 기사를 읽고 처음 흥미를 느껴 에스페란토를 배우기 시작했다.[49] 1924년 무렵 남경에서 에스페란토를 본격적으로 공부할 무렵, 「대삼영저작연표」와 「대삼영연보」를 각각 발표하면서 아나키스트의 길로 들어섰다. 특히 1928년 파리 유학중에는 호유지를 알게 되어 영원한 우의를 맺고 중국 에스페란토 운동의 새 장을 열었다. 파금은 "세계어는 현실이지 이상이 아니다. 그것은 스스로 성장하며 스스로 꽃을 피운다. 우리 세계어학자들은 선전가들이 아니라 생명을 퍼트리는 사람들이다. 문학은 바로 이러한 생명을 퍼뜨리는 필요한 도구"라면서 에스페란토가 반드시 인류 공동의 언어가 될 것으로 믿는다고 했다. 그는 상해세계어학회 이사를 맡았고, 학회잡지 『녹광』

재인용).

48) 侯志平 主編, 앞의 책 111면.

49) 1920년부터 한인 고자성(高子性, 본명 柳林)이 성도고등사범학교에 세계어반을 개설하여 에스페란토를 가르쳤다. 이때 파금은 그로부터 잠시나마 에스페란토를 배웠다.

의 편집에도 참가했다. 파금은 에스페란토 관련 글들을 꾸준히 저술 혹은 번역하여 중국 에스페란토 운동의 상징적인 인물이 되었다.50)

덧붙이자면 양빙현과 유석심, 화림(華林) 등이 활동했던 남양 지역에선 허주(虛舟)가 남양아나키동지사(南洋安那其同志社, 1922)에서 활동한 기록이 있고, 동방아나키스트동맹(1923) 명의로 아나키즘을 선전한 기록도 있다. 게다가 1924년에는 말레이 반도에서 아나키스트대회를 개최했다고도 전해져 궁금하지만 현재로서는 구체적인 상황을 알 수 없다.

국민혁명을 둘러싼 아나키스트의 분열

신해혁명이 일어났을 때 장계(張繼)의 정치참여를 둘러싸고 사복과 오치휘의 서신논쟁이 있었다. 그후 국공합작이 이루어졌을 때, 구신세기파는 아나키스트와 국민당의 합작, 즉 안국합작(安國合作)이라는 명분으로 대거 국민당에 가입했다. 이 사건은 다시 한번 아나키스트의 정치참여 문제를 도마 위에 올려놓았다.

1924년 1월 20일 광주에서 중국국민당 제1차 전국대표대회가 열려 국민당개조(國民黨改組)가 실시되었다. 손문(孫文)은 오치휘와 이석증, 장계 등 5인을 중앙감찰위원으로 임명하고, 채원배 등 5인을 중앙후보감찰위원으로 임명했다. 또한 장정강(張靜江)은 호한민(胡漢民)과 왕정위(汪精衛), 대계도(戴季陶) 등 24인의 중앙집행위원 가운데 한 사람으로 선출되었다. 이 사건은 젊은 아나키스트에게 큰 충격을 안겨주었다. 저명한 아나키스트 오치휘와 이석증이 정당에 가입했고, 아나키즘 성향이 강한 채원배와 장정강, 장계 등이 집단적으로 현실 정치무대에 참여했기 때문이다. 아나키즘의 원론적인 정당관을 부정한 이 사건은 곧바로 격렬한 논쟁을 일으켰다. 논쟁은 화림의 서신에 대한 오치휘의 반박에서 비롯되었고, 심중구(沈仲九)의 비판 등이 이

---

50) 許善述編 『巴金與世界語』, 中國世界語出版社 1995 참조.

어졌다.

화림은 장계에게 글을 써서 "당신이 아나키스트라면 어떻게 국민당에 가입할 수 있는가"라고 질책했다. 그리고 오치휘에게도 글을 써서 호한민이 "오치휘와 이석중, 장계 등이 아나키스트로서 국민당에 가입한 것은 아나키스트와 국민당의 합작이다"라고 언급한 사실에 대한 해명을 요구했다.[51] 오치휘는 화림의 편지와 자신의 「화림에게 보내는 글」를 공개적으로 상해의 『국민일보』에 연재하여 화림의 비판에 대응했다. 그는 국민당에 가입한 것이 '주의'에 따라 이루어진 것이며, 그 목적은 아나키즘 혁명의 실현에 있다고 했다. 자기 자신을 일컬어 "나 오치휘는 불이나 재가 되어도 국민당원이요, 동시에 나는 불이나 재가 되어도 무정부주의를 믿는 사람"이라고 표현했다. 오치휘는 아나키스트가 혁명을 추구하는 조직에서 활동하는 것은 가능하므로 하루빨리 다른 아나키스트들도 국민당에 가입할 것을 권유하면서, 우선 국민혁명을 완성시킨 후에 아나키즘 혁명을 다시 진행하자고 제안했다.[52]

오치휘의 「화림에게 보내는 글」에 나타난 주장은 대략 세 가지로 정리할 수 있다.

첫째, 강국설(強國說)로, 아나키즘을 실현하기 위해서는 필수적으로 물질적 조건이 충분해야 하는데, 그러기 위해서는 먼저 공업의 발전, 교육의 발전 등이 이루어져야 한다는 것이다. 이러한 물질적 조건은 제국주의가 횡행하는 현재의 중국에서는 불가능하며 강력한 정부 통치가 있어야만 비로소 달성될 수 있다고 했다. 따라서 반드시 국민혁명이 성공하여 정치혁명이 이루어지고 국가가 강대해진 이후에야 비로소 물질적 조건이 갖추어져서 아나키즘 혁명의 시기가 도래할 것이라는 주장이다.

둘째, 단계설(段階說)로, 아나키즘 사회는 곧바로 실현되지 않으며 그 사

---

51) 吳稚暉「致華林書」, 王有立 主編『吳稚暉先生文粹』第4册, 上海全民書局 1929, 213면.
52) 吳稚暉, 앞의 글 213~21면.

이에는 몇단계 과정을 거쳐야 한다는 것이다. 아나키스트는 모든 혁명단계마다 혁명의 목적을 잃지 말고 이를 지원해야 하는데, 군주제에서 공화제로 옮아가는 것은 한 단계이며, 현재는 민주주의에서 노동자 독재로 나아가는 단계라고 보았다. 아나키즘 혁명은 오랜 시간이 걸리므로 혁명적 순수성을 지키면서 현재의 국민혁명 단계에 발맞춰 국민당의 혁명노력을 지지하면 점차 혁명의 진보를 가져와 아나키즘에 한 걸음 더 나아갈 것이라는 주장이다.

셋째, 공동적인설(共同敵人說)로, 아나키스트와 국민당은 공동의 적, 즉 군벌이 있다는 것이다. 양자가 단결하여 공동의 적을 타도하는 것이 바로 국민혁명의 임무이며 이것은 모든 혁명가들에게 유리하다고 보았다. 오치휘는 1920년대의 국민당은 새로운 국민당이며 혁명에 공감하는 정당으로 인식했다. 만일 훗날 국민당이 진보적 요소를 잃으면 그때 대항해도 충분하다고 설명했다. 오치휘는 이것을 "독으로 독을 공격하는 법"이라는 말로 묘사했다.

요컨대 오치휘의 답장은 자신들의 국민당 참가는 개인적인 행동이 아니라 아나키스트 집단의 행동이며, 국민당 개조를 기점으로 다른 아나키스트도 국민혁명에 참여하자는 것이었다. 국공합작의 실현은 오치휘로 하여금 안국합작의 아이디어를 발아시킨 것으로 보인다. 이 서신논쟁을 기점으로 중국 아나키스트 내부에 분열이 일어나 국민혁명 찬성파와 반대파로 나누어졌다.

오치휘의 국민혁명 참가주장에 대해 적지 않은 아나키스트가 반대하고 나섰다. 당시 노검파·모일파(毛一波) 등의 『민봉』과 심중구·오극강(吳克剛) 등의 『자유인』이 대표적인 아나키스트그룹이었다. 그중 심중구의 『자유인』은 프랑스에서 나온 잡지 『공여』와 합병한 잡지로, 아나키스트와 국민당의 합작을 반대하는 입장을 취했다. 그들은 자신들의 잡지에 여러 편의 글을 실어 오치휘의 주장을 반박했다. 철조(鐵鳥)라는 필명으로 쓴 「무정부주의와 국민당」에서는 오치휘가 아나키스트라는 사실 자체에 의문을 제기하면서, 작자는 "오치휘는 『신세기』 시절부터 오늘날까지 진정한 아나키스트 활동을 했다고 볼 수 없다"[53]라고 극언했다. 가유(賈維)라는 인물도 오치휘를 "무정부주의 이론에 문외한"[54]이라며 비난을 퍼부었다.

특히 심중구는 「무정부주의자가 국민당에 가입할 수 있는가?」라는 글을 통해 오치휘의 주장에 대해 체계적인 비판을 가했다.[55] 심중구는 오치휘의 '강국설'을 반대하면서, 국가를 강력하게 만드는 것은 아나키즘 혁명에 있어 강력한 적을 만드는 것이므로 국가건설에 참여하는 것을 반대했다. 1920년대 중반 중국에서는 민족주의가 고조되고 있었으나 아나키스트는 민족주의를 평민을 둘러싸고 있는 장벽으로 인식하여 적대적인 태도를 취했다. 아나키스트 역시 국민당과 마찬가지로 반제국주의를 주장했으나 반제의 성공 여부는 민족주의가 아닌 자본주의의 붕괴를 통해 가능하다고 판단했다. 그는 '단계설'을 반대하면서 세상에는 본래 역사발전의 필연성이라는 것이 존재하지 않으며, 국민혁명과 아나키즘 혁명은 서로 아무런 필연적인 관계가 없다고 주장했다. 따라서 오치휘가 민주주의로부터 노동자 독재로 가는 것이 아나키즘으로 향한 단계의 하나라는 주장에 동의하지 않았다. '공동적인설' 역시 반대하면서 아나키스트에게는 군벌뿐만 아니라 자본주의국가 역시 적일 뿐이며 국민당이 혁명정당이라는 사실에 대해서도 의문을 제기했다. 아나키스트는 원래 어떤 형식의 정부에도 반대하므로 국민당 정부도 아나키즘 혁명의 타도대상에 넣어야 한다고 역설했다.

심중구는 오치휘의 안국합작 주장에 대해 조목조목 비판했을 뿐만 아니라, 더 나아가 국민당과 삼민주의를 공격했다. 국민당에 대해서는 "국민당의 전신인 동맹회는 혁명정당으로 그 목적이 전제제도의 전복에 있었으므로 민국의 간판이라고 말할 수 있었다. 그러나 민국성립 이후 국민당은 이미 혁명성을 상실하여 군벌간의 이권쟁탈에 빠졌다"라고 부정적으로 평가했다. 오늘날의 국민당은 권력과 재물을 탐하는 정당에 불과할 뿐만 아니라, 국민당

53) 鐵鳥 「無政府主義者與國民黨」, 『無政府主義思想資料選』(下), 763~64면.
54) 賈維 「吳稚暉的無政府主義」, 『無政府主義思想資料選』(下), 790~94면.
55) 沈仲九 「無政府主義者可以加入國民黨嗎?」, 『無政府主義思想資料選』(下), 771~89면.

개조 이후 성립된 국민당의 조직은 진정한 민주원칙에 위배된다면서 국민당 영도의 국민혁명에 반대했다. 삼민주의에 대해서도 손문의 독창적인 이론임을 부정하고, 국민당의 민족주의가 동맹회 시기에는 실질적으로 배만혁명론식의 배타적인 민족주의에 불과했다고 비판했다. 이러한 민족주의가 당시에는 실현될 수 있었으나 현재로서는 부르주아 계급에 유리하고 평민에게는 아무것도 좋은 것이 없다고 보았다. 심중구의 이런 주장은 오치휘가 "동맹회의 혁명정당 성격을 국민당이 이어받았다"거나, "삼민주의는 아나키즘과 큰 차이점이 없다"고 주장한 것과 대조를 이룬다.

이 논쟁은 아나키스트에게 던져진 문제, 즉 "원칙에 충실할 것인가 아니면 상황에 따라 진보세력과 합류할 수도 있는가?"라는 문제를 표면화한 사건이었다. 나아가 이 논쟁은 중국 아나키즘 운동의 향방을 결정지은 사건이었다. 오치휘는 젊은 아나키스트의 강력한 반대에도 불구하고 안국합작의 주장을 견지하여 적지 않은 아나키스트를 국민당과의 합작에 끌어들였다. 논쟁의 당사자 가운데 한 사람인 심중구조차 1927년 무렵에는 본격적으로 국민당에 협력하기 시작했다.

이상을 견지하여 국민당에 불참하느냐 현실을 인정하여 국민당에 참여하느냐의 선택의 문제는 얼마 후 북벌의 개시에 따라 국민혁명이 본격화되자 일부 아나키스트들에 의해 다시금 '아나키즘과 실제문제'라는 토론으로 발전했다. 북벌과정에서 장개석(蔣介石)의 쿠데타로 국공분열(1927년 4월 12일)이 일어나고, 최종적으로 북벌의 성공에 따라 국민정부가 들어서자 정치상황이 급변했다. 국민당과 공산당의 양당구도로 재편되면서 아나키스트의 입지가 크게 좁아졌다.

당시 이석증은 "삼민주의를 수단으로 무정부주의를 목표로 한다"는 안국합작의 주장으로 아나키스트의 국민당 가입을 권유하고 있었다.[56] 특히

---

56) 陳登才 「訪問范天均先生的記錄」, 『無政府主義思想資料選』(下), 1043면.

1927~28년 무렵에는 오치휘를 대신하여 아나키스트와 국민당의 합작을 유지하는 역할을 했다. 왜냐하면 오치휘는 장개석에게 지나치게 접근해 있었고, 공산주의 노동운동 탄압에 적극 참여했기에 국민당 내의 아나키스트에게조차 그 상징성이 크게 훼손되었기 때문이다. 국민당 가입을 거부하던 아나키스트에게 이들은 모두 거짓 아나키스트로 비치고 있었다.[57]

국민당 내 아나키스트들은 안국합작이 본격화되면서 청년에게 아나키즘을 전파하고 자신들의 활동에 대한 정당성을 부여받기 위해 새로운 이론적 작업이 필요했다. 이를 위해 『혁명주보』(1927년 5월)를 창간했다. 이 잡지는 이석증이 국민당의 자금으로 만들었으며 초대 주필은 한때 국민당과의 합작을 비판했던 심중구였다. 『혁명주보』는 아나키즘과 삼민주의의 관계를 사회혁명과 국민혁명의 관계로 파악하고 아나키스트와 국민당의 합작의 필요성을 선전했다. 점차 국민당 보수파의 언론자유 통제정책에 반대하여 전면적인 아나키즘 선전을 시도했다. 이 잡지는 금지와 복간을 반복하다 1929년 9월에 제110호를 마지막으로 중단되었다. 비록 소책자 형식이었지만 상당히 많은 호수를 발간한 잡지였다.

이석증은 『혁명주보』에 「현재 혁명의 의의」와 「나의 정치철학 중 당파관」 등을 발표하여 아나키스트의 삼민주의에 대한 해석을 정의하고, 국민당 내 아나키스트가 공산주의를 반대하기 위한 이론적 근거를 마련했다. 그는 「현재 혁명의 의의」에서 역사상 혁명을 네 가지로 분류했다. 첫번째 단계인 군주혁명은 1898년의 변법운동으로 달성된 혁명이다. 두번째 단계인 민주혁명은 서구의 경우 미국·프랑스혁명으로, 중국의 경우 신해혁명으로 각각 성취되었다고 보았다. 세번째 단계인 계급혁명은 레닌의 러시아혁명과 같은 프롤레타리아 혁명으로, 중국의 경우 무한 정부의 러시아화 정책이 이와 같은 것이라고 주장했다. 그리고 네번째 단계인 민생혁명이 바로 현재 진행중

---

57) 中國少年無政府共産主義者聯盟 「中國少年無政府共産主義者聯盟聲明書」, 『無政府主義思想資料選』(下), 811~12면.

인 혁명인데, 서구의 경우 프루동이 주장한 '신세기' 혁명이며, 중국의 경우 손문이 주장한 삼민주의혁명이 민생혁명이라고 보았다.[58]

그런데 이석증이 프루동주의로 맑스주의의 계급투쟁, 프롤레타리아 독재, 국가주의, 중앙집권제 등을 비판하는 부분에서 "크로포트킨의 호조론도 프루동의 호조주의에 기원한다"고 설명한 대목은 중요한 사상적 변화를 보여준다. 그가 프루동의 새로운 정치조직으로 재편하자는 주장을 받아들인 것은 크로포트킨의 총체적인 사회변혁을 이룩하자는 주장보다 중국의 현실에 적합하다고 판단했고, 프루동이 정치가였다는 사실이 국민당원인 자신의 입장을 합리화해줄 수 있었기 때문이라고 보인다. 이석증의 논리에 따르면 맑스주의는 이미 퇴보적인 세력으로 규정되는데, 왜냐하면 혁명은 이미 3단계에서 4단계로 진행되고 있기 때문이었다. 따라서 현재의 혁명에서 아나키스트는 삼민주의자와 연합하여 공산주의자에 대항하는 데 협조해야 한다고 주장했다.

이석증의 「나의 정치철학 중 당파관」에서는 중국의 학파를 법가와 유가, 도가의 세 가지로 분류했다. 그의 주장에 따르면 법가는 패도정치이자 강권정치를 말하는데, 중국의 경우 이사와 상앙, 진시황, 서양의 경우 파시스트나 러시아 공산주의의 전제주의에 각각 비유할 수 있다고 보았다. 유가는 왕도정치이자 평화정치로 규정했다. 과거 중국의 요순, 공자나 서양의 민주주의 정신이 이러한 것들이고, 현재에는 손문의 삼민주의와 루소의 정신이 이와 유사하다고 보았다. 그리고 도가는 인도정치로 무치를 말하는데, 중국 고대의 아나키즘, 즉 노장사상과 비슷하다고 보았다. 오늘날에는 서양의 톨스토이나 르클뤼의 사상에 비유될 수 있다고 주장했다. 이석증은 유가와 도가의 합작을 통한 법가의 극복을 희망했다. 이것은 전통의 재해석에 따라 혁명이론을 재구성한 것이다.[59] 결국 이 글은 공산주의는 나쁜 것으로, 삼민주의

---

58) 李石曾 「現今革命之意義」, 中國國民黨黨史委員會編 『李石曾先生文集』(上), 中央文物供應社 1980, 236~48면.

는 비교적 좋은 것으로, 아나키즘은 가장 이상적인 사상으로 인식하고 있음을 보여준다. 그는 세계혁명이란 프루동주의의 맑스주의 타도, 중국혁명이란 삼민주의의 공산주의 타도라는 구도를 설정하고, 아나키즘과 삼민주의의 합작으로 공산주의에 공동 대항할 것을 주장했다.

이석증의 이런 논조는 『신세기』 시절부터 1920년대 말까지 파리 아나키스트가 해석한 아나키즘 이론의 최종적인 결과물로 볼 수 있다. 신세기 시절의 격렬한 반전통주의가 이 시기에 이르러 크게 퇴색한 사실은 보면 무척 놀랍다. 하지만 그의 주장은 공산당과 국민당 좌파는 물론 당 중심의 국가통합을 추구하는 국민당 우파 어느 쪽에게도 불만스러운 것이었다. 점차 아나키즘 활동이 국민당의 강령 아래 놓이게 되면서 아나키스트의 계급투쟁에 대한 반대는 오히려 국민당 내 아나키스트의 활동을 제약하는 요인으로 작용했다.[60]

젊은 아나키스트들은 『혁명주보』의 선전을 그대로 받아들이기에 어려웠다. 당시 프랑스에 있던 파금은 미국 샌프란시스코에서 간행되던 『평등』이라는 잡지를 빌려 첨예하게 비판했다. 그는 혁명주보사 편집자에게 직접 편지를 보내 "나는 『혁명주보』의 주장을 반대했으며, 지금도 반대한다. (…) 비록 나도 무정부주의자이지만"[61]이라고 했다. 그리고 일본의 흑색청년연맹에서 출판한 『흑색청년』에서도 "중국의 청년 아나키스트들은 자신들과 남경 정부 내에 기생하는 이석증, 장계 일파의 프루동주의와는 어떠한 관계도 없다고 성명했다. (…) 이석증은 자칭 프루동주의를 신봉한다고 하는데, 이것은 단지 공산당 식의 노동운동을 쫓아내려는 남경 정부의 교활한 책략에 불과하다"고 비판했다.[62] 이처럼 원론에 충실한 아나키스트는 국민당에 가입한

59) 李石曾「政治哲學中之黨派觀」, 『革命週報』第24號, 1927. 10. 9.
60) Arif Dirlik, *Anarchism in the Chinese Revolution*, Berkeley: California University Press 1991, 276~78면.
61) 「寄'革命週報'編者的信」, 『革命週報』第34期, 1927. 12. 18.
62) 「海外飛報.世界的運動 — 支那」, 『黑色青年』第15期, 1927. 12. 5.

이른바 정당파 아나키스트에 대해 곱지 않은 시각을 보내고 있었다.

한편 1920년대 후반 오치휘는 여전히 삼민주의로 국민당을 건설하는 것이 아나키즘 사회로 나아가기 위한 교량이라고 믿고 있었다. 그는 삼민주의의 핵심은 민생주의에 있으며, 민생주의가 충실히 실행되어 생산력이 고도로 발전하면 무정부 대동사회에 다다를 것이라고 말했다. 오치휘는 '전체 인민의 혁명'을 제기하면서,[63] 손문의 "혁명이란 한두 계급에 의해서가 아니라 지식인, 노동자, 농민, 상인 계층을 포함한 전체 인민에 의해 이루어져야 한다"라는 말을 자주 인용했다. 그의 주장은 국민당 좌파의 계급투쟁론을 공격하기 위한 것이었으나, 이른바 '전체혁명론'은 아나키즘 운동을 통제하는 자기모순의 요소를 안고 있었다.

3. 1920년대 말 동아시아 아나키스트의 연대활동

흑색청년연맹

일본에서는 1925년 초부터 프롤레타리아 계급정당을 만들려는 기운이 거셌다. 프롤레타리아의 정치운동에 반대하던 아나키스트들은 공산주의자들이 정당운동을 하는 것을 저지하기 위해 최초의 전국적인 연합단체인 동경흑색청년연맹을 만들었다. 동경흑색청년연맹은 1926년 1월 31일 관동지방의 17개의 아나키즘 단체와 7개의 노동단체가 연합해 700여명의 대표로 만든 조직이다. 창립대회 후 제1회 연설회를 개최했는데, 경찰이 통제하자 이에 반발해 가두시위를 벌이다 일곱 명이 투옥되기도 했다.[64] 이들은 "노동자의

---

63) 1929년 오치휘는 아나키즘 이상사회의 실현을 위한 삼대혁명(三大革命)을 제창했는데, 교육혁명과 물질혁명, 생육혁명이 그것이다. 그는 삼대혁명을 완성시키기 위한 전제로 과학의 발달을 강조했다(吳稚暉「讀了汪先生分共以後的嗷言」,『吳稚暉先生文粹』第1冊, 117~18면).

해방은 노동자 자신의 손으로 해야 한다"는 슬로건 아래 행덕추수와 대삼영의 유지를 이어받아 의회 중심의 정치운동이 아니라 노동자의 경제적 직접운동에 따른 순정아나키즘을 표방했다. 그리고 정치에 참가하려는 프롤레타리아 계급의 정당운동은 민중을 죽음으로 몰아넣는 행위이자 인류에 대한 최대의 죄악이라면서, 일체의 해방운동은 개인의 생명력으로부터 나온 경제적 행동이어야 한다고 주장했다.[65]

이 연맹은 전국적인 조직을 추구하여 관서흑기연맹과 중부흑색연맹이 차례로 결성되었고, 일본의 북해도와 동북 지역 등 일본 전역에 지부가 조직되었다. 1926년 4월부터 기관지로『흑색청년』을 발행했는데, 초기 기사는 주로 계급투쟁에 초점을 맞추고 있었고 자신들은 혁명적 소수자라는 인식을 가지고 노동쟁의에 깊이 간여했다. 그런데 1927년 여름 무렵 팔태주삼의 이론이 흑련(黑聯)에 영향을 미쳐 기존의 노동조합적 아나키즘 경향을 비판하고 단시간 내에 순정아나키즘으로 바뀌면서 코뮌적 아나키즘이 주류를 이루었다. 이런 흐름은 앞서 언급했듯이 자련의 노선으로 이어졌다.[66]『흑색청년』은 중국 관련 기사가 많은 것이 또다른 특징이었다. 주로 중국혁명을 지지하는 동시에 일본의 중국 출병을 반대하는 기사들로, 국공분열을 전후해일본 사회의 중국에 대한 높은 관심을 반영하는 것이다. 이런 관심은 중국현황을 소개하는 데 그치지 않고, 어떤 사람은 직접 중국대륙으로 건너와 중일 연합활동에 참여했다. 특히 흑련은 일본을 넘어 식민지였던 조선과 대만 등에도 지부를 조직하려고 했으며,[67] 중국에서도 유사한 움직임이 보여 동아시아 규모의 국제조직을 추구한 것으로 보인다.

---

64) 近藤憲二, 앞의 책 64~65면.
65) 警保局保安課「黑色青年聯盟ニ關スル調」,『アナキズム』(續-現代史資料3), みすず書房 1988, 537~38면.
66) John Crump, 碧川多衣子 譯『八太丹三と日本のアナキズム』, 靑木書店 1996, 90~94면.
67) 萩原晋太郎『日本アナキズム勞動運動史』, 現代思潮社 1969, 173, 176면.

재일 한인 아나키즘 단체 흑우회(黑友會)는 흑색청년연맹과 밀접한 관계를 맺고 있었다. 몇몇 회원이 연맹에 가입했을 뿐만 아니라 연맹의 후원으로 조선문제강연회를 개최해 일본 동지가 강연하기도 했다. 특히 팔태주삼은 흑우회가 개최한 연구회에 자주 참여해 아나키즘 이론을 강의했는데, 여기서는 사회혁명에 소극적인 생디칼리슴을 비판하고 코뮌적 아나키즘을 소개했다. 육홍근과 김정근(金正根)은 일본의 흑색청년연맹의 위원회에 흑우회 대표로 참석해 한일 간의 공동문제를 논의했다. 이런 활동은 흑우회가 흑색운동사(1926년 5월)로 발전하는 계기를 마련했고, 얼마 후 흑색전선연맹(1926년 11월)으로 다시 개칭하면서 곧바로 일본의 흑색청년연맹에 가입했다. 심지어 흑색전선연맹을 흑색청년연맹이라고 기록한 자료도 남아 있는 것으로 보아 상호 밀접한 관련이 있었던 것으로 보인다.[68]

조선 국내의 경우 1920년대 중반에 만들어진 대표적인 아나키즘 단체로는 흑기연맹(黑旗聯盟, 1925년 3월)과 진우연맹(眞友聯盟, 1925년 9월)을 들수 있다. 전자의 경우 일본 유학 출신의 학생들이 서울과 경기 지역을 중심으로 결성한 것으로, 일본 흑도회(黑濤會)와 조선 흑로회(黑勞會)의 사상적맥을 잇고 있었다. 흑기연맹은 동경흑색청년연맹에 가입할 목적으로 조직되었으나 전조선아나키스트대회를 조직하려다 모두 체포되어 일찍 와해되었다. 후자의 경우 일본 유학생 김정근 등에 의해 대구 지역에서 만들어졌는데, 학술연구 단체를 표방했지만 실은 박열의 뜻을 계승하겠다며 그의 옥중투쟁에 깊이 개입했다.[69] 진우연맹은 김자문자의 장례식 문제로 대삼영 그룹의 일원이자 박열과도 인연이 있던 율원일웅(栗原一雄)을 초청했다. 당시 율원일웅은 흑색청년연맹의 창립취지서와 통신문을 전달했다고 하는데, 대략 1926년 4월 12일경 일본의 흑색청년동맹에 가입한 것으로 보인다. 이 조직도 암살파괴단을 조직할 계획을 세웠다는 이유로 관련자들이 모두 검거되

---

68) 김명섭 『한국 아나키스트들의 독립운동 ─일본에서의 투쟁』, 이학사 2008, 174~76면.
69) 無政府主義運動史編纂委員會 編, 앞의 책 185면.

어 김정근은 옥사하고 율원일웅은 징역 4년형에 처해지면서 와해되었다.[70] 당시 일본의 흑색청년연맹은 조선총독부 동경출장소를 찾아가 공식항의서를 내 "단지 무정부주의 사상을 품었다"는 사실만으로 처벌하는 것은 잘못이라며 관련자의 전원석방을 요구했다.[71]

대만의 경우, 흑색청년연맹이라는 명칭을 가진 조직이 존재했다. 대만흑색청년연맹을 만든 인물은 대만에 거주하던 일본인 소택일(小澤一)이다. 그는 대만 창화(彰化)에서 태어나 대북제일중학을 졸업하고, 동경에 건너가 수의학교를 다녔다. 1925년 6월 잠시 대북(臺北)으로 돌아왔을 때 대북무산청년(臺北無産靑年) 소속의 왕만득(王萬得)과 창화무산청년(彰化無産靑年) 소속의 오창주(吳滄洲) 등과 접촉을 가졌다. 당시 대삼영의 죽음이 대만 청년들에게 큰 영향을 미쳤는데, 실제로 소택일은 사회운동에 참여하다 구류에 처해진 경험이 있었다. 그후 일본에서 노동운동사(勞動運動社)에 참가하고, 동경흑색청년연맹의 근등헌이, 암좌작태랑 등과 접촉하면서 아나키즘 연구에 몰두했다. 1926년 말 군 입대를 위해 다시 대북으로 돌아왔을 때 대북무산청년의 왕만득, 주화성(周和成), 왕시랑(王詩琅), 홍조종(洪朝宗) 및 창화무산청년의 오창주, 채정상(蔡禎祥) 등과 대만흑색청년연맹을 만들 계획을 세웠다. 결국 연맹은 1926년 11월 17일(혹은 12월 17일) 대북시 대정공원(大正公園)에서 만들어졌는데, 대만에서 조직된 최초의 아나키즘 조직이라고 평가받는다.[72] 얼마 후 발표한 「대만흑색청년연맹선언」에서는,

모든 국가는, 공산주의자들이 숭배하는 소비에트 러시아조차도 단지 권력을 가진 국가일 뿐이다. 권력이 없는 국가는 존재할 수 없다. 권력이 있기에 지배자와 피지배자가 생겨났다. 권력은 인류의 자아를 말살시켜 하나의 기계로 만

---

70) 近藤憲二, 앞의 책 62면.
71) 布施辰治 「朝鮮眞友聯盟事件」, 『勞働運動』, 1927. 8, 24면.
72) 王乃信 等譯 『臺灣社會運動史 ―1913~1935年』 第4冊, 16~17면.

들고 노예로 만든다. 이런 사실은 과거의 모든 역사에서 이미 증명되었다. 최근의 예로는 비참한 지옥이 된 러시아 공산주의 국가에서 자세히 알 수 있다. (…) 자유란 주어지는 물건이 아니라 마땅히 빼앗아야 하는 물건이다. 인류의 자유를 획득할 수 있는 직접행동의 수단으로 폭력도 가능하며 암살, 폭행, 테러행동이 가장 좋다. 우리들은 흑기 아래서 죽을 것을 맹세한다.[73]

라고 했다. 공산주의에 대한 반대를 분명히 표시하고, 폭력행위를 정당하게 받아들인 점은 이전의 대만 사회운동과는 완전히 다른 것이었다. 대북 지역, 창화 지역, 가의(嘉義) 지역 책임자를 정하고 활동을 개시하려던 찰나 동경 흑색청년연맹의 근등헌이가 보낸 편지가 발각되면서 연맹의 존재가 드러났다. 일경은 전면 검거에 나서 44명을 체포했으며, 최종적으로 소택일을 포함한 네 명이 구형을 받으면서 조직은 와해되었다.[74]

　한편 중국의 경우, 민봉사(民烽社) 성원들이 1928년에 만들었다는 흑색청년사(黑色靑年社)가 일본의 흑색청년연맹과 어떤 관계였는지 현재로서는 불분명하지만, 『흑색청년』에 실린 다음과 같은 기사를 통해 상호 관련 가능성을 추측해볼 수 있다. 신문에는 "사상단체로 상해에 순수한 무정부주의 민봉연맹이 있다. 그들은 국내외에 자신들이 처한 현재의 혼란상태에도 불구하고 순수한 이론의 철벽을 유지하고 있으며, 일체의 순수하지 않은 행동에 참가하지 않고, 한뜻으로 무정부주의의 목적을 향해 전진중이라고 표명했다"[75]라고 실려 있다. 그리고 이들은 국민당에 가입한 아나키스트에 대해서는 비판적인 태도를 보인다고도 했다.

　중국에서 흑색청년연맹이 만들어진 것은 분명해 보인다. 왜냐하면 1930년 중국흑색청년연맹 명의로 발행한 『흑색청년』(제6호)이 남아 있기 때문이다. 여기에는 중국흑색청년연맹 사천지부에서 대삼영의 죽음 7주년을 기념

---

73) 「臺灣黑色靑年聯盟宣言」, 같은 책 18면.
74) 같은 책 20면.
75) 「支那同志及團體的近況」, 『黑色靑年』 第10期, 1927. 7. 5.

하는 선언과 중국흑색청년연맹이 군국주의에 반대하는 선언 등이 담겨 있다. 그 밖에도 바쿠닌의 사상과 농민운동 및 선전물 문제 등에 대한 기사가 있다.[76] 잡지의 소식란에서는 동지들 간에 연락이 원활하지 않다고 말하고 있지만 사천지부라는 명칭이 있는 것으로 보아 다른 지역에도 흑색청년연맹의 지부가 있었을 가능성이 높다. 그리고 연맹에서 1930년 10월 10일자로 발행한 「중국흑색청년연맹 쌍십절 경축선언」도 남아 있는데, 여기서는 국민당을 신군벌로 규정하면서 어떠한 정치수단도 믿지 않는다고 선언했다.[77]

위의 내용을 종합해볼 때, 흑색청년연맹은 일본을 그 출발지로 하는 동아시아 아나키스트 연대조직으로 볼 수 있다. 특히 일본의 식민지였던 조선과 대만에 별도로 연맹을 조직하려 한 사실은 분명하다. 이 연맹의 존재는 일본 아나키즘 운동사에서도 중요하지만 대삼영 사후 동아시아 차원의 연대조직을 추구했다는 사실은 그 역사적 의미가 남다르다. 하지만 연맹은 조직 내의 의견 차이로 1928년을 전후로 코뮨적 아나키스트와 노동조합적 아나키스트로 분열되었다.

상해노동대학과 천주민단훈련소

중국대륙에서는 아나 – 볼 논쟁이 진행되던 1920년 전후만 해도 아나키스트의 노동운동이 전혀 맑스주의자에 위축되지 않았으나, 국공합작이 이루어지고 국민혁명이 전개되는 과정에서 힘의 열세현상이 뚜렷해졌다. 이러한 위기에 대응해서 새롭게 출현하던 젊은 아나키스트들 사이에서는 사상의 순수성을 강화하려는 경향이 두드러졌고,[78] 다른 한편으로는 국민당과의 결합

---

76) 中國黑色靑年聯盟『黑色靑年』第6期, 1930(坂井洋史·嵯峨隆 編『原典中國アナキズム史料集成』第8卷, 綠蔭書房 1994).
77) 坂井洋史·嵯峨隆 編『原典中國アナキズム史料集成』(別冊), 綠蔭書房 1994, 65면.
78) 坂井洋史「二十年代中國安那其主義運動與巴金」,『巴金的世界』, 東方出版社 1996, 208면.

을 통해 세력을 만회하려는 시도가 나타났다.

국민정부에 참가한 구신세기파는 교육을 통한 아나키즘의 확산에 관심이 많았는데, 상해노동대학의 건립과정에서 확인할 수 있다. 1927년 4월 중순 이석증과 오치휘, 필수작 등은 상해에서 집회를 갖고 "아나키즘을 청년들에게 어떻게 선전할 것인가"라는 문제를 놓고 토론했다. 이때 오치휘와 이석증은 근공검학운동과 유사한 방식을 띤 지식과 노동의 결합을 기초로 한 새로운 형태의 대학설립을 제안했다. 그 결과 상해노동대학의 건립이 결정되었다. 이 대학은 신문화운동 시기부터 전개된 공독호조의 정신을 이어받아 중국 내에서 최초로 건립된 정식대학이었다. 본래 노동대학은 유럽 노동자들이 만든 사회주의대학을 모방한 것으로, '학교의 농장과 공장화, 농장과 공장의 학교화'를 주장했다. 이를 통해 새로운 인간형을 창출하여 장기적으로 사회를 개조하겠다는 원대한 이상을 꿈꾸었다.[79] 전국의 교육행정을 담당하고 있던 이석증과 채원배의 정치적 영향력 아래 대학은 단시일 만에 만들어질 수 있었다.

노동대학은 1927년 9월 상해 강만(江灣)에서 개학했는데, 노동조합의 지도자를 양성하는 데 그 목적이 있었으며 학비는 무료였다. 이 대학을 세우는 데에 구신세기파가 앞장섰기 때문에 다수의 중국인 아나키스트가 교원으로 가담했으며, 외국인 아나키스트도 적지 않았다. 대학교장은 이석증과 인연이 깊은 역배기(易培基)가 임명되었으며, 오치휘와 논쟁을 벌였던 『자유인』의 주필 심중구가 노동대학 소속의 노공노농학원(勞工勞農學院)의 원장을 맡았다. 그 밖에 교원으로는 오극강 등과 같은 중국인은 물론, 프랑스인 자크 르클뤼, 미국인 해리 하워드, 일본인 암좌작태랑·석천삼사랑·산록태치, 한인

79) 상해노동대학에 대한 전문적인 연구서로는 Ming K. Chan & Arif Dirlik, *Schools into Fields and Factorie ―Anarchists, the Guomindang, and the National Labor University in Shanghai 1927~1932*(Duke University Press 1991)가 있다. 이 책의 서문에는 노동대학의 의의에 대해 잘 정리되어 있다.

이을규·이정규 등이 참여했다. 노동대학 사업과 거의 동시에 시작된 『혁명주보』에는 이 대학에 대한 기사가 적지 않다. 그 가운데 하나인 「노동대학의 목적과 사명」에는 다음같이 적고 있다.

노동대학은 장차 중국 농공(農工)운동의 중심이 될 것이다. 이곳의 목적과 짊어진 사명은 전 중국의 농공의 복리를 도모하는 것이다. 이 대학은 장차 일체의 자산계급 호신부인 사상을 없애고, 농공으로 하여금 노동의 진가를 인식하도록 만들 곳이다. 이 대학은 장차 자본주의사회의 폐단을 해부하여 농공으로 하여금 격렬한 혹은 온건한 방법으로 기존사회를 뒤집고, 비교적 합리적이고 인성에 어긋나지 않도록 사회조직을 다시 만들 곳이다. 노동대학은 장차 노동운동의 방향을 지도하고 노동자의 이상을 선양하며 노동자의 지식을 제고하고 노동자의 단체생활을 훈련시켜 노동자를 자치적인 인간으로 양성할 것이다. 이를 보자면 이곳의 목적과 사명은 지극히 위대하다. 노동대학이 제창하는 교육은 새로운 것으로 가장 중요한 것은 네 가지인데, 첫째 노동교육, 둘째 생활교육, 셋째 혁명교육, 넷째 전인(全人)교육이다.[80]

이 대학은 '정신노동과 육체노동의 조화' '평민교육' '교육과 정치의 분리' 등과 같은 아나키즘 교육원리가 고스란히 반영된 대학이었으며, 실제로 정규수업 이외에도 매일 3시간 노동실습을 했다.[81] 필수과목에 에스페란토와 프랑스어가 포함된 것이 특징의 하나이며, 사회문제와 관련한 과목들도 무척 많았다. 노동대학에서 노동의 중요성을 강조하고 교육과 노동의 결합을 통한 사회개혁을 주장한 것은 크로포트킨의 교육철학은 물론 구신세기파의 교육을 통한 혁명이라는 주장과도 일맥상통하는 것이었다. 그런데 유럽의 노동대학과의 뚜렷한 차이라면 노동자가 주체가 되어 설립한 대학이 아니라, 삼민주의를 매개로 아나키즘을 실현할 수 있다는 발상 아래 국민당의

---

80) 碧波 「勞働大學的目的與使命」, 『革命週報』第1冊 合本, 1927. 7, 265~66면.
81) 畢修勺 「我信仰無政府主義的前前後後」, 『無政府主義思想資料選』(下) 1022~38면.

지원을 통해 만든 대학이라는 점이다.[82] 이곳은 신문화운동의 전통을 이어받아 아나키즘 교육 이상을 무려 5년 가까이 실천한 곳이라는 점에서 그 의의가 높다.

노동대학에 참여한 암좌작태량은 본래 이 대학에 대해 회의적이었다. 그가 비판한 요지는 이석증과 오치휘, 채원배 등은 이미 국민당의 원로로 타락한 아나키스트들이라는 점, 국민당의 지원을 받는 노동대학은 곧 현실정치와 타협해 반동세력이 성장할 것이라는 점, 아나키스트가 노동대학에 참여하면 결국 국공분열 같은 상황을 맞아 다수의 아나키스트가 희생되리라는 점 등이었다. 이에 대해 등몽선과 심중구, 오극강 등은 이석증과 오치휘가 주장하던 "연성자치, 분치합작"은 아나키스트의 자유연합적 사회조직과 유사하고, 권력과의 타협은 정도의 문제일 뿐 지나친 원칙주의가 오히려 문제라고 했다. 오히려 주어진 기회를 적극적으로 활용해 우리의 기관을 만들어 혁명운동을 해야 한다고 설득했다. 이정규 등도 순수한 아나키즘에 집착하기보다는 현실적인 대안을 추구할 것에 동의하며 설득에 나섰다.

당시 장개석의 국민정부는 공산당의 노동운동에 대항하기 위해 아나키스트를 이용하고자 했다. 국민정부는 노동대학을 국민당의 필요에 맞게 개조하려 했고, 대학 내 아나키스트들은 이에 저항했다. 특히 대학원제의 실패와 교육부와의 알력은 오랜 친구였던 이석증과 채원배 간의 우정에 금이 가도록 만들었고, 노동대학 총장인 역배기와 교육부장 장몽린 간의 갈등도 점차 깊어졌다. 게다가 노동대학 내부의 불만은 학내분규로 표출되었다. 노동대학은 상해사변(1932년 여름)이 발발하자 일본군에 의해 교사가 소실되었고, 다

---

82) Ming K. Chan & Arif Dirlik의 앞의 책에 대한 한 서평에서는 중국혁명가들이 공통적으로 교육을 중시한 것은 유교적 전통에서 교육을 중시하던 것과 관련이 깊다고 보면서, 노동대학의 실패원인을 현실 정치에 깊이 개입한 사실에서 찾는다(박제균 「서평: Ming K. Chan & Arif Dirlik, *Schools into Fields and Factories —Anarchists, the Guomindang, and the National Labor University in Shanghai 1927~1932*」, 『동아시아역사연구』 제5집, Duke University Press 1991, 159~60면).

시 회복했으나 국민당은 학내분규를 이유로 폐교시켰다. 이 대학은 사실상 1920년대 말 동아시아 아나키스트들의 집결지였다고 말할 수 있다.

한편 노동대학 주변에는 5·4운동 때 활약한 아나키스트 광호생(匡互生)이 설립한 입달학원(立達學園)이 있었다. 이 학원은 노동대학처럼 학생들에게 육체노동과 정신노동의 결합을 강조하면서 공독주의를 실천하도록 했다. 입달학원도 교육으로 사회를 개조하려는 이상을 실천에 옮긴 학교라고 말할 수 있다. 이곳은 노동대학에 비해 자유로운 분위기여서 암좌작태랑과 석천삼사랑, 유자명(柳子明), 유서(柳絮) 등이 교원이나 손님 자격으로 체류한 바 있다.

복건성 천주(泉州)는 1920~30년대 중국 아나키스트의 활동거점의 하나로, 특히 1920년대 후반에 이곳은 국민당 좌익의 수중에 있던 까닭에 전국 각지의 아나키스트들이 위험을 피해 모여들었다. 오랫동안 천주 지역은 아나키스트의 무릉도원이라고 불렀다. 1927년 5월 초 진망산(秦望山)은 천주에 농민협회를 조직하고 농민자위대를 건립해 무장투쟁의 본거지를 만들고자 했다. 그는 토비와 공산주의자로부터 농촌을 자치적으로 방위하기 위해서 간부급 인재를 양성할 필요를 느꼈다. 이에 상해로 올라와 동지들에게 응원을 요청했다. 오극강과 양용광, 암좌작태랑, 이정규, 이을규 등은 천주를 지원하기로 결정하고, 이 사업을 노동대학 일과 병행하기로 의견을 모았다.[83] 이에 따라 만들어진 민단훈련소는 토비의 피해를 막기 위해 청장년을 훈련시켜 고향을 스스로 지키도록 만든다는 목표로 출발했다. 실제로는 중국과 조선, 일본의 아나키스트가 중심이 되어 아나키스트 투사를 양성하던 생활공동체이자 군사학교의 성격도 가지고 있었다. 훈련소의 중심인물은 진망산이었고, 이을규·이정규 형제가 참모소장으로 있었다.

암좌작태랑은 천주에 무장 근거지를 확보한 후 '동아무정부주의자대동맹'

---

83) 정화암 『몸으로 쓴 근세사』, 자유문고 1992, 78~79면.

을 조직하여 동아시아 각국의 아나키스트와 함께 공동투쟁하기를 희망했다. 그래서 징병에 반대해 중국으로 탈출한 식자공 출신의 아나키스트 적천계래(赤川啓來)와 함께 천주로 내려와 민단훈련소에 안주했다. 이들의 실험은 비적들의 대규모 공격과 지역군벌의 방해로 실패하고 10여개월 만에 해산할 수밖에 없었다. 결국 1928년 5월 초 암좌작태랑, 적천계래 등 두 명의 일본인과 이을규, 이정규, 정화암(鄭華岩) 등 세 명의 한인은 상해로 돌아갔다. 그런데 상해 도착 후 곧바로 적천계래는 일본영사관 경찰에 체포되어 일본으로 압송되었고, 곧이어 이정규도 일경의 함정에 빠져 국내로 압송되는 불운을 겪었다.[84]

1928년 이후에도 천주에서는 여전히 아나키스트 활동이 이어졌다. 교육운동의 예를 들자면, 여명고중(黎明高中)과 평민중학(平民中學)의 사례가 주목할 만하다. 진망산과 양용광, 범천균(范天均) 등이 여명고중을 만들어 활동을 전개했다. 여기에는 중국인 아나키스트 위혜림(韋惠林)·진범여(陳范予)·주세(朱洗), 한인 아나키스트 유자명·유서, 대만인 채효건·정영백(鄭英伯) 등이 교사로 있었다. 여명고중은 파금도 방문한 적이 있었는데, 여기서 파금은 프루동의 『재산이란 무엇인가?』를 일부 번역했다. 얼마 후 다시 소추도(蘇秋濤)가 평민중학을 만들었는데, 여명고중과 교육이념이 같은 자매학교였다. 이 학교의 교원은 프랑스와 일본에서 유학한 인물들이 많았으며, 일본과 조선, 대만의 망명객도 참여했다. 여명고중이나 평민중학은 상해 입달학원과도 긴밀한 교류를 맺고 있었다. 이와 같이 천주 아나키즘 운동의 특징 가운데 하나는 조선과 대만, 일본의 운동가들이 대거 참가한 국제적인 성격을 지닌 데 있었다.

---

84) 秦望山「조선과 일본 아나키스트들이 천주에 피난하여 일으킨 사건들」(박환, 앞의 책 104~12면) 참조.

동방무정부주의자연맹

대삼영의 동아시아 아나키스트의 연대주장과 그의 갑작스러운 죽음은 중국 아나키스트에게 큰 충격을 주었고, 이를 계기로 대륙을 중심으로 동아시아 연대활동을 촉진했다. 한인 아나키스트 유서는 「동아무정부주의자대연맹을 조직할 것을 주장함」(1926년 말)이라는 글을 발표해 식민지인 인도, 조선, 필리핀, 베트남, 대만 등의 민중운동이 협소한 민족주의운동에 그치고 있음을 비판하고, 애국의 광풍을 넘어서 동아시아 아나키스트의 연합대회를 가질 것을 요청한 바 있다. 그는 "대삼영 동지가 일찍이 동아시아 무정부주의자대회를 개최하고자 했으나, 그의 죽음으로 이 중대한 제의도 무형 중에 사라졌다"[85]면서 빠른 시일 내에 동아시아 아나키스트의 연맹체를 만들자고 제안했다. 그리고 "일본 동지들의 파괴운동은 매번 실패했는데, 그 원인은 파괴의 수단 및 조직이 결여된 데 있다. 중국의 동지들은 그들의 수요를 공급할 수 있으며 조선, 대만 동지들은 그들과 합작하여 파괴운동에 착수할 수 있다"[86]면서 합작을 희망했다. 이런 그의 바람은 얼마 후 실현되었다.

1920년대 말은 동아시아 차원의 아나키스트 연합단체를 조직하려는 움직임이 그 어느 때보다 활발했다. 당시 대표적인 조직이었던 동방무정부주의자연맹에 대해서는 약간의 정보가 남아 있다. 1928년 5월(혹은 6월) 상해 이매로(李梅路) 화광병원(華光醫院)에서 중국인과 한인, 일본인 등 5개국 대표가 모여 동방아나키스트대회를 열었다. 회의가 열린 화광의원은 상해 아나키즘 운동의 주요 연락처로 등몽선이 일본에서 귀국한 후 개원한 병원이다. 중국인 아나키스트는 물론 대삼영, 암좌작태랑, 산록태치 등의 일본인과 다수의 한인 아나키스트들이 드나든 곳이었다.[87] 여기서 동방무정부주의자연맹을 조직하기로 합의했다. 그해 6월(혹은 7월) 남경(로)에서 중국과 조선, 일

---

85) 柳絮 「主張組織東亞無政府主義者大聯盟」, 『民鍾』 第16號, 1926. 12. 15.
86) 같은 글.
87) 玉川信明 『中國の黑い旗』 186면.

본, 대만, 인도, 필리핀, 베트남 등 7개국을 대표하는 200여명(혹은 120여명)의 아나키스트들은 자유연합의 조직원리 아래 동방무정부주의자연맹을 결성하는 데 성공했다.[88]

여기서 동방무정부주의자연맹과 비슷한 명칭으로 그보다 조금 앞서 만들어졌다는 이른바 'A동방연맹'에 대해 잠시 주목할 필요가 있다. 정화암의 회고에 따르면 1927년 9월에 광동의 아나키스트 진건(秦健)의 발의로 중국과 대만, 조선, 일본, 베트남, 인도 등 6개국 대표 120여명이 무정부주의자동방연맹을 조직했다면서, 이를 흔히 A동방연맹이라고 불렸다고 회고했다.[89] 그리고 현재까지 알려진 바에 따르면, 신채호는 동방무정부주의자연맹 활동의 하나로 1928년 4월 무정부주의자동방연맹(A동방연맹) 북경회의를 열고, 「조선혁명선언」을 이은 또다른 동아시아 민중의 연대혁명을 설파한 「선언문」을 발표했다. 같은 달 천진회의를 열고 신대만안사(新臺灣安社)에서 활동했던 대만 동지 임병문(林炳文)과 협의해 일제 관공서를 폭파하기 위한 폭탄제조소의 설치를 결의했다고 한다. 이때 신채호가 참가한 이 조직이 앞의 연맹과 동일한 단체인지 아니면 별도의 단체인지 혹은 예비적 성격의 단체인지는 문제의 여지가 있다. 기억 차이는 있으나 대체로 같은 단체인 것으로 보인다.[90]

동방무정부주의자연맹은 각 민족의 자주성과 각 개인의 자유를 확보하는

---

88) 정화암의 『이 조국 어디로 갈 것인가』에서는 1928년 5월로, 이정규의 『우당이회영약전』에는 1928년 7월로 쓰여 있다. 한 연구에 따르면 1928년 6월 14일 상해 프랑스 조계에서 유기석과 이정규 등은 적천계래, 모일파, 왕수인, 등몽선 등과 화광의원에서 회합을 갖고 6개국 대표와 동방아나키스트대회를 개최해 정식으로 동방무정부주의자연맹(동방A연맹?)을 결성했는데, 한중일 아나키스트들이 주축으로 한 반제 연합전선이었다고 한다(김명섭 「한일 아나키스트들의 사상교류와 반제 연대투쟁」, 『한국민족운동사연구』 제49집, 2006. 12, 51~53면).

89) 이정식 면담, 『혁명가들의 항일회상』(개정판), 민음사 2005, 334~35면.

90) A동방연맹에 조선대표로 참여한 신채호가 대만아나키스트 임병문과 벌인 국제위체사건에 대해 당시 '東方無政府主義者聯盟同志被害'라는 소제목으로 소개한 잡지기사가 있기에 두 조직은 동일한 단체로 보인다(「內外消息」, 『黑色靑年』 제6期, 1930).

이상적 사회의 건설에 매진할 것을 결의하고, 서기국 위원으로 중국인 모일파와 왕수인, 일본인 적천계래, 한인 이정규 등을 선출하고, 『동방(東方)』(1928년 8월 20일)이라는 기관지를 발행하여 아나키즘을 선전하기로 결의했다고 전한다.[91] 이 잡지에는 「동방 무정부주의자에게 고한다」라는 글을 게재했다. 연맹은 "첫째, 본래 이상사회는 어떤 형식의 국가권력과 권위를 인정하지 않는다, 둘째, 사회조직의 뿌리는 인간과 인간성에 가장 큰 중점을 두고 있다, 셋째, 국가권력이 인간을 정복하는 것은 절대 허락하지 않는다, 넷째, 우리는 위대한 인간의 본질에 근거하여 자유평등의 사회건설을 목적으로 한다"[92]고 했다. 그리고 일본의 조선과 대만 지배, 프랑스의 베트남 지배, 미국의 필리핀 지배, 영국의 인도 지배 및 서양열강의 중국침략에 공동대처하기로 했으며, 중국 오지에 아나키즘 근거지를 설치하자는 등 신선한 주장을 제기했다.

조선에서 이석규가 조선대표로 파견되었으나 상해에 도착했을 때에는 이미 회의가 폐회된 뒤였다. 일본에서도 대표를 파견하려 했으나 무산되었다고 한다.[93] 동방무정부주의자연맹의 구체적인 활동은 자료의 부족으로 확인하기 어려우나 곧바로 탄압을 받고 1931년 무렵에는 활동이 침체된 것으로 보인다.[94]

동아시아 아나키스트 연대의 불꽃을 지폈던 유서의 말에 따르면, 동방무정부주의자연맹은 결코 명령기관이나 혁명의 총사령부가 아니며 "과대망상의 광적인 공허한 거대조직을 요구하지 않았다"면서, 자유연합제도를 기초로 하는 평등한 조직을 추구했다고 한다. 여기서 자유연합주의란 "어떤 종류의 권위에 의해서건 위로부터 아래로 향하는 조직이 아니라 밑으로부터 위

91) 오장환 『한국 아나키즘 운동사 연구』, 국학자료원 1998, 199면.
92) 玉川信明, 앞의 책 272면.
93) 오장환, 앞의 책 142면.
94) 이호룡 『한국의 아나키즘(사상편)』, 지식산업사 2001, 290면.

로, 주변에서 중심으로 향하는 자유로운 연합"을 말한다. 본래 바쿠닌은 개인과 단체의 자유로운 연합과 마찬가지로 자유로운 이탈을 가장 중요한 권리로 규정했고, 이것이 없다면 중앙집권제에 불과하다고 보았다.[95] 동방무정부주의자연맹은 제국주의 침략에 대한 반대는 물론 코민테른의 독재에 반대하는 동아시아 아나키스트의 자유연합적 연대기구라고 말할 수 있다.[96] 1907년 아주화친회의 전통을 잇는 반제국주의 단체였던 것이다.

덧붙이자면, 유서의 또다른 선언문 「약소민족의 혁명책략」이 얼마 후 대만에서 발견되었다. 여기서는 혁명단체의 조직을 역설하면서 "1) 결코 적들과 타협해서는 안 된다, 2) 결코 제국주의 정부가 승인한 정당(노농당과 무산당을 포함)과 합작하거나 타협해서는 안 된다, 3) 철저하게 계급의식을 지녀야 한다, 4) 독립정신을 갖추어야 한다, 5) 주의를 일치시키고, 책략을 일치시켜야 한다"고 주장했다.[97] 그리고 "제국주의에 억압받는 약소민족이 해방되려면 그 운동은 반드시 견고한 조직에 의존해야 한다. 약소민족의 자유해방은 결코 의회운동이나 제국주의의 자선에 의존해 달성될 수 없으며, 오직 혁명단체에 의지해야 한다!"라고 주장했다.[98] 민족해방운동의 전략을 기술한 그의 글은 아나키즘의 순수성에 집착한 일본 아나키스트의 입장과는 묘한 대비를 이루어 여운을 남긴다.

---

95) 김명섭, 앞의 책 245면.
96) 김명섭 「한일 아나키스트들의 사상교류와 반제 연대투쟁」, 『한국민족운동사연구』 제49집, 2006, 53~54면.
97) 楊碧川 『日據時代臺灣人反抗史』, 稻鄉出版社 1988, 172~73면. 이 문건은 재중국대만무정부주의자연맹에서 발행한 「六一七臺灣島恥紀念宣言」(1931. 6. 17)과 함께 발견되었다.
98) 王乃信 等譯, 앞의 책 41~51면.

한인 · 대만인 민족해방운동과 아나키즘

1. 일제하 식민지에서 아나키즘 운동의 출발

러시아 볼셰비키 혁명은 해외에 거주하던 한인들에게 사상적으로 큰 영향을 준 역사적 사건이었다. 비록 이 혁명과 맞물려 아나키즘의 수용을 보여주는 자료는 별로 없으나 적어도 한인들이 사회주의에 흥미를 갖는 데 결정적인 전기를 마련한 것은 틀림없다. 예를 들어 이동휘(李東輝)와 김립(金立) 등을 중심으로 연해주 지역에서 한인사회당(韓人社會黨, 1918년 4월)이 창설되었다는 사실은 그런 분위기를 말해준다. 한인사회당은 러시아 볼셰비키와 우호적인 관계를 맺었으며, 어느정도 아나키즘의 영향을 받은 것으로 보인다. 한인사회당은 다소 맹목적인 계급투쟁만을 강조하고 민족해방운동에 대한 명확한 인식이 부족해서 볼셰비즘에 기초한 러시아식 공산당 조직이라고 보기는 곤란하다.[1] 여기서는 중국과 일본, 국내의 순으로 한인 아나키즘 운

1) 반병률 「한국 근현대사상사의 지평을 확대한 아나키즘 연구 ―『한국의 아나키즘(사상편)』」, 『역사와 현실』 46호, 2002, 260~61면.

동의 초기상황을 소개하겠다.

1919년 3·1운동이 일어나 전국적으로 반일운동이 전개되자 민족주의의 확산은 물론 사회주의의 수용을 가져왔다. 당시 중국의 대표적인 신문『신보(申報)』나 잡지『매주평론(每週評論)』등에서도 조선의 3·1운동을 대서 특필했다. 그 가운데에는 신문화운동의 지도자이자 얼마 후 중국공산당의 대표가 될 진독수(陳獨秀)의 글도 있었다. 그는『매주평론』에「조선독립운동의 감상」이라는 사론을 실어 3·1운동을 세계혁명사의 신기원을 이룬 것이라고 높이 평가했다. 불과 두 달 후 중국에서도 항일운동의 성격을 띤 5·4운동이 일어났다. 그런데 바로 이 시점은 중국 아나키즘 운동의 전성기였기에 그들의 잡지에서도 3·1운동 관련 기사들을 쉽게 찾아볼 수 있다.[2] 이 운동이 중국인 아나키스트들에게 조선문제에 관한 동정과 관심을 불러일으킨 계기였을 것이다.

이때 주목할 만한 사건은 북경대학 도서관장이던 이대조(李大釗)가 사회주의와 맑스주의를 공부하던 시절, 그의 주변에 한인 사회주의청년들이 나타난다는 사실이다. 조선사회당 소속이라는 한인 청년들이 바로 그들이다. 이대조는 북경대학생 및 북경 지역의 진보적 청년들과 정기적으로 토론회를 열었다. 이 토론회에는 고군우(高君宇)와 유인정(劉仁靜), 하맹웅(何孟雄) 등 중국 학생 이외에도 한인 청년 김가봉(金家鳳) 등이 참가했다는 기록이 있다. 그리고 조선사회당에 소속된 한인 청년 김일학(金一鶴)과 김상지(金尙志) 등 7인은 평소 이대조의 글을 읽고 흠모해 자주 왕래가 있었으며, 그들이 이대조의 지시에 따라 향산에 파견되어 비밀공작에 참여했다고 한다. 또한 조선사회당 소속이자 북경대학 청강생이던 중국 국적의 한인 왕동명(王東明, 본명 王申憲)도 이대조는 물론 북경대학의 중국인 아나키스트와 교류하

---

2) 『進化』第3號(1919. 3)의「조선의 독립운동」이라는 기사나『華工雜誌』第32號(1919. 3. 25)와 第33號(1919. 4. 25) 등에 3·1운동을 소개하는 글이 있다. 특히 복건성에서 출판된『閩聲』에서는 한국 독립 운동사에 관한 시리즈(7편)가 연재되기도 했다.

고, 상해 임시정부와도 왕래하면서 한글 선전물을 전달하는 일을 맡았다고 전한다.[3] 그렇다면 현재 이름이 확인되는 한인 청년──김가봉, 김일학, 김 상지, 왕동명 등──들은 아나키스트일까 아니면 초보적 공산주의자일까?

저명한 한인 독립운동가 장지락(張志樂)의 회고에 따르면 1920년대 초 북 경에는 약 800여명의 한인이 있었고, 그 가운데 학생이 300여명에 다다랐다 고 한다. 그리고 1924년 무렵에는 1천여명 정도가 거주했다고 기록했다. 당 시 한인 학생들의 자유와 민주주의에 대한 강한 충동이 아나키즘에 흥미를 느끼도록 만들었으며, 장씨 자신도 이 시기에는 맑스주의에 대해 잘 모르고 레닌주의에 대해선 전혀 몰랐다고 한다. 이런 회고에 따른다면 앞서 열거한 한인 학생들은 아나키즘 경향이 농후한 학생일 가능성이 높다.[4] 더구나 이 대조가 북경대학 내에 만든 맑스주의연구회(1920년 3월)에 한때 초보적 공산 주의자나 길드사회주의자보다 아나키스트가 더욱 많은 수를 차지했다는 사 실을 기억한다면 그 가능성은 더욱 높아진다. 이렇듯 이대조 주변의 한인 청 년들은 적어도 아나키즘과 초보적 공산주의사상이 뒤섞인 사상을 가지고 있 었으리라 짐작되며, 그 가운데 김가봉이라는 인물은 아나키스트라고 말할 수 있다. 왜냐하면 얼마 후 상해의 활동과정에서 아나키스트라는 분명한 기 록이 나타나기 때문이다.

상해에서도 아나키즘 사조가 유행하는 가운데 때마침 이곳에 대한민국 임 시정부가 수립되었다. 상해 공공조계 당국의 보고에 따르면, 임정 수립이 되 기 직전인 1919년 3월에는 300여명에 불과하던 한인의 숫자가 임정 수립 시기인 4월에는 700여명으로 급증했는데, 이 가운데 상당수가 조선으로부터 온 망명객이었다고 한다. 더욱이 조선총독부 경무국 자료에는 700여명 가운 데 200여명이 독립운동 세력이었다고 기록하고 있다. 이런 통계수치는 한인 독립운동가의 급증에 따라 자연스레 중국인 아나키스트와 접촉할 가능성이

---

3) 楊昭全 等編 『關內地區朝鮮人反日獨立運動資料彙編』(下), 遼寧民族出版社 1987, 1481면.
4) 김산·님 웨일즈 『아리랑』, 동녘 1984, 89, 113면.

높았다는 사실을 보여준다. 그리고 이 시점은 중국 공산주의운동의 출발시기와 일치하므로 한인 독립운동가들이 아나키즘과 공산주의에 관한 지식을 함께 접하는 계기를 마련해주었을 것이다.

일본에 거주하던 한인 유학생들은 중국보다 이른 1910년대 중반부터 일본인 아나키스트와의 교류를 통해 아나키즘을 수용한 것으로 보인다.5) 아마도 대삼영(大杉榮)이 만든 생디칼리슴연구회나 평민대학강연회 등 다양한 경로를 통해 크로포트킨(P. Kropotkin)의 사상을 접했을 것이다.6) 예를 들어 1913년 나경석(羅景錫)은 대삼영, 횡전종차랑(橫田宗次郎), 장곡천시송(長谷川市松) 등과 같은 일본인 아나키스트와 교류하며 아나키즘과 생디칼리슴을 수용했다고 전한다. 그의 친구 정태신(鄭泰信)이나 이달(李達) 등도 일본 사회주의자들과 교류하고 있었다. 그리고 앞장에서 언급했듯이 1916년 김철수(金綴洙)와 최익준(崔益俊) 등 한인 유학생들은 일본 사회주의자들의 지원 아래 중국과 대만의 유학생들과 함께 비밀결사인 신아동맹당(新亞同盟黨)을 결성했다. 이 단체는 일본 제국주의 타도와 새로운 아시아 건설을 목표로 삼았는데, 한국 사회주의운동 기원의 하나이자 국제조직이라는 점에서 주목할 만하다.

3·1운동 후에는 좀더 많은 기록들이 나타난다. 정태신과 이용기(李龍基) 등이 일본 아나키스트 가등일부(加藤一夫)와 암좌작태랑(岩佐作太郎)이 주관하는 자유인연맹(自由人聯盟)에 참가한 기록, 원종린(元鍾麟)과 한현상(韓晛相) 등이 가장 과격한 단체로 평가받던 효민회(曉民會)에서 활동한 기록, 정수홍(鄭守洪)과 강인수(姜仁秀) 등이 일본사회주의동맹 창립발기대회에 참가하고, 김판권(金判權)과 권희국(權熙國)이 직접 창립대회에 참가한 기록 등이 있다. 특히 권희국이 일본 사회주의단체 코스모스구락부에 참가한 사

---

5) 재일본 한인 아나키스트의 활동에 대한 연구로는 김명섭 『한국 아나키스트들의 독립운동 —일본에서의 투쟁』, 이학사 2008이 있다.
6) 近藤憲二 『私の見に日本アナキズム運動史』, 麥社 1969, 13면.

실이 흥미롭다. 1920년 11월에 조직된 코스모스구락부는 "국경을 넘어선 신세계와 신생명을 창조한다"는 강령을 가지고 중국과 대만, 인도 등 아시아 각국 동지들과 연락망을 갖추려던 단체였다.[7] 이처럼 재일 한인 유학생들은 1919년을 기점으로 아나키즘이나 사회주의 경향의 단체에 다수 가입했고, 그 활동과정에서 종종 검거되기도 했다. 박열(朴烈)과 원종린, 김약수(金若水) 등은 대삼영, 암좌작태랑 등과 자주 접촉하며 그들의 사상에 공명했다. 그 결과 재일 한인 아나키스트는 대체로 사회진화론을 비판하는 상호부조론을 중심으로 한 크로포트킨주의를 받아들였다.[8] 이들은 코뮨적 아나키즘 이외에도 노동조합적 아나키즘, 개인적 아나키즘의 사조도 일부 흡수했다. 박열과 김자문자(金子文子)에게 나타나는 허무주의 경향이나 재일 조선동흥노동동맹(朝鮮東興勞動同盟)을 중심으로 한 생디칼리슴 경향 등이 그런 사례이다.

1920년대에 들어와 재일 한인 유학생들은 다양한 사상단체를 조직했으며, 이런 흐름은 마침내 1921년 11월 29일 암좌작태랑의 집에서 흑도회(黑濤會)를 결성하는 것으로 결실을 맺었다. 이 단체도 처음에는 에스페란토 공부를 명분으로 모였는데, 박열과 정태신, 김약수, 정태성(鄭泰成), 서상일(徐相一), 원종린, 조봉암(曺奉岩), 황석우 등이 참가했다. 이 조직은 재일 한인 사상단체의 출발로 평가되며 계급투쟁의 방식으로 민족해방투쟁을 추구했다. 흑도회의 조직과 구성원에 대해서는 구체적으로 알려져 있지 않으나, 대략 초기에 20여명이 참가했고 유학생과 고학생들로 이루어졌다고 한다. 이 단체의 창립에는 일본 사상계의 영향력이 적지 않았는데, 그들의 모임에 대삼

---

7) 김명섭, 앞의 책 72~74면.
8) 박석윤(朴錫胤)은 『學之光』第20號(1920. 7. 6)에 「'自己'의 改造」를 실어 제1차 세계대전의 참상은 인류에게 커다란 교훈을 주었다면서, 크로포트킨의 말을 빌려 자기를 개조할 것과 참마음으로 열정으로 감격으로 남을 사랑하는 것이 인격의 발전이라고 했다. 그는 자기개조란 아나키즘에 근거해서 이루어져야 한다고 주장했다(이호룡 『한국의 아나키즘(사상편)』, 지식산업사 2001, 130면).

영과 계리언(堺利彦) 등 일본 사회주의자들이 참석한 사실에서도 알 수 있다. 특히 흑도회라는 이름이나 암좌작태랑의 집에서 결성된 사실은 아나키즘의 경향이 강했다는 사실을 보여주며, 핵심멤버인 박열은 흑도회를 중국의 의열단 같은 조직으로 만들려고 했던 것으로 보인다. 기본적으로는 아나키스트와 공산주의자가 합작한 형태의 조직이라고 볼 수 있다.

흑도회는 박열과 김자문자를 중심으로 『흑도(黑濤)』(1922년 7월 10일)를 발간했다. 이 잡지는 창간사에서 "인간미를 가진 일본인"과 연대할 때 조선해방과 세계융합이 가능할 것이라고 했다. 기사내용은 슈티르너의 자아주의, 바쿠닌의 파괴와 건설의 논리, 크로포트킨의 상호부조론이 혼재되어 있었으며, 노동자의 비참한 현실을 여과 없이 폭로하고 테러활동과 같은 폭력행동을 촉구했다. 흑도회의 대표적인 활동으로는 중진천(中津川) 댐 공사장에서 일어난 한인노동자 학살사건(1922년 7월)에 대한 진상조사단 파견과 항의투쟁을 들 수 있다. 흑도회는 학살사건조사회를 만들어 현지조사를 벌였고, 동경의 조선기독교 청년회관에서 열광적인 성원 속에 진상보고회를 개최했다. 여기서 박열은 일본인 자본가에 의한 한인 노동자의 노동착취와 학대 및 민족차별을 적나라하게 폭로했다.

그런데 일본 사회주의동맹의 분열과 아나-볼 논쟁의 여파로 흑도회는 1922년 10월 아나키즘 계열의 흑우회(黑友會)와 공산주의 계열의 북성회(北星會)로 분열되었다. 여기서도 프롤레타리아 독재문제가 논쟁의 핵심이었으며 국가권력의 존폐문제로 이어졌다. 흑우회에는 박열과 김자문자, 신염피(申焰皮), 홍진유(洪鎭裕), 서상일, 박흥곤(朴興坤), 장상중(張祥重) 등이 참가했다. 이 단체는 『불령선인(不逞鮮人)』(1922년 11월)과 『현사회(現社會)』(1923년 3월) 등을 간행하면서 활동을 전개했다. 한편 북성회는 김약수를 중심으로 조봉암과 송봉우(宋奉禹) 등이 가세했으며 『척후대(斥候隊)』를 발간했다. 대체로 흑우회에는 고학생이 많았고 북성회에는 유학생이 많았는데, 결국 이들의 분화는 한인 민족해방운동의 두 흐름을 형성했다.

흑우회는 주로 언론 출판사업과 일본 및 한인단체와의 연대활동에 주력했다. 하지만 구성원간의 갈등으로 1923년 8월 스스로 해산했다. 박열과 김자문자는 1923년 4월 흑우회와 별도로 대중단체의 성격을 지닌 불령사를 조직했는데, 불령사는 처음에는 한인 15명과 일본인 6명으로 구성되었다. 이 무렵 박열은 다른 아나키스트처럼 사회변혁과 민족해방의 이념으로 아나키즘을 받아들였지만 인류에 대한 절망을 운운하는 등 허무주의 경향이 강한 것이 한 가지 특색이다. 아마도 일본에서 유행하던 슈티르너 사상의 영향을 짐작할 수 있겠으나, 이런 허무주의는 일제에 대한 강렬한 증오심으로 표출되었다. 그는 해외로부터 폭탄을 구입하려고 비밀리에 의열단의 김한(金翰) 등과 접촉했으나 실패했다. 그러던 중 관동대지진(1928년 8월 말)이 발생하고 "조선인이 방화했다" 혹은 "누군가 우물에 독약을 풀었다"는 등의 유언비어가 난무하면서 한인과 일본인 사회주의자에 대한 대량검거와 학살이 이어졌다. 박열과 김자문자 부부는 지진을 틈타 비밀결사로 폭동을 계획했다는 대역사건 혐의로 체포되었다. 이 대역사건은 재일 한인 아나키즘 운동을 상징하는 이정표가 되었다. 널리 알려진 바와 같이 박열은 기나긴 옥중투쟁 끝에 사형판결을 받았다가 무기징역으로 감형되었으나, 그의 처 김자문자가 옥중에서 의문의 죽음을 맞이해 다시 한번 세간을 떠들썩하게 만들었다.[9]

한편 국내에서도 3·1운동 이후 사회주의운동과 관련한 기사가 급증했다. 아나키즘에 관한 최초의 기록은 신채호가 법정에서 증언하던 중에 황성신문사에 재직하던 1905년 행덕추수의 『장광설』을 읽은 후에 아나키즘에 공명했다는 기사가 있다. 하지만 이 시절 행덕추수는 아직 아나키스트가 아니었으며, 신채호 역시 이 주장을 철회함에 따라 신빙성이 떨어진다. 그후 1920년 4월에 조직된 최초의 노동조합인 조선노동공제회의 기관지 『공제(共濟)』나 1922년 3월에 창간한 최초의 사회주의 잡지 『신생활』에 보면 아나키즘

---

9) 박열과 김자문자에 대한 연구는 적지 않다. 예를 들어 김삼웅 『박열평전』, 가람기획 1996; 야마다 쇼지, 정선태 옮김 『가네코 후미코』, 산처럼 2003 등이 있다.

을 소개하는 기사가 적지 않다. 여기에는 크로포트킨의 코뮌적 아나키즘 말고도 슈티르너의 개인적 아나키즘도 소개했다.

1920년 7월에는 무성영화 변사인 정한설(鄭漢卨)이 아나키즘을 선전하다 체포되는 사건이 있었다. 같은 날 체포된 장도원(張道源)은 법정에서 기독교에 입각해 민권의 평등과 무정부를 원한다고 진술해 함흥지방법원에서 1년 6개월이 구형되었다. 그리고 다음해 7월 동양대학교 철학과에 재학중이던 불교청년학생회 소속의 김경주(金敬注)가 크로포트킨과 버트런드 러셀(Bertrand Russell)의 사상을 소개해 아나키즘 선전혐의로 진주지청에서 6개월형을 선고받았다. 신문에서는 국내에서 과격사상을 선전하다 형을 받은 일은 이것이 처음이라고 보도했다.[10] 이런 기사들은 국내 아나키즘 운동의 출발을 암시하는 것이다. 결국 1923년 1월에 이윤희(李允熙)와 이강하(李康夏) 등이 국내 최초의 아나키스트 단체 흑로회(黑勞會)를 결성했다. 이 조직은 박열이 만든 일본의 흑도회와 깊은 관계를 맺고 있었는데, 결성선언문도 매우 흡사했다고 한다. 그후 조선의 아나키즘 운동은 재일 아나키스트의 영향을 강하게 받는다.

다음으로 1920년대 초 대만의 사회운동의 상황을 간단히 살펴보자.[11]

대만인의 사회운동은 지리적으로 대만과 일본, 중국 등 세 곳에서 일어났는데, 먼저 재일 대만 유학생사회에서 사회주의사조가 싹텄다. 1920년대 초 동경의 대만 출신 유학생의 다양한 사회활동은 대만 내에도 일정한 영향을 미쳤다. 일본 명치대학(明治大學)에 재학중이던 팽화영(彭華榮)은 계리언, 산천균(山川均) 등과 접촉하고 효민회에 가입하면서 처음으로 사회주의사상

---

10) 無政府主義運動史編纂委員會 編 『韓國아나키즘運動史(前篇)』, 형설출판사 1978, 155～56면.

11) 『臺灣總督府警察沿革誌』 가운데 『臺灣社會運動史』는 일제시대 대만정치사회운동사를 연구하는 데 가장 중요한 자료인데 1920년대 대만인의 아나키즘 운동을 살피는 데에도 기초적인 사료들이다. 이 자료집을 수정 보완한 王詩琅 譯註 『臺灣社會運動史 ― 文化運動』 (稻鄕出版社 1988)에 대만인 아나키스트 활동에 관한 자료가 일부 남아 있다.

을 접했다. 팽화영이 『대만청년』(제4호, 제5호)에 「사회주의개설」이라는 글을 실었는데, 이것이 대만인이 처음으로 사회주의를 소개한 문장으로 알려져 있다. 같은 시기 상지대학(上智大學)에서 공부하던 범본량(范本梁)도 대삼영 등의 영향을 받아 아나키즘에 공감했다. 1921년 6월 범본량과 팽화영은 코스모스구락부의 강연회에 함께 참석해 대만 해방문제를 언급하다가 경찰의 제지를 받았다. 효민회나 코스모스구락부는 한인 유학생들도 참여한 단체이므로 대만과 조선 유학생들이 서로 교류했을 가능성이 높다. 그런데 강연회가 끝난 후 경찰의 감시가 심해지자 1921년 7월 팽화영은 상해로 건너갔고, 다음해 8월에 범본량도 북경으로 갔다.12)

대만 청년들에게 해외 유학에는 일본 말고도 중국이 있었다. 그러나 일본 정부는 대만인들이 한족이라는 사실을 망각하고 동화를 가속화하기 위해 중국으로 유학 가는 것을 금지했다. 따라서 일본으로 유학 간 사람들에 비해 숫자가 적었으며, 만약 중국으로 유학 가려면 선원 등으로 신분을 위장해야만 했다.13) 먼저 일본에 가서 다시 중국으로 건너가든지, 아니면 대만 기륭항에서 상해를 경유해 일본으로 가는 배를 이용하곤 했다. 중국공산당이 막 태동할 즈음 북경에 유학하던 대만 청년은 불과 30여명이었으나 여러 사회단체들을 조직했다.

특히 상해는 국제도시로 대만인 급진주의자에게도 활동이 편리한 곳이었다. 프랑스 조계는 더욱 개방적이어서 중국공산당과 한인공산당(韓人共産黨)의 활동이 있었고, 대만 유학생들도 그런 영향을 받았다. 대한민국 임시정부는 중국국민당 간부의 협조 아래 중한호조사(中韓互助社)를 조직해 민간 차원에서 조선의 독립을 추구했다.14) 대만 사회운동가들도 이 모임에 종종 참가했는데, 채혜여(蔡惠如)는 일본에서 신민회 활동을 하다 중국으로 건

---

12) 楊碧川 『日據時代臺灣人反抗史』, 稻鄕出版社 1988, 161면.
13) 林國章 『民族主義與臺灣抗日運動』, 海峽學術出版社 2004, 191면.
14) 石源華 編著 『韓國獨立運動與中國』, 上海人民出版社 1995, 118면.

너와서 중한호조사가 주최한 한 다과회에 참여해 일본 점령 후의 대만 실상을 보고했다. 얼마 후 상해로 건너온 팽화영도 중국국민당과 접촉하고 있던 채혜여와 연락했고, 곧이어 한인 및 중국공산당원과 왕래했다.

3·1운동 후 대만 섬에서도 무단통치가 문화통치로 바뀌어 실시되자 사회운동을 전개하기가 쉬워졌다.[15] 동경 유학중인 대만유학생은 민족주의자 임헌당(林獻堂) 등의 노력으로 성응회(聲應會)와 계발회(啓發會), 신민회(新民會) 등을 만들었다. 얼마 후 대만청년회가 성립하자 『대만청년』이라는 잡지도 발행했다. 그후 대만으로 귀국한 임헌당은 대북에서 유명한 대만문화협회(臺灣文化協會, 1921년 10월)를 만들었다. 대만문화협회는 초기에는 민족자결주의를 이념으로 삼아 공동전선의 방식으로 대만의회설치청원운동을 주도했다. 그후 아나키즘과 공산주의가 흥기하자 민족주의운동에 종사하던 청년학생들 사이에 전파되어 강권을 타도하자는 주장이 나타나기 시작했으며 계급투쟁의 입장에서 민족주의운동을 비판했다. 이에 대만의 사회운동은 새로운 발전단계에 접어들었다.[16]

대만문화협회의 대표 인물이자 사회주의자인 연온경(連溫卿)은 일찍부터 에스페란토 운동의 영향을 받아 에스페란토야말로 민족을 뛰어넘어 인류평화를 가져다줄 것이라고 믿고 선전에 앞장섰다. 1919년 소벽휘(蘇璧輝)와 함께 대만세계어학회(臺灣世界語學會)를 만들어 월간지 『녹음(綠陰)』을 발행했다. 그는 이민족 통치자들이 어떤 민족을 말살하려면 우선 그들의 언어를 말살하려 한다면서, "민족문제가 있다면, 반드시 언어문제가 있다"는 전제 아래 대만 언어를 보존하는 데 노력했다. 연온경은 대만 내 초기 아나키

---

15) 옥천신명(玉川信明)은 1919년 대만에서 일어난 무장봉기인 서래암(西來庵) 사건을 대만 아나키즘 운동의 출발로 삼는다. 사건의 지도자인 여청방(余淸芳)이 일본에서 아나키스트의 영향을 받은 사실에 주목한 것이다(玉川信明 『中國の黑い旗』, 晶文社 1981, 299~300면).

16) 王曉波 編 「日本人眼中的臺灣抗日運動」, 『臺灣的殖民地傷痕新編』, 海峽學術出版社 2002, 97면.

즘의 전파에도 관계가 있으며, 무산청년과 활동에 열심이었다. 얼마 후 일본인 교사 산구소정(山口小靜)의 소개로 에스페란토 행사를 목적으로 일본을 방문할 기회가 있었다. 이때 사회주의자 산천균과 왕래했으며, 그의 영향을 말미암아 점차 노농파(勞農派) 공산주의자 성향을 띠었다.

아나키즘이 식민지 해방과 독립을 위한 민족해방운동의 논리로 이용되는데 별다른 모순이 없었다는 사실은 중요하다. 어쩌면 철학적으로 빈곤한 민족주의가 다른 '주의'의 도움을 필요로 한다는 사실이나, 민족주의가 반드시 국제주의와 대립하지는 않는다는 사실을 받아들인다면 이해할 수 있는 현상이다.[17] 일본 아나키스트 행덕추수나 대삼영은 조선과 대만 같은 식민지의 입장을 동정하고 연대를 모색했지만 그들의 민족주의조차 충분히 공감한 것은 아니었다. 정복국가의 지식인으로서 국가나 정부조차 없는 식민지 지식인들이 제국주의와 투쟁하기 위해 민족주의에 접근하는 현실을 쉽게 이해하기는 어려웠을 것이다. 특히 한인과 대만인의 아나키즘 운동이 민족주의 범주에서 자유롭지 못했다는 지적은 꾸준히 있어왔다.[18]

대체로 한인과 대만인의 민족해방을 위한 아나키스트 연대활동은 중국대륙을 배경으로 이루어졌다. 다음 장에서는 1920년대 중반 한인과 대만인 아나키스트의 활동을 단체와 잡지를 중심으로 북경과 상해, 광주 지역으로 나누어 살펴보겠다.[19]

---

17) 황동연은 초국가적 이상과 민족주의 사이에 있는 '모순'이야말로 식민지 상황에서 급진주의가 대두되는 과정을 극명하게 잘 보여주는 것으로, 이런 모순관계는 급진주의와 민족주의의 관계를 긍정적이고 생산적으로 만들 여지를 주었다고 본다(황동연 「지역시각, 초국가적 관점, '동부아시아' 지역개념과 '동부아시아' 급진주의 역사의 재구성 시론」, 『동방학지』 145호, 2009, 304면).

18) 존 크럼은 한인 아나키즘 운동의 한계를 지적하면서 아나키즘의 가장 중요한 원칙 가운데 하나는 국적에 관계없이 모든 곳, 모든 사람들이 국가에 의존하지 않고 서로 협조해가며 살아갈 능력을 가졌다는 확신이라고 했다(존 크럼 「동아시아에 있어서의 아나키즘과 민족주의」, 『아나키즘 연구』 창간호, 1995, 106면).

19) 1920년대와 1930년대에 한인 아나키스트가 중국과 일본에서 출판한 신문과 잡지를 분석

2. 북경 지역

『천고』와 재중국조선무정부주의자연맹

한국의 대표적인 아나키스트로 불리는 신채호(申采浩)는 1913년 상해로 건너간 후 크로포트킨과 행덕추수, 사복 등의 아나키즘 관련 저작을 읽은 것으로 보인다. 그는 임시정부의 정치노선에 불만을 품고 상해에서 신대한동맹단을 결성(1919년 10월)하는 데 참여해 기관지 『신대한』을 발행했다. 이 잡지는 급진적인 주장을 담고 있는데, 상해임정에 반대해 사회주의 경향의 글도 선전했다고 한다. 이때 이동휘의 한인사회당에도 가입한 것으로 알려져 있다. 재중국 한인 아나키즘 운동의 출발문제와 관련해 신채호가 일찍부터 주목되는 이유는 상해에서 북경으로 상경해 발행했다고 알려진 『천고(天鼓)』(1921년 1월) 때문이다.20) 한 회고에 따르면 당시 그는 역사연구에 골몰했으며, 박숭병(朴崇秉)의 집에 기거하면서 『천고』를 출판했다고 한다.21) 이 잡지에 실린 글들은 대부분 역사논문과 일제만행을 비판하고 독립운동을 소개하는 기사들인데, 그 가운데 일부 글들이 사회주의 및 아나키즘에 대한 관심을 나타내어 주목을 끈다.

「고고편」(제1호)에는 "국수는 군국 침략의 다른 이름이다"라고 규정하여 내셔널리즘에 대한 회의를 드러내며, 「고조선의 사회주의」(제2호)에서는 조선에서의 사회주의는 고조선 시대부터 이미 존재했으며 고조선의 정전제가 그것이라 주장했다. 이런 사회주의 전통은 조선 역사에 꾸준히 나타나고 있다고 했다. 그리고 「크로포트킨의 죽음에 대한 감상」(제2호)에서는 크로포트

한 글로는 황동연의 논문이 있다. 여기서는 한인 아나키스트의 초국가적인 주장과 지역적 특징에 주목한다(Hwang Dongyoun, "Beyond Independence — The Korean Anarchist Press in China and Japan in the 1920s and 1930s," *Asian Sudies Review* Vol.31. No.1, 2007. 3).

20) 이호룡, 앞의 책 152~53면.

21) 柳子明「朝鮮愛國史學家申采浩」(楊昭全 等編, 앞의 책 1374면).

킨의 죽음에 대한 소식을 전하면서 그가 레닌과 소비에트 정부의 반대자였다고 기술했다. 여기서 자신이 아직 크로포트킨과 아나키즘에 대해 깊이 연구한 것은 아니라는 사실을 인정하면서도, 크로포트킨이 "생물계의 상호부조의 뜻을 널리 밝혀서 다윈의 생존경쟁설과 싸웠고……"라며 약간의 지식을 가지고 있음을 드러냈다.22)

중국인 종수(種樹)가 기고한 글 「자유를 쟁취하기 위한 천둥소리」(제1호)는 국가주의를 비판하고 자유와 호조의 인도주의를 제창한다는 구절 등으로 미루어 아나키스트의 글로 보인다. 여기서 작자는 "조선문제는 조선인 자신의 문제일 뿐만 아니라 세계평화와 관련한 최대의 문제이다. 조선인이 현재 요구하는 민족자결은 편협한 국가주의가 아니라 자유의 길을 찾아가려는 주의"23)라고 평가했다. 다른 주목할 만한 글로는 중국인 천애한인(天涯恨人)이 보내온 「중국에 중한친우회를 만들 필요에 대해 논함」(제1호)과 이에 대한 답장 성격을 띤 신채호의 「한중 양 민족은 마땅히 단결해야 함」(제2호)이라는 글이다. 앞의 글은 한중간의 협력 필요성을 제기한 것으로 당시 『독립보』 기자 이영렬(李英烈) 명의로 중국 각지에 산포한 인쇄물의 제목과 같은 것으로 보아 동일한 글일지도 모른다.24) 뒤의 글은 이 제안에 호응하는 신채호의 입장을 담고 있다. 이런 한중연대의 분위기는 같은 시기에 장사, 안휘, 한구 등지에서 중한호조사가 성립된 사실과 관련지어볼 때 전국적인 항일운동의 분위기를 반영한다고 볼 수 있다.

그런데 현재 수집 가능한 『천고』 제1호와 제2호만으로는 이것이 최초의 재중국 한인 아나키즘 잡지라고 단정하기에는 어려움이 있다. 이 잡지는 민족주의와 아나키즘 논리가 혼재되어 있고, 신채호 자신도 민족주의자와 아나키스트의 건널목에 서 있는 듯한 인상을 받는다. 『천고』는 문화적 민족주

---

22) 최광식 역주 『단재 신채호의 『天鼓』』, 아연출판부 2004, 176면.
23) 種樹「爭自由的雷音」, 『天鼓』 第1號, 1921. 1. 1.
24) 楊昭全 等編, 앞의 책 1479면.

의와 정치적 아나키즘이 결합된 묘한 특색을 보여주고 있는데, 이런 현상은 비단 이 잡지뿐만 아니라 유사배(劉師培)와 경매구(景梅九) 같은 중국 아나키스트가 출간한 잡지들에서도 본 적이 있다. 그리고 이런 논조는 철저한 반전통주의나 반민족주의를 주장하는 기타의 아나키스트 잡지와는 구별되는 특징이기도 하다.

『천고』의 상징적인 의미는 만약 신채호가 조직했다고 전해지는 흑색청년동맹(黑色靑年同盟) 북경지부의 존재가 사료의 발굴로 실체가 확인된다면 더욱 분명해질 것이다. 장지락은 "1921년에 비로소 '흑색청년동맹'이라는 무정부주의자 정당이 한국 국내에서 만들어졌다. 이 정당은 조그마했으며 완전히 지식인들로 구성되었다. 같은 해에 북경지부를 만들었다. 이 지부에는 소수의 중국인은 물론이요, 대만인과 일본인도 있었다. 아직도 소수의 회원을 갖는 '무정부주의자연맹'이 있기는 하지만 흑색청년동맹은 1924년 이후 해체되었다. 공산당이 흥기하자마자 무정부주의자들은 모든 영향력을 상실해버렸다. 동맹의 창설자 신채호는 현재 조선의 감옥에 갇혀 있다"[25]라고 회고했다. 현재 흑색청년동맹에 대한 기록은 이것이 전부이고 불명확하지만 재중 한인 아나키즘 운동의 출발시점을 추측할 수 있는 또다른 실마리이기도 하다[26].

1920년대 초 신채호가 아나키즘적 급진논리에 흥미를 가진 것은 분명하다. 그리고 비록 1924년 4월의 재중국조선무정부주의자연맹(在中國朝鮮無政府主義者聯盟, 1924년 4월) 창립회의에 참석하지는 못했으나,[27] 그전에 아

---

25) 김산·님 웨일즈, 앞의 책 95면.
26) 여기서 등장하는 조선의 '흑색청년동맹'이라는 명칭은 앞서 언급한 일본 및 동아시아 여러 지역에서 만들어진 '흑색청년연맹'을 연상시킨다. 하지만 앞의 동맹은 1921년에 결성되었다고 하며, 뒤의 연맹은 1926년에 결성되었으므로 일단 별개의 단체로 보아야 할 것이다.
27) 신채호는 '연맹'이 결성될 당시 북경 석등암(石燈庵)에 기거하면서 사고전서를 섭렵하며 역사편찬에 몰두하고 있었기 때문에 이 조직에 가입하지 못했다(無政府主義運動史編纂委員會 編, 앞의 책 288면).

나키즘에 경도된 것은 거의 확실해 보인다. 「조선혁명선언」(혹은 「의열단선언문」 1923년 1월)에서 그런 가능성을 찾을 수 있다. 알려진 바와 같이 의열단은 파괴와 테러의 직접행동론을 주장했으며, 그 논리를 정당화하기 위해 의열단 단주 김원봉(金元鳳)의 요청과 유자명(柳子明)의 소개로 신채호가 조선혁명선언을 작성했다. 이 선언문은 아나키즘적 테러리즘의 방법을 채용해 의열단의 폭력투쟁을 이론화한 것으로, 당시 대중운동이 불가능한 해외의 독립운동가에게 매우 호소력 있는 주장을 담고 있었다. 선언문 내용이 아나키스트와 민족주의자가 공유할 수 있는 부분을 담은 것이라는 해석이 있다.[28] 같은 시기 유자명의 도움 아래 조직된 다물단(1923)은 더욱 아나키즘적 색채가 뚜렷한 것으로 알려져 있다. 여기서 우리는 유자명이라는 한인 아나키스트의 존재에 주목할 필요가 있다. 그는 상해임정 초대 의정원 의원으로 선출된 바 있고 1921년 천진에서 의열단에 가입한 인물이다. 유자명은 1920년대 초 어느 시점에 아나키즘을 받아들인 것으로 보이는데, 시기적으로 보아 신채호와 비슷한 시기에 아나키즘에 심취했던 것으로 여겨진다. 그의 사상과 활동에 대해서는 뒷장에서 따로 다룰 것이다.

재중 한인 아나키스트에게도 크로포트킨의 영향은 절대적이었다. 예를 들어 유자명은 크로포트킨이 자신에게 끼친 영향을 고백하면서 『한 혁명가의 회상』이나 『상호부조론』으로부터 큰 영향을 받았다고 회고했다. 얼마 후 신채호도 크로포트킨의 「청년에게 고함」이라는 논문의 세례를 받았다면서 세계 5대 사상가 가운데 한 사람으로 석가와 공자, 예수, 맑스와 더불어 크로포트킨을 지목했다.[29]

---

28) 존 크럼 「동아시아에 있어서의 아나키즘과 민족주의」, 『아나키즘 연구』 창간호, 1995, 93~94면.
29) 민족주의자였던 신채호는 생존경쟁과 약육강식의 국제사회에서 강자만이 살아남고 약자는 도태된다는 자강론적 발상이 조선의 부강을 위해 민중의 자각을 요구하는 데 유용하지만, 다른 한편으로는 강자인 일본이 약자인 조선을 지배하는 것을 정당화하는 논리이기도 하다는 사실을 깨달았다. 이런 자강론의 모순을 넘어서는 데에 상호부조론은 결정적인 대

한인 독립운동가 이회영(李會榮)과 유자명, 이을규(李乙圭), 이정규(李丁圭), 정화암(鄭華岩), 백정기(白貞基) 등 여섯 명이 북경에서 만든 재중국조선무정부주의자연맹은 크로포트킨 사상의 영향 아래 만들어진 코뮨적 아나키즘 단체였다. 이들 대부분은 중국인 아나키스트와의 교류를 통해 아나키즘을 수용했다는 공통점을 가지고 있으며, 특히 이석증(李石曾)과 오치휘(吳稚暉) 등 구신세기파 아나키스트의 도움을 받았다. 그 가운데 이정규는 중국인 아나키스트들과 러시아인 에로센코, 대만인 범본량 등과의 교류를 통해 아나키즘을 받아들였다. 특히 북경대학 생물학 교수인 이석증과 총장 채원배(蔡元培)의 호의로 경제학과 2학년으로 편입해 공부할 시기에 에로센코와의 교제중에 감화를 받아 아나키즘에 공명했다고 전한다. 이정규는 대표적인 한인 이론가로 '무정부주의연맹의 필봉'이라고 알려져 있는데, 크로포트킨의 여러 저작들을 번역했다.[30] 그가 번역한 소책자들은 영국 프리덤출판사가 간행한 크로포트킨 시리즈 「법률과 강권」 「무정부주의자의 도덕」 등을 비롯해서 바쿠닌과 말라테스타, 르클뤼의 팸플릿 10여편이었다. 친형인 이을규도 '한국의 크로포트킨'이라는 별명이 있는데, 그도 비슷한 경로를 통해 아나키즘을 수용했다. 한편 이회영은 이정규가 아나키스트 진위기(陳偉器)와 호남성의 한 마을에 이상촌인 양도촌(洋濤村)을 만드는 계획을 세워 그와 의논할 무렵 아나키즘에 경도되었다.

1922년 6월 초 북경의 청년들이 세계어학회를 조직하고 활동하는 상황을 염탐해 정부에 보고한 첩보가 남아 있다. 그 보고서에는 일본 공산주의자 근등광(近藤光)과 한인 이정규·이을규 등이 세계어학회의 좌담회에 참가한 기록이 있다. 그 내용 중에는 중국 학생의 인사말에 이어 한인의 답사가 있었는데, 이때 이정규는 조선의 전국민은 국토와 주권을 회복하려는 마음에

안을 제시했다(김형배 「단재 신채호의 무정부주의에 관한 일고찰 — P. 크로포트킨과의 사상적 연계를 중심으로」, 『단재 신채호선생 순국 50주년 추모논총』, 1986).
30) 오장환 『한국 아나키즘 운동사 연구』, 국학자료원 1998, 184면.

서 희생을 두려워하지 않고 해방을 도모한다면서, 한중일 청년들이 함께 협력할 것을 희망한다는 구절이 있다.[31] 좀더 구체적인 내용은 알 수 없으나 그래도 한인 청년이 중국 아나키스트와 접촉하는 과정의 한 단면을 보여주고 있다.

재중국조선무정부주의자연맹은 『정의공보(正義公報)』라는 순간지를 발행해 중앙집권적 공산주의와 파벌주의적 독립운동가를 비판하면서 자유연합의 조직원리에 따라 모든 독립 운동세력이 서로 제휴할 것을 선전했다고 전한다. 그런데 여기서 프롤레타리아 독재를 주장하는 볼셰비키 혁명을 비판했다는 대목은 이전과 달리 공산주의에 대한 뚜렷한 비판의식이 있었음을 보여준다. 이 잡지는 이회영을 주간으로 제9호까지 발행되었다고 하나 현재 남아 있지 않다.[32] 연맹에 참여한 한인 운동가들이 중국인과의 교류를 통해 아나키스트가 되었다는 사실은 북경의 상황을 볼 때 자연스러운 일이다. 더구나 상해임정의 분열과 대립에 대한 환멸, 새로운 민족해방운동의 출구로서 아나키즘 방법론의 매력 등이 그들로 하여금 아나키스트가 되도록 한 요인이었을 것이다. 그들의 회고를 보면 코뮌적 아나키즘이 당시 민족해방의 이론과 방법으로 별다른 모순이 없다고 생각한 듯하다.

한인이 관련된 또다른 아나키스트 단체로는 이른바 '북경 민국대학 아나 그룹'이 있다. 이 그룹은 1924년 10월경 파금(巴金)·향배량(向培良)·고장홍(高長虹)·곽동헌(郭桐軒)·방종오(方宗鰲) 등의 중국인 청년과 유서(柳絮)·심용해(沈龍海) 등의 한인 청년들이 민국대학을 중심으로 모여 만든 것이다. 이들은 흑기연맹(黑旗聯盟)이라는 단체를 조직했는데, 한중 청년 아나키스트들의 합작품이라 할 수 있다. 그 가운데 유서는 황해도 출신으로 명석한 이론가이자 강인한 실천가로 한중 양국의 친선과 협력에 노력한 인물

31) 葛懋春·蔣俊·李興芝 編 『無政府主義思想資料選』(下), 北京大學出版社 1984, 1057~58면.
32) 無政府主義運動史編纂委員會 編, 앞의 책 289면.

이다. 앞서 언급했듯이 그는 「동아무정부주의자 대연맹을 조직할 것을 주장함」(1926년 말)이라는 유명한 글을 쓴 장본인이다.[33] 또다른 인물 심용해는 길림성 출신으로 비록 조선말은 잘하지 못했으나, 중국어와 에스페란토가 매우 능했다고 한다. 그는 중국 아나키스트의 각종 언론활동에도 참여한 것으로 알려져 있다.[34] 심용해는 1929년 길림에서 한인 공산주의자(일본 영사관 밀정)에 의해 암살당했다. 민국대학 아나그룹은 이석증과 오치휘, 채원배, 장계 등의 지원을 받아 1925년 봄부터 『동방잡지』를 발행했다고 하는데 역시 전해지지 않는다. 앞의 '연맹'이나 '아나그룹' 모두 이석증과 오치휘 같은 구신세기파 아나키스트의 지원을 받았다는 사실은 기억할 만하다.

그후 유서와 심용해 등을 중심으로 다시 고려청년사(1926)가 조직되었는

---

33) 유서는 유수인(柳樹人)과 동일인물이다. 원명은 유기석(柳基石), 필명은 우죽(友竹), 가명은 유평(劉平)·등여영(鄧茹英)·유우정(劉雨亭)·이계동(李啓東) 등 여러 개의 이름을 사용했다. 그는 황해도 금천군 출신으로 1905년 출생하여 1911년(1912년?)에 중국 만주에 와 길림성 연길에서 공부했다. 1916년 중국 국적을 취득하고 1920년 관내로 들어와 남경 화중공학(華中公學)을 졸업한 후 민족주의 단체에 가입해 항일운동에 참가했다. 북경에 온 그는 일제의 한국과 중국침략을 반대하고, 조선흑기단(朝鮮黑旗團, 민국대학의 흑기연맹?)과 관련을 맺었으며, 노신과도 왕래가 있었다. 유서는 1926년 조양대학(朝陽大學) 경제과를 졸업한 후에도 아나키즘 활동에 적극적이었다. 그는 1928년 3월 상해에서 유자명, 구양군(歐陽軍), 유림(柳林), 한일원(韓一元), 이을규, 윤호연(尹浩然) 등과 재중국조선무정부공산주의자연맹(在中國朝鮮無政府共産主義者聯盟)을 만들었고, 다시 같은 해 6월 윤호연, 안태근(安泰根) 등과 동방무정부주의자연맹(東方無政府主義者聯盟)에 참가했으며 1930년 4월에는 남화한인청년연맹을 조직하는 데 기여했다. 1937년에는 조선혁명자연맹(朝鮮革命者聯盟)을 유자명, 박기성(朴基成), 이승래(李升來), 정화암, 이종봉(李鍾鳳) 등과 함께 만들었다. 그는 항일전쟁 시기 언론계와 교육계에서 활동했으며, 해방 후에도 강소사범학원 역사학과 교수를 지냈다. 1955년 조선 국적을 회복했고 1980년에 사망했다. 좀더 연구해야 할 한인 아나키스트의 한 사람이다.

34) 심용철(沈龍哲)은 「나의 회고」에서 자신의 형인 심용해가 1924년경 국풍일보사의 편집실에서 두 명의 일본인 청년과 함께 지낸 일을 회고하면서, 이들은 모두 "대동주의 사상, 천하는 모두 한집안이며 사해는 친형제라는 사상"을 가지고 있었다고 회고했다(황동연 「20세기 초 동아시아 급진주의와 '아시아' 개념」, 『대동문화연구』 50호, 2005, 146면 재인용).

데, 이 단체는 앞의 흑기연맹의 전통을 계승한 듯하다. 이들은 중국어로 된 『고려청년』(1926년 3월)을 간행했는데, 중국인들에게 조선의 실상을 소개하고, 피압박 민족 상호간의 단결을 모색했다. 특히 파금은 고려청년사에 공개편지를 보내어 서로간의 깊은 인연을 서술하면서, "고려 민중을 우방 민중에게 소개하고, 우리 민족 및 기타 약소민족에 대한 적들의 모든 제국주의 침략정책 및 그 수단을 폭로함으로써 피압박 민족 간에 강대한 결합을 도모하고자 한다"고 썼다.[35]

요컨대 1921년의 『천고』는 전형적인 아나키즘 잡지라고는 볼 수 없으나 1924년의 재중국조선무정부주의자연맹은 전형적인 아나키스트 단체라고 말할 수 있다. 하지만 이 조직의 출현은 한인 아나키즘 운동의 시작이 아니라 1920년대 초 각종 사회주의 사조가 혼재되어 있던 시기를 지나 자신만의 정체성을 확립한 시점 혹은 운동에 새로운 질적인 변화를 가져온 사건이라고 볼 수 있을 것이다.

신대만안사

북경의 대만 유학생들은 북경대만청년회를 결성(1922년 1월)해 대만과 해외의 민족해방운동에 호응했다. 이 단체는 범본량과 왕열지(王悅之), 임병곤(林炳坤), 정명록(鄭明錄), 진강동(陳江棟) 등 5인이 발기했다는 설이 있지만, 범본량은 그해 8월 동경에서 북경으로 왔기 때문에 나중에 참가한 듯하다. 그리고 명예회원으로는 이석증과 채원배, 호적(胡適), 양계초(梁啓超) 등이 있었다. 북경대만청년회 발기인의 정치성향은 다양했으며, 창립시기만 해도 사회주의운동이나 사회혁명의 필요성에 공감하지 않았다고 한다. 그들은 주로 민족자결주의의 계몽활동과 대만에서 전개되던 대만의회설치청원운동에 찬성하는 주장을 폈다. 이 단체는 화북대만인대회를 열어 「화북대만인대

---

35) 박환 『식민지시대 한인아나키즘 운동사』, 선인 2005, 40~41면 재인용.

회 선언」을 발표했는데, 여기서는 일본의 총독정치를 비판하고, 대만 민중과 전세계 피압박 약소민족과 함께 투쟁하며, 일체의 강권과 부자연스러운 제도를 타도하자고 주장했다.

대만 아나키즘 운동사의 첫 페이지를 장식하는 신대만안사(新臺灣安社)가 바로 이즈음 결성되었다. 범본량(별명 鐵牛)[36]은 북경대학 철학과에 청강생으로 있으면서, 현지의 아나키스트나 대만 유학생들과 왕래했다. 북경대만청년회에서 활동하면서 중국 아나키스트 경매구 등 190여명이 참여한 북경안사(北京安社)에도 가입했다. 1924년 2월 8일 연경대학의 허지산(許地山) 등과 신대만안사를 조직했는데, 대만인이 처음으로 만든 아나키즘 조직이었다. 이 사회혁명 단체에는 임병문(林炳文)을 비롯해 가명으로 보이는 명협(鳴俠)과 치원(致遠), 찬시(贊是), 모진(慕眞), 애양(愛陽) 등 18명이 회원으로 있었다.[37] 당시 재북경 대만인 유학생들은 주로 사렴청(謝廉淸)과 사문달(謝文達) 등이 주도하는 공산주의운동에 경도되어 있어서 아나키스트는 소수에 불과했다.

범본량은 신대만안사의 기관지『신대만(新臺灣)』창간호(1924년 4월 15일)를 발행했다. 그는 「신대만안사선언」에서 다음같이 주장했다.[38]

현재 우리 대만 민중이 열렬히 희망하는 것은 무엇인가? 무슨 목표를 위해 분투하는가? 우리들은 감히 말하니, 행복과 평화를 위하려면, 진리와 광명을 위하려면, 정의와 자유를 위하려면 분투해야 한다. 세계 어느 지방의 약소민족과 마찬가지로 대만 민중은 일체의 부자유, 불평등, 빈곤, 암흑을 겪고 있는데, 이 모두 국가, 정부, 관료, 군벌, 귀족 등 강자들의 죄악에서 온 것이며, 자본가, 지주, 공장주, 은행가 등 도적들이 만들어 놓은 죄과에서 나온 것이다. 결

---

36) 楊碧川「無政府主義者 ― 范本梁」,『臺灣近代名人誌(3)』, 自立晚報社 1987 참조.
37) 박환, 앞의 책 23면.
38)「新臺灣安社宣言」,『新臺灣』第1號, 1924. 4(王曉波 編『(新編)臺胞抗日文獻選』, 海峽學術出版社 1998, 289~95면).

론적으로 말하면, 일체의 권력과 사유재산제도를 유지하려는 악과(惡果)인 것이다. 이런 일체의 압박과 착취를 타도하려면, 동경에서 진행중인 유치한 대만민선의회청원운동은 절대로 근본문제를 해결할 수 없다. 맑스파의 적색 러시아도 이미 자본가의 색채를 드러내고 잘못된 중앙집권을 주장하므로, 우리 무정부주의자들은 이에 대해서 굳건히 투쟁해야 한다.[39]

우선 범본량은 대만 정치운동의 주류인 대만의회청원운동을 비판했다. 그는 "현재 세계 각지의 운동, 예를 들어 민족자결운동, 인도·필리핀·조선의 독립운동, 일본의 보통선거운동과 우리 대만의 민선의회운동은 근본적으로 문제를 해결할 수 없다. 이것은 폭력으로 폭력을 대체하려는 운동에 불과하므로, 소수 자본가들에 의해 농락당하거나 야심가들이 군중의 혁명심리를 이용하여 어부지리를 얻으려는 것이다. 가련한 민중들의 재산과 피눈물을 희생시켜 개인의 주머니를 채우려는 것이다"[40]라고 폭로했다. 뿐만 아니라 소련 공산주의에 대해서도 비판했다. 같은 글에서 "맑스파의 소련을 살펴보면 결국 자본주의 색채를 띠고 있는데, 맑스주의가 중앙집권의 착오를 주장한다면 우리들 무정부주의자들은 마땅히 의연하게 분노해야 한다. 생명을 담보로 해 일체의 권력을 타파하고, 모든 자연스럽지 못한 제도를 전복시키며, 비과학적인 미신을 제거하여, 노동대중의 진정한 행복을 위하여, 전체 피압박자의 진정한 자유를 위해 분투하자"[41]라고 주장했다.

이와 같이 범본량이 대만의 의회설치청원운동과 소련의 신경제정책에 대해서 비판한 것은 당시 대만학생들로서는 받아들이기 어려운 과격한 주장이었다. 하지만 이런 대의제에 대한 비판 및 공산주의에 대한 회의는 전형적인 아나키스트의 관점을 잘 드러낸다.

「집행부선언」(제2호, 1924년 12월)에서는, "대만민족이 생존을 유지하려면

---

39) 「新臺灣安社宣言」.
40) 같은 글.
41) 같은 글.

일본 강도를 몰아내지 않으면 안 되고, 일본 강도를 몰아내려면 폭동과 혁명 말고는 다른 길이 없다. 이 때문에 우리들은 강력히 주장하니 1) 대만총독과 관리들을 암살하고, 2) 전체 일본의 요인과 관리들을 암살하고, 3) 특무 앞잡이와 국민을 속이는 부패한 무리들을 암살하고, 4) 자본가와 특권계급을 암살하고, 5) 적들의 일체 시설을 파괴하자. 암살을 끊임없이 진행하고 폭동을 계속 일으키면, 대만민중의 혁명은 성공할 것이다!"[42]라고 선언했다. 여기서는 일본정부의 무자비한 폭력으로 인해 대만동포들이 고통 속에서 지내는 것을 목격하면서 대만인의 혁명을 목표로 신대만안사를 조직했다는 사실을 분명히 밝히고 있다.

「대만혁명운동방법」(제3호, 1925년 3월)에서는 사약(社約) 3장도 제시했다. 사약 3장이란 첫째, 비밀을 누설하는 자는 사형에 처한다, 둘째, 최선을 다해 노력하지 않는 자는 견책한다, 셋째, 회원은 각자 무한책임을 진다 등이다.[43] 범본량은 대만 혁명운동의 방법을 설명하면서 "동포들이여 바쿠닌이 리옹에서 심문받을 때 외쳤던 두 가지 주장과 허무당의 한 가지 말을 잊지 말자"고 했다. 여기서 두 가지 주장이란 "머릿속의 사상은 총구의 탄환이다" 와 "한 개의 폭탄은 책 십만권의 선전보다 낫다"는 것이다. 그리고 한 가지 말이란 곧 "목적이 수단을 결정한다"는 주장이다.[44] 이처럼 『신대만』에서는 암살을 주요수단으로 삼은 직접행동에 의한 사회혁명을 주장했다. 신대만안 사가 폭력적 혁명수단으로 대만총독, 관리, 앞잡이, 자본가를 암살해 일본 강도를 몰아내자고 주장한 것은 대만 아나키즘 운동의 출발을 알리는 고독한 외침이었다.

여기서 궁금한 사실은 신채호가 만든 「조선혁명선언」(1923년 1월)과 신대만안사선언의 유사성 여부이다. 잘 알려진 바와 같이 "일제는 한민족 생존의

42) 「執行部宣言」, 『新臺灣』 第2號, 1924. 12.
43) 박환, 앞의 책 13~14면 재인용.
44) 「臺灣革命運動方法」, 『新臺灣』 第3號, 1925. 3.

적이다" "강도정치에 타협 기생하는 자는 우리의 적이다" "외교준비의 미몽을 버리고 민중직접혁명을 선언한다" "양병 10만이 일척의 작탄만 못하다" "이족통치를 파괴하고 신조선을 건설하자" 등의 내용을 담고 있는 「조선혁명선언」의 민중의 직접혁명론과 개인 테러 중심의 의열투쟁론은 위에서 소개한 범본량의 주장과 자못 유사하다. 현재로서는 두 선언의 인과관계를 명확하게 밝히기는 어려우나, 두 사람의 개인적 친분을 고려한다면 서로 영향을 끼쳤을 가능성도 배제할 수는 없다.

범본량과 친구였던 유자명의 회고에 따르면, 1924년 무렵 자신은 신채호와 함께 있던 시간이 가장 길었으며, 대만 벗들인 범본량, 임병문 등과도 잦은 왕래를 했는데, 그들의 소개로 자신이 천주회관에 숙박할 수 있었다고 한다.[45] 당시 한인들은 한중간의 국제적 제휴에 주력했는데, 여기에는 대만 동지들도 포함되었다. 한인과 대만인 아나키스트들은 1924년 9~10월경 경제적 곤란을 타개하기 위해 상해로 이주했다. 이때 범본량도 상해로 내려가 현지의 대만인에게 아나키즘을 선전했다. 여기서 장심절(張深切)을 알게 되어 『신대만』을 대만에 가지고 귀국하도록 의뢰했다. 이로 말미암아 『신대만』은 상해와 광동은 물론 대만 섬에도 전파되어 대북무산청년과 대만흑색청년연맹이 탄생하는 계기를 마련했다. 범본량은 1925년경 다시 북경으로 돌아왔으나, 장작림(張作霖)의 봉천군이 북경을 점령하자 탄압을 피해 대만으로 귀국했다. 귀향 후에도 아나키즘 이념을 적극적으로 전파했으나, 그해 1926년 7월 치안유지법 위반으로 체포되어 징역 5년의 판결을 받았다. 그는 1937년에 다시 치안유지법 위반혐의로 대만당국에 체포되어 15년형을 받았다. 다시 체포된 까닭은 불분명하지만, 어쩌면 총독부 폭파를 계획하지 않았나 싶다. 결국 1945년 해방을 불과 몇달 남겨두고 일본감옥에서 고독 속에서 숨을 거두었다.[46]

---

45) 류연산 『류자명평전』, 충주시 예성문화연구회 2004, 162면.
46) 장심절은 훗날 범본량을 "나는 범본량이 대만의 혁명전선에서 가장 순수하고 가장 용감

한편 북경에서는 1923년에 대만 출신 학생과 조선 망명 학생들이 만든 한대혁명동지회(韓臺革命同志會)라는 조직이 있었다. 이 항일단체는 사회주의 경향이 있었다고 알려져 있으며, 책임자는 장종전(張鐘銓)이었다. 대만학생들과 달리 조선학생들은 모두 망명객이라 경제조건도 다를뿐더러 행동방식도 서로 달랐는데 상대적으로 과격했다고 전한다. 대만학생들은 "대만이 해방되려면 조국이 강대해지기를 기다리지 않으면 안 된다"고 온건하게 생각해 무장투쟁에 적극적이지 않자 오래지않아 해산되었다. 이 단체와 관련해 아래와 같은 짧은 기록이 전한다.

(1924년?) 고려혁명군이 러시아 국경에서 해산당한 후, 이범석(李范奭)은 오기성(吳基星)이란 가명으로 북경에 잠입하여 대만 혁명가들과 연합해 '한대혁명동지회'를 발기했다. 그러나 행동강령을 만들 때, 이씨는 폭력과 암살을 주요수단으로 삼을 것을 주장했는데, 대만지사들은 반대의견을 견지했다. 왜냐하면 한국은 중국대륙과 붙어 있어서 일이 실패하더라도 도주하기 쉬우나, 대만은 사면이 바다라서 일이 실패하면 속수무책으로 희생당할 수밖에 없다는 것이다. 의견이 통일되지 않아 몇차례 회의 후 해체되었다.[47]

이 두 조직의 결성시기가 다소 일치하지 않으나 단체명이 동일하고 해체한 까닭이 유사하므로 같은 사건을 담은 기록이 아닐까 싶다. 그런데 한인과 대만인의 연합조직은 상해에서도 나타난다.

한 혁명가의 한 사람이라고 믿는다. 진실로 그는 철저하게 고립되어 파괴되어버린 무정부주의자였다"라고 평가했다(張深切 「記范本梁烈士」, 『臺灣近代人物集』第1卷, 167면).
47) 石源華 編著, 앞의 책 137면.

3. 상해 지역

삼이협회와 『투보』

러시아에서 한인사회당을 조직했던 이동휘는 상해 임시정부의 국무총리로 선출되자 지도부와 함께 근거지를 상해로 옮겼다. 1919년 9월경 그들은 다시 한인사회당을 조직하고 사회주의를 선전했다. 다음해 초 러시아에 남아 있던 한인사회당 당원 일부도 상해로 건너와서 이들과 합류했다. 이동휘는 러시아공산당에서 파견한 보이틴스키의 재정 지원으로 여운형(呂運亨)을 비롯한 일부 임정 요인들을 사회당에 가입시켰다. 1920년 9월에는 한인사회당을 한인공산당으로 확대 개편했다. 그런데 한인 사회주의자들은 중국의 경우와 마찬가지로 공산주의를 잘 이해했다기보다는 각종 사회주의가 혼재된 사상경향을 가졌다. 한 연구에 따르면 재중국 한인은 1921년쯤 공산주의 조직을 결성했으나, 다수의 공산주의자들이 아나키즘적 사고에서 벗어나지 못했다고 주장한다. 심지어 한인 공산주의자들은 아나키즘을 사상적 기반으로 해 공산주의를 수용했다고 생각한다.[48]

상해 한국 임시정부와 중국의 공산주의소조(혹은 사회주의청년단)의 주소가 상해 법조계 이웃이었다는 사실이나 보이틴스키 등 러시아 공산주의자들이 한인의 움직임에 예의 주시했다는 사실, 특히 사회주의청년단 조직과정에서 등장하는 한인 사회주의자들 —— 김가봉, 박모(朴某), 안모(安某) 등 —— 은 양자의 관계에 대한 궁금증은 더욱 증폭된다. 북경대학 학생으로 이대조의 토론회에 참가했던 한인 아나키스트 김가봉이 1920년 여름 상해에 내려와 청년단 결성에 참여한 사실은 무척 흥미롭다.[49] 어쨌든 한인사회당이나 사

---

48) 한인 공산주의 운동의 핵심인물조차 1922년 무렵까지는 공산주의 못지않게 아나키즘을 선전했다고 한다(이호룡 「한국에서의 아나키즘과 공산주의의 분화과정」, 『한국사연구』 110호, 2000, 168면).

49) 사회주의청년단이 성립한 후 항상 일본인 판서다랑(板西多郎)과 한인 박모・안모가 참가

회주의청년단 조직과정에서 적지 않은 한인 사회주의자가 출현하기에 상해에 거주한 한인 급진주의자 가운데 아나키스트들이 이미 조직적인 활동을 시작했을 가능성은 높아 보인다. 어쩌면 아래의 사건들이 그들의 활동을 보여주는 단편적인 사실이 아닌가 싶다.

우선 재중국 한인 독립운동가들이 외국인과 연합해 만든 단체인 삼이협회(三二協會)의 존재에 주목할 필요가 있다. 삼이협회는 1920년 봄 상해에 있던 중국인 한인과 러시아인들이 조직한 단체라고 하는데, 여기서 '삼이'란 용어는 중국의 아나키스트들이 자주 쓰는 용어이다. 즉 '삼'은 '삼무(三無)'로 무정부·무종교·무가정을 의미하고, '이'는 '이각(二各)'으로 "각자 능력에 따라 일하고 각자 필요에 따라 소비한다"는 아나키즘의 경제원칙을 표현한 말이다. 현재 이 단체의 구체적인 활동은 알 수 없지만 상해임정의 이동휘, 문창범 등이 관여했다고 전한다.[50]

삼이협회가 사회주의를 선전하기 위해 러시아인(혹은 한인)을 일본에 보내 『크로포트킨』이라는 아나키즘 소책자를 재일본 중국인, 한인 노동자에게 배포했다는 기사도 있는데, 그렇다면 혹시 이 단체가 사회주의청년단과 관련된 중국인 사회주의자들, 러시아공산당에서 파견한 보이틴스키 등과 같은 러시아인들, 보이틴스키가 계속 접촉을 시도했던 상해임정 주변의 한인 사회주의자들이 결성한 단체는 아닐까? 왜냐하면 보이틴스키가 한인을 일본에 파견해 사회주의운동 문헌을 주고받은 사실은 중국 측의 기록에도 나타나기 때문이다. 자료의 부족으로 단언하기 곤란하지만 단체의 명칭으로 볼 때 아나키즘 색채가 농후한 것은 분명하다.

얼마 후(1922년 초?) 상해에서 한인 혁명가들에 의해 『투보(鬪報)』라는 한

했다고 한다. 이 가운데 한인 안모는 보이틴스키와 함께 상해에 왔다는 것으로 보아 러시아에 있던 한인사회당 당원일 가능성이 높고, 일본인 판서다랑과 한인 백극(栢克)은 어떤 인물인지 현재로서는 미지수이다(楊昭全 等編, 앞의 책 1483면).

50) 이호룡 『한국의 아나키즘(사상편)』 150~51면.

글 선전지가 간행되었다. 이 선전지는 고려공산당 기관지로 알려져 있으나, 그 내용을 검토해보면 한인 아나키스트의 출현을 보여주는 자료로서도 일정한 의미가 있다. 예를 들어 첫 면에 "강권에 복종함은 죄악이다"라는 슬로건을 내걸었다는 사실만으로도 아나키스트 혹은 아나키즘 성향이 강한 인물들이 깊이 개입했을 가능성을 보여준다. 왜냐하면 주로 이런 표현은 아나키스트들이 즐겨 사용하는 관용구이기 때문이다. 이 구호뿐만 아니라 기사의 논조 역시 대체로 아나키즘의 색채를 담고 있다고 말할 수 있다. 이 잡지에 실린 「선(善)의 승리는 민중의 폭력에 있다」(제2호)라는 기사는 선명하게 아나키즘의 입장에 서 있다. 작자는 "폭력에 압박받은 우리 민중이 폭력으로서 자유를 얻으려 함은 당연한 결론"이라면서 암살과 봉기, 폭동, 부호의 사유재산 수용, 생산의 탈환, 권력자에 대한 반항, 총동맹파업, 자유출판, 자유항세 등 폭력수단을 투쟁방법으로서 찬양했다. 작자가 혁명의 지도자들은 "자기의 뜻대로 민중을 이용하지 말고 민중의 뜻을 그대로 대표하는 자가 되라"고 주장한 대목 역시 의식적으로 민족주의자(혹은 일부 공산주의자)를 겨냥해서 쓴 것으로 풀이된다.[51]

「배일사상론」이라는 기사에서는 우리가 일본인을 무조건 배척하자는 것은 아니며 일본인들이 우리를 압박하고 착취하므로 배척하는 것이라고 주장한다. 글 가운데 일본정부에 대한 저항과 일본 사회주의자 및 일본의 피압박 민중과의 연대 가능성을 언급한 부분은 국제주의로 편협한 종족주의를 벗어나겠다는 의지를 보여주는 대목이다.[52] 그리고 「『라·루발트』의 창간사」나 「상해 중국노동단체 조사기」 등의 기사는 이 잡지가 사회주의를 지향했다는 사실을 분명히 한다. 물론 「중국맑쓰학설연구사의……」 같은 단체광고는 이 잡지가 공산주의 운동과 관련 있음을 보여주는 간접적인 증거이다. 이처럼 자칭 고려공산당 기관지에 아나키즘 경향의 기사가 실려 있는 것은 아나키

---

51) 不可殺 「善의 勝利는 民衆의 暴力에 在하다」, 『鬪報』 第2號, 1922. 3. 25.
52) 燒也 「排日思想論」, 『鬪報』 第2號, 1922. 3. 25.

즘과 맑스주의가 혼재되어 있던 당시의 중국 상황을 감안한다면 충분히 납
득할 수 있는 일이다. 1922년 초라는 시점은 비록 아나키스트와 초보적 공
산주의자 간에 균열이 일어난 시기이지만 전면적인 분열로 발전한 시기는
아니다. 그런데 아쉽게도 이 선전지가 단지 1부(제2호)만 남아 있고, 그것도
단지 몇 페이지만 남아 있어 구체적인 논조를 완전히 파악할 수는 없다.

한인과 대만인의 연합조직: 평사와 대한동지회

상해의 대만 유학생들은 상해대만청년회(1923년 10월), 상해자치협회(1924
년 5월), 평사(平社, 1924년 3월), 대한동지회(臺韓同志會, 1924년 6월) 등을 만
들어 민족해방운동을 전개했다. 상해대만청년회는 채혜여와 팽화영, 허내창
(許乃昌) 등이 주축이었는데, 국민당의 협조 아래 일본을 타도하고 대만이
독립하기를 희망했다. 상해대만청년회는 대만문화협회, 동경신민회, 동경대
만청년회 등과 긴밀히 연락했고, 중국국민당과 소련 영사관과도 관계가 있
었다. 그리고 상해자치협회는 대만청년회와 평사에 관련된 채효건(蔡孝乾)
과 장심절, 사설홍(謝雪紅), 임유금(林維金) 등이 주요 구성원이었다. 이 협
회 역시 일본의 대만폭정을 비판하고, 대만의 자결과 독립을 추구했다. 그런
데 여기서 한인과 대만인 아나키스트의 연대활동과 관련해 우리의 주목을
끄는 단체는 평사와 대한동지회이다.

평사는 1924년 3월 말 상해 프랑스 조계에 거주하던 중국인 아나키스트
나활(羅豁)[53]이 대만과 한인 청년들과 함께 만든 조직이다. 나활의 집에서
팽가화와 여운형이 협의한 후, 한인 여운형, 윤자영(尹滋瑛), 탁무초(卓武初)

---

[53] 나활은 중국 사천성에서 태어났다. 1918년경 일본에 유학을 가서 아나키즘을 받아들인
후 활발한 사회운동을 펼쳤다. 당시 재동경 중국인 위험인물 가운데 가장 과격한 인물로 나
활을 지목하고 있었다. 일본사회주의자동맹(日本社會主義者同盟) 결성대회에 정식 참가했
고, 다음해 제2회 대회에도 참석했으나 해산명령을 받았다. 결국 자신에 대한 퇴거명령을
예상하고 귀국했다. 그는 1924년 3월 상해에서 대만인, 한인과 함께 평사를 조직하고, 다음
달 『平平』 순간을 발간했다.

등과 대만인 팽화영, 채병요(蔡炳耀) 및 상해대만청년회 간부 허내창,54) 임요곤(林堯坤), 장목진(張沐眞), 유금수(游金水), 오패법(吳沛法), 진전지(陳傳枝) 등이 만들었다. 이 조직은 피압박 민족의 해방을 위한 동아시아 연합조직으로 특별한 의미를 지닌다. 대만 사회운동사에서 평사는 현재까지 알려진 가장 초기의 대만 좌익단체의 하나로 북경의 신대만안사가 거의 동시에 만들어졌다. 두 단체가 동시에 출현한 것은 우연으로 보이며, 양자간의 직접적인 교류는 드러나지 않는다. 그러나 두 단체 간에는 공통점이 존재하는데, 그것은 평사도 신대만안사처럼 아나키즘적 색채가 농후하다는 사실이다. 평사라는 명칭에서도 알 수 있다.

평사는 『평평(平平)』(1924년 4월)을 발행하여 같은 해 6월까지 총9호를 출판했다. 현재 다른 아나키즘 잡지에 비해 많이 남아 있는 편이다.55) 『평평』 창간호에는 「발간사」와 더불어 일본공산당원 좌야학(佐野學)의 「상해를 경유하며」, 허내창의 「대만의회에서 혁명운동으로」, 진일(眞一)의 「대만은 어찌해야 할까?」, 윤소야(尹蘇野)의 「조선의 민족운동」 등이 실렸다. 제목에서도 알 수 있듯이 이 잡지는 주로 대만과 조선에서의 일제 식민지 통치를 비판하고 독립과 해방을 주장하는 데 주력했다. 비록 대만 관련 기사가 많지만, 조선 관련 기사도 몇편 있다.

일본은 자본제국주의를 완성하기 위해 대만과 조선을 점령한 것이다. 조선

---

54) 허내창(필명 沐云)은 1923년 9월 상해대학 사회학과에 들어갈 때부터 1924년 8월(혹은 10월) 소련에 유학가기까지 1년 정도 상해에 거주했다. 그는 대만인과 한인이 조직한 '평사'와 '대한동지회'에 참가했으며, 『平平』에 「自臺灣議會到革命運動」「印度獨立運動的發展」「第二次限制軍備會議」「日本對臺灣的武裝大示威」등을 발표했다. 얼마 후 허내창은 진독수의 추천으로 소련으로 유학 갔다(邱士杰 「從‘黎明期的待滿’走向‘中國改組論’」, 『批判與再造』 第20~21合冊, 2005).

55) 『平平』 순간은 坂井洋史·嵯峨隆 編 『原典中國アナキズム史料集成』 第7卷, 綠蔭書房 1994에 총9호가 실려 있다.

에는 육군이 발전할 근거지를 마련해 만주와 몽고를 침략하려는 것이고, 대만은 해군으로 태평양을 넘보려는 것이므로, 열강과 제국주의 경쟁을 전개하는 근거지인 것이다. (…) 이 때문에 일본 제국주의의 침략과 대만은 불가분의 관계를 가지고 있다. 대만인은 동양 피압박 민족의 일원이다. 인도, 조선, 필리핀 등 여러 약소민족이 현재 독립운동을 위해 분투하고 있을 때, 만약 대만이 그들을 따라 일어나 동양 약소민족이 대단결한다면, 동양의 사회혁명은 눈앞에 있는 것이며, 세계혁명 역시 성취될 것이다. 동양혁명은 우선 일본 자본주의를 타도하는 것이다.[56]

위의 글은 「대만문제를 다시 논함」(제2호)의 일부인데, 여기서 작자는 나름대로 동아시아 정세를 분석하면서, 대만과 조선을 비롯한 약소민족의 단결을 통한 동아시아 혁명을 제안하고 있다.

『평평』은 대만의회운동에 대해서 대체로 부정하는 태도를 보였다. 대만의회가 개설되더라도 대만인의 해방은 이루어지지 않으며, 단지 자산계급만의 해방이라는 것이다. 이 운동은 대만 이익을 독점하는 일본 자본주의와 신흥 대만 자본가의 타협일 뿐이므로, 대만 무산계급에 대한 착취는 더욱 강화될 것이라고 보았다. 이 잡지에서는 대만의 정세를 다음과 같이 분석했다. 첫째, 식민지의 경제상황은 일본 자본주의의 결정과 지배를 받으므로 자력으로 자본주의를 발전시킬 수 없다. 둘째, 식민지의 자본가와 무산자 간의 차이는 매우 적다. 따라서 자신의 역량으로 독립적인 계급을 형성할 수 없으며, 서로 간에 계급투쟁도 나타날 수 없다. 셋째, 비록 식민지의 자본가와 무산자 간에 차이가 매우 적지만, 대만에서의 일본 자본주의 발전에 따라 더욱 적어질 수도 있다. 넷째, 계급운동과 민족운동을 서로 합쳐 사회주의혁명과 연계할 수 있다.[57] 이런 분석에 따라 식민지 모국 일본과 식민지 대만과의 관계

---

56) 『警察沿革誌』 143~47면.
57) 구사걸(邱士杰)의 「從‘黎明期的待滿’走向‘中國改組論’」에서 분석내용을 인용.

는 극단적으로 양극화된 하나의 구조로, 민족자산계급은 장차 무산계급화할 운명이라고 보았다. 따라서 대만이 민족운동을 진행할 수 있는 이론적 근거를 "전체 민족의 무산계급화"에서 찾았다. 『평평』은 사회주의혁명을 추구하는데, 그 방법은 식민지 인민이 단결해 반일·반제의 민족운동을 전개하는 것이다. 이에 따라 "첫째, 대내적으로는 전체 민족의 단결을 매우 공고히 한다. 둘째, 대외적으로는 노농러시아와 일본의 피압박계급 및 중국, 한국 등의 피약탈 민족 간에 국제적 연합을 맺어, 반제국주의적 동맹단체를 형성해 최고의 혁명투쟁을 전개한다"58)는 방법을 제시했다.

『평평』은『신대만』같은 순수한 아나키즘 잡지가 아니다. 왜냐하면 이 잡지에는 한인 공산주의운동가 여운영, 공산주의 경향의 대만인 허내창, 일본 공산당의 지도자 좌야학의 글이 고루 보이고, 심지어 맑스주의 정당을 건설하자는 번역문조차 나타나기 때문이다. 그래서인지 일경의 기록에 "이 단체는 공산주의 색채가 매우 농후하다"라는 평가에 근거해 평사를 공산주의자의 활동으로 보는 견해가 있다. 하지만 좀더 세밀히 살펴보면 아나키즘적 색채가 더욱 강하다는 사실을 알 수 있다. 예를 들어 이 단체의 핵심인물인 나활은 사천 출신의 아나키스트이며, 노검파(盧劍波) 같은 중국인 아나키스트의 글이 잡지에 실려 있다. 비록 일부 내용이 아나키즘의 주장과 일치하지는 않으나, 대체로 "인류 호조를 실행할 것을 종지로 한다"든지 혹은 프롤레타리아 독재를 비판하고 러시아혁명의 오류를 지적하는 것 등은 아나키즘과의 깊은 관련성을 보여준다.59) 게다가 의회제도를 철저히 부정하는 구절 등도

---

58) 沫雲「自臺灣議會到革命運動」,『平平』創刊號, 6면.
59) 당시『國風日報』의 부간『學彙』에 이 잡지를 소개하면서 남방 동지가 발행하고 대만·조선 동지가 수명 가입했는데, 그 내용에는 아나키즘 이론이 많다는 기사가 있다(『學彙』第379號, 1923. 12. 20). 아나키스트 잡지『春雷』에도 이 잡지는 상해 동지가 발행했다는 기사가 남아 있다(『春雷』第3號, 1924. 5. 1).「五四時期無政府主義報刊一覽表」에서도 이 잡지를 아나키즘 잡지로 분류하고 있다(張允侯·殷叙彝·洪淸祥·王雲開 編『五四時期的社團』第4卷, 三聯書店 1979).

그런 증거이다.[60] 『평평』은 적어도 아나키즘과 초보적 공산주의의 혼합 성격을 띤 잡지로 보아야 할 것이다. 이런 사례는 1920년대 초반에는 흔히 볼수 있는 현상이다. 『평평』의 의의라면 무엇보다도 식민지 상황에 놓여 있던 대만과 조선의 사회주의자들이 함께 만든 잡지라는 점이다. 이 잡지는 비밀리에 대만으로도 운반되었는데, 현지에서는 장위수(蔣渭水) 등과 연락했다.

한편 평사의 활동이 주춤하던 1924년 가을 북경에서 상해로 내려온 한인 아나키스트 이을규와 이정규, 정화암 등은 영국인이 경영하는 주물공장에 들어가 노동운동에 참여했다. 정화암의 회고에 따르면 "(이때) 중국 동지 노검파·진위기, 대만 동지 범본량·장홍수(莊弘秀) 등이 만든 화남아나키스트연맹이 노동자에 대한 사상 계몽운동을 벌이고 있었다. 그리고 한편으로는 지하로 만연하는 이립삼(李立三) 일파의 적색 노동운동을 저지하기 위하여 육불여(陸不如)·모일파(毛一波) 등이 교통노조와 인쇄공노조를 중심으로 상해공단연합회를 조직하고 있었다. 우리는 이들과 협력하여 그들의 노동운동을 적극적으로 후원했다"[61]라고 기록하고 있다. 얼마 후 민국대학 아나그룹의 유서(柳絮) 등도 남하해 이들과 합류했다. 하지만 당시 상해에 거주하던 한인과 대만인 운동가 간에 어떤 구체적인 연대활동을 폈는지는 더이상 분명하지 않다.

대한동지회(臺韓同志會)는 1924년 6월 29일 상해남방대학에서 상해임시정부 요인 등과 상해대만청년회, 상해자치협회 등의 성원들이 만들었다. 「대한동지회규약(臺韓同志會規約)」에는, "본회는 대만과 한국의 독립을 완성하여 자유연방을 건설하는 것을 유일한 목적으로 삼는다. 본회에 가입하려는 사람은 반드시 아래에 기술한 규약을 절대적으로 지켜야 한다"면서 그 첫째

---

60) 판정양사(坂井洋史)는 평사동인들이 대만의회개설청원운동에 반대하는 태도를 아나키스트들이 의회제도에 반대하는 시각에서 바라본다(坂井洋史·嵯峨隆 編 『原典中國アナキズム史料集成』(別冊), 綠蔭書房 1994, 47~50면).

61) 정화암 『이 조국 어디로 갈 것인가』, 자유문고 1982, 66~67면.

264

로 "본회는 대만과 한국의 상호주의를 채택하여 민족해방의 실현을 추구한다. 무의미한 자치운동에 찬성하지 않기 때문에, 위협으로 인해 굴복하거나 유약해지는 것을 배격한다. 희생정신을 가지고 행동에 옮기는 것을 추구하므로, 승패여부를 생각하지 않고, 어떠한 수단을 불문하고 우리들의 목적을 달성할 수 있다면, 어떤 어려움이라도 물리치고 이를 강력히 실행한다"[62]라고 적고 있다. 이처럼 대한동지회의 목적은 대만인과 한인의 호조합작을 통해 "대만과 한국의 독립을 완성하고, 자유연방을 건설하자"는 것이었다. 그리고 "무의미한 자치운동에 찬성하지 않는다"는 구절에서 나타나듯이 대만과 조선에서의 참정권운동에 반대를 표시했다. 또한 규약 중에는 "회원은 절대적으로 비밀을 엄수해야 하며, 비록 친족이나 어떤 가까운 사람에게도 누설해서는 안 된다"는 규정도 있어 비밀결사의 성격을 보여준다.

대한동지회는 상해 법조계에 있던 상해상과대학 강당에서 대선인대회(臺鮮人大會, 1924년 7월 29일)를 가졌는데, 한인 120명, 대만인 30여명, 중국인 20명, 러시아인 몇사람이 참석했다. 모임 후 「우리는 중화국민에게 질문함」을 발표해 중국인들이 대만과 조선의 독립운동을 지원할 것을 호소했다.[63] 이 단체는 참가인원에서도 알 수 있듯이 한인 주도로 이루어졌으며 급진적인 성격을 띠고 있었던 것으로 보인다. 하지만 조직의 활동범위는 상해를 벗어나지 못했고, 행동 역시 선전물을 배포하는 수준에 그쳤다.

4. 광주 지역

중한호조사와 『광명』

광주의 한인 혁명가들은 비록 소수였지만 의열단원 같은 급진주의자들이

---

62) 「臺韓同志會規約」, 1924. 6. 27(『警察沿革誌』, 150~51면 인용).
63) 같은 책 148면.

많았다. 아마도 그들은 다른 지역과 마찬가지로 민족주의자·공산주의자·아나키스트들이 혼재되어 있었을 것이다. 불완전하나마 중한호조사라는 단체와 『광명(光明)』이라는 잡지를 통해 그 실체에 어느정도 접근할 수 있다.

1921년 초부터 중국 각지에서 중한(국민)호조사라는 이름의 단체들이 만들어지기 시작했다. 이런 단체들은 장사·안경·한구·귀주·운남 등에 만들어졌으며, 중국과 조선의 운동가들이 항일운동 차원에서 결합한 전국적인 활동이었다. 이 단체에 참여한 중국인 청년들 가운데는 훗날 중국 사회에 큰 영향을 미치는 인물들이 적지 않았다. 예를 들면 청년 모택동(毛澤東)은 하숙형(何叔衡)과 함께 호남 장사에서 한인 혁명가들과 중한호조사를 만들어 자신은 통신부 주임을, 하숙형은 선전부 주임을 맡았다. 같은 해 5월에는 그 본부에 해당하는 중한호조총사가 상해에 만들어졌다. 상해의 경우 조선 측은 임정요인과 독립운동가들이, 중국 측은 국민당 인사나 혁명적 청년들이 주요 회원이었던 것으로 보인다.[64] 본래 호조라는 용어부터가 아나키스트들의 개념이 일반화된 것이라는 점을 감안한다면 그들의 활동에 주의할 필요가 있다. 그런데 광주 지역에서는 이와는 약간 다른 이름의 단체가 먼저 등장해 이채롭다. 1921년 1월 아나키즘 색채가 강한 군벌인 진형명(陳炯明)의 군대가 광주를 회복하고 손문이 광동에서 비상대총통에 당선되었다. 상해임정은 여운형을 광주에 파견하여 군정부에 축하 메시지를 전달하고, 곧이어 박은식과 여운홍 등도 광주로 파견했다. 이런 임정 대표들이 광동 지역의 유력자들과 중한협회(中韓協會)라는 단체를 만든 것이다.

중한협회는 정식으로 성립대회(1921년 9월 27일)를 열어 선언문에서 20세기를 군(群)의 세계로 규정하고 군의 진화는 호조를 근본으로 한다면서, 중한 양국의 상호협조를 목표로 제시했다. 이 단체는 국민당 인사와 상해임정 인사가 주축이 되어 결성한 듯하나, 기본적으로는 중한호조사와는 다른 별

---

64) 배경한 「손문과 상해한국임시정부」, 『동양사학연구』 56호, 1996, 82면.

개의 조직이었다. 손문은 중한협회에 소속된 한인 청년들을 이용하여 각지에서 암살활동을 실행하려 했다. 암살대 100여명과 운영 경비를 마련하게 하고, 필리핀인 한 명을 고용해 폭탄제조술과 사용법을 가르쳤다. 그리고 암살대는 총 140여명이었는데 중국인 한 명과 한인 세 명이 한 팀을 이루어 각지에 파견할 계획이었다고 한다.[65] 대중적 기반이 없는 한인 독립운동가들의 경우 테러라는 방법을 선호하는 것은 어쩌면 당연한 현상이며, 중국의 정치가들이 한인의 절박한 심리를 이용해 자신들의 정치적 목적에 이용하려 했던 것이다. 어쨌든 암살대에 다수의 한인이 가입했고, 중한협회가 그 중요한 기반의 하나였다면 중한협회의 한인들 가운데 아나키스트가 존재했을 가능성이 높다.

그러던 중 김진용(金晋鏞)은 『광주일보』 사장 사영백(謝英伯)과 모임을 갖고 중한호조사(1921년 11월 10일)를 따로 창립했는데, 사영백을 사장으로 선출하고 잡지를 발행할 것을 결정했다.[66] 당시 광주에 파견되었던 상해임정의 대표들도 성립대회에 참가했다고 한다. 중국 각지의 중한호조사(혹은 중한협회)에 소속된 한인들은 중국인과 별도로 몇가지 간행물을 출판했는데, 우선 『신한청년(新韓靑年)』(1920년 3월 1일)과 상해에서 창간된 『진단(震壇)』(1920년 10월 10일) 및 광주에서 창간된 『광명(光明)』(1920년 12월 1일)이 남아 있다.[67] 앞의 두 잡지는 민족주의 색채가 강한 반면, 『광명』은 정치성향이 조금 다르다. 이 잡지는 조선독립과 반일운동에 관한 기사들과 함께 아나키즘적 사회혁명의 색채를 강하게 드러냈다. 중한협회와 중한호조사가 깊은 관련을 가진 것으로는 보이지만, 『광명』을 출판한 단체는 분명하지 않다.

『광명』은 「발간선언」에서 "우리 광명월보는 중한 인민이 조직한 유일한 언론기관이다. 바꾸어 말하면 중한 양국의 의사를 교환하고 민치를 촉진하

---

65) 楊昭全 等編, 앞의 책 1480면.
66) 石源華 編著, 앞의 책 118면.
67) 中共中央編譯局硏究室 編『五四時期期刊介紹』第3卷, 三聯書店 1979, 179면.

기 위한 언론기관이다. 우리의 이 월보는 평민적이고 공리적이며 유산계급의 신문이 아니다"라고 주장하면서 "강권을 배제하고 인도주의를 고취한다"는 아나키즘 특유의 관용구를 사용했다. 여기서 잡지의 기본적인 성격은 공리적이어야 하며, 유산계급의 언론이 되어서는 안 된다고 규정하는 점은 사회주의 경향을 뚜렷이 드러낸 것이다.[68] 또한 「발간사」에서는 "광명월보를 발간하는 것은 세계혁명을 위해 여러분의 의견을 종합하고 강권을 소멸시킬 방법을 연구하기 위한 것이다"라고 하여 혁명잡지임을 천명했다.[69]

이 잡지는 조선민족의 독립과 자주의 쟁취를 염원하는 것 말고도 여기저기서 아나키즘의 경향이 나타난다. 예를 들어 반드시 강권정부를 전부 타도해야만 진정한 자유를 얻을 수 있다든지, 민족주의 혁명의 현실의의를 부정하고 "세계주의적 무강권운동"을 고취하는 대목 등이 그렇고,[70] 우리의 적은 일본 반동 통치자이지 일본 인민들은 아니라든지 세계 각국의 여러 사회주의 혁명당과의 연합을 주장한 것도 그렇다.[71] 특히 노동운동을 포함한 사회운동 혹은 사회혁명에 대해 특별히 강조한 것도 주목할 만하다. 지평(志平)의 「직접행동」에서 말하는 직접행동론은 맑스주의자의 혁명방법이 아니라 노동조합적 아나키스트의 개념이라고 보는 것이 타당하다. 왜냐하면 노동수단과 생산원료의 코뮨 소유를 주장하는 것이나, "각자 능력에 따라 일하고 각자 필요에 따라 소비한다"는 원칙에 따라 자유생산과 자유소비를 하자는 주장은 전형적인 아나키스트의 경제논리이기 때문이다. 본래 직접행동론이라는 개념 자체가 행덕추수가 제창한 이래 아나키스트의 혁명방법으로 채용된 것이다.[72] 비록 아나키스트·공산주의자·국민당원의 글이 혼재하지만, 적어도 이대능(李大能)과 경매구, 지평이라는 작자는 아나키스트임이 분

---

68) 新甫「發刊宣言」,『光明』第1卷 第1號, 1921. 12. 1.
69) 隱貞「發刊詞」, 같은 책.
70) 李大能「告韓國的朋友」, 같은 책.
71) 劍耕「壯烈哉韓國的人民」, 같은 책.
72) 志平「直接行動」, 같은 책.

명하다. 오히려 국민당원 진공박(陳公博)이 민족의 독립과 해방보다는 경제 건설에 주력하자고 주장한 것이 잡지의 기본 논조와는 다른 이질적인 글에 속한다.[73]

그런데 이 잡지가 중국인과 한인이 함께 출판한 잡지이지만, 주로 중국인 필자가 많고 한인 필자가 소수였다는 사실을 기억해야 한다.[74] 더구나 『투보』처럼 한 호밖에 남아 있지 않아 구체적인 분석이 쉽지 않다. 하지만 광주의 중한호조사나 『광명』을 매개로 한 한중 혁명가들의 연대가 한인 운동가들에게 아나키즘을 전파하는 연결고리가 되었을 것이다.

한인들은 손문과 장개석의 도움으로 광동대학이나 황포군관학교에 다수 입학해 교육과 군사훈련을 받을 수 있었다. 하지만 그들은 손문 사후 장개석의 국민정부가 북벌(北伐)을 개시하자 자신들의 의지와 무관하게 이 내전에 동원되었다. 얼마 후 다시 국공내전(國共內戰)이 일어나자 여기에도 동원되었다. 이처럼 1920년대 후반부터 중국 사회에서 계속된 북벌과 국공내전 같은 전쟁 상황은 한인 독립운동가로 하여금 항일 독립운동 이외에 중국의 정치문제에 깊이 휘말리게 만들었다. 재중국 한인 아나키스트들도 이런 운명은 피해갈 수 없었다.

대만혁명청년단

동경에서 공부하던 급진적인 청년 장심절은 팽화영, 범본량, 임정록 등과 교류하며 사회운동에 발을 들여놓았다. 장심절은 상해로 건너간 후에 "대만은 대만인의 대만"이라는 관점을 가지게 되면서 대만에서 전개되던 대만의

---

73) 陳公博 「對於韓國新建設的我的希望」, 같은 책.
74) 『光明』이 아나키스트 잡지에 가깝다는 사실은 당시 『互助』 第2期(1923)에서 중국의 아나키즘 잡지를 열거한 목록에 『光明』이 들어가 있다는 사실에서도 알 수 있다. 또한 『五四時期期刊介紹』에서 아나키즘 잡지항목에 『光明』이 분류된 사실에서도 간접적으로 알 수 있다.

회청원운동이 지나치게 온건하다고 생각했다. 그는 다시 광주로 옮겨가서 중산대학에 입학했는데, 이때 광동대만청년단 선전부장을 역임했다. 광주의 대만청년은 불과 40여명으로 한인 혁명가들처럼 대부분은 황포군사학교나 중산대학에 있었다.

광동에 있던 대만 유학생은 국공합작 아래 북벌이 진행되자 중국혁명을 목격했다. 공산주의자 사문달과 아나키스트 장심절 등 20여명은 중산대학에서 광동대만유학생연합회(1926년 12월)를 결성하고, 홍소담(洪紹潭)과 장심절, 곽덕금(郭德金), 장월징(張月澄), 임문등(林文騰)을 위원으로 뽑아 매달 연구회와 강연회를 가졌다.[75] 연합회 성립대회에서 한 대만 학생은 "대만은 중국의 토지이며, 대만인 역시 중국인이다. (…) 우리들은 고뇌하는 대만인을 위해 비로소 혁명을 연구했고, 혁명을 완성하기 위해서는 대만의 일치협력을 깨닫는 것이 가장 필수적인 조건"이라고 주장했다. 이렇게 중국과 대만을 하나로 인식하는 것은 대만 청년의 사고를 보여주는 한 대목이다. 그런데 연합회는 오래지 않아 주도권 다툼이 일어났고, 결국 장심절의 제안으로 대만혁명청년단이 따로 만들어졌다.

대만혁명청년단은 임문등과 곽덕금, 장심절 3인이 강령을 기초한 비밀결사단체로, 임문등의 책임 아래 『대만선봉』이라는 잡지를 펴냈다. 창간호에는 손문의 초상과 유언, 대계도(戴季陶)가 대만 학생에게 강연한 「손중산과 대만」 등을 실어 대만에 대한 손문의 생각을 게재했다. 같은 호에 장심절이 쓴 「대만은 어떻게 혁명할 것인가」라는 글이 실렸는데, 여기서 "혁명이여 일어나라! 우리들은 혁명이 아니면 활로가 없다. 우리들은 맹목적으로 주저앉아 최면상태에서 다른 사람의 통제를 받을 순 없다!"라고 절규했다.[76] 그리고 한인 이영준(李英駿)이 쓴 「한 한국 청년이 대만혁명 동지에게 고하는 글」이라는 짧은 글도 있다. 『대만선봉』의 구호 가운데 "고려독립혁명을 원

---

75) 『警察沿革誌』, 210~11면.
76) 莊永明 『臺灣百人傳』 第1卷, 時報出版 2000, 202면 재인용.

조한다"는 항목이 있는 것으로 보아 광주에 있던 한인 청년들과 접촉이 있었음을 추측케 한다.[77] 이 단체는 대만의회개설청원운동을 소극이론이라고 철저하게 비판하고, 일본 제국주의와의 어떠한 타협도 배척하면서 대만독립을 위한 혁명운동의 깃발을 내걸었다. 청년단원들은 중국혁명의 성공이 전세계 피압박 민족의 혁명과 밀접한 관련을 가지므로, 중국혁명이 성공해야만 일본 제국주의 지배하의 대만 민중해방도 희망을 가질 수 있다고 보았다. 훗날 장심절이 "북경의『신대만』, 상해의『평평』, 광주의『대만선봉』이 계속 출판되어 해협을 사이에 두고 혁명의 바람이 대만으로 불었다"라고 회고한 것은 중국에서의 대만 좌익활동이 대만사회에 영향을 미쳤음을 보여준다.[78]

1927년 5월 장심절은 대만으로 돌아와 혁명기금을 모집했다. 이 무렵 장개석이 반공청당(反共淸黨)을 시작하자 국민당은 대만혁명청년단을 좌익단체로 규정해, 대륙은 물론 대만과 일본 등 각 지역의 청년단원들을 무려 64명이나 체포했다. 법원판결에 따르면 임문등은 4년형, 곽덕금은 3년형, 그리고 장심절은 3년형(2년으로 감형)을 받았다.[79] 장심절은 투옥시절에 전향성명을 요구받았으나 단호하게 거절했다. 그후 그는 어떠한 주의나 정당에도 참가하지 않겠다고 다짐했는데, 그럼에도 각종 사회운동과 희극운동에는 열심히 참여했다.[80]

한편 장지락의 회고에 따르면 1925년 광주에 갔을 때 한인은 60여명에 불과했으며 대부분 의열단의 테러리스트였다고 한다. 그런데 다음의 기록은 대만인과 한인 아나키스트의 접촉 가능성을 보여준다.

---

77)『警察沿革誌』, 225~27면.

78) 許世楷『日本統治下的臺灣』, 玉山社 2005, 364면.

79) 楊碧川, 앞의 책 101~102면.

80) 장심절은 1929년 수감되어 1930년 8월 출옥했다. 출옥 후 문화운동으로 전향해 1930년 대만연극연구회를 조직하고 1934년 대만문예연맹의 위원장을 지냈으며,『臺灣文藝』를 발행했다(林慶彰『日治時期臺灣知識分子在中國』, 臺北市文獻委員會 2004, 151면).

(광주에서) 1926년에 우리들은 '동방피압박민족연합'을 조직했다. 여기에는 조선청년연맹, 인도지나민족당, 대만인, 개인 자격으로 참가한 인도인 등이 들어가 있었다. 이 연맹은 대회를 열었다. 대만대표들은 돌아가자마자 일본 측에 체포되었다. 그중 임손기(林孫記)는 아직도 옥에 갇혀 있다. 그는 대만에서 '노동자농민해방동맹'을 조직했던 것이다. 당시 대만에는 무정부주의자와 공산주의자들이 많이 있었는데, 그들은 우리 한국인들과 밀접한 연락관계를 가지고 있었다. (…) 왜냐하면 일본이 공통된 지배자였기 때문이다. 그 당시는 동양 여러 국가의 모든 혁명단체들이 서로 자주 연락을 취하고 있었다.[81]

여기서 등장하는 동방피압박민족연합은 아마도 1927년 2월 한인 김규식(金圭植)·유자명·이광제(李光濟)·안재환(安載煥), 중국인 육광록(陸光錄), 인도인 간다신·비이신신 등이 남경에 모여 만들었다는 단체 같은 조직일 것이다. 하지만 시기(1926년 혹은 1927년)나 장소(광주 혹은 남경)에 약간의 차이가 있어 문제의 여지가 있다. 위의 인용문에서도 알 수 있듯이 그들은 동방민족이 제국주의의 침략에서 벗어나 완전한 자유독립을 도모하기 위하여 동양의 각 피압박 민족의 연합체를 결성하고자 했다. 회장에는 김규식이 선출되었고 기관지로 『동방민족』을 발행했다고 전하는데, 이 단체 내에 한인과 대만인의 교류가 있었을 가능성이 높다. 현재로서는 위의 글에 등장하는 대만인 임손기라는 인물이나 노동자농민해방동맹에 대해서는 분명하지 않다.[82]

---

81) 김산·님 웨일즈, 앞의 책 130~31면.
82) 장지락이 재중 한인 아나키스트가 가장 활발하게 활동한 시기는 1921년부터 1922년까지라는 회고는 설득력이 있다(김산·님 웨일즈, 앞의 책 94면).

5. 1920년대 후반 한인과 대만인 아나키즘 운동

중국과 일본에 비해 조선과 대만의 아나키즘 운동이 시기적으로 늦어진 것은 기본적으로 식민지였던 조선과 대만이 중국과 일본에 비해 서양문물을 접할 수 있는 기회가 더뎠기 때문일 것이다. 게다가 식민지적 상황은 한인과 대만인들에게 강력한 민족주의적 열망과 독립국가의 수립이라는 과제를 안겨주었다. 이런 특수한 상황이 정부와 국가의 존재를 비판 부정하는 아나키즘을 받아들이는 데 장애물로 작용했을 것이다. 1920년대에 본격화한 조선과 대만의 아나키즘 운동은 1920년대 후반에도 일본과 중국대륙 및 국내에서 계속 이루어졌다. 이 시기와 관련한 기존 연구가 있으므로 여기서는 간단히 정리 소개하고자 한다.

박열의 대역사건으로 침체되었던 흑우회는 소규모 활동을 지속하다 1926년 2월 다시 활동을 재개했다. 순정아나키즘을 표방한 일본 아나키스트들이 조직을 재정비해 흑색청년연맹이 발족시키고 『흑색청년』을 발행하자,[83] 흑우회 회원 최규종(崔圭悰)과 장상중, 정태성 등은 흑색청년연맹에도 가입했다. 그리고 흑우회가 개최한 조선문제강연회에 암좌작태랑과 근등헌이, 팔태주삼, 망월계(望月桂) 등을 초청하기도 했다. 이는 한일 아나키스트의 꾸준한 교류의 한 단면을 보여준다. 흑우회의 오랜 전통은 국내의 흑로회, 흑기연맹(1925년 3월), 진우연맹(1925년 9월) 등과 같은 조직결성에 직접적인 영향을 주었다. 흑우회는 국내는 물론 만주와 중국에도 연락망을 가지고 있었다.

흑우회는 흑색전선연맹으로 이름을 바꾸었다가 다시 흑풍회(黑風會, 1927년 2월)로 개명했다. 흑풍회는 노동계로 진출해 조선자유노동자조합(朝鮮自由勞動者組合)을 결성하는 데 성공했다. 이 조합은 "노동자의 해방은 노동

---

83) 1927년을 전후해 일본의 『黑色靑年』에는 중국 아나키즘 관련 기사가 급증했다. 이 잡지는 중일연합을 통한 군벌 자본가의 타도 및 자주자치 사회의 건립을 호소했다(玉川信明, 앞의 책 255~59면).

자 자신의 힘으로 한다"는 노동조합적 아나키즘의 오랜 전통을 따르고 있었다. 그리고 흑풍회는 재일 한인 노동단체 가운데 최대 규모였던 조선동흥노동동맹(朝鮮東興勞動同盟)과도 밀접한 관계를 맺었다. 이 동맹은 1927년 9월 중앙집권주의를 비판하고 자유연합의 조직으로 나갈 것을 결의했다. 당시 동경 말고 대판(大阪)에도 조선계자유노동연맹(朝鮮界自由勞動聯盟), 대판자유노동연맹(大阪自由勞動聯盟), 동방노동연맹(東方勞動聯盟) 등과 같은 한인 노동조합 활동이 활발했다.[84] 이곳은 이념투쟁보다는 노동운동과 일상투쟁이 주류를 이루었고 고순흠(高順欽)과 최선명(崔善鳴), 김태엽(金泰燁) 등에 의해 주도되었다.

흑풍회는 얼마 후 또다시 흑우연맹(黑友聯盟, 1928년 1월)으로 재편했다. 1927년 봄부터 신간회(新幹會) 결성과 민족협동전선 움직임이 나타나자 아나키스트와 공산주의자 간의 갈등이 고조되었다. 아나키스트는 민족주의자와 공산주의자의 연합에 대해 민족해방이 아닌 자신들의 권력욕 때문이라고 비난했다. 흑우연맹은 상애회(相愛會) 같은 친일 노동단체나 공산주의자의 노동단체와 무력충돌을 일으켰다. 이들은 조선동흥노동동맹, 자유청년연맹과 연합해 『흑색신문』을 발행했다.[85]

중국 관내에 남아 있던 아나키스트들은 코문적 아나키즘을 본격적으로 지향하기 위해 1928년 2월(혹은 3월)경에 상해 프랑스 조계 화광병원에서 유명무실해진 재중국조선무정부주의자연맹을 개편해 재중국조선무정부공산주의자연맹(在中國朝鮮無政府共産主義者聯盟)을 만들었는데, 이회영과 이을규, 이정규, 정화암, 유서, 한일원(韓一元), 윤호연(尹浩然), 안공근(安恭根) 등이 참여했다. 그해 6월부터 『탈환(奪還)』이라는 잡지를 간행했는데, 탈환의 영

---

84) 萩原晋太郎 『日本アナキズム勞動運動史』, 現代思潮社 1969, 124면. 그 밖에도 재일 조선인 노동단체로는 조선본소자유노동조합(朝鮮本所自由勞動組合, 1927), 흑색노동자연맹(黑色勞動者聯盟, 1928), 극동노동조합(極東勞動組合, 1929) 등이 있다.
85) 김명섭, 앞의 책 179~210면.

문 표기가 'Conquest'라는 사실에 유의한다면 크로포트킨의 저서 『빵의 정복』(The Conquest of Bread)에서 따온 것임을 추측할 수 있다. 이 잡지의 출판 목적 가운데 하나는 국제노동자협회를 통해 세계 각국의 아나키스트에게 한국 아나키스트의 활동상을 알리고자 한 것이었다.

만주에서는 한인사회를 기초로 이상사회 건설이 시도되었다. 아나키스트 김종진(金宗鎭)은 만주로 가서 재만조선무정부주의자연맹(在滿朝鮮無政府主義者聯盟, 1927년 7월)을 조직했다. 그는 김좌진(金佐鎭)을 설득해 신민부(新民部)를 이용한 아나키즘적 코뮌 사회를 건설하기로 결정하고, 한족총연합회(韓族總聯合會)를 만들어 자유연합 원리를 기초로 한인 사회를 개편했다. 이 단체는 혁명 근거지를 건설하기 위해 의욕적인 사업들을 추진했다. 하지만 공산주의자에 의해 김좌진과 김종진이 차례로 암살되자 급속히 와해되었다. 당시 중국 본토에서는 다수의 한인 아나키스트들이 김종진의 활약에 고무되어 만주 지역으로 이동하려는 계획을 세웠으나 결국 불발로 끝났다. 하지만 이런 통합의 흐름은 나중에 동방무정부주의자연맹의 참여로 이어졌다.

1920년대 후반 국내에서 조직된 대표적인 아나키즘 단체는 원산의 본능아연맹(本能兒聯盟, 1926)과 노동자자유동맹(勞動者自由同盟, 1927년 9월)을 들 수 있다. 본능아연맹은 공산주의자와 청년운동의 주도권을 둘러싸고 무력투쟁이 있었으며, 신간회 결성과 맞물려 아나키스트와 공산주의자 간에 격렬한 논쟁이 일어나자 신간회에 반대했다. 국내 최초의 아나키스트 노동조합으로 평가받는 노동자자유연맹 역시 원산에서 만들어졌는데, 일본의 영향을 받아 코뮌적 아나키즘과 노동조합적 아나키즘을 국내 노동운동에 적용하려 했다. 하지만 이들도 공산주의자와 잦은 갈등을 빚었다. 한인의 경우는 1920년 초에 아나키즘과 볼셰비즘이 거의 동시에 수용했기 때문에 양자 사이에 협력기간이 무척 짧았고, 곧바로 민족해방운동의 방법을 둘러싸고 대립 충돌했다. 국내에서는 조선노동공제회가 분열하여 흑로회와 조선노동연맹회로, 일본에서는 흑도회가 분열하여 흑우회와 북성회로, 중국에서는 의열단이 분열한 것이 대표사례이다. 아나키스트들은 공산주의자들을 가리켜 혁명이라는 간판을 내걸지만 소련의 지원을 받아 공산독재를 획책하는 또 하나의 사대주의자라고 비난했다.

특히 국내에서 1927년을 전후해 아나키즘 계열과 공산주의 계열의 논쟁이 불거지자 문학계에서도 이루어진 아나-볼 논쟁은 비교적 알려져 있다. 이른바 김화산·권구현·이향을 중심으로 한 아나키스트와 한설화·윤기정·임화 등 카프(KAPF) 동인과의 프롤레타리아 문예논쟁이 그것이다.[86] 상호부조의 이상으로 적자생존의 현실을 넘어서려는 아나키즘은 개인의 자율성을 기본으로 삼는 예술분야에서 지지자들이 많았다. 그래서 일제시대 한국문학에서 김화산과 권구현 같은 아나키스트 문인 말고도 아나키즘의 영향을 받은 문인들을 찾는 것은 그리 어렵지 않다. 우리가 민족주의자로 알고 있는 여러 문인들이나 심지어 카프의 공산주의자 가운데에서도 아나키즘 문예론의 영향을 받은 사람이 적지 않았다. 1930년대의 농민문학에서도 아나키즘의 영향력은 그대로 남아 있었다.

그리고 평양에서는 관서흑우회(關西黑友會, 1928년 4월)가 관서동우회를 기초로 만들어졌다. 관서흑우회는 공산주의자의 중앙집권노선에 반대해 자유연합노선을 주장했으며, 생디칼리슴을 받아들여 순정아나키즘을 비판했다. 그들의 주도로 조선공산무정부주의자연맹(朝鮮共産無政府主義者聯盟, 1929년 말)을 만들기 위한 준비 작업이 진행되었으나 순정아나키스트와 노동조합적 아나키스트 사이에 분열이 일어났고, 여기에 경찰의 압력이 더해져 실패로 끝났다. 아나-볼 합작의 붕괴 이후 한인 아나키스트는 전국적인 조직 결성에 노력했는데, 국내에서 조선무정부공산주의자연맹이 만들어진 것도 이런 맥락에서 바라볼 수 있다. 그 밖에도 다양한 아나키즘 조직이 생겨

---

86) 無政府主義運動史編纂委員會 編, 앞의 책 202~14면 참조.

났다 사라졌다.

한편 1920년대 후반 동아시아의 아나키스트들은 국가별 독자적인 조직구축은 물론 국제적인 아나키스트 단체를 결성하려고 시도했다. 한인과 대만인 아나키스트가 합작한 대표적인 사건으로는 앞 장에서 언급한 바 있는 A동방연맹과 그 회원인 신채호와 임병문 등이 일으킨 국제위체사건(1928년 4월)이 있다.

신채호는 A동방연맹의 활동자금을 마련하기 위해 당시 북경우편관리국 외국위체계에 근무하던 임병문과 함께 외국위체를 위조하기로 했다. 임병문은 외국위체 200매(총 6만 4천원)를 위조 인쇄해 북경우편관리국을 통해 일본과 대만, 조선, 만주 등지에 있는 주요 32개의 우편국으로 발송했다. 신채호와 임병문, 이필현(李弼鉉)이 각 지역에서 돈을 찾아오기로 했는데, 임병문이 조선과 만주 지역을 맡고, 이필현은 일본 지역, 신채호는 대만 지역을 각각 맡기로 역할 분담을 했다. 임병문은 만주의 대련은행에서 위체 2천원을 장동화(張同華)라는 가명으로 찾아서 북경의 이필현에게 부치는 데 성공했다. 이에 고무된 그는 계속해서 일본 신호(神戶)로 가서 일본은행에서 2천원을 찾으려다 일본경찰에 체포되었다. 신채호도 자신이 책임진 1만 2천원을 찾기 위해 일본을 거쳐 대만의 기륭항에 도착했으나, 이미 그를 기다리고 있던 경찰에 체포되어 대련으로 압송되었다.[87]

이것이 널리 알려진 국제위체사건으로 신채호와 임병문, 이필현 말고도 의열단원 이종원(李鍾元) 등 네 명이 체포되었다. 신채호는 공판에서 동방연맹에 "이필현의 소개로 가입했는가?"라는 질문에 "아니다"라고 하면서 1926년 여름 대만인 임병문의 소개로 가입했다고 대답했다.[88] 그가 임병문에게 혐의를 미룬 까닭은 임병문이 체포된 지 넉 달 만에 옥중에서 폐병으로 이미 세상을 떠났기 때문인 듯하다. 어쩌면 "동방연맹의 주장이 임병문의

---

87) 신용하 『신채호의 사회사상 연구』, 한길사 1984, 205~206면.
88) 無政府主義運動史編纂委員會 編, 앞의 책 315면.

제5장 한인·대만인 민족해방운동과 아나키즘 277

것이었다"는 신채호의 증언을 그대로 따른다면, 실제로 이 조직에서 임병문이 중요한 역할을 담당했을 가능성도 높다. 이 사건은 1920년대 말 한인과 대만인 아나키스트의 연대활동을 상징적으로 보여준다.

다음으로 1920년대 후반 대만의 상황을 살펴보자.[89] 대만문화협회는 급진파의 영향 아래 사회사상을 연구하다 점차 아나키즘과 공산주의의 영향력이 증가했다. 그러던 중 대북무산청년들은 『대만민보』(1926년 8월 1일)에 「공개장」을 실어 문화협회의 대만의회개설청원운동을 비판하면서 문협과의 정치적 갈등을 드러냈다. 무산청년파는 청원운동을 비판하며, "실현 불가능한 망동을 사실로 여기게 하지만 실은 자본주의와 제국주의를 인정하는 것에 불과하므로, 우리 무산계급당은 이와 같은 불철저한 주장에 반대한다"고 했다.[90] 아나키즘 경향의 무산청년들은 연온경과 왕민천(王敏川)[91]의 지도 아래 문화협회에 가입해 문협을 좌경화했다. 연온경의 무산청년파는 1927년 1월 임시대표대회에서 문화협회의 주도권을 장악함으로써 협회는 사상과 조직, 행동 면에서 좌경화에 성공했다. 이른바 대만근현대사에서의 '문협(文協)의 1차 전향'이 이것이다.[92] 당시 총독부의 「문화협회대책」에 따르면, 문화협회의 1차 분열과정 중 대만인의 사상파벌은 온건파, 온건파 중 사회주의

---

89) 대만 내의 아나키즘 운동에 대한 소개로는 졸고 「1920년대 대만 내 아나키즘 운동에 대한 시론」(『동북아문화연구』 13호, 2007)이 있다.

90) 連溫卿 『臺灣政治運動史』, 稻鄉出版社 1988, 137~38면.

91) 왕민천은 일본으로 유학 가서 조도전대학(早稻田大學) 법학과를 졸업한 후, 대만으로 돌아와 사회운동에 헌신했다. 대만문화협회 창립 멤버이자 대만흑색청년연맹에도 가입한 바 있어, 초기에는 연온경과 더불어 아나키즘 경향을 띠었다. 그는 사회교육과 부녀운동에 관심이 많았다(楊碧川 「王敏川」, 『臺灣近代人物集』 第1卷, 1983, 73~87면).

92) 연온경은 문화협회의 주도권을 장악한 후 농민운동과 노동운동의 조직화에 주력했다. 그러나 1929년 11월 대만공산당의 반대로 문화협회에서 제명되었고, 그의 영향력이 강한 대북지부가 폐쇄되었다. 그후 정치무대에서 물러났지만 산록태치와 석천삼랑 같은 일본 아나키스트와 지속적인 우정을 나누었다(日本アナキズム運動人名事典編輯委員會 『日本アナキズム運動人名事典』, 株式會社ぱる出版 2004, 715~16면).

경향, 민족자결파, 무정부주의자, 망동파, 투기파 등 여섯 가지로 분류했다. 여기서 아나키스트그룹 가운데 대표인물로는 팽화영과 연온경을 꼽고 있었다.[93] 바로 이 무렵 대만흑색청년연맹사건이 터진다.

앞장에서 언급한 바와 같이 일본의 흑색청년연맹의 영향 아래 대만흑색청년연맹이 만들어져 세력의 확장을 시도했다. 이 연맹은 대만에 거주하던 일본인 소택일(小澤一)이 일본에서 아나키스트와 접촉한 후 대만의 대북무산청년을 중심으로 만들었다. 얼마 후 「대만흑색청년연맹선언」을 발표해 다음같이 주장했다.

> 권력은 곧 법률이고, 법률은 곧 통치이며, 통치는 곧 국가이다. 권력이 있기에 통치자와 피통치자가 나뉘어졌다. 권력은 인류 자유를 말살하는 기계이다. 모든 죄악과 근심과 정의롭지 못한 것들은 권력이므로 일체의 권력을 소멸하지 않으면 자유를 얻을 수 없다. (…) 우리들은 오직 직접행동만이 인간 해방의 유일한 수단이며, 폭력과 암살이 가장 뛰어난 혁명수단이라고 생각한다. 우리들은 장차 흑기 아래서 죽기를 맹세한다.[94]

이 연맹은 위의 글처럼 "우리들은 오직 직접행동만이 인간 해방의 유일한 수단이며, 폭력과 암살이 가장 뛰어난 혁명수단이라고 생각한다. 우리들은 장차 흑기 아래서 죽기를 맹세한다"라고 하며 순수한 아나키스트임을 자처했다. 이러한 무산청년의 결집은 대만 남북을 상호 연결해 '중남부선전대'(1926년 12월)의 성립을 가져와 사방으로 혁명을 선전하려고 시도했다.[95] 그러나 일본경찰은 조직이 창설되자마자 다수의 관련자를 체포해 와해시켰

---

93) 楊碧川, 앞의 책 180~81면.
94) 「臺灣黑色靑年聯盟宣言」(王乃信 等譯 『臺灣社會運動史 ―1913~1935年』 第4冊, 19면 재인용).
95) 흑색청년연맹은 대북, 신죽, 창화 지부와 '중남부선전대'로 나누어져 있었다. '대만흑색청년연맹 조직표'는 같은 책 169면에 나와 있다.

다. 특히 대만흑색청년연맹의 지도자였던 소택일은 형기 만료 후 출옥해 일본으로 가던 중 선상에서 자살했다. 이 연맹은 대만 좌익운동에 적지 않은 영향을 미쳤다.

대만 아나키스트들이 연극운동에 종사하며 아나키즘을 선전한 사실은 특색 중의 하나이다. 장유현(張維賢)은 성광사(星光社, 1925)를 중심으로 신극을 통한 악습 제거와 풍속 개량에 힘썼다. 성광사를 이끈 장유현은 대만신극의 대표인물로 젊은 시절부터 아나키즘을 신앙했으며, 희극운동을 통해 민중 계몽에 앞장섰다. 1927년 성광사가 경비부족으로 해체되자 일본에 건너가 동경에서 연극을 공부하던 중 산록태치 등과 접촉했다. 그는 일본 아나키스트 노동운동을 목격했으며, 특히 공산주의 노동조합과의 대결에 깊은 인상을 받았다. 그후 대만으로 돌아와 다시 민봉사(民烽社)를 세워 아나키즘적 예술론을 추구했다. '민봉극단선언'을 보면 극단의 목적이 새로운 사회를 창조 발전시키고 "인류가 마땅히 지녀야 할 진정한 생활"을 추구하려는 데에 있음을 알 수 있다.[96]

그리고 대만에 거주하던 일본인 도원등병위(稻垣藤兵衛)를 중심으로 고혼연맹(孤魂聯盟, 1926) 같은 독특한 단체가 만들어졌다. 고혼연맹은 '인류의 집'을 만들어 사회운동을 전개했는데, 그 특징이라면 허무주의가 충만한 단체라는 사실이다. 성광사도 고혼연맹의 소속 극단이 되었는데, 장유현은 "고혼이란 생전에는 고독하고 사후에도 의지할 곳이 없는 영혼을 말한다. 그 비참과 슬픔이 마침 우리들 무산계급 농민의 현실과 같다. 우리는 고혼연맹을 조직해 광명과 무산계급 해방운동을 추진하고자 한다"[97]라고 말했다. 이 연맹은 『비대만(非臺灣)』(1928년 3월)을 간행했다. 일본의 아나키즘 단체와

---

96) 대만희극운동 연구자 양도는 "장유현의 일생은 '흑색청년' 아나키스트의 전형적인 모습을 방불케 했다"고 평가했다(楊渡 『日據時期臺灣新劇運動(1923~1936)』, 時報出版 1994, 6면).
97) 같은 책 75면.

연락하며 활동을 강화하던 중 1928년 7월 연맹 관계자가 조사받고 가택수색을 당했다. 연구 이외에 뚜렷한 증거가 나오지 않아 훈계 석방되었지만 이때 사실상 소멸되었다.[98]

그후 창화 지역의 아나키스트를 중심으로 전국적인 조직망을 재건하고 중국, 일본과의 연락망을 갖추면서 대만노동호조사(臺灣勞動互助社, 1929)를 만들었다. 대만노동호조사는 범본량의 신대만안사와 대만흑색청년연맹 이래 대만 무산청년의 새로운 출발을 알리는 것이었다. 창화무산청년파는 본래 아나키즘과 공산주의 두 가지 사회혁명 사상이 혼재되어 있었다. 창화 천공묘(天公廟)에서 열린 문화협회 강연회에서 공산주의자들이 아나키스트와의 협의를 무시하고 일방적으로 행사를 추진하자 서로 간에 대립이 고조되었다. 1928년 말 창화 천공묘에서 공개적인 이론투쟁대회를 열었는데, 아나키스트는 상호부조를 가지고 공산주의자의 계급투쟁을 반대했고, 거꾸로 공산주의자는 계급투쟁을 가지고 상호부조를 비판했다. 하지만 이들의 격렬한 논쟁은 감정의 골만 깊어진 채 성과 없이 끝났다.[99] 다음해 9월 대만문화협회가 창화에서 연 특별지부대회에서 공산주의자 오석린(吳石麟) 등은 고의로 무산청년파가 회의에 참석하는 것을 방해했다. 결국 주천계(周天啓)와 채정상(蔡禎祥) 등은 문협을 탈퇴하여 자유연합 방식에 따라 별개의 아나키즘 단체인 대만노동호조사를 만들 것을 결의했다. 노동호조사 참가자 대부분은 창화무산청년파로 옛 흑색청년연맹의 구성원이었다. 호조사의 이론은 비교적 정교하여 대만 민중에 대한 영향력이 적지 않았다고 전하는데, 과거의 흑색청년연맹과 호조사의 구성원이 대체로 일치하거나 관련 인물이라는 사실

---

98) 당시 일본에서 발행한 『自由聯合』의 「臺灣之無産運動」(1928. 9. 1)이라는 기사에는, "대만에는 자유연합주의를 신봉하는 조합은 없으며, 오직 대북인쇄공회에 약간 그 색채가 있지만 그렇다고 무정부주의 단체라고 볼 수는 없다. 그러나 극소수이지만 박해와 폭압에 저항하는 운동이 있는데, 이것이 고혼연맹이다"라고 보도했다(連溫卿, 앞의 책 222면 재인용).

99) 王乃信 等譯 『臺灣社會運動史 —1913~1935年』 第4冊, 30면.

에 근거한다면 두 조직간의 인과관계를 짐작할 수 있다.

호조사는 중국대륙과 일본 내지의 아나키스트 단체와 교류관계를 맺고 있었다. 특히 대륙과는 상해와 하문, 복주 등지의 아나키스트들과 연락하고 있었는데 그들간의 교류는 문건으로도 남아 있다.[100] 예를 들어 재중국대만무정부공산주의연맹(在中國臺灣無政府共産主義聯盟)의 이름으로 뿌린 「6·17 대만도치정기념선언」(六·一七臺灣島恥政紀念宣言, 1931년 6월 17일)에서는 대만자치지방연맹의 주장을 사기라고 비난하고, 민중당이 주장하는 전민운동도 기회주의 정치운동이라고 못박았다. 뿐만 아니라 문화협회는 이미 타협적인 정당으로 변질되어 그들의 의회정치 아래의 무산계급정당 주장은 가소로운 일이라고 비난했다. 문협 내 공산주의자들은 비록 일본 제국주의를 반대한다지만 또다른 제국주의자가 될 것이라 예언했다. 즉 공산주의자들의 프롤레타리아 독재 주장은 실제로는 독재정치를 낳을 것이라 했다. 이 선언문은 아래와 같은 글로 마무리한다.

우리들은 반드시 민중의 용감하고 자발적인 역량에 의존해 일체의 재야의 야심가들을 소멸시키고, 어떠한 일체의 강권과 착취가 없는 진실한 공산적 자유사회 즉 무정부공산주의사회를 만들 것이다. 이것이야말로 진정으로 대만 민중을 해방시키는 것이다. 우리들 폭탄의 폭음소리는 일본 강도의 각종 정치와 경제기구에 울릴 것이며, 반드시 자본가들은 모두 총에 맞고 칼에 죽는 운명을 맞이할 것이다. 미래의 6월 17일은 반드시 강권계급이 공포에 떨며 죽음을 맞이하는 날일 것이며, 우리들 피압박 노동자계급이 직접행동과 폭동시위를 실행하는 날이 될 것이다. (…) 6·17은 우리들의 행동개시의 날이며 반항의 날이다! 만인이 행복한 사회를 건설하는 날이다![101]

---

100) 같은 책 37면.

101) 「六·一七臺灣島恥政紀念宣言」(1931. 6. 17)(王曉波 編 『(新編)臺胞抗日文獻選』, 海峽學術出版社 1998, 313면).

총독부가 1931년 8월 대만공산당을 일제히 검거할 때, 채추종(蔡秋宗)이라는 청년을 체포하면서 그에게서 권총과 실탄 및 대량의 아나키즘 문서들을 발견했다. 이에 일경은 대만노동호조사의 주요 인물 14명을 체포하여 법원으로 이송했다. 이때 채추종은 옥중에서 고문으로 사망했다. 결국 이 사건을 계기로 노동호조사 조직은 와해되었고, 대만 내 아나키즘 세력은 급속히 쇠퇴했다.

일제의 식민지였던 대만이나 조선 모두 1920년대가 아나키즘 운동의 전성기였다. 1920년대 후반의 한인과 대만인 아나키즘 운동은 반전에 대한 깊이 있는 논의, 민족주의와 공산주의에 대한 체계적인 비판 등이 나타났다는 점에서 1920년대 초반의 사상보다는 진일보한 측면이 있다. 그리고 공산주의운동에 비해 상대적으로 활발하지 못했고, 공산주의자와의 투쟁과정에서 더욱 세력이 약화되어 1930년대에 이르러서는 거의 소멸상태에 놓였다는 점도 외형상 유사하다. 하지만 대만의 경우는 일부 급진 청년들만이 참여한 데 비해, 조선의 경우는 상대적으로 더욱 활발하고 전투적이지 않았나 싶다. 대만 아나키스트는 무장투쟁보다는 선전활동에 주력했고 단체가 조직된 후에는 곧바로 탄압을 받았는데, 이는 망명하기 힘든 지리적 특성이 반영된 것으로 볼 수 있을 것이다. 특히 대만은 근등헌이·암좌작태랑·산록태치 등과 같은 일본인 아나키스트의 영향은 물론, 소택일·도원등병위 등과 같은 대만 거주 일본인의 역할이 두드러졌다는 특징이 있다.

제6장

동아시아 아나키스트의 반파시즘
연대투쟁과 운동의 굴절

1. 파시즘 통치하의 일본인과 재일 한인 아나키스트

일본무정부공산당의 건설과 붕괴

1920년대 말부터 1930년대 초까지 일본 아나키즘 운동은 순정아나키즘과 노동조합적 아나키즘으로 분열되어 있었다. 순정아나키즘은 원칙에 반하는 불순요소를 제거하는 부정의 논리로서, 맑스주의뿐만 아니라 생디칼리슴도 비판대상으로 삼았다. 반면 노동조합적 아나키즘은 자치와 자유연합을 통해 개량주의적 조합을 혁명적 조합으로 개혁하자는 주장이었다.[1] 대체로 순정아나키스트가 산업사회 이전의 목가적인 농촌에서 이상사회의 모델을

---

[1] 일본의 아나키즘을 테러리즘, 크로포트킨주의, 노동조합적 아나키즘으로 분류하는 것은 다소 지나치게 도식화한 견해가 있다. 그래서 대삼영(大杉榮)의 사상을 좌파 크로포트킨주의라고 하고, 암좌작태랑(岩佐作太郞)·팔태주삼(八太周三)의 사상을 우파 크로포트킨주의라고 구분하기도 한다(大澤正道『アナキズム思想史』(龜田博「アナキズム運動史, 參考文獻·讀む」 14면 재인용)).

발견했다면, 노동조합적 아나키스트는 산업사회의 생산력에 기초한 새로운 세계를 긍정하고 미래의 이상향을 찾은 것이다. 물론 이들 모두 중앙집권화된 정부와 대규모의 자본에 의해 억압받는 것을 극도로 경계했다. 만주사변을 계기로 일본의 군국주의화와 우경화 경향이 뚜렷해지면서 노동운동에 대한 통제가 한층 강화되었다. 이에 따라 노동운동이 침체하자 아나키즘 계열의 전국노동조합자유연합회(自聯)와 일본노동조합자유연합협의회(自協)는 모두 분열에 대한 반성과 함께 양자를 통합하려는 노력이 계속되었다.

도시의 노동운동이 상대적으로 침체된 것과 달리 농촌에서 아나키스트 농민운동이 활발한 것은 고무적인 현상이었다. 본래 크로포트킨의 상호부조론은 개인간 투쟁을 강조하는 사회다윈주의를 비판하는 과정에서 공동체의 중요성을 주목하는 경향이 있다. 이런 크로포트킨주의의 특성은 동아시아의 사회풍토에 걸맞았으며, 특히 도시보다 농촌을 이상화하는 경향은 일본에서 이른바 '농본적(農本的) 아나키즘'을 출현하게 만들었다. 보통 석천삼사랑(石川三四郎)의 사상을 농본적 아나키즘이라고 부르며, 혹은 토민철학(土民哲學)이라고도 불렀다. 그는 "진화론, 생존경쟁론이 생겨난 이래 문명인의 이상은 '자연의 정복'에 있었다. 자연의 정복은 곧 땅의 파괴이다. 땅의 파괴는 곧 우리 자신의 파괴이다. 문명생활이 인간생활의 퇴폐를 초래하는 까닭은 바로 거기에 있다. 문명생활은 바로 땅에 대한 반역이다"[2]라고 말하면서 "토민의 최대 이상은 자신과 동료의 자유이다. 평등의 자유이다"라고 선전했다.[3] 이런 경향은 암좌작태랑이나 다른 아나키스트에게서도 나타났다.

그런데 1920년대 후반 아나키스트의 농민운동은 순정아나키즘의 영향으로 매우 급진적이었다. 예를 들어 도시의 노동자를 포함해 도시는 농촌을 착취한다고 본다든지, 혁명운동의 주력을 농민으로 보고 장래 사회의 기초를

---

2) 가노 마사나오, 김석근 옮김 『근대 일본사상 길잡이』, 소화 2004, 231~32면 재인용.
3) 三原容子「農本的アナーキズムと石川三四郎」,『日本教育史論叢 ― 本山幸彦教授退官記念論文集』 1988, 487면.

농민으로 삼는다든지, 자급자족을 추구하며 도시의 폐지를 기다린다든지 하는 주장들이 팽배했다.4) 이런 생각은 크로포트킨이 말한 지주와 국가, 은행가, 상공업자들이 농민을 착취한다는 주장을 더 극단으로 몰고 간 것으로 보인다. 하지만 크로포트킨은 도시나 노동자에 대한 반감은 없었으며, 농업과 공업의 조화로운 발전을 낙관했다. 1930년대에 들어와서 일본의 농본적 아나키스트 가운데 일부는 기존의 반도시적 태도를 비판하고 대중투쟁을 중시하는 흐름이 나타났다.

영목청지(鈴木晴之)를 비롯한 14명의 아나키스트가 1931년 2월 농촌청년사 제1차 회의를 열고, 그해 6월 『농촌청년』을 창간했다. 이들은 순정아나키스트를 관념론자라고 비판하고 운동가들이 농촌으로 내려가 토지를 접수하고 지주를 추방한 후 도시의 자본주의경제와 관계를 끊자고 했다. 지방에서 자치조직을 결성한 후 국가권력과 싸우자는 것이다. 농촌청년사의 아나키스트는 기존 조직론에도 비판적이어서 자주적인 행동을 강조하며 이미 결성된 조직의 해체를 주장했다. 이른바 "필요에 따라 모이고 끝나면 해산하자"는 것으로, 이것을 "아래에서 위로, 주변에서 중심으로의 부정! 결성에서 분산으로! 집중에서 자주분산행동으로!"라는 명제로 요약했다. 이들은 각 지역의 연대와 동시다발적 봉기를 통한 혁명을 추구했으나, 제1차 농촌청년사 사건(1932년 초)이 일어나자 그해 9월 자진 해산했다.5) 이 사건 후 농촌 중심에서 탈피하여 다시 도시 노동자 중심으로 운동방향이 전환되었다.

일본 아나키즘 문예운동도 비교적 활발했다. 공산주의자와 프롤레타리아 문예논쟁을 벌인 아나키스트들은 신거격(新居格)과 추산청(秋山淸) 등을 중심으로 『문예해방』을 통해 정치운동을 배격한 문예해방운동을 전개했다. 이

---

4) 三原容子 「戰前アナキズム運動の農村運動論 1 ― 自連派」, 『京都大學教育學部紀要』 第31號, 1985, 98면.
5) John Crump, 碧川多衣子 譯 『八太丹三と日本のアナキズム』, 靑木書店 1996, 198~206면.

들은 볼셰비키의 정치주의 문학이나 부르주아의 탐미주의 문학도 아닌 인간의 근본에 입각한 인간성 해방의 문학을 제창했다. 전국적인 조직망을 갖춘 해방문화연맹(1933년 12월)을 결성하여 다른 아나키스트 진영에 적지 않은 자극을 주었는데, 이 연맹은 아나키스트 세력의 통합과 농촌운동의 자립화에 노력했다.6)

한편 일본 아나키즘 단체의 통합 움직임이 1932년 여름부터 나타났다. 자련은 일상투쟁의 강화를 통해 관념적 편향을 극복하고 경제투쟁의 중요성을 다시금 강조하는 쪽으로 노선이 정리되었고, 자협 역시 노동조합 제일주의의 한계 때문에 운동이 침체된 점을 인정했다. 이들은 자유연합주의를 재확인하고, 전략전술의 확립이 필요하다는 데 공동의 인식을 가지고 통합작업에 박차를 가했다. 결국 1934년에 자협이 자련에 정식 복귀하는 것으로 일단락되었다.7) 그런데 자협의 자련으로의 복귀선언으로 노동운동의 활성화를 기대했으나 여전히 통합조직은 노동자로부터 고립되어 고전을 면치 못했다.

1931년부터 1945년까지 15년간은 전쟁시기이다. 일본의 파시즘 세력은 1931년의 만주사변을 시작으로 1937년의 중일전쟁을 거쳐 1941년의 태평양 전쟁까지 전쟁을 계속 확대해 나갔다. 특히 만주사변의 발발은 일본의 군국주의가 본격화하는 사건으로 일본 아나키즘 운동의 전환을 가져오는 중요한 사건이었다.8) 일본의 식민지였던 조선이나 대만에서의 아나키즘 운동도 만주사변의 전개와 더불어 쇠퇴했다. 1929년 11월 조선 국내에서 비밀리에 결성된 전국적 아나키스트 조직인 조선공산무정부주의자동맹은 1931년 초 일경에 의해 동맹의 존재가 발각 해체되면서 운동은 급속히 쇠퇴했다. 1930년대 이후에는 아나키스트와 볼셰비키의 잦은 충돌이 일제당국에게 탄압의

---

6) 김명섭 『한국 아나키스트들의 독립운동 — 일본에서의 투쟁』, 이학사 2008, 258~59면.
7) 小松隆二 『日本アナキズム運動史』, 靑木書店 1972, 217~19면.
8) John Crump, "The Anarchist Movement in Japan," *ACE Pamphlet*, No. 8, Pirate Press 1996, 8면.

빌미로 작용했으며, 독서회활동 및 출판활동으로 겨우 명맥을 유지했다. 대만 역시 대만총독부가 1931년 8월 30일 대만공산당을 일제히 검거할 때, 한 청년을 체포 수색하는 과정에서 대만노동호조사의 존재를 알아냈다. 이때 일경은 대만노동호조사 주요 인물을 일제히 검거하여 사실상 대만 내 아나키즘 운동은 소멸했다.[9)]

일본 본토의 아나키스트 가운데 일부는 운동의 침체원인을 강력한 지도조직의 부재에 있다고 판단하고 노동운동과 농민운동, 문예운동 등을 통제할 중앙집권적 조직이 있어야 한다고 생각했다. 특히 테러리즘 경향이 강했던 이견민웅(二見敏雄)은 무조직과 무계획의 방침은 낡은 방법이라며 방법론적 수정을 제기했다. 이에 따라 1933년 12월 초 이견민웅과 상택상부(相澤尚夫), 입강범(入江汎), 식촌체(植村諦), 사미실(寺尾實) 등은 일본무정부공산당(日本無政府共産黨, 1934년 1월 30일)의 전신인 일본무정부공산주의자연맹(日本無政府共産主義者聯盟)을 결성했다. 이 단체는 중앙집권적 조직을 추구하고 민중독재론을 인정하는 등 이전에 없었던 조직형태를 취했다.[10)] 이런 변화에는 1930년대 초 유럽에서 반파시스트 전선으로 결성된 프랑스와 스페인의 인민전선 활동이 알려지면서 영향을 받은 측면이 있을 것이다.

일본무정부공산주의자연맹은 곧이어 일본무정부공산당으로 명칭을 변경했다. 연맹은 자율자치적 이상사회로 나아가기 위한 방안으로 중앙집중화된 지도조직이 필요하다는 주장을 제기했다. 이들은 종래의 무조직, 무계획적인 활동방침과 종파주의 활동을 비판하고, 강제력 있는 중앙조직과 계획적 전술을 채용하는 이른바 방법론의 수정을 제안했다. 현재의 정치상황이 언론과 출판, 집회, 결사의 자유가 봉쇄된 파쇼시대이므로 혁명운동에 필요한 강력한 비밀결사가 필요하다는 것이다. 따라서 일본무정부공산당은 평상시에

---

9) 졸고 「1920년대 대만 내 아나키즘 운동에 대한 시론」, 『동북아문화연구』 13호, 2007, 293~94면 참조.
10) 小松隆二, 앞의 책 232~34면.

는 아나키즘 사상을 선전계몽하고 노동자 농민의 경제투쟁을 지도하여 이들을 정치투쟁의 장으로 끌어올리고자 했다. 그리고 사회혁명의 시기가 도래하면 지도부를 결성해 무산대중들을 일거에 무장봉기시켜 혁명을 수행한 다음, 권력주의자들의 반혁명 기도를 저지하며 혁명적 코뮨을 수호해야 한다는 방침을 세웠다. 그들은 모든 권력은 경제적 기초와 대중적 지지가 필요한데, 권력이란 꾸준히 강화되고 영구화하려는 경향이 있으며, 권력의 강화란 집중에 의해 이루어진다고 보았다. 프롤레타리아 국가도 권력의 강화로 소수자에게 집중하며, 경제적 발전을 기초로 영구화하려 한다고 생각했다. 이런 권력의 모순은 점진적 발전을 통해 해결할 수 있는데, 레닌의 말처럼 어느 시점에 사라지는 것이 아니라 인민의 부단한 투쟁을 통해 폐기된다고 했다. 비약 없는 권력의 소멸은 없다는 것이다.[11]

중앙집행위원회가 만든 당의 강령(1934년 9월)에는 여덟 가지의 내용을 담고 있었다. 1) 권력정치와 자본제의 폐지, 2) 완전한 지방자치제의 확립, 3) 사유제의 폐지, 4) 생산수단과 토지의 공유, 5) 은행제도의 철폐, 6) 노동자 농민의 생산관리, 7) 교육문화의 향유, 8) 인위적인 국경의 철폐 등이 그것이다.[12] 이들은 중앙집행위원회 - 지방위원회 - 지구위원회 순의 조직체계를 갖추고 중앙집행위원회 내에는 서기국과 정치국, 조직국, 군사국, 재정국을 설치했다. 비록 중앙집권 조직을 만들었지만 조직 내의 자유로운 발언은 허락되었고, 의사결정은 만장일치의 원칙을 기본으로 삼았으며, 다른 조직에 결정을 강요하지 않는 자율원칙은 유지하기로 합의했다. 일본무정부공산당은 관동지방위원회와 관서지방위원회를 차례로 결성하고, 합법적 조직활동 이외에도 비합법적 자금모집 활동도 전개했다.

일본무정부공산당은 내부의 반발에도 불구하고 운동자금과 무기구입을 위한 비합법운동을 위해 특무기관을 설치하기로 했다. 이에 따라 일부 당원

---

11) 「日本無政府共産黨」(1935).
12) 秋山清 『日本の反逆思想』(秋山清著作集) 第2卷, 株式會社ぱる出版 2006, 190면.

들은 은행과 우체국을 습격했다. 중국에서 간행한『남화통신(南華通迅, 1936 년 1월)』에는「일본무정부주의사건」이라는 제호 아래, "(일본무정부공산당은) 첫째로 자금조달을 위해 동경, 대판 등의 은행과 우체국을 습격하고, 둘째로 일본, 중국 각 중요도시를 활동무대로 하여 국제조직을 결성한 후 자본주의 제국주의 타도와 민중혁명을 촉성할 것 등을 결정했다. 이에 따라 작년 11 월 1일 일본 동경의 신정은행과 대판은행을 습격했으나 실패하여 많은 무정 부주의자들이 검거되었다. 이 사건으로 인해 극비리에 준비 중이던 대사건 이 사전에 발각되었다"[13]라고 전하고 있다. 이처럼 일본경찰은 일본무정부 공산당의 존재를 파악하고 1935년 11월부터 관련자 400여명을 일제 검거하 면서 조직이 와해되었다.[14]

한편 1935년 11월부터 1937년까지 몇차례에 걸쳐 제2차 농촌운동사 사 건이 일어나 약 300여명의 농민운동 관련 아나키스트들이 구속되었다. 이들 은 과거와 달리 '아래로부터 위로' 혹은 '주변에서 중심으로'라는 자유연합 의 원리를 비판하고, '현(縣)의 일은 현(縣)에서' 혹은 '마을의 일은 마을에 서'라는 자주분산을 주장했다. '농민 속으로'가 아니라 '농민 속으로부터'라 는 그들의 생각은 비밀결사 같은 조직형태를 부정했음에도 불구하고, 일본 정부로부터 전국적인 비합법결사로 규정되어 대대적인 탄압을 받았다.[15]

1930년대에 들어와 도시의 노동운동, 농촌의 농민운동 및 일본무정부공 산당의 건설과 붕괴는 전반적인 일본 아나키즘 운동의 쇠퇴를 가져왔다. 특 히 일본에서 나타난 충격적인 현상은 공산주의자와 아나키스트의 대량 사상 전향 사태였다. 1933년 6월 일본공산당의 지도자 좌야학(佐野學)과 과산정 친(鍋山貞親)의 전향성명 이후 일본 공산주의자의 이른바 '전향의 눈사태

---

13)「일본 무정부주의 사건」,『南華通訊』第1號, 1936. 1.
14) 김명섭「한일 아나키스트들의 사상교류와 반제 연대투쟁」,『한국민족운동사연구』제49 집, 2006, 57~58면.
15) 無政府主義運動史編纂委員會 編『韓國아나키즘運動史(前篇)』, 형설출판사 1978, 422면.

현상'이 나타났다. 일본무정부공산당의 궤멸 후 아나키스트의 대표인물 가운데 한 사람인 암좌작태랑의 전향선언도 큰 충격을 주었다.

암좌작태랑은 대삼영을 이은 순정아나키즘의 지도자였으나 『국가론대강』(1937년 2월)을 발간해 기존 사상에서 크게 변화된 인식을 드러냈다. 그는 우선 국가와 천황을 부정했던 종래의 입장을 공개비판하고, 일본은 서양이나 중국과 달리 통치자와 피통치자의 관계가 절대적으로 "자연생성적인" 특수한 관계라고 인정했다. 때문에 통치자인 천황과 피통치자인 국민과는 서로 협력하는 관계에 있으며, 이를 통해 이상적인 일본국가가 형성된다는 주장을 폈다.16) 개인의 자유를 강조하여 천황제 이데올로기를 체계적으로 비판했던 아나키스트가 가족제도의 외연적 확대로 천황체제를 받아들인 사실은 놀라운 일이었다. 혹자는 암좌작태랑이 적극적으로 친정부적인 활동을 하지 않았고 전후 일본아나키스트연맹에 참가한 사실을 들어 그의 전향은 위장된 것이라는 주장이 있으나, 어쨌든 그가 국가의 존재를 인정한 사실은 분명하다.17)

그 밖에 일본의 저명한 문학가이자 한때 아나키스트였던 가등일부(加藤一夫)의 전향이 있었다. 그는 1920년대 전반 일본사회주의동맹의 발기인이자 아나키스트 단체 자유인연맹(自由人聯盟)의 중심인물이었는데 1920년대 후반부터 농본주의를 주장하다가 갑작스레 1930년대 중반에는 천황을 숭배하기 시작했다. 가등일부는 서양의 물질문명보다 일본의 정신문명이 우월하다며, '일본신앙'과 '천황신앙'을 제창했다. 여기에는 농촌농업 중심의 일본적 특징으로 도시공업적 서양문명을 비판하는 농본주의의 논리가 작용하고 있었다.18) 즉 농촌자치공동체에 대한 향수가 전향의 논리로 기능했다는 것

---

16) 김명섭, 앞의 책 278면.
17) 秋山淸 『反逆の信條』, 北冬書房 1973, 259면.
18) 三原容子 「加藤一夫の思想──アナキズムから天皇信仰への軌跡」, 『社會思想史研究』 第14號, 1990 참조.

이다.

　일본의 아나키즘 운동은 정부의 무자비한 탄압으로 중일전쟁이 발발하기 전에 이미 일본무정부공산당과 농촌운동사 및 해방문화연맹의 해체로 사실상 붕괴상태에 놓였다. 일본 정세의 영향을 강하게 받고 있었던 재일 한인 아나키스트의 경우도 상황은 마찬가지였다.

선택의 기로에 선 한인 아나키스트

　일본은 구미 제국주의와 소련 공산주의에 대항해 아시아를 수호한다는 명분 아래 대동아공영권을 선전했다. 이러한 파시즘적인 아시아주의에 대해 일본과 전쟁중이던 중국은 물론 식민지 한국과 대만의 민족주의자들 가운데 일부가 현혹되어 동참했다. 하지만 아나키스트들은 일본의 아시아주의와 정반대의 입장에 서서 투쟁했다.

　재일 한인 아나키스트 단체 흑우연맹은 일본은 물론 중국의 아나키즘 운동과도 유대를 강화했다. 남화한인청년연맹 양여주(梁汝舟)의 요청에 호응해 흑우연맹 회원인 이종봉(李鍾鳳)을 상해로 파견하기도 했다. 그들은『흑색신문』창간호(1930년 8월 1일)에 "불합리한 현사회에 대하여 혁명적 행동으로 돌진하라"는 표제를 달았으며, 중국의 한인 아나키스트 활동에 대한 기사를 자주 게재했다. 흑우연맹과 아나키즘 계열의 사상단체들은 만보산사건(1931년 7월)이 발생하자 일제의 중국침략을 규탄했다. 상해에서 유길명(有吉明) 암살미수사건(1933년 2월)이 발생해 원심창(元心昌)과 백정기(白貞基), 이강훈(李康勳) 등이 체포되자 이들에 대한 구원운동도 전개했다.『흑색신문』은 일제의 아시아 침략을 규탄하고 한중 양 민족의 궐기를 촉구하는 등 다양한 선전사업을 전개했으나, 신문을 출판하는 즉시 압수되는 과정을 반복하다가 결국 1935년 5월 폐간되었다. 비슷한 시기 홍성환(洪性煥)과 한하연(韓何然)을 중심으로 자유코뮌사가 만들어져『자유코뮌』(1932)을 발행했으나, 얼마 지나지 않아 역시 자금난으로 폐간되었다.

1920년대 후반 재일 한인 아나키즘 단체는 노동조합적 아나키즘이 아니라 주로 순정아나키즘의 입장을 견지했다. 하지만 자련이 모든 노동자가 협력하여 자본가계급에 대한 대중투쟁에 나서야 한다면서 일상투쟁을 중심으로 투쟁해야 한다고 주장하자, 한인사회에도 영향을 미쳤다. 1930년대 재일 한인 사상단체의 세력은 과거보다 약화되었지만 한인 노동자가 늘어나면서 상대적으로 노동운동이 활발했는데, 조선동흥노동동맹(朝鮮東興勞動同盟)의 활동이 대표적이다. 이 동맹은 중앙집권조직을 배격하고 자유연합주의를 고양했으며 정치운동을 배격한 노동계급의 해방을 추구했는데, 점차 노동조합적 아나키즘의 색깔이 두드러졌다. 이에 비해 순수 사상운동의 중요성을 강조해왔던 흑우회와 흑우연맹 및 조선자유노조를 중심으로 한 한인들은 순정아나키즘의 입장에 서 있었다. 일본 노동단체의 통합 분위기에 힘입어 한인 노동단체들도 통합운동에 활기를 띠기 시작했다.[19] 1934년 1월에는 재일 한인의 대표적인 아나키즘 단체 '조선일반노동조합'을 결성했다. 그럼에도 불구하고 일본의 경우처럼 재일 한인 노동운동은 침체에서 벗어나지 못했다.

일본무정부공산당은 한인사회에도 조직을 확대했다. 일본무정부공산당은 조선인부를 설치하고 조선동흥노동동맹과 조선일반노조, 조선합동노조 등 3개의 노동단체를 통일시키고자 했다. 하지만 한인 노동단체의 통합은 실패했다. 그나마 조선동흥노동동맹의 한국동(韓國東)과 이동순(李東淳)이나 흑우연맹의 홍성환과 진록근(陳綠根) 등이 일본무정부공산당에 가입하는 성과가 있었다. 이것은 재일 한인 아나키스트에 커다란 변화를 가져왔는데, 중앙집권론적 조직론과 민중독재론이 출현한 것이다. 그들은 일본무정부공산당의 주장을 받아들여 중앙집권적 조직의 지도 아래 정치투쟁을 전개하여 정치권력을 장악하고, 민중들이 이상사회를 건설할 동안 반혁명세력의 반격을

---

19) 구승회 외 『한국 아나키즘 100년』, 이학사 2004, 245면.

분쇄하기 위해 민중독재를 실시해야 한다고 선전했다. 이것은 아나키즘의 기본원리에서는 상당히 이탈한 것이지만 한인 아나키스트들은 일본무정부공산당 조직이 볼셰비키와는 다르다고 믿었다. 조직운영에서 자유연합과 자유발의 원칙을 인정했고, 프롤레타리아 독재의 문제도 지극히 제한적이라는 것이다. 그럼에도 불구하고 국내의 한 연구자는 1930년대 중반 이후 재일 한인 아나키스트운동이 "아나키즘 본령에서의 일탈이 일어났다"고 평가한다.[20]

한인 아나키스트도 일본 사회주의자의 연이은 사상전향 사태에 영향을 받아 일부가 전향했다. 대표인물로는 현영섭(玄永燮)과 장상중(張祥重), 최학주(崔學柱), 고부득(高富得) 등이 있다. 특히 일본과 중국, 조선을 오가며 연락책을 담당하던 현영섭의 변절은 충격적이었다. 현영섭은 경성제국대학 법문학부 출신인 고급 엘리트였다. 1931년 여름 원심창을 찾아 상해로 건너가 남화한인청년연맹에 가입했으며, 이 연맹에서 외국문헌의 번역, 기관지 사설의 집필, 내외운동의 소개 및 연락 등 다양한 활동을 펼쳤다. 그는 원심창과 백정기에게 자금을 제공했으며, 원심창의 부탁으로 일본에 잠입해 재일 한인 아나키스트와 연락을 가졌다. 국내에 돌아와서도 상해와 계속 소식을 주고받았으며, 다시 1933년 말 일본으로 건너가 아나키즘 선전에 힘썼다. 그런데 1935년 11월 동경 경시청에 체포되어 조사받다가 무혐의로 풀려난 이후 갑작스레 변절한 것이다.[21] 현영섭은 「정치론의 한 토막」(1936년 8월)이라는 글을 통해 사상전향을 밝혔으며 1938년 1월 친일단체인 녹기연맹(綠旗聯盟)에 가담해 본격적인 친일활동을 벌였다. 그는 『조선인의 나아갈 길』이라는 책에서 조선역사에 대한 반성, 민족주의 및 공산주의에 대한 비판, 조

---

20) 이호룡 『한국의 아나키즘(사상편)』, 지식산업사 2001, 294면. 이에 대해 일본무정부공산 당이 공산주의의 프롤레타리아 독재론을 받아들인 적은 없으며, 여전히 기존의 아나키즘적 원칙에 충실했다고 보는 입장도 있다(김명섭, 앞의 책 264~65면).
21) 無政府主義運動史編纂委員會 編, 앞의 책 415면.

선인의 일본인화와 조선어의 폐지 등을 주장했다. 그 밖에도 여러 친일단체에 참가해 내선일체의 이론가로 활약했다.[22]

심지어 재일 한인 아나키스트를 상징하는 박열조차 전향 의혹에 쌓여 있다. 1934년 5월 이후 사상적 동요를 가져와 모두 세 차례의 감상문을 통해 전향을 선언했다고 알려져 있으나, 이에 관한 적지 않은 반론이 존재한다.

중일전쟁 이전에 합법적인 아나키즘 계열의 노동운동이나 농민운동은 거의 괴멸되었다. 우선 자유청년연맹이 1935년 11월 해산했고, 오랜 전통을 자랑하는 흑우연맹도 1936년 3월 해산했다. 조선동흥노동동맹 시바지부도 1936년 4월 해산을 결의했다. 중일전쟁 이후 일본과 조선에서의 활동이 어려워지자 재일 한인 아나키스트들은 중국으로 진출해 테러 및 무장투쟁에 합류하든지, 일본에 잠복해 비밀결사나 학생운동으로 명맥을 유지했다. 결국 조선동흥노동동맹 등에서 활동했던 문성훈(文成勳)과 이종문(李宗文) 등이 비밀결사를 통한 운동의 재건을 준비했으나 1940년 12월 건달회(建達會) 사건이 일어나면서 모두 검거되었다. 일경은 남아 있던 한인 아나키스트들이 자금과 무기를 구입해 폭력봉기 계획을 세운 '폭력혁명음모사건'이라고 발표했으나 다소 신빙성이 부족하다. 이 사건을 마지막으로 사실상 재일 한인 아나키스트운동은 막을 내렸다.

2. 일본의 대륙 침략과 중국인 아나키스트

파금: 혁명과 문학 사이에서

중국학계에서는 중국 아나키즘 운동의 범주를 보통 1900년대 초부터 1930년대까지 잡아 1930년대를 '몰락기'로 보는데 반해 한국학계에서는

---

22) 김명섭, 앞의 책 279~81면 참조.

1920년대를 한인 아나키즘 운동의 '조직기'로 보고 1930년대 이후를 '전투기'로 설정하여 적극적으로 평가하려는 경향이 있다. 이런 차이가 나타난 까닭은 중국학계의 경우 중국공산당사 중심의 시각에서, 한국학계의 경우 민족해방운동 차원에서 아나키즘 운동을 바라보기 때문일 것이다. 여기서는 전쟁에 따른 사상운동의 압살이라는 1930년대의 상황에 주목하고자 한다. 전쟁이라는 극한적인 상황에서 아나키즘 운동이 약화되었을지는 몰라도 여전히 적지 않은 아나키스트들이 더욱 격렬한 투쟁양상을 띠었다는 사실은 부인할 수 없다. 특히 중국 내 아나키스트들의 테러와 무장활동은 한중연합투쟁이란 국제연대 활동의 맥락에서 이루어졌다.

한중 아나키스트의 반파시즘 연합전선의 활동을 양국의 대표적인 아나키스트 파금(巴金)과 유자명(柳子明)이라는 두 인물을 중심으로 살펴볼 것이다. 파금과 유자명은 동아시아 아나키즘 역사의 후반부에 가장 오랫동안 변함없이 아나키스트로서 활동했던 인물일 뿐만 아니라, 다양한 저술들을 통해 각자 나름의 전쟁관을 피력하고 있기에 주목할 만하다. 게다가 두 사람은 오랜 동지적 관계를 맺고 있었다.

1927년 4·12 쿠데타 이후 장개석의 국민당 정부는 공산당원에 대한 대대적인 탄압을 전개했다. 이때 오치휘(吳稚暉)와 이석증(李石曾) 등 원로 아나키스트와 유석심(劉石心)과 구성백(區聲白), 황릉상(黃凌霜) 등을 비롯한 일부 아나키스트가 국민당에 협력했고, 이에 반대한 다수의 아나키스트들은 나름대로 독자적인 활동을 계속했다. 이 시기는 5·4운동 이래 새롭게 성장한 젊은 아나키스트들이 출현했다. 파금을 비롯해 위혜림(韋慧林), 심중구(沈仲九), 필수작(畢修勺) 등이 대표인물들이다.[23] 이들은 국민당과 공산당

---

23) 파금의 아나키즘에 대한 연구는 陳思和·李輝「怎樣認識巴金早期的無政府主義思想」,『文學評論』, 1983. 3; 山口守·坂井洋史『巴金的世界』, 東方出版社 1996 등이 대표적이다. 국내 연구로는 박난영『혁명과 문학의 경계에 선 아나키스트 바진』, 한울아카데미 2005 등이 있다.

양당체제로 개편되면서 침체한 운동을 활성화하기 위해 노력했는데, 주로 국민당의 검열과 통제를 피해 국외 아나키즘 저작을 번역 출판하는 일에 심혈을 기울였다.

파금은 중국 아나키즘 역사의 후반부에 가장 오랫동안 선전활동을 전개했던 사람 가운데 하나로 여러 차례 자신이 변함없는 아나키스트임을 표명한 작가이다.[24] 그런데 대륙학계에서 나온 파금 관련 글에서는 1930년대부터 그가 아나키즘 활동을 별로 하지 않은 것으로 묘사하지만 실제로는 그렇지 않다. 청년 파금이 처음 활동을 시작하던 1920년대 중반 무렵은 공산주의 노동운동의 급속한 발전에 따라 노동조합적 아나키즘의 영향력이 점차 쇠퇴하던 시기였다. 그래서인지 파금은 원론적인 입장에 서서 아나키즘 이론을 선전하면서 테러 같은 극단적인 방법에 대해 막연한 동경을 가졌다. 프랑스 유학시절(1927년 1월부터 1928년 12월까지)에는 좀더 중국의 현실에 주목했지만 여전히 순수한 아나키스트임을 자부했다. 그는 단편적인 논문 말고도 동료들과 함께『아나키즘과 실제문제』같은 저서를 저술해 아나키즘과 국민혁명의 관계에 대한 자신의 견해를 밝혔다.

1928년 12월 말 프랑스에서 상해로 귀국한 파금은 자유서점에서 일했다. 이 서점은 프랑스 유학생 출신인 주영방(朱永邦)을 중심으로 젊은 아나키스트들이 모여 만든 곳으로 아나키즘 관련 서적들을 전문적으로 출판했다.[25] 여기서 첫번째로 출판한 책이 파금 자신이 번역한 크로포트킨의 저서『빵과 자유』였다. 이 책은 프랑스로 유학 가기 전에 이미『빵의 약취』라는 제목으로 초벌 번역이 이루어졌는데, 본래『전원·공장·작업장』『근세과학과 아나키즘』『상호부조론』등과 더불어 크로포트킨의 대표작 가운데 하나였다.

---

24) 담조음(譚祖蔭)은 중국에서 "아나키즘 이론을 연구한 사람을 황릉상과 파금이다. 그들은 적지 않은 아나키즘 관련 문장을 쓰고 번역했다"고 회고했다(路哲『中國無政府主義史稿』, 福建人民出版社 1990, 275면).

25) 陳丹晨『巴金的夢』, 中國靑年出版社 1994, 90면.

파금은 크로포트킨주의자임을 자처했으며 자유서점에서 크로포트킨 전집(10권)을 계획하고 자유소총서 출판을 준비했다. 같은 시기 주목할 만한 또다른 작업은 미국 아나키스트 알렉산더 버크먼의 『아나키즘 ABC』에 근거해 『자본주의에서 아나키즘으로』(1930년 7월)를 완성한 일이다. 버크먼의 책은 미국의 노동자들에게 아나키즘의 기본원리를 설명하기 위해 쉽게 쓴 글로, 파금은 프랑스 유학시절부터 이 책을 원본으로 삼아 중국현실에 맞추어 아나키즘 이론을 소개하고자 준비했다.26) 1929년 귀국 후 1930년 말까지 그는 문학창작보다는 번역에 더욱 심혈을 기울였다.27)

파금은 청년시절부터 유서(柳絮), 심여추(沈茹秋), 유자명 등과 같은 한인 아나키스트와 친밀한 관계를 가진 것으로도 유명하다.28) 대표적인 한두 가지 사례를 소개하면 아래와 같다.

우선 파금이 1925년경 북경대학 입시를 준비하기 위해 북경에 갔을 때 『학휘』의 편집자인 심여추를 알게 되었는데, 그의 소개로 유서도 알게 되었다. 그후 폐병에 걸려 입시를 포기하고 상해로 내려온 파금은 유서의 요청으로 「공개적 편지」(1926년 3월)를 쓴다. 여기서 그는 한인 아나키스트에 대한 깊은 우정과 함께 국가의 경계를 넘어서 세계의 민중이 연합해 정부와 자산계급을 타도하자는 내용을 담은 글을 실었다.

다음으로 상해에서 파금은 한중일 아나키스트들이 교류하던 등몽선(鄧夢仙)의 화광병원을 치료차 자주 찾았다. 화광병원을 중심으로 한국과 중국,

---

26) 중국 문학계에서 『巴金全集』을 출판할 때 파금의 대표적인 아나키즘 저작인 『자본주의에서 아나키즘으로』를 전집에서 의도적으로 뺀 사실만 보더라도 파금과 아나키즘과의 관련성을 얼마나 불편해하는가를 알 수 있다. 사실 이 책은 중국에서 가장 체계적으로 아나키즘을 선전한 책 가운데 하나였다. 그 밖에도 파금이 곽말약(郭沫若)의 맑스주의를 비판한 논문도 빠져 있다(陳思和「巴金的意義」, 『上海社會科學院學術季刊』, 2000. 4).

27) 한 연구자의 통계에 따르면, (1933년 이전) 파금이 번역한 20여종의 단행본 가운데 무려 17종이 아나키즘과 관련 있는 것이라고 한다(陳思和・李輝, 앞의 글).

28) 박난영, 앞의 책 403~434면 참조.

일본, 대만, 베트남, 인도, 필리핀 등 7개국 대표 200여명의 아나키스트들이 1928년 6월 동방무정부주의자연맹을 결성하고 기관지 『동방』을 간행한 사건은 앞서 언급했다. 여기서 파금과 유자명의 첫 만남이 이루어졌다고 전해지지만 분명하지 않다.[29] 그후 파금은 입달학원에 정착한 유자명을 논설을 통해 알게 되었고, 유자명도 소설을 통해 파금을 알게 되었다. 어쩌면 파금은 유서와 심여추 등을 통해 간접적으로 유자명을 알고 있었는지도 모른다. 당시 유자명은 같은 학교의 숙소에서 머물던 파금의 동생인 이채신(李采臣), 파금의 친구인 여류작가 나세미(羅世彌), 그의 남편 마종융(馬種融)과 절친한 관계를 맺고 있었다.[30] 특히 이채신은 유자명의 극적인 인생 이야기를 파금에게 전해주어 「머리칼 이야기」(1936년 6월)라는 단편소설의 주인공으로 삼는 계기를 되었다고 전한다.

파금은 1930년대로 들어와 본격적인 창작의 길로 나아가 문학가로서의 명성을 쌓아갔다. 그는 노동운동이나 농민운동에 직접 참여한 적이 없고, 아나키즘 계열의 비밀결사에 참여한 적도 없었다. 파금은 주로 저작과 번역활동을 통한 사상선전에 주력했는데, 중국 현대문학에서 테러리즘에 관한 가장 많은 글을 쓴 작가라는 데에서도 알 수 있다. 하지만 공개적으로는 테러를 찬성하지 않아서 아나키즘과 테러리즘을 직접 연결하는 시도에는 반대했다. 물론 소설 속 테러리스트의 영웅적 희생정신에 강한 애정과 동정심을 품은 것은 분명하다. 이로 인해 행동이 결여된 아나키스트라는 자책과 고통이 파금의 전반기 인생을 관통하고 있었다.

일본 본토의 경우 일본무정부공산당 같은 활동이 1930년대 중반까지 전

---

29) 유자명이 쓴 『나의 회억』에는 화광병원에서 파금을 처음 알게 되었다고 하지만, 파금은 "등몽선의 병원에서 조선인 망명자를 만나지 않은 것 같다"고 하여 아마도 친구로서의 교류는 아닌 듯하다(嶋田恭子 「巴金과 한국 아나키스트들」, 『한국아나키즘 운동의 궤적과 21세기 전망』, 1995, 26면).
30) 류연산 『류자명 평전』, 충주시 예성문화연구회 2004, 302~304면.

개되었으나 중일전쟁의 발발과 더불어 거의 자취를 감추었다. 이와 달리 중국대륙에서는 비록 세력이 약화되었지만 꾸준한 활동이 이어졌다. 전시상황에서 국민당 정권의 사상통제가 강화되자 대부분의 아나키즘 잡지들은 출판금지 처분을 받았다. 아나키즘을 선전했다는 이유로 금지된 서적이나 잡지로는 『동방』『최근 베를린에서 열린 제4인터내셔널에 대한 연구』『무정부공산 월간』및 파금이 편역한 『자본주의에서 아나키즘으로』등이 있다.[31] 그럼에도 불구하고 1930년대의 운동은 "실과 같이 끊어지지 않은 채" 계속 이어졌다. 양빙현(梁冰弦)과 정패강(鄭佩剛)은 상해에서 『회명월간(晦鳴月刊)』(1930년 8월)이라는 사회문화 잡지를 출간했으나 곧 정간당했다. 같은 해 여름 정패강과 노검파(盧劍波), 파금, 위혜림 등 중국의 아나키스트 10~20 여명은 항주 서호에 모여 아나키즘 선전문제를 고민했다. 이 회의를 통해 『시대전(時代前)』이라는 문학을 위주로 하되 아나키즘도 선전하는 월간지를 출간하기로 결정하고, 파금과 위혜림이 주편을 담당했다. 파금의 친구 위혜림은 산서 출신으로 일찍이 일본으로 유학 가서 조도전대학(早稻田大學) 문학부 사회철학과를 졸업했다. 그는 파금과 함께 프랑스 유학 중 '아나키즘과 실제문제' 토론에 참가했으며 국제적인 아나키스트와도 교류가 있었다.[32] 이들이 편집한 『시대전』은 1931년 초 상해에서 창간되어 불과 6호만을 출판하고 정간되었다.[33]

파금의 다양한 문학창작 활동은 따로 언급하지 않겠지만 그의 대표작 『가(家)』를 비롯한 대부분의 문학작품 속에 아나키즘의 영향이 짙게 베인 것은

---

31) 胡慶雲 『中國無政府主義思想史』, 國防大學出版社 1994, 314면.
32) 위혜림은 『學彙』와 『民鋒』 등에 많은 글을 투고했다. 1928년 복건성 천주의 여명고중에서 교편을 잡았으며 1930년대 초 파금과 『時代前』을 편집했다. 그는 중앙대학 사회학과 교수로 재직했고, 항일전쟁 시기에는 국민당 활동에 참여하는 한편 변정학 연구에 몰두했다.
33) 鄭佩剛 「無政府主義在中國的若干史實」, 葛懋春·蔣俊·李興芝 編 『無政府主義思想資料選』(下), 北京大學出版社 1984, 970면.

잘 알려진 사실이다. 뿐만 아니라 에스페란토 작품의 번역과 소개에도 많은 관심을 기울였다. 프랑스에서 귀국하자마자 상해 에스페란토학회에 가입한 그는 얼마 후 이 학회의 이사로 선임되었다. 대표적인 에스페란토 잡지『녹광』에 「에스페란토 문학론」을 발표한 바 있는 파금은 1932년 2월에 이 잡지의 출판을 맡았다. 이 시기에 에스페란토로 많은 글과 작품을 번역해 발표했다.

1930년대에도 에스페란토 운동은 여전히 아나키즘 운동과 궤를 같이하고 있었다. 예를 들어 상해에서 육식해와 구성백, 황존생(黃尊生) 등은 중국세계어학회(1931년 말)를 만들어 전국 규모의 아나키스트 조직을 건립하기로 결정하고, 오치휘와 이석증, 채원배(蔡元培)의 지원을 받아 각 지역 대표자 대회를 열어 전국적인 세계어학회를 조직하기로 했다. 하지만 현재로서는 이 단체에 대한 정확한 상황을 알지 못한다. 1930년대에 광주 지역의 에스페란토 운동도 더욱 활발해졌다. 광주세계어학회는 답록단(踏綠團)과 소식회(素食會), 윤교단(輪敎團) 등을 만들어 에스페란토 선전과 동시에 아나키즘 활동을 펼쳤으며, 일부 아나키스트들은 국민당과 연계해 에스페란토 번역사업 등 다양한 활동을 추진했다. 1931년에 광주에 온 일본 아나키스트 원내량인(原奈良人, 중국명 林盛之)의 에스페란토 전파활동도 전해진다.[34]

1934년 11월 일본에 건너간 파금은 잠시 석천삼사랑을 만나기도 했다. 석천삼사랑은 1927년 상해노동대학 부교장이었던 심중구[35]의 초청으로 중국을 방문한 바 있으며, 상해노동대학에서 산록태치(山鹿泰治), 암좌작태랑 등과 함께 강의를 했다. 상해노동대학에 3개월가량 체류하면서 서양사회운

---

34) 王炎 「無政府主義與世界語」, 549~52면.
35) 심중구는 5 · 4운동 시기부터 절강 지역에서 활동하던 아나키스트였으며, 국공합작 시절에는 아나키스트의 국민당 가입에 불만을 품고 오치휘와 논쟁을 한 바도 있다. 그는 일본과 독일을 유학하고 귀국해 상해대학, 상해노동대학, 입달학원 등에서 교편을 잡았다. 이석증이 지원하던『革命週報』가 창간되었을 때 잠시 주편을 맡았다. 그는 유자명과도 친분이 깊었던 인물이다.

동사를 가르쳤으나, 당시 파금은 프랑스에 있었기에 그를 만나지 못했다. 1933년 석천삼사랑이 두번째 중국을 방문했을 때 파금은 처음 그를 만나 인연을 맺었다. 혹자는 중국의 양심을 대표하는 파금과 일본의 양심을 대표하는 석천삼사랑의 이 만남을 주목하기도 한다.

1935년 8월 일본에서 귀국한 파금은 문화생활출판사[36]의 편집을 맡아 '문학총간'과 '문화생활총간'을 출판했다. 특히 문화생활총간 시리즈의 초기 책들은 아나키즘과 관련 있는 것이 많다. 본인이 저술하거나 번역한 『옥중기』『러시아 사회운동사화』『러시아 허무주의운동사화』 등도 여기에 포함된다. 파금은 버크먼의 『옥중기』 같은 저서를 번역하는 과정에서 그의 이야기를 자신의 행동기준으로 삼았다. 즉 "진정한 혁명가의 일생은 그의 생명으로 인민의 희생을 대신하는 것 말고 다른 목적은 없다. (…) 혁명가의 생명은 인민에게 속한 것이며, 다른 사람이 고통을 받을 때, 그는 생활과 향락을 즐길 권리는 없다"는 것이다. 파금은 버크먼의 순교자적인 숭고한 희생정신과 인격에 크게 감화받은 사실을 숨기지 않았다.

중국인 아나키스트의 항일전쟁관

1930년대는 전세계적으로 이데올로기의 시대였다. 각종 이데올로기의 모순이 적나라하게 드러난 곳이 바로 스페인 내전이었다. 이 내전의 특징이라면 아나키스트 사회주의자 및 공산주의자들이 함께 인민전선을 형성해 반파시즘 투쟁에 참가하면서 공화파 내각을 수립한 사실이다. 아나키스트 입장에서 보면 이 내전은 대규모로 아나키즘 이상을 실험해볼 수 있었던 장이었다. 일반적으로 아나키스트는 민족주의자와 공산주의자와의 연합을 의미하는 통일전선에 비판적이었다. 그러나 1935년 제7차 코민테른대회에서 국제 반파시즘 노선과 인민전선전술이 채택되고 1936년 2월 스페인에서 인민전

---

36) 문화생활출판사에 대해서는 李濟生 編著 『巴金與文化生活出版社』, 上海文藝出版社 2003 참조.

선이 선거에 승리했을 뿐만 아니라, 6월 프랑스에서도 인민전선 정부가 수립되자 생각에 변화가 일어났다.[37] 특히 스페인 내전에서 아나키스트들이 인민전선에 참여해 중요한 역할을 하는 것을 보면서 크게 고무되었다. 스페인 아나키스트의 노선변화는 지구의 반대편에 있던 중국의 아나키스트들에게도 민족주의와 공산주의를 배격하던 태도를 바꾸는 전기를 마련했다.

스페인에서 독일과 이탈리아의 지원 아래 프랑코(F. Franco)가 군부 쿠데타를 일으키자 내전으로 발전했다. 이 내전에 다수의 아나키스트가 참가했다는 사실은 원론적으로 반전의 입장을 지지하던 중국의 아나키스트들이 항일전쟁에 참가하는 데 상당한 영향을 미쳤다. 아나키스트는 원칙적으로 전쟁에 반대하지만 약소민족의 제국주의에 대한 해방전쟁까지 반대하지는 않는다고 생각하게 되었다. 전쟁이라는 극단적인 상황이 변화할 수 없는 것처럼 보이던 아나키즘의 반전원칙을 순식간에 바꾸어버린 것이다. 파금에게도 이러한 변화가 나타났다.

1937년 노구교사건이 발발하자, 파금은 "나는 아나키스트이다. 어떤 사람은 아나키스트가 전쟁에 반대하고 무력에 반대한다고 말한다. 이것은 반드시 옳은 일은 아니다. 이 전쟁이 강권에 반대하고 침략에 반대하기 위해 일어난 것이라면, 이 무력이 민중을 옹호하고 민중의 이익을 보호하기 위한 것이라면, 아나키스트도 전쟁에 참가하고, 무력을 사용해야 한다"[38]고 선언했다. 파금은 식민지가 제국주의로부터 해방되기 위한 전쟁, 약소민족이 강대국에 반항하는 전쟁에 대해서는 반대하지 않는다면서 일본 민중들도 적을 분명하게 인식해야 하며 중국의 형제와 전쟁을 해서는 안 되고 먼저 국내의 적을 타도해야 한다고 주장했다.

파금은 일본의 저명한 사회주의자 산천균(山川均)이 석방된 뒤 갑작스레

---

37) 한상도 「유자명의 아나키즘 이해와 한중연대론」, 『동양정치사상사』 7권 1호, 2008, 150~51면.
38) 巴金 「只有抗戰這一條路」, 『巴金全集』 第12卷, 544면.

전향한 후 발표한 「지나군의 야만성」(1937년 9월)을 읽고 분개했다. 그는 「산천균선생에게」라는 글을 통해 일본군이 중국에서 일으킨 만행들을 열거하면서, 산천균이 사회주의의 외투를 벗고 낭인의 본모습을 드러냈다고 비판했다. 또한 친구인 무전박(武田博)에게 보내는 「일본친구에게」, 석천삼사랑에게 보내는 「존경하는 벗에게」 등의 글을 연달아 써서 일본 지식인의 자기반성을 촉구했다. 뿐만 아니라 중국의 항전과 조선의 독립을 동일한 문제로 여겨 한인 아나키스트와 독립운동가들에게 아낌없는 성원을 보냈다.

상해를 침략한 일본인은 "하나도 남김없이 중국을 타도하자"라고 했다. 그러나 우리는 침략자를 우리의 국경 밖으로 쫓아내기만 하면 된다. 또한 조선은 자유를 얻어야 하며 조선의 독립은 우리 항전의 결과 가운데 하나가 되어야 한다. 현재 조선의 형제들이 우리의 항전에 참가하고 있기 때문에 장차 우리도 그들이 자유를 얻는 것을 도와줘야 한다. 조선을 다시 중국의 보호에 두려고 생각하는 것은 극단적 국가주의자의 몽상이다. 극단적 국가주의자의 견해는 침략자나 다를 바 없기 때문에 우리는 그들의 관념을 바로잡아 주어야 한다.[39]

파금이 쓴 '항전삼부곡'의 제1부인 『불』에서도 유자명을 비롯한 상해 한인독립운동가의 잔영이 짙게 깔려 있다. 이미 오랜 동지적 관계를 맺고 있던 유자명도 파금이 항전간행물 『눌함(吶喊)』 『봉화(烽火)』를 창간했을 때 「중국동포에게 고하는 글」을 게재했고, 여기에는 남화한인청년연맹의 간행물 『남화통신』의 내용들이 소개되었다.[40] 파금은 중국이라는 국가의 한계를 넘어서 일제에 저항하던 한인 아나키스트들과 연대를 도모했다. 그는 1930년대의 국제정세를 파시즘 대 반파시즘의 구도로 읽고 있었다.

---

39) 巴金 「國家主義者」, 『巴金全集』 第13卷, 240~43면.
40) 류연산, 앞의 책 312면.

항일전쟁 시기 중국 아나키스트의 전쟁관을 알기 위해 파금 말고도 주목할 만한 또다른 사람으로는 노검파가 있다. 파금과 매우 절친했던 노검파는 사천 출신으로 5·4운동 시기에 아나키즘을 받아들인 후 남경에서 『민봉』(1923)을 창간했다. 남경시절의 『민봉』은 주로 국제 아나키즘을 선전하고 군벌정부를 비판했다. 얼마 후 상해에 정착해 다시 『민봉』(1926)을 부활시켰는데, 이 시절의 『민봉』은 아나키즘을 선전하면서도 정치적으로 국민당과 공산당으로부터 일정한 거리를 두었다. 민봉시절 노검파는 아나키스트들의 원칙주의를 겨냥해 "야심을 가진 정당들은 서로 정권을 투쟁하고 있는데, 그들(아나키스트)은 이른바 고답파로 정치를 묻지 않는다. (…) 또한 정치투쟁에도 참가하지 않는다. 실제로 정당들이 서로 정권을 다투는 시대에 그들은 여전히 한 무리의 방관자"일 뿐이라고 자기비판한 바 있다.[41]

민봉사는 미국의 엠마 골드먼, 프랑스의 장 그라브·폴 르클뤼, 일본의 산록태치·암좌작태랑 등과 연락하고 있었다. 특히 장 그라브는 아나키스트가 실제문제에 주목하도록 제안하는 글을 써서 '아나키즘과 실제문제'란 토론이 일어나는 계기를 제공했으며, 결국 일부 아나키스트들이 국민혁명에 참가하는 결과를 가져왔다. 노검파는 민봉사 말고도 중국소년무정부주의자연맹과 공단주의연구회를 조직했으며, 파금처럼 다수의 아나키즘 관련 저작들을 번역했다. 『민봉』이 장개석과 국민당에 대한 반대와 안국합작 비판으로 1928년 말 금지당하자 노검파는 성도로 이주하여 활동을 계속했다.

노검파는 사천성에서 항전시기 아나키즘 운동의 대표적 간행물인 『경칩(驚蟄)』(1937년 4월)을 장이겸(張履謙), 모일파(毛一波) 등과 함께 창간했다. 이 잡지는 전쟁중 아나키스트의 정치적 관점의 변화를 읽을 수 있어 유용하다. 오랫동안 아나키스트들은 그들의 이상을 현실에 어떻게 적용할 것인가에 대해 고민해왔는데, 『경칩』의 내용을 살펴보면 이와 같은 논란에 대한

---

41) 「無政府黨人在時代中」, 『民鋒』第3卷 第2期, 1928(蔣俊 「盧劍波先生早年的無政府主義宣傳活動紀實」, 『無政府主義思想資料選』(下), 1020면 재인용).

초보적인 결론을 발견할 수 있다. 노검파는 "아나키스트는 그들의 원칙을 사회 각 계층에 침투시키기 위해, 각 방면의 구사회의 세력을 일소하기 위해 순수한 아나키스트 조직 내에서만 국한해 공작해서는 안 된다. 아나키스트들은 반드시 암흑의 세상으로 나아가야 하며, 반드시 대중에게로 나아가야 한다"[42]고 주장하면서, 정치투쟁을 반대하는 구호를 거두어들이고 정치투쟁을 이용해 자유를 쟁취해야 한다고 선전했다.[43] 사천의 아나키스트들은 당면한 가장 절박한 문제가 민족의 생존이라는 데에 인식을 같이하면서, 과거의 원론적인 태도를 버리고 현실투쟁에 투신할 것을 역설했다.

『경칩』은 항일전쟁에 대해서도 적극적인 입장을 취했다. 여기서 아나키스트는 모든 전쟁과 군대에 반대하는 것이 아니라 단지 침략자와 압박자가 발동한 전쟁에 대해서만 반대할 뿐, 반침략과 반압박의 전쟁에는 찬성한다고 했다. 따라서 각 정파가 연합해 항전하는 것에 동의하면서 전쟁으로 전쟁을 반대한다는 전략을 채용했다. 이에 따라 『경칩』은 '항전제일'과 '전면항전'이라는 두 가지 구호를 제창했다.

'항전제일'은 혁명전쟁으로 침략전쟁을 반대하자는 것이다. 그들은 자신들의 항전이 민족주의자의 항전과는 분명히 다르다고 구분했다. "첫째, 우리들은 이번 일본의 중국에 대한 침략은 완전히 자본제국주의 사회발전의 필연적인 추세라고 인식한다. 따라서 중국 사회가 자본제국주의의 길로 나아가지 않도록 해야 한다. 우리들의 항전은 세계혁명을 위한 항전인 것이다. 둘째, 우리들은 분명히 세계혁명을 위해 전쟁에 참여하므로 말할 필요도 없이 전쟁중에 약간이라도 '민족영웅'을 만들어 대중을 노예화하거나 대중을 압박하지 않을 것이다. 더욱이 우리들은 일본 제국주의를 악마의 궁전에서 축출한 후에도 중국의 마왕을 다시 제위에 올리고 대중들로 하여금 그에게 칭신하거나 공납하도록 만들지 않을 것이다."[44] 이처럼 그들은 항일민족해

42) 盧劍波「工作的態度」,『驚蟄』第3卷 第1期, 1939(위의 자료집 1021면 재인용).
43) 黎民「無政府主義與中國抗戰」,『驚蟄』第3卷 第5期(위의 자료집 889~96면).

방 전쟁과 아나키즘 혁명을 통일시켜 인식했다.

'전면항전'은 전민이 항전을 실현해야만 전민이 자유로울 수 있다는 것이다. 이것을 항일전쟁이 정부간의 전쟁이 아니라 전인민의 항전이라는 전제 아래 "항전의 승리는 인민에게 자유를 주기 위한 것이며, 적어도 민주의 자유를 실현하는 것"[45]이라고 정의했다. 그들은 전쟁시기에는 "민권을 강화한 조직만이 험난한 혁명공작을 담당할 수 있으며, 이것이 우리 아나키스트들이 항전투쟁에서 투쟁의 일원으로서 최대의 임무"라고 말했다. 어떠한 혁명공작도 민중으로부터 분리된다면, 더욱이 무산의 노농민중으로부터 분리된다면 성공할 수 없다고 보아 조직 강화를 아나키스트의 최대임무라고 인식했다. 『경칩』의 편집자들은 자신들이 국가주의자들과는 다르고 공산당의 정책에도 불만이 있다고 말하지만 항일민족통일전선의 일원임은 기꺼이 인정했다.[46] 아울러 국민당도 정책을 바꾸어 항전을 촉진하라고 주장했다. 당시 일부 아나키스트들은 여전히 반전입장을 고수했고, 다른 일부 아나키스트들은 국민당과의 합작을 견지했다. 『경칩』은 1939년에 정간되었다.

노검파는 성도에서 다시 『파효(破曉)』 잡지를 펴내어 1941년까지 출판했다. 『경칩』이 주로 항전을 주장했다면, 『파효』는 사회개량 특히 부녀해방을 주장했다. 『파효』에서는 아나키즘의 이론과 현실의 차이를 일부 인정하면서 아나키즘 혁명의 즉각적인 실행을 유보하고 사회개조와 정치자유를 주장했다. 『경칩』과 『파효』는 1949년 이전에 나온 중국 아나키스트 최후의 영향력 있는 잡지로 알려져 있다.[47]

한편 파금은 1937년 말부터 1939년 초까지 대여섯 종의 '스페인문제총서'[48]와 스페인 내전을 소개한 화보 『스페인의 여명』『스페인의 피』『스페

---

44) 尹立芝 「以戰爭去反對戰爭」, 『驚蟄』 第2卷 第1期, 1938. 1(위의 자료집 877~78면).

45) 吳澐 「抗戰諸局面」, 『驚蟄』 第2卷 第4期, 1938. 4(위의 자료집 879면).

46) 胡慶雲, 앞의 책 328~29면; 路哲, 앞의 책 327~33면 참조.

47) 蔣俊·李興芝 『中國近代的無政府主義思潮』, 山東人民出版社 1991, 384~87면.

48) 스페인문제총서에는 『스페인의 투쟁』(1937), 『전사 투르티』(1938), 『스페인』(1939), 『한

인의 고난』『스페인의 서광』[49]을 번역 출판했다. 이처럼 스페인 문제에 주목한 까닭은 당시의 국제정세와 관련이 있었다. 즉 1936년 10월부터 1937년 11월 사이에 일본과 독일 및 이탈리아는 방공협정을 체결했고, 스페인 내전에서 승리한 프랑코 정권도 이에 가세하면서 세계적인 차원에서 파시즘의 결합이 나타났다. 따라서 스페인 내전은 이제 유럽뿐만 아니라 아시아 문제이기도 했다.[50] 파금은 스페인 전쟁을 보통 내전이 아니라 파시스트 독재에 대한 전체 인민의 자유를 쟁취하기 위한 혁명이라고 판단해 스페인 아나키스트의 영웅적 투쟁을 선전함으로써 중국인의 항일정신을 격려했을 뿐만 아니라 어떻게 항전해야 하는지 그 방법을 제시하고자 했다.[51] 특히 이 혁명은 전쟁상황 속에서도 아나키스트들이 생산을 효과적으로 지속했을 뿐만 아니라, 농민과 노동자들이 상호부조의 정신으로 자신의 일을 잘 관리한 모범 사례를 보여주어 그로서는 아나키즘의 실험장으로 인식되었을 것이다.[52]

전쟁의 와중에도 파금은 『크로포트킨 전집』과 바쿠닌의 저작 등을 출판해 여전히 아나키즘 이론을 소개하는 데에 열정을 쏟아 부었다. 1938년에는 크로포트킨의 「청년에게 고함」 「만인의 안락」을 번역했고, 1940년에는 『크로포트킨 자서전』 『러시아·프랑스 옥중기』 『빵과 자유』 『전원·공장·작업장』 『윤리학의 기원과 발전』 등을 출판했다. 이 시기에 나온 '크로포트킨 전집'(10권) 가운데 파금이 직역한 책이 무려 다섯 권이라는 사실은 얼마나 그가 크로포트킨을 존경하고 크로포트킨주의자임을 자부하는지

국제지원병의 일기』(1939), 『스페인의 일기』(1939), 『바르셀로나의 5월사변』(1939) 등이 있으며, 대부분 파금이 번역했다(李濟生 編著, 앞의 책 82면).

49) 加斯特勞 等 『巴金選編配文法西斯畵冊四種』, 上海社會科學院出版社 2005 참조.

50) 齊藤孝 編 『스페인내전연구』, 형성사 1981, 328면.

51) 박난영, 앞의 책 169면.

52) 아나키스트에게 스페인 내전은 산업 단체로 정부를 대신할 수 있는 여부를 실험하는 기회이기도 했다. 스페인 내전에서의 노동조합적 아나키즘을 연구한 루돌프 로커는 "아나키즘은 사회주의와 자유주의라는 위대한 두 가지 사조가 합쳐진 것"이라고 평가했다(Rudolf Rocker, *Anarcho-Syndicalism*, Pluto Press 1989(1938년 초판)).

알 수 있다.

1920년대의 청년 파금은 애국주의야말로 인류 진화의 장애이며 정부는 인민의 고난의 근원이라고 여겼다. 하지만 프랑스에서 귀국한 이후 1930년대에 들어와 점차 현실에 대한 객관적 인식을 하게 된 것으로 보인다. 특히 중일전쟁 8년 동안 중국의 각지를 전전하며 목격한 파괴와 살육은 국가와 전쟁에 대한 더욱 현실적이고 구체적인 인식을 갖게 했다. 그러나 민족주의가 최고로 고양되던 전쟁의 와중에도 파금은 아나키스트로서 국제주의자의 면모를 잃지 않았고, 각 민족이 자유롭고 독립적인 삶을 향유하는 것이야말로 인류의 궁극적 이상이라 여겼다.[53] 그는 인류역사의 발전은 정의를 위한 투쟁의 역사라는 인식 아래 항전의 정당성을 역설했다. 그래서 우리는 파금을 아나키즘의 보편성과 국제주의를 죽을 때까지 유지한 인물로 평가한다.

3. 항일전쟁 중의 재중 한인 아나키스트

유자명: 테러활동에서 무장투쟁으로

1920년대 말 재만한인무정부주의자연맹과 한족총연합회의 활동이 좌절되어 만주에서의 이상촌 건설운동이 실패하자 중국대륙에서는 급진적인 항일투쟁으로 노선전환이 이루어졌다. 그리고 만주사변이 터지자 한인 아나키스트는 화북 지역에 항일무장 근거지를 만들 계획을 세웠다. 북경 민국대학 아나그룹의 활동이 전해지는데, 유서는 중국동지들과 항일선전공작과 동시에 암살단을 조직해 활동을 벌였으나 큰 효과는 없었다고 한다.[54] 그리고 1932년 말 중한의용군연맹(中韓義勇軍聯盟)을 만들었으나 열하가 함락되자 목적을 이루지 못했다. 당시 한인 운동가들은 사람을 파견해 만주국의 괴뢰황제

---

53) 박난영, 앞의 책 177~78면.
54) 無政府主義運動史編纂委員會 編, 앞의 책 386~87면.

인 부의(溥儀)를 암살하려 했으나 뜻을 이루지 못했다고 전한다.[55] 1930년 대에 들어오면서 한인 아나키스트는 민족주의 세력에 비해 소수이고 공산주의 세력에 의해 영향력이 약화되었지만 그럼에도 불구하고 일제에 대항해 다양한 한중연합투쟁을 전개했다. 여기서는 이 시기의 대표적인 한인 아나키스트인 유자명[56]을 중심으로 정리하고자 한다.

유자명은 1919년 6월 중국 상해로 망명했다가 같은 해 12월 잠시 서울로 귀국했는데, 이즈음 크로포트킨의 서적을 탐독했다고 알려져 있다. 1920년대 초에 아나키즘을 받아들인 그는 1924년 봄 의열단에 가입해 조직 내 연락과 선전을 책임지는 이론가로 활동했다. 그가 신채호(申采浩)에게 부탁해 작성한 「조선혁명선언」(의열단선언)은 대표적인 항일선언문으로 아나키즘적 급진이론을 의열단에 접목한 것이다. 같은 시기 유자명은 중국 내 최초의 한인 아나키즘 조직인 재중국조선무정부주의자연맹에도 참여했다.[57] 그런데 의열단의 테러활동은 다른 독립운동가의 반대에 직면했으며, 점차 공산주의 색채가 강화되었다. 본래 아나키스트에게 있어서 테러 같은 폭력은 개인을 대상으로 하는 것이 아니라 억압적이고 권위주의적인 제도의 폭력에 대한 대응으로서 그 의미를 지닌다. 의열단이 상해에서 광주로 이동하면서 개조회의가 열렸지만, 유자명은 아나키스트의 입장을 견지했다. 그는 광주에서 상해로 돌아가는 배를 탔다가 해적을 만나 총상을 입기도 했다. 상해에 잠시 머물다가 1927년 6월 무한으로 옮겨 중국인과 인도인, 한인 등이 참여한 동

---

55) 「訪問范天均先生的紀錄」, 『無政府主義思想資料選』(下) 1046면.
56) 중국에서 간행된 유자명의 『나의 회억』과 국내에서 원고 그대로 간행된 『한 혁명자의 회억』은 약간의 차이를 제외하면 대략 1945년까지는 대동소이하다. 『나의 회억』은 독립운동 관련 내용만 편집해 발간한 것으로 1945년 이후 대만에서의 활동과 1950년 이후 대륙에서의 농학자로의 활동 등이 생략되었다(오장환 「해제」, 독립기념관한국독립운동사연구소 편 『한 혁명자의 회억록』, 1999).
57) 당시 유자명이 상해에 있어 가입하지 않았다는 견해도 있다(이호룡 「류자명의 아나키스트 활동」, 『역사와 현실』 53호, 2004, 231면).

방피압박민족연합회58)에 조선대표의 한 사람으로 참여했다. 유자명은 인도인의 밀고로 한때 무한감옥에 6개월간 억류되었다.

1928년 8월 남경으로 돌아온 유자명은 마침 이곳으로 옮겨온 동방피압박민족연합회에서 활동하면서 중국 인사들을 만났으며, 저명한 교육가인 광호생(匡互生)59)과도 친분을 쌓았다.60) 그는 중국인 동지 진범예(陳範預)의 초청으로 천주 여명중학에서 한 학기 정도 수업을 했는데, 앞서 언급했듯이 당시 천주에는 아나키스트들이 만든 민단훈련소가 있었다. 다음해 초 광호생이 창립한 상해 입달학원으로 옮겨가 교육과 노동을 결합하는 아나키즘적 교육방식에 따라 학생들을 가르쳤다.

중국 내 한인 아나키스트 지도자들이 다수 죽거나 체포된 상태에서 일본이나 국내에서 젊은 아나키스트들이 중국, 특히 상해로 모여들었다. 북만주에 활동하던 한인 아나키스트들도 중국대륙으로 철수했다. 그리고 재중국 한인 아나키즘 운동의 분수령이 된 북경회의가 개최되었다. 여기서는 점증하는 일제의 압력, 위기에 처한 운동의 진로, 민족주의자 및 공산주의자와의 관계설정 등 운동이 당면한 주요문제들을 각지에서 모인 운동가 20여명이 오랜 시간 논의했다. 만주사변이 일어날 즈음 상해에서 남화한인청년연맹61)

---

58) 이 단체에 대해 국제적 아나키즘 단체라는 설(金柄珉·朱霞「國際友人柳子明的生平與意識世界」,『東疆學刊』, 2004. 3)과 중국정부가 생활이 곤란한 외국인을 지원하기 위해 만든 난민단체라는 설(安奇 「采寫『柳子明傳』的緣起與經過」,『湖南省社會主義學院學報』, 2005. 1)이 있다.

59) 광호생은 호남성 출신으로 1915년 북경사범대학에 입학해 아나키즘 성격의 공학회(工學會)를 조직하고, 5·4운동에 참가해 조여림(曹汝霖)의 집 담장을 넘은 이른바 조가루 방화사건의 주인공이다. 대학 졸업 후 장사에서 청년들을 교육하다 상해 강만에서 입달학원을 창립했다.

60) 유자명『나의 회억』, 요녕인민출판사 1984, 11면.

61) 남화한인청년연맹에 대해서는 박환「남화한인청년연맹의 결성과 그 활동」,『한민족독립운동사총론』1992; 이호룡「일제강점기 재중국 한국인 아나키스트들의 민족해방운동 — 테러활동을 중심으로」,『한국민족운동사연구』제35집, 2003 등의 연구가 있다.

이 결성되어 유자명을 의장으로 선출했다.[62] 남화한인청년연맹은 1930년대 중국에서 조직된 대표적인 한인 아나키즘 단체로 "1) 우리 조직은 절대적으로 자유연합에 기초한다, 2) 일체의 정치운동과 노동조합 지상주의 운동을 부인한다, 3) 사유재산제도를 부인한다, 4) 거짓 도덕적 종교와 가족제도를 부인한다, 5) 우리는 절대적으로 자유평등의 이상적 신사회를 건설한다"[63] 라는 강령을 걸고 자유연합사회의 실현을 추구했다. 남화한인청년연맹은 산하단체로 남화구락부를 두었다. 이때부터 한인 아나키즘 운동의 중심이 북경에서 상해로 옮겨졌으며, 유자명이 일하던 입달학원이 연맹의 근거지 역할을 했다.

남화한인청년연맹의 활동 중 주목되는 것은 국제연합전선 결성에 박차를 가한 점인데, 특히 한중연합투쟁이 두드러진다. 동방무정부주의연맹 회원인 중국인 왕아초(王亞樵)와 화균실(華均實)이 이회영(李會榮)과 정화암(鄭華岩)에게 항일공동전선을 제의해왔다. 이에 호응해 1931년 10월 말 상해 프랑스 조계에서 한인 아나키스트 일곱 명(이회영·정화암·백정기 등), 중국 아나키스트 일곱 명(왕아초·화균실 등) 및 일본 아나키스트 전화민(田華民, 佐野)·오수민(吳秀民, 伊藤) 등이 모여 항일구국연맹(抗日救國聯盟)을 조직했다. 이 연맹은 1) 적 군경기관 및 수용기관의 조사, 파괴, 적요인 암살, 중국인 친일분자 숙청, 2) 중국 각지의 배일선전을 위한 각 문화기관의 동원, 3) 이상에 관한 인원 및 경비의 구체적 설계 등을 목적으로 삼았다. 항일구국연맹은 선전부와 연락부, 행동부, 기획부, 재정부의 5부를 설치하고 우선 조선을 해방시킨 후 일본과 중국 각지에 아나키스트 사회를 건설한다는 전

---

62) 남화한인청년연맹은 1930년 4월 20일 결성되었고 1931년 9월 만주사변이 일어나자 조직 개편작업을 벌였다고 한다(이호룡, 「류자명의 아나키스트 활동」, 『역사와 현실』 53호, 2004, 235~37면).

63) 「재상해남화한인청년연맹의 강령규약과 선언」(박환 『식민지시대 한인아나키즘 운동사』, 선인 2005, 162면 재인용).

망을 가지고 활동계획을 세웠다.[64] 이때 유자명은 연맹의 기관지『자유』발간에 참여했으며, 파금도 이를 도왔다고 하나 분명하지 않다.

항일구국연맹은 1931년 11월 중순 흑색공포단(黑色恐怖團)이라는 테러단체를 조직했다. 흑색공포단은 "현사회의 모든 권력을 부정하고 새로운 세계 전인류가 인생의 모든 방면에서 자유와 평등을 향유할 수 있는 새로운 사회의 수립"을 강령으로 삼았다. 이 조직은 국제연대의 취지에 맞게 조선인부·중국인부·일본인부를 두었고, 후에 대만인 임성재(林成材)와 미국인 존슨이 합류하면서 국제적 연합조직으로의 확대를 꾀했다.[65] 흑색공포단은 잠시 사용한 명칭으로 비록 외국인들이 참가했으나 사실상 항일구국연맹 같은 단체였으며 남화한인청년연맹의 멤버들이 다수를 구성하고 있었다. 한국 측의 정화암과 이회영이 지휘했으며, 중국 측의 왕아초가 재정을 담당했다. 이들은 민족주의나 공산주의 계열보다 소수였으나 테러라는 방식을 통해 압도적으로 무력이 우세한 일본에 저항했다. 항일구국연맹은 하문과 천진의 일본영사관에 폭탄을 던졌으며, 일본 국적의 대형선박을 공격하기도 했다. 그리고 일본에 유화적인 태도를 보이던 남경 정부의 외교부장 왕정위(王精衛)에 대한 암살을 시도했다. 하지만 제1차 상해사변(1932년 2월)이 일어나고, 왕아초와 화균실이 장개석의 처남 송자문(宋子文) 암살미수사건의 주모자임이 드러나 홍콩으로 도피하자 연맹은 무력화되었다.

상해 홍구공원에서 열린 일본군의 천장절 경축행사에서 윤봉길(尹奉吉)의 폭탄테러(1932년 4월 29일)가 있었다. 김구(金九)가 윤봉길을 시켜 홍구공원 폭파계획을 준비하던 같은 시기에 남화한인청년연맹의 유자명과 정화암도 비슷한 계획을 준비했다. 그런데 이 일은 맡은 백정기가 왕아초로부터 폭탄은 구입했으나 천장절 기념식장에 들어가는 입장권을 얻지 못하면서 불발로

---

64) 無政府主義運動史編纂委員會 編, 앞의 책 340면.
65) 박환, 앞의 책 136면; 김명섭「한일 아나키스트들의 사상교류와 반제 연대투쟁」,『한국 민족운동사연구』제49집, 2006, 60면.

끝났다. 유자명은 홍구공원 거사 이후에도 살벌한 상해에 그대로 남아 활동을 계속했다. 그해 말 한인 아나키즘 운동의 지도자 이회영이 밀정의 밀고로 체포되어 고문 끝에 사망했다. 이에 유자명의 남화한인청년연맹은 남은 여력으로 밀정들을 입달학원 등에 유인해 처형했다. 그후에도 한인 아나키스트들은 옥관빈과 이용로 같은 친일부역자에 대한 처단 사업은 계속했다.

남화한인청년연맹은 일본공사 유길명이 국민당 정부요인을 매수하려고 육삼정(六三亭)이라는 음식점에서 연회를 베푼다는 정보를 입수하고, 그에 대한 암살을 시도한 이른바 유길공사사건(혹은 육삼정사건, 1933년 3월 17일)을 일으켰다. 이 거사는 계획의 유출로 실패했으며 현장에서 체포된 백정기와 원심창 두 명은 무기징역, 이강훈은 15년을 언도받았다. 그후 유자명은 상해의 입달학원을 떠나 남경으로 가서 새로운 사업을 준비했다. 한편 김창근(金昌根)과 오면직(吳冕稙) 등이 결성한 상해혈맹단(上海血盟團)이라는 조직도 아나키즘 계열의 단체로 1936년 3월 일본요인을 암살하려다 발각되어 치열한 시가전 끝에 체포되어 주모자들이 처형되었다.[66]

일본 내의 사상운동과 노동운동이 한계에 부딪히자 일부 한인 아나키스트들은 적극적인 항일투쟁을 전개하기 위해 중국으로 진출하기 시작했다. 대표인물로는 이달(李達)과 원심창 등이 있다. 이달은 가장 먼저 중국에 진출한 인물로 이미 1920년대에 중국에 건너왔고, 남화한인청년연맹에 가입해 흑색공포단의 단원으로 활동했으며, 뒤에서 언급할 『남화통신』의 주요 논객으로도 활약했다. 그리고 원심창은 동경의 흑우회와 흑우연맹, 조선동흥노동동맹에서 활동한 유명한 재일 한인 아나키스트였다. 그는 여러 차례 구속과 석방을 반복하다 1931년 4월 일본을 탈출해 상해로 망명했다. 그 역시 남화한인청년연맹에 가입하고 흑색공포단의 단원으로 활동했다. 원심창은 남화한인청년연맹에 의해 시도된 유길공사사건에 백정기, 이강훈 등과 함께 참

66) 無政府主義運動史編纂委員會 編, 앞의 책 363~76면.

가해 재일 한인 아나키스트들을 열광시켰다.[67) 이들의 중국 진출은 1930년 대 항일 무장투쟁에 활기를 불어넣었다.

한인 아나키스트의 민족전선 참가

1930년대 전반기의 한인 아나키즘 운동은 항일테러활동으로 규정할 수 있는데, 일제의 대륙침략이 본격화되자 투쟁방식에 변화가 찾아왔다. 한 번의 극적인 테러나 폭동만으로 일본 제국주의를 전복시킬 수는 없으며, 오히려 자본주의의 붕괴과정은 오랜 세월이 걸리는 지루한 과정이라는 사실을 깨닫게 되었다. 이제 테러리즘의 시대가 지난 것은 분명했으며, 조직과 질서의 필요성이 명백해진 것이다.

1936년에 들어오면서 남화한인청년연맹은 기관지 『남화통신』의 발간을 통해 민족전선 결성문제를 제기했다. 유자명은 이 잡지에 여러 편의 논문을 실어 자신의 정치 주장을 밝혔으며 이론가로서의 명성을 쌓아갔다. 『경칩』을 통해 중국인 아나키스트의 항일전쟁관의 변화추이를 읽을 수 있다면, 『남화통신』을 통해 재중 한인 아나키스트의 항일전쟁관을 읽을 수 있다. 현재 『남화통신』은 1936년에 나온 불과 몇호만 남아 있다. 창간 초기의 『남화통신』은 민족주의자와 공산주의자를 모두 비판했고, 조선의 독립문제는 조선만의 문제가 아니라 전세계의 문제이자 사회혁명의 일부라고 선전했다. 창간호에서는 "민족독립운동 그 자체의 정신이 고상하고 수단방법이 아무리 정당하다 해도 이것이 정치운동인 이상정치의 근본적 모순과 오류를 범할 수밖에 없는 것이다. 정치운동가 제군! 사리사욕을 떠나 진실로 민족독립과 피압박 민중의 해방을 위해 운동하려 한다면 정치운동을 버리고 민중해방운

---

67) 이달은 1932년에는 조선혁명간부학교의 교관으로 있었고 1938년에는 조선혁명자연맹과 조선의용대에 가입해 중앙의원으로 활동했다. 그리고 원심창은 유길공사사건으로 사형 판결을 받았으나 형무소 복역중 해방을 맞이했다(김명섭 『재일 한인아나키즘 운동 연구』, 단국대학교대학원 박사학위논문 2001, 197~98면).

동인 사회혁명운동으로 재출발하지 않으면 안 된다는 것을 명심하라"[68]고 주장했다. 이처럼 처음에는 남화한인청년연맹이 김구의 한인애국단과 합작한 사례가 있었음에도 불구하고 대체로 민족주의자와의 연합에 회의적인 입장을 보였다.

그런데 『남화통신』은 1936년 여름부터 민족전선문제를 제기하기 시작했다.[69] 「우리 청년의 책임과 사명」(1936년 6월)에서 "피압박 민족의 해방은 정치운동에 의한 것이 아니라 진정한 혁명운동(혁명적 수단으로 기성제도를 무너뜨리고 전민중을 기반으로 한 혁명적 건설)에 의해서만 달성할 수 있다는 것, 식민지 운동에서는 내부의 세력대립보다는 내부가 일치단결하여 외부의 적에게 대항하는 연합전선을 취하는 것이 당면과제라는 새로운 인식을 가져야 한다"[70]고 언급했다. 「민족전선의 가능성」(1936년 11월)에서는 "우리들 조선혁명운동의 현단계에 있어서 민족전선의 필요와 확대에 통감한다. 그것은 민족전선만이 민족해방운동의 진로를 타개하는 지침이기 때문"이라면서, "유럽에서의 인민전선의 승리는 국제적인 반향을 일으켰으며, 식민지 혹은 반식민지에서는 민족의 총단결이 민족해방운동의 최선의 책략이라는 것을 계시하는 동시에, 각당 각파의 반성과 각오를 촉성하고 있다"[71]고 민족전선의 가능성을 제기했다.

곧이어 「민족전선 결성을 촉구한다」(1936년 12월)라는 글에서는 "현재 구라파에서는 파쇼독재를 타도하기 위해 인민전선의 신기운이 폭발하고 있다. 이 인민전선의 형태가 식민지 또는 반식민지에서는 민족전선 형식으로 표현되어 그 민족의 총역량을 연합 단결하여 투쟁하고 있다"고 분석하고 프랑스와 스페인 등지에서 인민전선이 승리를 거두고 민중 안에 뿌리를 내려 맹렬

---

68) 有何 「정치운동의 오류」, 『남화통신』 제1호, 1936. 1.
69) 한 연구자는 민족전선 출현배경을 국제정세의 인식 변화, 스페인 인민전선의 승리, 조선의 내부 조건 성숙, 각 당파의 이해관계 등에서 찾고 있다(박환, 앞의 책 151~55면).
70) 何 「우리 청년의 책임과 사명」, 『남화통신』 제6호, 1936. 6.
71) 舟 「민족전선의 가능성」, 『남화통신』 제11호, 1936. 11.

히 일어나고 있으므로 "이러한 실례를 봐도 인민전선 혹은 민족전선은 가장 현실에 적합한 투쟁방법이라 할 수 있다"고 주장했다. 나아가 "조선민족의 독립운동을 하는 데에 있어서나 정치적, 경제적, 사회적 자유평등을 탈환하고 만인공영의 이상적 사회를 건설하는 데에 있어서도 먼저 최대의 적 일본제국주의를 타도하지 않고서는 어떠한 운동도 전개할 수 없다"[72]면서 민족전선 결성을 촉구했다. 그리고 같은 호의 「민족전선에 관하여」라는 글에서도 김구가 이끄는 한국국민당과 김원봉(金元鳳) 중심의 민족혁명당이 연합할 것을 촉구하면서, 두 당의 통일전선에 걸림돌이 되는 "당파적 미몽" "각 정당의 배경문제" 그리고 "감정문제" 등을 거론하면서 나름의 해결책까지 제시했다. 여기서 알 수 있듯이 스페인 아나키스트의 노선변화가 중국에 소개되면서 한인 아나키스트의 노선변화로 이어졌고, 민족해방을 달성한 후 아나키즘 사회혁명을 추구한다는 단계론적 발상을 받아들이면서 민족전선의 필요성이 제기된 것으로 보인다.[73]

유자명을 비롯한 한인 아나키스트의 제국주의 비판은 반파시즘 투쟁을 위한 민족전선운동으로 나아갔으나, 국제사회를 구성하는 단위 주체로서 민족을 인정한 것이지 배타적 민족주의에 대해서는 여전히 반대했다. 어쨌든 이런 행보는 아나키즘의 새로운 발전이냐, 아니면 변질이냐라는 문제를 남겼다. 유자명의 민족전선 결성주장에 대해 조선민족혁명당이 동조하고 나섰다. 그 결과 1937년 10월 남경에서 남화한인청년연맹은 조선혁명자연맹(朝鮮革命者聯盟, 일명 조선무정부주의자연맹)으로 개조하고 일차적으로 조선민족혁명당과의 연합을 추진했다.

한편 민족전선 움직임에 대해 한국국민당의 냉심군(冷心君)은 아나키스트가 스페인 같은 인민전선을 만들려는 시도라고 보고 문제를 제기하자 유자

---

72) 「민족전선 결성을 촉구한다」, 『남화통신』 제12호, 1936. 12.
73) 최해성 「1930년대 스페인 인민전선과 한국독립운동의 민족협동전선」, 『스페인어문학』 42호, 307, 310면.

명은 "인민전선이 결성되었다고 의심하는 것은 지나치게 신경이 과민한 의문이다. 왜냐하면 민족혁명당을 아나키스트가 원조했다고 말하기보다는 양당이 연합한 것이므로 이것만으로 인민전선의 요소가 될 수 없기 때문"이라고 했다. 그렇다고 유자명이 인민전선에 대해 부정적인 입장을 가졌던 것은 아니다. 그는 "냉심군이 '혁명은 전투이고, 전투에는 조직규율 통제 및 신념이 필요하다 그러나 현재 유럽의 인민전선에는 그것이 없다'고 말하고 있지만, 이를 인정할 수는 없다. 왜냐하면 인민전선 자체가 조직의 형식이고, 통제의 방법이며, 인민전선 정강 자체가 바로 일종의 신념이기 때문"이라면서, "인민전선운동이 코민테른의 책동에 의해 진전되고 있다는 듯이 단정하는 것도 곧 3·1운동이 윌슨의 자결주의 주장에 의해서 일어난 것이라고 하는 것과 마찬가지로 피상론"이라고 답변했다.[74]

여기서 기억해야 할 사실은 아나키즘이 'Internationalism'(국제주의)을 추구한다고 해서 반드시 'Nationalism'(국민(민족)주의)의 정반대에 서 있다고 도식적으로 판단하면 곤란하다는 점이다. 동아시아 사회에 사회주의(아나키즘)가 수용되던 19세기 말과 20세기 초는 바로 근대적 자아와 공동체의식에 기초한 국민(민족)주의가 형성하던 시기와 거의 일치한다. 이른바 첫번째 '세계화'의 시대라고 부르는 이 시기에는 자본과 노동은 물론 사상과 문화까지도 다양하고 복잡하게 '이동'하면서 그물처럼 얽혀 있었다. 그후 20세기에 들어와서도 제국주의 침략에 맞서 아나키스트와 민족주의자가 심각한 갈등 없이 상호 결합하는 사례가 종종 나타난 까닭이 여기에 있다. 이 경우 민족주의와 아나키즘의 관계설정문제는 국가적·지역적·정치적·문화적 맥락에 따라 섬세하게 접근할 필요가 있다. 거꾸로 아나키즘과 공산주의의 관계는 양자 모두 국제주의를 지향한 사회주의 사조임에도 불구하고 '동아시아' 혁명의 헤게모니를 놓고 초기의 합작관계가 단절되자

---

74) 『남화통신』 제11호, 1936. 11(충주시·충주MBC『유자명자료집』 1, 耕慧舍 2006, 48~50면).

분열과 논쟁을 거쳐 화해 불가능한 상황으로까지 나아간 사실은 앞에서 이미 언급했다.

때마침 중일전쟁이 발발하자 민족전선 결성의 요구가 더욱 강해졌다. 전쟁 발발 직후인 1937년 9월 중순 한중아나키스트들이 결성한 중한청년연합회(中韓靑年聯合會)라는 단체는 『항전시보(抗戰時報)』를 창간하고 테러활동을 추구했으나 민족전선론이 제기되면서 테러를 중지했다. 그리고 남화한인청년연맹은 조선혁명자연맹으로 개조하여 민족전선을 실행으로 옮기기 위해 여러 좌익계열 독립운동 세력과 협상을 계속했다. 조선혁명자연맹은 조선민족혁명당, 조선민족해방운동자동맹 등과 함께 몇차례 회의를 거친 후에 마침내 같은 해 12월 조선민족전선연맹(朝鮮民族戰線聯盟)을 결성했다. 유자명은 조선혁명자연맹의 대표로 선출되었고 기관지『조선민족전선』의 주필 겸 편집인을 맡았다. 「창간사」에서 "중국의 항전이 만약 실패한다면, 조선민족의 해방은 기대할 수 없을 정도로 막막하게 될 것이고, 조선민족의 노력 여하도 또한 중국민족의 최후 승리에 영향을 줄 것이다. 과거 중국과 조선 양 민족이 받은 치욕과 손실은 반드시 우리들이 공동으로 책임져야 하므로, 공동의 적을 타도하고 동아시아의 평화를 정립시켜야 하는 것도 중국과 조선 양 민족의 공동적인 사명"[75]이라고 했다.

유자명은 「조선민족전선연맹 결성과정」에서 "연맹의 성립배경을 민족의 총단결을 강조하게 된 역사적 조건의 변화 때문"이라고 설명하면서, "이 연맹을 조선혁명대중의 상위 영도단체로 만들려는 것이 아니고, 단지 연맹을 가장 완전하고 만족할만한 통일전선의 한 출발점으로 만들 생각"이라고 했다.[76] 그리고 「조선민족전선연맹 창립선언」에서는 "조선혁명은 민족혁명이고, 그 전선은 '계급전선'이나 '인민전선'이 아닐 뿐 아니라, 프랑스나 스페인의 이른바 '국민전선'과도 엄격히 구별되는 민족전선"이라면서, "조

---

75) 「창간사」, 『조선민족전선』 창간호, 1938. 4. 10(위의 자료집 56~58면).
76) 「조선민족전선연맹 결성과정」, 『조선민족전선』 창간호(위의 자료집 59~62면).

선민족은 자연적으로 특수한 형상을 갖고 있다. 그렇기 때문에 우리 조선의 혁명도 반드시 그 특수성이 있는 것이다. 이것은 누구도 부정할 수 없는 바이다. 그러나 조선문제도 세계문제의 일환에 불과하다. 그래서 조선의 혁명에도 반드시 국제적인 공통성이 있다는 것이다. 이 또한 누구라도 부인할 수 없는 것"이며, "그렇기 때문에 모든 피압박 민족의 연합전선이 필요한 것이고, 필연적이어야 한다"[77]고 했다. 여기서 유자명이 조선사회의 모순을 계급모순이 아닌 민족모순으로 파악하고 있다는 사실을 알 수 있는데, 이런 태도변화는 주목할 만하다. 그는 혁명운동은 시간과 지점과 조건에 따라 변화하기 때문에 1880년대의 러시아와 1920년대의 조선은 비교할 수 없으며, 같은 시대라도 일본의 아나키스트와 조선의 아나키스트는 서로 다르다고 생각했다.

당시 유자명은 한인 독립운동 세력의 단결을 토대로 중국항일전쟁을 발판으로 삼아 한인 독립운동을 국제적 반파시즘 투쟁의 차원으로 끌어올리려 했다.[78] 이 과정에서 재중 한인 아나키스트의 국가관에 변화가 찾아왔다. 과거 타도대상으로만 삼은 국가와 정부 존재를 부분적으로 인정한 것이다. 뿐만 아니라 민족전선을 수용하면서 사유재산제와 중앙집권적 조직체를 일부 인정했다. 이는 민족전선의 결성을 통해 민족혁명을 일차적으로 달성하고, 그 다음에 아나키즘 사회를 건설한다는 단계론적 구상에 근거한 것이다. 이와 관련해 한 연구자는 이런 국가관의 변화를 아나키즘 본령에서의 일탈현상으로 이해하며,[79] 다른 연구자는 민족전선이 아나키즘의 '자유연합' 조직원리에 위배되지 않는다고 해석해 입장 차이를 보인다.[80] 그런데 민족전선론은 일본과 조선에서는 거의 제기되지 않았다. 왜냐하면 중

---

77) 「조선민족전선연맹 창립선언」, 『조선민족전선』 창간호(위의 자료집 51~55면).
78) 한상도, 앞의 글 152면.
79) 이호룡, 앞의 글 245~46면.
80) 김성국 「유자명과 한국 아나키즘의 형성」, 『한국사회사상사연구』, 나남 2003, 311면.

일전쟁이 발발한 시점은 조선은 물론 일본에서의 한인운동이 쇠락한 상태였기 때문이다.

조선민족전선연맹이 한구에서 군사조직인 조선의용대(朝鮮義勇隊, 1938년 10월)를 조직하고 김원봉을 단장으로 선출했다. 유자명은 지도원의 한 사람으로 선출되어 전시 대일 선전공작 담당을 맡았다. 당시 김원봉은 "외국 각지에 있는 민족무장부대를 연합하여 통일적인 민족혁명군대를 창건하여 민족해방전쟁을 실행한다"는 취지 아래 국민정부에 계획안을 제시했으며, 이것이 받아들여져 조선의용대 창건식이 열렸다. 조선의용대는 기관지『조선의용대』를 발행하여 각 전투지역에서 활동하는 의용대의 소식을 전했다. 유자명은 조선민족전선연맹을 기초로 좀더 민족통일전선을 확대하고자 했다. 민족주의자와 공산주의자 사이를 부담 없이 왕래할 수 있었던 그는 중경에서 한국임시정부와 조선민족전선연맹과의 통일문제를 놓고 협상을 했으나 이견 차이를 좁히지 못했다. 한편 정화암 등 일부 한인 아나키스트들은 안휘성 남부로 이동해 한중합동유격대를 조직해 유격전을 폈다. 그들은 한간제거 공작과 학도병 귀순 공작, 구미인 포로구출 공작 등 활발한 활동을 전개했다.

같은 시기 중국 관내에는 좌익계열의 조선의용대와 우익계열의 광복군 말고도 비록 소수이지만 아나키스트 중심의 한국청년전지공작대(韓國靑年戰地工作隊)가 있었다. 전지공작대는 나월환(羅月煥) 등 아나키즘 계열의 청년이 중심이 되어 1939년 10월 중경에서 조직했다.[81] 이 조직은『한국청년』을 간행했는데, 여기서 한중 양 민족이 연합해 공동으로 항일의 기치를 걸고 공동의 적을 타도하자고 주장했다. 전지공작대의 주요 임무는 중국항전에 대한 협력과 선전활동, 첩보활동, 무장부대의 조직, 혁명사상의 고취 등이었다. 얼마 후 나월환이 우파에게 피살당하는 비극이 있었으나 해체되지 않고

---

81) 한국청년전지공작대에 대해서는 박환, 앞의 책 187~225면 참조.

꾸준히 활동했다. 이 공작대는 서안에서 중국인을 대상으로 가극「아리랑」을 공연하여 한중친선에 기여했다. 1940년 9월 한국광복군이 창설하면서 전지공작대는 한국광복군 제5지대로 편입되었다. 그리고 1941년에는 다시 조선의용대가 한국광복군에 편입되어 우선 군사 방면에서 통일전선이 이루어졌다.

대한민국 임시정부가 중경으로 옮겨가 전열을 정비할 즈음 유자명과 유림(柳林)[82]이 아나키스트를 대표해 임정에 참여했으며, 민족혁명당과 같은 좌익진영의 세력도 임정에 참가하면서 정치 방면에서도 기본적인 통일전선이 이루어졌다. 그후 1944년 9월 중경에서 열린 각 혁명당파의 통일회의에서 최종적으로 좌우 모두 임시정부 밑으로 통합하는 것을 합의했다. 각 혁명당파가 임시정부를 중심으로 통합에 이르자 국민정부의 제안으로 중한문화협회(中韓文化協會)가 만들어졌다. 이 사건은 중국 국민정부가 비로소 한국 임시정부를 공식 승인하는 계기를 마련했다.[83]

끝으로 해방 이후의 상황을 한두 마디 덧붙이자면 다음과 같다.

전후(戰後) 일본의 아나키즘 운동은 1946년 5월경 200여명이 참가한 가운데 일본아나키스트연맹을 창설하고, 기관지로『평민신문』을 간행하면서 재기했다. 1925년에 흑색청년연맹이 조직되어 불과 1여년 만에 해체된 이후

---

82) 유림은 1919년 상해에 망명하여 봉천과 북경 등지에서 활동하다 성도대학에 유학했다. 아나키스트로서 신민부(新民府)와의 연결을 시도했으며, 조선공산무정부주의자연맹을 결성하고 인재양성 차원에서 의성숙(義誠塾)을 경영하다 체포되었다. 6년간의 투옥 후 석방되어 다시 중국으로 건너가 중경에서 임시정부에 참여했다. 이즈음 원론적인 아나키즘 노선에서 민족전선의 참가로 생각을 바꾸었다(김희곤「단주 유림의 독립운동」,『한국근대사연구』제18집, 2001 가을 참조).

83) 항일전쟁이 한창이던 계림과 중경시절에도 파금과 유자명의 우정과 교류는 이어졌다. 일본의 패전 후에 유자명은 한국으로 귀국하지 않고 중국대륙에 남았다. 그는 호남성에서 원예학자로서 제2의 인생을 시작했으며, '국제우인(國際友人)'이라는 칭호가 붙여져 주변 사람들의 존경을 한몸에 받았다. 훗날 유자명에게 자서전을 집필하도록 권유한 사람도 바로 파금이었다.

에 사실상 처음으로 조직된 전국적 조직이었다. 각 지역에서도 다양한 기관지를 펴냈지만 느슨한 조직형태여서 활발한 활동을 전개하지는 못했다. 한 아나키스트는 전후 아나키즘의 특색에 대해 전전과 마찬가지로 아나키스트들이 이론을 경시하는 경향이 농후했고, 아나키즘의 이론이 너무 다양해 조직의 통일과 단결이 어려웠으며, 자칭 아나키스트라고 하는 사람들을 너무 쉽게 조직에 받아들여 세력이 약화되었다고 보았다. 게다가 중앙과 지방간의 관계도 원활하지 못했다고 지적했다.[84] 비록 1968년 11월에 연맹은 해산되었지만 다른 동아시아의 국가들에 비해 상대적으로 일정한 세력을 유지하면서 다양한 활동을 이어갔다.

일본의 패망 직후 중국에 남아 있던 한인 아나키스트 유림과 정화암, 허열추(許烈秋), 유자명, 유서 등은 상해에서 중국인 이석증, 주세(朱洗), 파금, 필수작 등과 함께 한중무정부주의자대회를 열어 국제적 유대관계를 다시금 확인했다. 특히 이석증은 청말부터 이어오던 백과전서운동을 다시 시작해『세계학전(世界學典)』을 편찬 설계하면서 한인 아나키스트의 협력을 요청했다. 그는 민족과 국가의 대소나 성쇠에 관계없이 모든 정보가 들어간 전문적인 책을 만들 계획이었는데, 대표적인 것이 바로 조선학전관이었다. 이때 정화암과 이하유(李何有)는 이석증과 오치휘 등의 도움을 받아 조선어학관을 설립하고 여기에 신채호학사를 설립했다.[85] 그러나 1945년부터 1949년까지 국공내전(國共內戰)을 거치면서 중국이 공산주의 국가가 되자 아나키스트들은 대만으로 이주하거나 지하로 잠복하여 조직적인 활동은 찾아볼 수 없게 되었다.

한편 해방된 조국으로 귀환한 한인 아나키스트는 미국과 소련에 의해 분할 군정이 실시되자 아나키즘 사회건설이 우선이냐, 민족적 주권쟁취가 우선이냐는 문제에 직면했다. 그 과정에서 진보적 민족주의 세력과 동맹을

---

84) 向井孝「戰後日本のアナキズム運動」,『アナキズム』第7號, 2006(1976), 77~79면.
85) 無政府主義運動史編纂委員會 編, 앞의 책 393면.

맺고 독자적인 세력결집에 나섰지만 미소냉전에 따른 남북분단과 한국전쟁으로 말미암아 실패했다. 임시정부를 따라 귀국한 유림은 독립노농당이라는 정당을 만들어 제도권 정치에 참여해 아나키즘에서의 일탈이냐 아니냐의 논쟁을 일으키기도 했다. 권력의 미신으로부터 민중을 해방시키고, 산업의 분산화와 노동자·농민의 자치를 통해 자유연합사회를 건설하겠다는 꿈은 냉전과 열전 사이에서 무너졌다. 결국 휴전 이후에는 문화계몽 등을 통한 후진양성에 주력하는 등 제한적인 형태로나마 운동의 명맥을 이어나갔다.[86]

---

86) 이문창 『해방 공간의 아나키스트』, 이학사 2008, 머리말.

책을 마치며

아나키즘은 기본적으로 국제적 연대의식이 어떤 사회사상보다도 뚜렷하다. 아나키스트의 이런 특징은 동서양을 막론하고 19~20세기의 민족주의의 시대부터 21세기 탈민족주의 시대까지 관통하는 정신이다. 19세기의 프루동은 열렬하게 프랑스를 찬미했고, 바쿠닌도 한때 슬라브 민족주의자였으며, 크로포트킨조차 러시아에 대한 깊은 애정을 숨기지 않았다. 하지만 그들 모두 기본적으로 국제연대를 통해 민족과 국가 간의 긴장을 해소할 수 있다고 믿었다. 프루동이 자신을 연방주의자라고 부르거나, 바쿠닌이 중앙집권화와 연방주의를 대립시켜 이해하거나, 크로포트킨이 상호부조론에서 연방주의 사상을 전파한 까닭도 여기에 있다. 대체로 서양의 아나키스트가 추구하는 이상사회는 정치적으로는 코뮌들의 연합이고, 경제적으로는 노동조합의 연합이다. 이런 연합주의는 지역과 국가 범주를 넘어 국제주의로 나아가 연합의 정신으로 여러 국민(민족)들을 재편하여 인류 통일을 추구한다. 결국 아나키스트의 연합주의는 국제주의를 거쳐 식민지 민족해방에 대한 관심으로 나아가는 것이다.[1]

동아시아 아나키스트 역시 어떤 정치집단보다 자민족 중심주의에서 벗어나 아시아에 대한 수평적 사고에 노력했는데, 그들의 국제주의는 대체로 동아시아라는 범주에서 출발했다. 그들은 식민지로부터 해방되더라도 고립되면 혁명이 성공하기 어렵다는 사실을 잘 알고 있었기에 진정한 사회혁명은 곧 동아시아 범주를 기반으로 세계혁명으로 나아가는 것이었다. 이 책에서는 교류와 연대라는 주제어를 가지고 잊어버린 역사사실에 대해 복원하고자 했으며, 특히 동아시아 아나키즘 운동과 20세기의 시대사조인 민족주의와의 관련성에 주목했다.[2] 본문에서 다룬 내용의 특징을 요약하면 다음과 같다.

첫째, 지역과 국경을 초월한 아나키스트 간의 교류이다. 프랑스 아나키스트 르클뤼·그라브와 중국인 혁명가 이석증·오치휘 등과의 시공을 뛰어넘는 교류, 일본 아나키스트 행덕추수와 중국인 유학생 유사배·하진 등과의 교류, 중국과 일본을 대표하는 아나키스트 사복과 대삼영의 산록태치를 매개로 한 교류, 버크먼과 골드먼 같은 구미 아나키스트의 동아시아 아나키스트와의 다양한 교류, 대삼영·석천삼사랑·암좌작태랑 등과 한인·대만인과의 교류, 조선과 대만 아나키즘 운동의 시작을 알린 신채호와 범본량의 교류, 파금과 유자명의 영원한 우정 등 무척 다양했다. 이 책에서는 기존에 별로 주목하지 않았던 러시아 아나키스트 이바노프·폴레보이·스테파니·에로센코 등과 한중일 아나키스트와의 교류를 약간이나마 다루었다. 그리고 대만인의 아나키즘 운동 역시 연구되지 않았던 주제로 재중 대만인 아나키스트 범본량과 임병문의 활동을 언급했다. 특히 중국대륙에서

---

1) 다니엘 게렝, 하기락 옮김 『아나키즘』, 중문출판사 1985, 134~41면.
2) 최근 한 주목할 만한 연구에서는 아나키즘의 프리즘을 통해 필리핀의 민족주의운동을 분석하면서 아나키즘 같은 국제주의가 민족주의와 공존할 수 없는 것이 결코 아니라는 사실을 설득력 있게 설명했다(베네딕트 앤더슨, 서지원 옮김 『세 깃발 아래에서 — 아나키즘과 반식민주의적 상상력』, 도서출판 길 2009).

독립운동을 하던 한인과 대만인 간에는 남다른 연대의식이 있었던 것으로 보인다.

둘째, 민족과 국가를 초월한 다양한 국제연대조직과 단체들이다. 일본인의 금요강습회와 중국인의 사회주의강습회 간 교류 중 만들어진 아주화친회, 재일 한인·중국인·대만인 유학생이 만든 급진주의단체 신아동맹당, 유법근공검학운동으로 상징되는 중국인 청년의 프랑스 유학운동, 러시아 사회주의자의 지원 아래 결성된 사회주의(자)동맹, 한인·대만인의 연합조직인 평사, 동경을 중심으로 결성된 국제조직 흑색청년연맹, 상해를 중심으로 만들어진 국제조직 동방무정부주의자연맹, 상해노동대학과 천주민단훈련소에서의 한중일 합작, 한중 아나키스트의 공동전선인 항일구국연맹 등을 들 수 있다. 동아시아 사회에서는 아나키즘이 맑스주의보다 먼저 사회주의 사조의 주류를 점했기에 이와 같은 다양한 연합조직들이 출현했고, 민족주의·공산주의와 경쟁하면서 민족해방과 사회혁명 사이에서 전전했다.

셋째, 아나키스트의 국제주의와 관련해 상호부조론과 에스페란토의 수용과정이다. 동아시아 아나키스트에게 상호부조론은 국제연대의 이론적 근거이며, 에스페란토는 국제연대의 실천적 도구였다. 20세기 아나키스트는 상호부조론을 매개로 국수주의·제국주의 이론을 비판한 대표적인 집단이었는데, 동아시아 최초의 반제국주의 단체인 아주화친회부터 제국주의의 침략에 대항해 결성한 흑색청년연맹이나 동방무정부주의자연맹까지 다양한 사례들을 통해서 확인할 수 있다. 사회진화론·상호부조론·계급투쟁론 등이 혼재된 가운데 전개되는 동아시아 진화론 수용과정을 살펴보면, 우리는 민족주의자(혹은 제국주의자)의 사회진화론과 맑스주의자의 계급투쟁론 가운데 아나키스트의 상호부조론이 한자리를 차지하고 있음을 알 수 있다. 아울러 에스페란토는 세계를 하나로 묶는 실천적 도구로 여겨졌기 때문에 동아시아 사회에서 에스페란토 운동은 처음부터 아나키즘의 역사와 공유하며 뚜렷한 족적을 남겼다. 아나키스트는 세계 각국의 사회주의자들이 연합하거나 대동사회를 실현하기 위해서는 이 언어를 학습하는 일이 중요하다고 믿었다.

　일반적으로 동아시아 아나키즘 운동의 실패 원인으로 공산주의와의 경쟁에서 패배한 사실을 들고 있다. 본문에서는 아나-볼 합작과 논쟁에 대한 중국의 사례를 통해 몇가지 사실을 알 수 있었다. 아나-볼 논쟁에서 맑스주의자가 제기한 두 가지 명제에 대해 아나키스트는 동의하지 않았다. 첫째, 인류사회에는 개인의 절대자유란 근본적으로 존재하지 않을뿐더러, 개인의 절대자유를 주장하는 것은 혁명에 지극히 해롭다. 둘째, 개인의 자발적인 투쟁론은 미신에 불과하며, 맑스주의에 기초한 프롤레타리아 정당의 건설을 통해 혁명을 이룩해야 한다. 따라서 프롤레타리아 독재에 대한 원칙을 견지해야 한다는 것이다. 그리고 논쟁의 결과, 승리의 여신은 "각자 필요에 따라 소비한다"는 아나키스트의 이상론보다는 "각자 노동에 따라 소비한다"는 맑스주의자의 현실론에 손을 들어주었다. 비록 인간의 자유를 절대적으로 옹호하려는 아나키스트의 이상은 영원한 매력을 가지겠지만, 사람들은 유토피아적인 가치추구보다는 눈앞의 현실문제를 해결할 수 있는 실천방법과 행동강령을 제시하는 쪽에 더욱 공감했다. 하지만 크로포트킨이 20세기 초에 일찍이 남긴 "아나키를 목적과 수단으로 갖는다면 공산주의는 가능할 것이다. 반면에 이 목적과 수단이 없을 때 공산주의는 개인의 노예화를 시도하고, 결국 실패할 수밖에 없을 것이다"[3]라는 예언처럼 들리는 말을 다시 한번 음미할 필요가 있다.

　또다른 아나키즘의 실패원인으로 전쟁에 따른 사상운동의 압살을 들 수 있다. 실제로 20세기 내셔널리즘의 시대에 벌어진 제1차 세계대전과 러시아혁명의 영향으로 아나키즘 세력이 위축된 것도 사실이고, 제2차 세계대전의 결과 운동으로서의 아나키즘이 크게 쇠퇴한 것도 사실이다. 게다가 20세기

---

3) 표트르 크로포트킨 「공산주의와 아나키즘」, 백용식 옮김 『아나키즘』, 개신 2009, 269면.

후반은 또다른 전쟁, 즉 냉전의 시대로 아나키즘 운동은 그 침체기가 지속되었다. 동아시아의 상황도 대체로 이러한 세계적 추세와 궤를 같이했다. 본문에서 살펴보았듯이 중국의 경우 1920년대 초 아나-볼 논쟁으로 분화가 일어나고, 국공합작에 따른 분열현상이 나타났다. 특히 국공분열과 정계의 개편으로 위기에 처했고, 만주사변과 중일전쟁으로 이어지는 장기간의 전쟁 속에 부침이 계속되었다. 일본의 경우도 중국과 비슷한 시기에 아나-볼 논쟁을 겪었고, 대삼영의 학살과 사상운동의 탄압을 경험하면서 1920년대 후반 노동운동이 분열했다. 무엇보다도 1930년대 일본의 파시즘화와 전쟁발발은 운동의 숨통을 막아버렸다. 식민지 조선과 대만의 경우 중국과 일본의 정세에 직접적인 영향을 받았는데, 아나-볼 논쟁이나 전쟁 상황 모두 그렇다. 전쟁이라는 극단적 상황은 자유를 갈망하는 모든 사상과 사람들에게 치명적인 적임이 틀림없다.

아나키즘은 21세기의 시작과 함께 전세계적으로 다시금 자본주의와 사회주의를 넘어서는 제3의 길로 주목받고 있다. 소련을 비롯한 현실 사회주의의 갑작스러운 몰락과 전지구적 자본주의 체제의 심화라는 격변을 체험하면서 현재의 상황에 대처할 수 있는 대안이론의 하나가 바로 아나키즘이라는 것이다. 필자는 비록 20세기의 아나키즘 운동이 정치권력을 다루는 데 실패했고 민간 차원의 지역연대에 머물렀다는 사실은 인정하더라도, 그 어떤 정치세력보다 '동아시아적' 색채를 선명하게 지닌 사람들이라고 본다.4) 그리고 오랜 세월을 거쳐 이어오는 그들의 경험은 21세기 사회에도 여전히 유용하다는 믿음을 가지고 있다. 본문의 내용처럼 19세기 말 20세기 초 동아시

---

4) 한 연구자의 말처럼 "동아시아의 '반란적 정체성'을 논할 때 한 가지 빠뜨릴 수 없는 것이 20세기 동아시아의 급진적 사회주의(공산주의)와 아나키즘의 역사"인데, 그들은 대단히 "동아시아적"이었다(박노자 「반란자들의 동아시아를 위하여」, 『우리가 몰랐던 동아시아』, 한겨레출판 2007, 13면). 물론 아나키스트가 다른 파벌에 비해 상대적으로 동아시아 인식이 뚜렷한 것은 사실이지만 그렇다고 모든 아나키스트가 동아시아 인식을 가지고 활동한 것은 아니다.

아 사회에 출현한 '적자생존'을 미덕으로 삼는 제국주의라는 새로운 괴물에 저항하기 위해 아나키스트들이 '상호부조'의 연대정신으로 결합한 역사적 사실은 적어도 20세기 말 21세기 초 전지구적 차원에서 다시금 출몰한 자본주의의 세계화에 맞설 수 있는 풍부한 상상력을 제공할 것이다. 왜냐하면 아나키즘은 자본과 국가에 대한 근원적 비판이론으로서의 끈질긴 생명력을 가지고 있기 때문이다.

전통적인 아나키즘과 오늘날의 다양한 사회운동 간에는 밀접한 상호관련성을 보인다. 예를 들어 오늘날의 자치공동체운동과 관련해 동아시아의 아나키스트는 일본의 신촌운동, 중국의 공독호조단, 한인의 한족총연합회 및 한중일 운동가들이 고루 참여한 천주민단훈련소 등과 같은 경험을 가지고 있다. 그리고 반전운동과 관련해서도 원래부터 아나키스트는 전쟁에 반대한 대표적인 반전주의자들로 제국주의 국가들이 만들어낸 전쟁 자체를 거부했다.

20세기 초 행덕추수가 러일전쟁에 반대하는 데 그치지 않고 군비 철폐를 주장한 것이 상징적인 사례이다. 아나키스트는 스페인 내전이나 일본의 대륙침략 이전에는 전쟁을 막기 위한 방어적 성격의 전쟁조차 회의적이었다. 여성해방운동과 관련해서 동아시아 아나키스트는 유교적 가부장제 사회를 비판하는 과정에서 일찍부터 급진적인 여성해방을 제창했는데, 여기서 국가나 정부에 의존하는 여성운동에는 분명한 반대 입장을 보였다.

그리고 문화혁신운동과 관련해서도 아나키스트는 오래전부터 정치혁명과 경제혁명은 물론 문화혁명을 꿈꾼 역사가 있다. 그들은 경제를 중심으로 사유하는 맑스주의자들과 달리 정치든 경제든 문화든 모든 분야에 권력이 침투해 있다고 믿었다. 따라서 진정한 사회혁명은 그물망처럼 얽혀 있는 권력에 대한 전방위의 투쟁을 의미했다. 신문화운동 시기가 중국 아나키즘의 전성기와 일치하는 것은 결코 우연이 아니었다. 게다가 아나키스트는 고금을 막론하고 교육문제에 관심이 많아서 가장 심혈을 기울인 분야는

테러나 폭력보다는 교육이었으며, 오늘날의 자유교육이나 대안교육의 선구
자였다.5)

　21세기의 아나키즘 운동 역시 전통적인 아나키즘의 기본 정신을 계승하
지만 운동을 위해 조직을 만드는 방식이나 폭력수단 사용 여부 등에서 적지
않은 차이점을 드러낸다.6) 나아가 사회환경의 변화에 따라 새롭게 제기된
주제에 몰두한다. 하나의 사례를 들자면, 다수의 신세대 아나키스트들은 더
이상 국가나 정부를 폭력으로 전복하려 하지 않는다. 왜냐하면 국가가 근본
적으로 악이라고 해서 단번에 사라지지는 않기 때문이다. 오히려 궁극적으
로 국가를 폐지하기 위해 국가를 이용하거나 최소한의 정부를 추구하는 경
향이 있다. 어쩌면 정치에 대한 반(反)정치를 주장하는 것만으로 정치투쟁에
서 승리할 수 없다는 사실을 오랜 역사적 경험 속에서 깨달았는지도 모른
다.7) 이와 관련해 한 아나키스트는 아나키즘이 "모든 형태의 정부를 거부한
다"는 기존의 주장은 잘못된 것이며, 아나키즘이 거부하는 것은 "국가에 의

---

5) 무와 부정을 뜻하는 검은색 바탕에 질서(Order)와 아나키즘(Anarchism)의 머리글자 O와 A
　가 겹쳐져 그려진 아나키즘 깃발은 강제나 억압, 지도자 없이도 스스로 존재하는 질서야말
　로 아나키즘의 이상임을 잘 보여준다(하승우 『세계를 뒤흔든 상호부조론』, 그린비 2006,
　215면).
6) 구세대 아나키스트들(촘스키, 북친 등)은 고전적 아나키즘 사상가들 ― 프루동, 바쿠닌, 크
　로포트킨 등 ―의 반국가주의·반권위주의·반자본주의 이념을 대체로 계승하는데 반해,
　신세대 아나키스트들(존 체르잔, 하킴 베이, 밥 블랙, 데이비드 왓슨 등)은 고전적 아나키즘
　이론을 공부하거나 언급하는 경우가 거의 없을 뿐만 아니라, 추상적인 학술이론을 경멸하
　며 '직접행동'을 중시한다. 따라서 오늘날의 아나키즘은 "지적 이데올로기의 결과물이 아니
　라 '직접행동'을 통해 만들어진 신념 형태"로 이해할 수 있다(안상헌 「아나키즘 르네상스」,
　『아나키즘』 292면).
7) 언어학자이자 아나키스트인 노엄 촘스키(Noam Chomsky)는 국가를 이용해 좀더 평등한
　아나키즘 사회로 나아갈 수 있다고 주장한다. 무조건 국가만 반대하다 보면 훨씬 더 큰 권
　력을 자본의 수중에 넘겨줄 수도 있다는 것이다. 혁신적인 세제개편이나 사회보장제도는
　비록 아나키즘적 변화는 아니지만 그 변화의 바탕에는 아나키즘 사상이 반영되어 있기 때
　문에 결국 이런 요소들이 사회변화를 이끈다고 본 것이다(노엄 촘스키, 이정아 옮김 『촘스
　키의 아나키즘』, 해토 2007, 16면).

해 신성시되고 강요된 중앙집권적 권위"라는 형태의 정부이지 행정을 의미하는 정부는 아니라고 말한다. 그래서인지 그들은 중앙권력에 대한 혐오감을 드러내면서도 오래전부터 존재했던 국가나 정부를 부정하기보다는 이것을 근본적으로 재구성하려 한다. 그 방법의 하나로 국제연대의 기초 위에 '지역'간 연합을 통해 새로운 출로를 모색한다. 개인이 직접 관련을 맺고 있으며 일상생활과 밀접한 지역을 단위로 하여 아래로부터의 변혁을 꿈꾸는 것이다. 비록 아나키스트는 지역화로 세계화에 도전하지만 여전히 민족을 단위로 한 사회문제의 해결 가능성에는 회의적이다.

전통적으로 아나키스트는 대의제 민주주의에 대한 강한 불신감을 가지고 있었다. 의회제도란 개인의 주권을 대표자에게 넘겨주어 주권을 상실하는 행위로 보았으며, 이러한 과정에서 나타나는 투표에 의한 선거를 자유의 가치에 도전하는 시도로 간주했다. 동아시아의 아나키스트도 대체로 비슷했지만 군주제와 천황제, 제국주의 타도가 주요 목표였던 까닭에 일부 아나키스트는 정당정치나 의회정치에 접근하는 경향을 보였다. 그런데 현대의 아나키스트들은 권력이 인간의 본성임을 부정하지 않고 권력의 탈집중화를 추구한다. 따라서 각종 시민단체 활동에 참여할 뿐만 아니라, 일부 아나키스트들은 대의제 민주주의를 긍정하는 경향까지 보인다. 그들은 즉각적인 권력의 폐지보다는 권력을 정교하게 이용해 권력의 분산을 기도하려는 것이다. 예를 들어 박홍규(朴洪圭) 같은 한국의 아나키스트는 위로부터 강제되는 권위로서의 법은 부정하나 자치공동체 속에서 시민이 주체적으로 운영하는 법은 당연히 인정되어야 한다고 말한다.[8] 특히 오늘날 정보화 사회에서 인터넷이라는 새로운 매체의 출현은 아나키스트로 하여금 자신들이 이상적으로 갈망하던 직접 민주주의에 한 걸음 다가서는 계기로 이해했다. 왜냐하면 인터넷이 출발부터 중앙정부의 권력 없이 자율적으로 발전했을 뿐

---

8) 박홍규 『아나키즘 이야기』, 이학사 2004, 42~44면.

만 아니라, 열린 네트워크 연대를 만들 수 있는 공간으로 상호소통을 가능케 했기 때문이다.

21세기에 들어와 전지구적 자본주의는 초국적 기업이 주도하면서 더이상 자본의 손이 닿지 않는 지역이 없게 되었다. 여전히 자본은 권력을 필요로 하지만 20세기의 국민국가 같은 형태일 필요는 없다. 이런 새로운 권력 출현에 대해 자본주의체제의 변혁을 꿈꾸는 반(反)세계화 운동가들은 최근 수직적 위계질서가 아닌 수평적 네트워크를 통한 연대를 통해 도전한다. 특히 아나키스트는 빈부 차이 같은 불평등을 발생시키는 경제체제에 반대하므로 그들의 세계주의는 자본의 세계화와 용어만 비슷할 뿐 정반대의 입장에 서 있다.

따라서 '차이'를 인정하고 '연대'에 능숙한 아나키즘의 풍부한 상상력은 다양한 반세계화 운동가들을 결속할 수 있는 강한 장점이 있다. 실제로 새로운 아나키즘은 당파적 아나키즘의 길을 버리고 다양한 사회운동과 결합하고 있다. 하지만 권력문제나 조직문제를 다루는 데 미숙했던 그들이 다른 운동세력과의 공존을 실현하는 데 성공할 수 있을지는 미지수이다. 왜냐하면 20세기의 경험은 아래로부터의 연대나 수평적 사고의 필요성을 보여주는 동시에 그 어려움도 잘 보여주었기 때문이다.

필자는 이 책이 아나키즘을 '무정부상태'와 동일시하고 아나키스트를 허무주의자나 테러리스트로 인식하는 오래된 편견을 벗어나는 데 일조했으면 하는 바람이 있다. 본래 아나키즘이란 관념과 이론으로서 존재하는 것이 아니라 실천과정 속에서만 생명력을 얻는 고유한 속성이 있다. 따라서 21세기 아나키즘의 재생이란 고전적 아나키즘의 복원이 아니라 현재의 변화된 상황에 맞게 재해석된 새로운 아나키즘이어야 할 것이다.

일본 아나키스트 대삼영의 말처럼 "개인이 주체가 되어 모든 문제를 스스로의 생각과 판단에 따라 결정하고, 백지 한 장 한 장의 여백에 자신만의 성과물을 성실히 채워나가는 노력"이 필요한 것이다. 왜냐하면 예나 지금

이나 아나키스트가 추구하는 사회란 "권위에 기대지 않고 스스로 조직하는 사회"이기 때문이다.9)

---

9) 이 글에서는 동아시아 전체 범위를 다루지는 못했다. 한국, 중국, 일본, 대만, 러시아(일부) 지역은 다루었지만 동남아시아를 비롯해 베트남이나 인도 등지의 활동가에 대한 내용은 별로 없다. 국제연대가 주로 중국대륙에서 이루어져 이곳에 대한 비중이 상대적으로 높지만 일본을 비롯한 다른 지역에 대한 내용 보강이 필요하다고 생각한다. 무엇보다 아나키스트의 인간적인 매력을 부각시키기 위해 생동감 있는 기술이 필요했지만 능력이 부족했다. 남은 과제로 삼고자 한다.

【참고문헌】

1. 신문, 잡지

『共濟』『新生活』『我聲』『新大韓』『天鼓』『鬪報』『光明』『奪還』『民報』『世界』『天義』『衡報』『新世紀』『社會』『社會星』『社會雜誌』『社會黨月刊』『新世界』『社會世界』『天聲』『人道週報』『良心』『晦鳴錄』『民聲』『新靑年』『自由錄』『勞働』『進化』『工學』『北京大學學生週刊』『奮鬪』『平平』『互助』『革命週報』『勞働者』『勞働界』『勞働音』『共産黨』『平民新聞』『近代思想』『勞働運動』『小作人』『自由聯合』『黑色靑年』『自由思想』.

2. 사료, 자료집

대삼영, 이지활 편역 『아나키즘의 생물학, 사회학, 교육학, 경제학』, 형설출판사 1979.
류자명 『나의 회억』, 요녕인민출판사 1984.
엠마 골드먼, 김시완 옮김 『저주받은 아나키즘』, 우물이있는집 2001.
오스기 사카에, 김응교·윤영수 옮김 『오스기 사카에 자서전』, 실천문학사 2005.
유자명 『한 혁명자의 회억록』, 독립기념관 한국독립운동사연구소 1999.

이정식·면담 외『혁명가들의 항일 회상』, 민음사 2005.

최광식 역주『단재 신채호의『천고』』, 아연출판부 2004.

충주시·충주MBC 편『유자명자료집』1, 경혜사 2006.

크로포트킨, 김영범 옮김『만물은 서로 돕는다―크로포트킨의 상호부조론』, 르네상스 2005.

크로포트킨, 김유곤 옮김『크로포트킨 자서전』, 우물이있는집 2002.

크로포트킨, 백낙철 옮김『빵의 쟁취』, 우리 1988.

크로포트킨, 성정심 옮김『청년에게 호소함』, 신명 1993.

크로포트킨, 이을규 옮김『현대과학과 아나키즘―아나키즘의 도덕』, 창문각 1983.

크로포트킨, 하기락 옮김『전원·공장·작업장』, 형설출판사 1983.

葛懋春·蔣俊·李興芝 編『無政府主義思想資料選』(上·下), 北京大學出版社 1984.

姜義華 編『社會主義學說在中國的初期傳播』, 復旦大學出版社 1984.

江亢虎『江亢虎文存初編』, 上海中華書局 1932.

江亢虎『江亢虎博士演講錄』, 東南大學出版部 1922.

江亢虎『江亢虎新俄游記』, 商務印書館 1923.

江亢虎『洪水集』, 上海社會性出版社 1913.

高軍·王檜林·楊樹標 主編『無政府主義在中國』, 湖南人民出版社 1984.

克魯泡特金, 李平漚 譯『互助論』, 商務印書館 1963.

克魯泡特金, 巴金 譯『面包與自由』, 商務印書館 1997.

近藤憲二『私の見に日本アナキズム運動史』, 麥社 1969.

近藤憲二『一無政府主義者の回想』, 平凡社 1965.

多田道太郎 編『大杉榮』, 中央公論社 1984.

大杉榮·山川均『アナ·ボル論爭』, 同時代社 2005.

羅列, 張繼 譯『總同盟罷工』, 東京 1907.

飛鳥井雅道 編『自敍傳·日本脫出記』, 岩波書店 1971.

師復『伏虎集』, 上海民聲社 1928.

師復 『師復文存』, 革新書局 1927.

山川菊榮・向坂逸郎 編 『山川均自傳』, 岩波書店 1963.

上海圖書館 編 『中國近代期刊篇目彙錄』(全六冊), 上海人民出版社 1980.

石源華 編 『韓國獨立運動與中國』, 上海人民出版社 1995.

邵可侶, 畢修勺 譯 『進化與革命』, 上海平明書店 1947.

小山弘健 編 『思い出の革命家たち——渡邊春男回想記』, 芳賀書店 1967.

楊昭全 等編 『關內地區朝鮮人反日獨立運動資料彙編』(下), 遼寧民族出版社
　　1987.

楊雲若・張注洪 等編 『維經斯基在中國的有關資料』, 中國社會科學出版社
　　1982.

烟山專太郎, 金一 編譯 『自由血』, 上海東大陸圖書譯印局 1904.

吳稚暉 『吳稚暉學術論著』, 上海出版合作社 1926.

玉川信明・坂井洋史・嵯峨隆 編譯 『中國アナキズム運動の回想』, 總和社
　　1992.

王淇・楊雲若 等編 『馬林在中國的有關資料』, 人民出版社 1980.

王詩琅 譯註 『臺灣社會運動史——文化運動』, 稻鄉出版社 1988.

王有立 主編 『吳稚暉先生文粹』(全四冊), 上海全民書局 1929.

劉師培 『劉申叔遺書』(全二冊), 江蘇古籍出版社(影印本) 1997.

伊藤整 編 『幸德秋水』, 中央公論社 1984.

李妙根 編 『劉師培論學論政』, 復旦大學出版社 1990.

李玉貞 譯 『聯共(布), 共產國際與中國(1920～1925)』 第1卷, 大東圖書有限公司
　　1997.

日本アナキズム運動人名事典編輯委員會 『日本アナキズム運動人名事典』, 株
　　式會社ぱる出版 2004.

林代昭・潘國華 編 『馬克思主義在中國——從影響的傳入到傳播』(上・下), 淸華
　　大學出版社 1983.

張國燾 『我的回憶』 第1卷, 東方出版社 1991.

張柟・王忍之 編 『辛亥革命前十年間時論選集』(全五冊), 三聯書店 1963, 1977.

張磊整理 『師復集外文』(一), (二), 『中國哲學』 第12～13輯, 1984～1985.

張允侯・殷叙彝・李峻晨 編 『留法勤工儉學運動』(1~2), 上海人民出版社 1980.

張允侯・殷叙彝・洪清祥・王雲開 編 『五四時期的社團』(全四冊), 三聯書店 1979.

丁守和 主編『辛亥革命時期期刊介紹』(全五冊), 人民出版社 1983~1986.

鍾離夢・楊鳳麟 『無政府主義批判』, 遼寧大學出版社 1981.

朱謙之 『現代思潮批評』, 新中國雜誌社 1920.

中共中央黨史研究室 編 『共産國際聯共(布)與中國革命檔案資料叢書』 第1卷, 北京圖書館出版社 1997.

中共中央黨史資料徵集委員會 編 『共産主義小組』(上・下), 中共黨史資料出版社 1987.

中共中央編譯局研究室 編 『五四時期期刊介紹』(全六冊), 三聯書店 1979.

中國國民黨黨史委員會 編 『李石曾先生文集』(上・下), 中央文物供應社 1980.

中國社會科學院近代史研究所 譯 『共産國際有關中國革命的文獻資料(1919~ 1928)』第1卷, 中國社會科學出版社 1981.

中國社會科學院近代史研究室 編 『五四運動回憶錄』(上・下), 中國社會科學出版社 1979.

中國社會科學院現代史研究室・中國革命博物館黨史研究室 編 『'一大'前後』 (一), (二), (三), 人民出版社 1980~1984.

中國人大中共黨史系資料室 編 『共産主義小組和黨的'一大'資料彙編』, 中國人民大學出版社 1979.

中國人民大學中共黨史系教研室 編 『中國無政府主義資料選編』, 中國人民大學出版社 1982.

中國第二歷史檔案館 編 『中國無政府主義和中國社會黨』, 江蘇人民出版社 1981.

陳公博, 中國社會科學院近代史研究所飜譯室 譯 『共産主義運動在中國』, 中國社會科學出版社 1981.

眞社 譯 『克魯泡特金的思想』, 天津眞社出版 1920.

清華大學中共黨史教研組 編 『越法勤工儉學運動史料』(全四冊), 北京出版社 1979.

342

坂井洋史·嵯峨隆 編 『原典中國アナキズム史料集成』(全十二冊, 別冊一), 綠蔭書房 1994.

八太舟三 『八太舟三全集 ― 無政府共産主義』, 黑色戰線社 1981.

海域孤客(梁冰弦) 『解放別錄』, 香港 1952.

幸德秋水, 中國國民叢書社 譯 『社會主義廣長說』, 上海廣智書局 1902.

赫胥黎 『人類在自然界的地位』, 科學出版社 1971.

3. 연구서

■ 한글

가노 마사나오, 김석근 옮김 『근대 일본사상 길잡이』, 소화 2004.

구승회 외 『한국 아나키즘 100년』, 이학사 2004.

구승희·김성국 외 『아나키·환경·공동체』, 모색 1996.

권희영 『한인 사회주의운동 연구』, 국학자료원 1999.

김명섭 『한국 아나키스트의 독립운동 ―일본에서의 투쟁』, 이학사 2008.

김산·님 웨일즈 『아리랑』, 동녘 1984.

김삼수 『한국에스페란토운동사(1906~1975)』, 숙명여대출판부 1976.

김삼웅 『박열평전』, 가람기획 1996.

김성국 『한국의 아나키스트』, 이학사 2007.

노엄 촘스키, 이정아 옮김 『촘스키의 아나키즘』, 해토 2007.

다니엘 게렝, 하기락 옮김 『아나키즘』, 중문출판사 1985.

류연산 『류자명 평전』, 충주시 예성문화연구회 2004.

마뜨베이 찌모피예비치 김, 이준형 옮김 『일제하 극동 시베리아의 한인 사회주의자들』, 역사비평사 1990.

마루야마 마츠유끼, 천성림 옮김 『중국근대의 혁명사상』, 예전사 1989.

무정부주의운동사편찬위원회 편 『한국아나키즘 운동사』, 형설출판사 1978.

바실리 예로셴코 『착한 사람 예로셴코』, 하늘아래 2004.

박난영 『혁명과 문학의 경계에 선 아나키스트 바진』, 한울아카데미 2005.

박노자 『우리가 몰랐던 동아시아』, 한겨레출판 2007.

박제균 「중국 '파리그룹'(1907~1921)의 무정부주의 사상과 실천」, 경북대학교대학원 박사학위논문 1996.

박진수·정문상 외 『반전으로 본 동아시아』, 혜안 2008.

박홍규 『아나키즘 이야기』, 이학사 2004

박환 『식민지시대 한인아나키즘 운동사』, 선인 2005.

백영서 『동아시아의 귀환』, 창비 2000.

볼린, 하기락 옮김 『1917 러시아혁명의 교훈』, 세음사 1973.

서상문 『프로메테우스의 별』, 백산서당 2003.

숀 쉬안, 조준상 옮김 『우리시대의 아나키즘』, 필맥 2003.

신용하 『신채호의 사회사상 연구』, 한길사 1984.

아리프 딜릭, 설준규·정남영 옮김 『전지구적 자본주의에 눈뜨기』, 창비 1998.

안종수 『에스페란토, 아나키즘 그리고 평화』, 선인 2006.

야마다 쇼지, 정선태 옮김 『가네코 후미코』, 산처럼 2003.

오장환 『한국 아나키즘 운동사 연구』, 국학자료원 1998.

이문창 『해방 공간의 아나키스트』, 이학사 2008.

이브 프레미옹, 김종원·남기원 옮김 『역사의 격정―자율적 반란의 역사』, 도서출판 미토 2003.

이원석 『근대중국의 국학과 혁명사상』, 국학자료원 2002.

이정규 『우당이회영약전』, 을유문화사 1985.

이종훈 『바꾸닌의 아나키즘에 관한 연구』, 서강대학교대학원 박사학위논문 1993.

이현주 『한국 사회주의세력의 형성―1919~1923』, 일조각 2003.

이호룡 『절대적 자유를 향한 반역의 역사』, 서해문집 2008.

이호룡 『한국의 아나키즘(사상편)』, 지식산업사 2001.

임경석 『한국 사회주의의 기원』, 역사비평사 2003.

임상범 『현대중국의 출발』, 일조각 2000.

자유사회운동연구회 『아나키즘 연구』 창간호, 1995.

장 프레포지에, 이소희 외 옮김 『아나키즘의 역사』, 이룸 2003.

정화암 『어느 아나키스트의 몸으로 쓴 근세사』, 자유문고 1992.

정화암 『이 조국 어디로 갈 것인가』, 자유문고 1982.

제등효 편 『스페인내전연구』, 형성사 1981.

조광수 『중국의 아나키즘』, 신지서원 1998.

조세현 『동아시아 아나키즘, 그 반역의 역사』, 책세상 2001.

조지 우드코크, 최갑룡 옮김 『아나키즘』(운동편), 형설출판사 1994.

조지 우드코크, 하기락 옮김 『아나키즘』(사상편), 형설출판사 1989.

천성림 『근대중국 사상세계의 한 흐름』, 신서원 2002.

천성림 『신해혁명기 국수학파에 관한 연구』, 이화여대대학원 박사학위논문
   1995.

콜린 워드, 김정아 옮김 『아나키즘, 대안의 상상력』, 돌베개 2004.

폴 애브리치, 편집부 옮김 『러시아 아나키스트 1905』, 예문 1989.

폴 애브리치, 편집부 옮김 『러시아 아나키스트 1917』, 예문 1989.

폴 애브리치, 하승우 옮김 『아나키스트의 초상』, 갈무리 2004.

하기락 『탈환―백성의 자기해방의지』, 형설출판사 1985.

향청, 임상범 옮김 『코민테른과 중국혁명관계사』, 고려원 1992.

호사카 유지 『일본 제국주의의 민족동화정책 분석』, 제이앤씨 2002.

■ 중문

簡烱仁 『臺灣共産主義運動史』, 前衛 1997.

姜義華 『章太炎評傳』, 百花洲文藝出版社 1995.

景克寧・趙胆國 『景梅九評傳』, 山西人民出版社 1990.

高瑞泉 主編 『中國近代社會思潮』, 華東師範大學出版社 1996.

郭德宏 主編 『共産國際・蘇聯與中國革命關係研究述評』, 中共黨史出版社
   1996.

金冲及・胡繩武 『辛亥革命史稿』 第2卷, 上海人民出版社 1991.

路哲 『中國無政府主義史稿』, 福建人民出版社 1990.

連溫卿 『臺灣政治運動史』, 稻鄕出版社 1988.

路小可 『民國大老 ― 吳稚暉』, 蘭州大學出版社 1997.

林慶彰『日治時期臺灣知識分子在中國』，臺北市文獻委員會，2004.

馬連儒『風雲際會 — 中國共產黨創始錄』，中國社會科學出版社 2001.

方光華『劉師培評傳』，百花洲文藝出版社 1996.

費正清 主編『劍橋中華民國史』第1卷，上海人民出版社 1991.

徐善廣・柳劍平『中國無政府主義史』，湖北人民出版社 1989.

石川禎浩, 袁廣泉 譯『中國共產黨成立史』，中國社會科學出版社 2006.

蕭超然『北京大與五四運動』，北京大學出版社 1986.

阿里夫 德里克『中國革命中的無政府主義』，廣西師範大學出版社 2006.

楊奎松・董士偉『海市蜃樓與大漠綠洲』，上海人民出版社 1991.

楊碧川『日據時代臺灣人反抗史』，稻鄉出版社 1988

呂美頤・鄭永福『中國婦女運動(1840～1921)』，河南人民出版社 1990.

葉榮鐘『日據下臺灣政治社會運動史』(上)，晨星出版 2000.

倪興祥 主編『中國共產黨創建史辭典』，上海人民出版社 2006.

吳雁南 主編『清末社會思潮』，福建人民出版社 1992.

汪佩偉『江亢虎研究』，武漢出版社 1998.

王曉波 編『(新編)臺胞抗日文獻選』，海峽學術出版社 1998.

于俊道 編『中國革命中的共產國際人物』，四川人民出版社 1986.

魏定熙『北京大學與中國政治文化(1898～1920)』，北京大學出版社 1998.

劉宋斌・姚金果『中國共產黨創建史』，福建人民出版社 2002.

李文能『吳敬恒對中國現代政治的影響』，正中書局 1977.

李怡『近代中國無政府主義思潮與中國傳統文化』，華中師範大學出版社 2001.

李濟生 編著『巴金與文化生活出版社』，上海文藝出版社 2003.

林國章『民族主義與臺灣抗日運動』，海峽學術出版社 2004.

章開沅・林增平 主編『辛亥革命史』(中冊)，人民出版社 1980.

莊永明『臺灣百人傳』第1卷，時報出版 2000.

蔣俊・李興芝『中國近代的無政府主義思潮』，山東人民出版社 1991.

鄭師渠『晚清國粹派 — 文化思想研究』，北京師範大學出版社 1993.

曹世鉉『清末民初無政府派的文化思想』，社會科學文獻出版社 2003.

陳丹晨『巴金的夢』，中國青年出版社 1994.

鄒振環 『影響中國近代社會的一百種譯作』, 中國對外飜譯出版公社 1996.

湯庭芬 『中國無政府主義研究』, 法律出版社 1991.

皮明休 『近代中國社會主義思潮覓踪』, 吉林文史出版社 1991.

許善述 『巴金與世界語』, 世界語出版社 1995.

許世楷 『日本統治下的臺灣』, 玉山社 2005.

胡慶雲 『中國無政府主義思想史』, 國防大學出版社 1994.

侯志平 『世界語運動在中國』, 中國世界語出版社 1985.

侯志平 主編 『世界語在中國』, 中國世界語出版社 1999.

■ 일문

I. L. Horowitz 『アナキスト群像』, 批評社 1981.

John Crump, 碧川多衣子 譯 『八太丹三と日本のアナキズム』, 靑木書店 1996.

'初期コミンイテルンと東アジア'硏究會 編著 『初期コミンイテルンと東アジア』, 不二出版 2007.

鎌田慧 『大杉榮自由への疾走』, 岩波書店 1997.

高野澄 『大杉榮』, 淸水書院 1991.

高祖岩三郞 『新しいアナキズムの系譜學』, 河出書房新社 2009.

宮本正男 『大杉榮とエスペラント運動』, 黑色戰線社 1988.

大島義夫・宮本正男 『反體制エスペラント運動史』, 三省堂 1974.

大澤正道 『大杉榮硏究』, 同成社 1968.

大澤正道 『土民の思想』, 社會評論社 1990.

大澤正道 編 『アナキズムと現代』, 三一書房 1975.

鈴木靖之 『日本無政府主義運動史』 全2卷, 黑色戰線社 1979.

尾關弘 『現代のアナキズム運動』, 三一書房 1971.

山口守・坂井洋史 『巴金の世界』, 東方出版社 1996.

山崎朋子 『アジア女性交流史(明治・大正期篇)』, 筑摩書房 1995.

上杉一紀 『ロシアにアメリカを建てた男』, 旬報社 1998.

西川正雄 『初期社會主義運動と萬國社會黨』, 未來社 1985.

玉川信明 『中國の黑い旗』, 晶文社 1981.

有田和夫 『淸末意識構造の硏究』, 汲古書院 1984.

竹內好・橋川文三 編 『近代日本と中國』(上), 朝日新聞社 1974.

嵯峨隆 『近代中國アナキズムの硏究』, 硏文出版 1994.

嵯峨隆 『近代中國の革命幻影 — 劉師培の思想と生涯』, 硏文出版 1996.

嵯峨隆 『中國黑色革命論 — 師復とその思想』, 社會評論社 2001.

秋山淸 『反逆の信條』, 北冬書房 1973.

秋山淸 『日本の反逆思想』(秋山淸著作集 第2卷), 株式會社ぽる出版 2006.

萩原晋太郎 『日本アナキズム勞動運動史』, 現代思潮社 1969.

板垣哲夫 『近代日本のアナキズム思想』, 吉川弘文館 1996.

向井孝 『山鹿太治, 人とその生涯』, 靑蛾房 1974.

狹間直樹 『中國社會主義の黎明』, 岩波書店 1976.

丸山松幸 『中國近代の革命思想』, 硏文出版 1982.

■ 영문(논문 포함)

Avrich, Paul. *Anarchist Voices-An Oral History of Anarchism in America*. Princeton: AK Press 2009.

Avrich, Paul. *The Russian Anarchists*. Princeton: Princeton University Press 1967.

Avrich, Paul(ed.). *The Anarchists in the Russian Revolution*. Cornell University Press 1973.

Bernal, Martin. "Chinese Socialism before 1913." *Modern China's Search for a Political Form*. Oxford: Oxford University Press 1969.

Bernal, Martin. "Liu Shih-p'ei and National Essence." *The Limits of Change — Essays on Conservative Alternatives in Republican China*. Cambridge: Harvard University Press 1976.

Bernal, Martin. "The Triumph of Anarchism over Marxism 1906~1907." *China in Revolution — The First Phase 1900~1913*. New Haven: Yale University Press 1968.

Bernal, Martin. *Chinese Socialism to 1907*. Ithaca/London: Cornell University Press 1976.

Berry, David. *A History of the French Anarchist Movement 1917 to 1945*. AK Press 2009.

Cahm, Caroline. *Kropotkin and the Rise of Revolutionary Anarchism 1872~1886*. Cambridge University Press 1989.

Capouya, E. & K. Tompkins. *The Essential Kropotkin*. New York: Liveright 1975.

Chan, Ming K. & Arif Dirlik. *Schools into Fields and Factories-Anarchists, the Guomindang, and the National Labor University in Shanghai 1927~1932*. Duke University Press 1991.

Chang, Hao. "Liu Shih-p'ei(1884~1919)." *Chinese Intellectuals in Crisis-Search for Order and Meaning(1890~1911)*. University of California Press 1987.

Crowder, George. *Classical Anarchism*. Clarendon Press 1991.

Crump, John. "Anarchism and Nationalism in East Asia." *Anarchist Studies* Vol.4 No.1. 1996.

Crump, John. "The Anarchist Movement in Japan." *ACE Pamphlet* No.8. Pirate Press 1996.

Dirlik, Arif & Edward S. Krebs. "Socialism and Anarchism in Early Republican China." *Modern China*. 1981. 4.

Dirlik, Arif. "The New Culture Movement Revisited-Anarchism and the Idea of Social Revolution in New Culture Thinking." Modern China 1985. 7.

Dirlik, Arif. "The Revolution That Never Was-Anachism in the Guomindang." *Modern China*. 1989.

Dirlik, Arif. *Anarchism in the Chinese Revolution*. Berkeley: California University Press 1991.

Dirlik, Arif. *The Origins of Chinese Communism*. New York: Oxford University Press 1989.

Dongyoun, Hwang. "Beyond Independence — The Korean Anarchist Press in China and Japan in the 1920s and 1930s." *Asian Sudies Review* Vol.31 No.1. 2007. 3.

Fleming, Marie. *The Anarchist Way to Socialism — Elisée Reclus and Nineteen-Century*

European Anarchism. London: Croom and Helm 1979.

Furth, Charlotte. "Culture and Politics in Modern Chinese Conservatism." In Charlotte Furth(ed.). *The Limits of Change — Essays on Conservation Alternatives in Republican China*. Cambridge: Harverd University Press 1976.

Furth, Charlotte. "Intellectual Change — From the Reform Movement to the May Fourth Movement 1895~1920." *In The Cambridge History of China*. Vol.12 part 1. Cambridge: Cambridge University Press 1983.

Jansen, Marius. "Japan and the Chinese Revolution of 1911." *In The Cambridge History of China* Vol.2 part 2. Cambridge: Cambridge University Press 1980.

Joll, J. *The Anarchists*. New York: Grosset/Dunlap 1964.

Kinna, Ruth. *Anarchism — A Beginner's Guide*. Oneworld 2005.

Krebs, Edward & S. Shifu. *Soul of Chinese Anarchism*. Rowman & Littlefield Publishers 1998.

Kwok, D. W. Y. *Scientism in Chinese Thought 1900~1950*. New Haven: Yale University Press 1965.

Meaker, Gerald H. *The Revolutionary Left in Spain 1914~1923*. Stanford University Press 1974.

Preston, Paul(ed.). *Revolution and War in Spain 1931~1939*. Methuen & Co 1984.

Pusey, J. Reeve. *China and Charles Darwin*. Harvard University Press 1983.

Richard & Anna Maria Drinnon. *Nowhere at Home*. New York: Schocken Books 1974.

Rocker, Rudolf. *Anarcho-Syndicalism*. Pluto Press 1989.

Scalapino, R. A. & G. T. Yu. *The Chinese Anarchist Movement*. Berkeley University Press 1961.

Scalapino, R. A. & G. T. Yu. *Modern China and Its Revolutionary Press*. Columbia University Press 1985.

Stanley, Thomas A. & Osugi Sakae. *Anarchist in Taisho Japan — The Creativity of the Ego*. Harvard University Press 1982.

Voline. *The Unknown Revolution 1917~1921*. Black Rose Books 1975.

Woodcook, George. *Anarchism — A History of Libertarian Ideas and Movement.* New York: World Publishing 1962.

Zarrow, Peter. "He Zhen and Anarcho-Feminism in China." *The Journal of Asian Studies.* 1988.

Zarrow, Peter. "Liang Qichao and the Notion of Civil Society in Republican China." *Imagining The People-Chinese Intellectuals and the Concept of Citizenship 1890~1920.* M. E. Sharpe 1997.

Zarrow, Peter. *Anarchism and Chinese Political Culture.* New York: Columbia University Press 1990.

4. 연구논문

■ 한글

권희영 「고려공산당 이론가 박진순의 생애와 사상」, 『역사비평』 1989년 봄호.

김명섭 「우근 유자명과 한국 아나키즘의 형성」, 『한국사회 사상사연구』(화양 신용하교수 정년기념논총), 나남, 2003.

김명섭 「한일 아나키스트들의 사상교류와 반제 연대투쟁」, 『한국민족운동사연구』 제49집, 2006.

김석근 「코토쿠 슈스이의 무정부주의」, 『동양정치사상사』 7권 1호, 2008.

김성국 「유자명과 한국 아나키즘의 형성」, 『한국사회사상사연구』, 나남, 2003.

김성국 「탈근대 아나키스트 사회이론의 모색」, 『한국사회학』 37호, 2003.

김세은 「중국공산당 창립시기의 사상투쟁에 관하여」, 『성대사림』 5호, 1989.

김수영 「보이틴스키와 초기 동아시아 공산주의 운동」, 『중국근현대사연구』 제36집, 2007.

김수영 「중국공산주의운동에서 국제주의의 성립과 소멸 1920~1922」, 『동양사학연구』 59호, 1997.

김정화 「민국 초기 유사복의 무정부주의운동」, 『충북사학』 제8집, 1995.

김정화 「민국초기 유사복과 단재 신채호의 무정부주의사상 비교」, 『단재신채호

연구논집』, 1994.

김정화 「신해혁명시기 유사배의 무정부주의 인식」, 『충북사학』 제4집, 1991.

김태승 「중화민국초 무정부주의 운동과 사회주의」, 『경기사학』 3호, 1999.

김형배 「단재 신채호의 무정부주의에 관한 일고찰 ─ P.크로포트킨과의 사상적 연계를 중심으로」, 『단재 신채호선생 순국 50주년 추모논총』, 1986.

도중만 「국학과 국수 ─ 엄복 유사배와 『국수학보』의 학술적 관계」, 『중국현대사 연구』 제8집, 1999.

류 스페이, 박제균 옮김 「아시아 현정세와 연대론」, 『동아시아인의 '동양'인식 19~20세기』, 문학과지성사 1997.

박제균 「1920년대 후반 중국 무정부주의자들의 정치활동(상)」, 『중국사연구』 제 14집, 2001.

박제균 「1920년대 후반 중국 무정부주의자들의 정치활동(하)」, 『중국사연구』 제 15집, 2001.

박종린 「바쿠닌과 슈티르너의 아나키즘과 식민지 조선」, 『동양정치사상사』 7권 1호, 2008.

반병률 「김립과 항일 민족 운동」 『한국근현대사연구』 32호, 2005.

반병률 「민족통일과 파쟁해소를 실천했던 민족혁명가 김철수」, 『내일을 여는 역 사』 22호, 2005.

백영서 「20세기형 동아시아 문명과 국민국가를 넘어서」, 『창작과비평』 1999년 겨울호.

신용하 「신채호의 민족주의와 무정부주의」, 『성곡논총』 14호, 1983.

신일철 「신채호의 무정부주의사상」, 『한국사상』 15호, 1977.

오장환 「1920년대 재일한인 아나키즘 운동 소고」, 『한국민족운동사연구』 제17 집, 1997.

오장환 「1920년대 재중한인무정부주의운동 ─무정부주의이념의 수용과 독립투 쟁이론을 중심으로」, 『국사관논총』 25호, 1991.

오장환 「이정규(1897~1984)의 무정부주의운동」, 『사학연구』 49호, 1995.

오장환 「재불중국무정부주의운동(1903~1907)」, 『박영석 교수 화갑기념 ─ 한국 사학논총』(하), 1992.

윤상원 「1920년대 초반 러시아의 한인 사회주의자들과 코민테른 — 김만겸의 활동을 중심으로」, 『역사연구』 16호, 2006.

이균영 「김철수 연구」, 『역사비평』 1988년 겨울호.

이균영 정리 「김철수 친필 유고」, 『역사비평』 1989년 여름호.

이윤희 「아나르코-페미니즘의 이론적 지평 — 엠마 골드먼을 중심으로」, 『사회와 이론』 2호, 2003.

이태실 「민국초 강항호의 무정부주의사상과 정치행동」, 『황원구선생정년기념논총 — 동아시아의 인간상』, 혜안 1995.

이호룡 「류자명의 아나키스트 활동」, 『역사와 현실』 53호, 2004.

이호룡 「신채호의 아나키즘」, 『역사학보』 177호, 2003.

이호룡 「일제강점기 국내아나키스트들의 조직과 활동 — 노동운동을 중심으로」, 『역사와 현실』 44호, 2002.

이호룡 「일제강점기 재중국 한국인 아나키스트들의 민족해방운동 — 테러활동을 중심으로」, 『한국민족운동사연구』 제35집, 2003.

임상범 「중국공산당 북경지부의 창립과 초기활동」, 『동양사학연구』 34호, 1990.

將剛 「천주 무정부주의운동에 대한 초보적 연구 — 조선혁명가와 중국무정부주의 운동의 관계를 중심으로」, 『한국민족운동사연구』 제16집, 1997.

전명혁 「1920년 코민테른 2차대회 시기 박진순의 민족·식민지 문제 인식」, 『한국사연구』 134호, 2006.

정문상 「국공합작 이전 상해 중국사회주의청년단의 청년운동 모색과 그 실상」, 『동양사학연구』 67호, 1999.

정혜선 「일본공산당의 형성과 그 성격」, 『일본역사연구』 5집, 1997.

조경란 「중국 신해혁명시기(19C 말~1914)의 사회주의수용」, 『현상과 인식』 14호, 1990.

조광수 「한중일 아나키즘의 시론적 비교」, 『한일연구』 10집, 1997.

조남현 「한국근대문학의 아나키즘 체험 연구」, 『한국문화』 12호, 1991.

조세현 「1920년대 대만 내 아나키즘 운동에 대한 시론」, 『동북아문화연구』 13호, 2007.

조세현 「민국초 중국사회당의 정치사상」, 『역사와 경계』 49호, 2003.

조세현 「중국 아나키즘에 나타난 '서양' 이미지」, 『한국민족운동사연구』 제21집, 2003.

조세현 「중국사회당 연구(1911~1913)」, 『중국사연구』 제15집, 2001.

조세현 「청말민국초 무정부주의와 가족혁명론」, 『중국현대사연구』 제9집, 1999.

조엘 스프링 「무정부주의와 교육」, 『현대교육의 위기』, 한길사 1987.

존 크럼 「동아시아에 있어서의 아나키즘과 민족주의」, 『아나키즘 연구』 창간호, 1995.

천성림 「유사배의 무정부주의혁명론」, 『이대사원』 제24~25합집, 1989.

천성림 「청말여성해방론에 관한 일고찰 ―『천의』를 중심으로」, 『여성학논집』 제8집, 1992.

하승우 「항일운동에서 '구성된' 아나르코-코뮨주의와 아나키즘 해석경향에 대한 재고찰」, 『동양정치사상사』 7권 1호, 2008.

한명진 「광주공산주의소조」, 『성대사림』 11호, 1995.

한상도 「유자명의 아나키즘 이해와 한중연대론」, 『동양정치사상사』 7권 1호, 2008.

황동연 「20세기초 동아시아 급진주의와 '아시아'개념」, 『대동문화연구』 50호, 2005.

황동연 「지역시각, 초국가적 관점, '동부아시아' 지역개념과 '동부아시아' 급진주의 역사의 재구성 시론」, 『동방학지』 145호, 2009.

嶋田恭子 「파금과 한국 아나키스트들」, 『한국아나키즘 운동의 궤적과 21세기전망』, 1995.

■ 중문

顧昕 「無政府主義與中國馬克思主義的起源」(上, 下), 『哲學與文化』 第24卷 第8號, 1997.

邱士杰 「從'黎明期的待滿'走向'中國改組論'」, 『批判與再造』 第20~21合冊, 2005.

羅志田 「淸季圍繞萬國新語的思想論爭」, 『近代史硏究』, 2001. 4.

孟慶澍 「'用石條壓駝背'的醫法」, 『中國現代文學硏究叢刊』, 2005. 2.

孟慶澍 「無政府主義與中國早期世界語運動」, 『洛陽師範學院學報』, 2006. 1.

沙培德(Peter Zarrow) 「辛亥革命中的激進主義和烏托邦主義」, 『辛亥革命與近代中國 ─ 紀念辛亥革命80周年國際學術討論會文集』(下), 中華書局 1994.

沈駿 「江亢虎的社會主義與中國社會黨」, 『華中師範大學學報』, 1989. 2.

沈海波 「關於中共早期組織與'革命局'的史實辨析」, 『上海革命史資料與研究』第3卷, 上海古籍出版社 2003.

阿里夫 德里克(Arif Dirlik) 「東亞的現代性與革命 ─ 區域視野中的中國社會主義」, 『馬克思主義與現實』, 2005. 3.

安奇 「采寫『柳子明傳』的緣起與經過」, 『湖南省社會主義學院學報』, 2005. 1.

安井伸介 「日本學界對中國無政府主義之評介」, 『臺大歷史學報』第33號, 2004.

楊芳燕 「激進主義, 現代情境與中國無政府主義之崛起」, 『臺大歷史學報』第33號, 2004.

楊碧川 「無政府主義者 ─ 范本梁」, 『臺灣近代名人誌』第3卷, 自立晚報社 1987.

楊天石・王學庄 「論『天義報』劉師培等人的無政府主義」, 『近代中國人物』第1卷, 中國社會科學出版社 1983.

楊天石・王學庄 「同盟會的分裂與光復會的重建」, 『近代史研究』, 1979. 1.

楊天石 編 「'社會主義講習會'資料(續)」, 『中國哲學』第9輯, 1983.

楊天石 編 「'社會主義講習會'資料」, 『中國哲學』第1輯, 1979.

呂應利 「'五四'運動前後世界語(Esperanto)在我國的傳播」, 『榆林高等專科學校學報』, 2004. 4.

王若飛 「關於大革命時期的中國共產黨」, 『近代史研究』, 1981. 1.

汪佩偉, 李炤曾 「江亢虎的'新民主主義'研究」, 『近代史研究』, 1991. 2.

王憲明・舒文 「近代中國人對盧梭的解釋」, 『近代史研究』, 1995. 2.

王曉波 編 「日本人眼中的臺灣抗日運動」, 『臺灣的殖民地傷痕新編』, 海峽學術出版社 2002.

熊秋良 「試析'新青年'關於世界語的討論」, 『西南交通大學學報』第5卷 第3號, 2004.

劉勇 「對早期馬克思主義者與無政府主義鬪爭的再評價」, 『中國青年政治學院學

報』, 1993. 3.

李丹陽 「『上海俄文生活報』與布爾什維克早期在華活動」,『近代史研究』, 2003. 2.

李丹陽 「霍‧多洛夫與蘇俄在華最早設立的電訊社」,『民國檔案』, 2001. 3.

李丹陽 「朝鮮人'巴克京春'來華組黨述論」,『近代史研究』, 1992. 4.

李丹陽 「最早與李大釗接觸的蘇俄代表 — 伊万諾夫」,『中共黨史研究』, 1999. 4.

李丹陽 「紅色俄僑李澤洛維奇與中國初期共產主義運動」,『中山大學學報』, 2002. 6.

李丹陽 「AB合作在中國個案研究 — 眞(理)社兼及其他」,『近代史研究』, 2002. 1.

李丹陽‧劉建一 「'革命局'辨析」,『史學集刊』, 2004. 3.

李丹陽‧劉建一 「英倫航稿—早期來華的蘇俄重要密使考」,『中共黨史研究』, 1998. 5.

李丹陽‧劉建一 「早期來華的蘇俄重要使者—波波夫」,『檔案與史學』, 2002. 6.

李興芝 「革命週報與安國合作」,『山東大學文科論集』, 1983. 1.

張磊‧余炎光 「論劉師復」,『近代中國人物』第1卷, 中國社會科學出版社 1983.

張磊整理 「劉師復外文」,『中國哲學』第12輯, 1984.

張深切 「記范本梁烈士」,『臺灣近代人物集』第1卷, 1983.

莊永明 「張維賢」,『臺灣百人傳』第1卷, 時報出版 2000.

蔣俊 「辛亥革命前有關無政府主義的書刊資料述評」,『中國哲學』第13輯, 人民出版社 1985.

蔣俊 「略論『極樂地』的政治思想和社會意義」,『近代史研究』, 1991. 1.

蔣俊 「外國無政府主義論著漢譯目錄」,『中國哲學論叢』, 1986.

蔣俊‧李興芝 「建國以來中國近代無政府主義思潮研究述評」,『近代史研究』, 1985. 4.

鄭雅茹 「論廣東早期馬克思主義者與無政府主義者的合作與鬪爭」,『中國人民警官大學學報』, 1987. 4.

曹世鉉 「論嚴復的『天演論』與李石曾的『互助論』」,『嚴復與中國近代化學術討論會論文集』, 海峽文藝出版社 1998.

曹世鉉 「二十世紀初的'反對國粹'和'保存國粹'」,『文史知識』, 1999. 11.

曹仲彬 「對'共產主義小組'名稱的質疑」,『近代史研究』, 1984. 2.

朱政 「外國語學社學員與世界語學者斯托比尼」,『上海革命史資料與研究』第1卷, 開明出版社 1992.

周海樂 「江亢虎和中國社會黨」,『江西社會科學』, 1989. 1.

曾業英 「民元前後的江亢虎和中國社會黨」,『歷史研究』, 1980.

陳思和 「巴金的意義」,『上海社會科學院學術季刊』, 2000. 4.

陳思和・李輝 「怎樣認識巴金早期的無政府主義思想」,『文學評論』, 1983. 3.

湯志鈞 「關於亞洲和親會」,『辛亥革命史叢刊』第1輯, 1980.

湯煥磊 「'新世紀'時期吳稚暉對萬國新語的鼓吹」,『烟臺師範學院學報』, 2005. 3.

馮自由 「『新世紀』主人 張靜江」,『革命逸史』第2號, 中華書局 1981.

夏四清 「1911~1913年中國社會黨述論」,『深圳大學學報』, 1993. 4.

夏良才 「試論民國初年的中國社會黨」,『歷史教學』, 1980.

胡繩武・金冲及 「二十世紀初年的中國無政府主義思潮」,『從辛亥革命到五四運動』, 湖南人民出版社 1983.

華林 「漁陽里六號和赴俄學習的情況」,『黨史資料叢刊』, 1980.

黃凌霜 「李大釗與布爾特曼」,『黨史研究資料』, 1981. 6~7.

■ 일문

岡崎正道 「八太舟三の無政府共産主義 ― 反マルクス主義原理の構成」,『日本思想史研究』第16號, 1984.

岡崎正道 「八太舟三のアナキズム思想」,『社會思想史研究』第10號, 1986.

多田道太郎 「生と反逆の思想家 大杉榮」, 多田道太郎編『大杉榮』, 中央公論社 1984.

栗原康 「戰間期日本の社會運動における暴力とポリシング ―アナーキズム系勞働組合(信友會・正進會, 東京印刷工組合)を事例として」,『早稻田政治公法研究』第78號, 2005.

李京錫 「アジア主義の昂揚と分岐 ― 亞洲和親會の創立を中心に」,『早稻田政治公法研究』第69號, 2002.

富田昇 「社會主義講習會と亞洲和親會」『東洋學輯刊』, 1990. 11.

砂山幸雄 「'五四'の青年像 ― 惲代英とアナキズム」,『アジア經濟』第32卷 第

2號, 1989.

山泉進 「大杉榮著書目錄」, 『初期社會主義研究』 第15號, 2002.

三原容子 「加藤一夫の思想 ― アナキズムから天皇信仰への軌跡」, 『社會思想
　史研究』 第14號, 1990.

三原容子 「農本的アナーキズムと石川三四郎」, 『日本敎育史論叢 ― 本山幸彦
　敎授退官記念論文集』, 1988.

三原容子 「戰前アナキズム運動の農村運動論 1 ― 自連派」, 『京都大學敎育學
　部紀要』 第31號, 1985.

石毋田正 「幸德秋水と中國」, 『續歷史と民族の發見』, 東大出版社 1953.

石川洋 「師復と無政府主義 ― その理論と價値感を中心に」 『史學雜誌』 第102
　卷 第8號, 1993.

石川禎浩 「初期コミンイテルン大會の中國代表」, 『初期コミンイテルンと東
　アジア』, 不二出版 2007.

石坂浩一 「朝鮮認識における幸德秋水」, 『史苑』 第46(1～2)號, 1987.

小島淑男 「辛亥革命時期の工農運動と中國社會黨」, 『歷史學硏究』 特輯號,
　1971.

小松隆二 「日本におけるアナキズム運動の終焉 ― 戰前昭和期の足跡」, 『現代
　と思想』 第3號, 1971.

小野川秀美 「劉師培と無政府主義」, 『東方學報』 第36號, 1964.

宋世何 「或る在日朝鮮無政府主義者の回想」, 『思想の科學』 第123號, 1971.

手塚登士雄 「日本の初期エスペラント運動と大杉榮らの活動」(1～2), 『トスキ
　ナア』 第4～5號, 2006.

手塚登士雄 「中國のアナキズム運動とエスペラント」, 『トスキナア』 第3號,
　2006.

新谷秀明 「巴金研究とアナーキズムをめぐる諸問題」, 『西南學院大學國際文
　化論集』 第14卷 第2號, 2000.

有田和夫 「淸末わけるアナキズム」, 『東方學』 第30號, 1965.

田中ひかる 「"社會的總同盟罷工論"成立前史」, 『初期社會主義研究』 第15號,
　2002.

358

田中ひかる 等「近代史部會: 帝國秩序とアナーキズムの形成 ― 抵抗/連帶の 想像力」(2009年度歷史學研究會大會報告 民衆運動研究の新たな視座― 新 自由主義の時代と現代歷史學の課題(2)),『歷史學研究』第859號, 2009.

竹內善作「明治末期における中日革命運動の交流」,『中國研究』第5號, 1948.

嵯峨隆「民國初年におけるアナキズム」,『アジア研究』第37號, 1990.

嵯峨隆 「辛亥革命前の李石增―『新世紀』時期を中心に」,『石川忠雄敎授還曆 記念論文集―現代中國と世界』, 1982.

嵯峨隆「吳稚暉の出發」,『東亞』第227號, 1986.

嵯峨隆「最近の中國におけるアナキズム研究の動向」,『アジア經濟』第25卷 第11號, 1984.

川上哲正「堺利彦と山川均がみた中國」,『初期社會主義研究』第14號, 2001.

川上哲政「大杉榮のみた中國」,『初期社會主義研究』第15號, 2002.

川上哲正「民國初年のアナキズム―劉思復の社會主義論」,『學習院史學』第 20號, 1982.

川上哲政「石川三四郎のみた中國」,『初期社會主義研究』第18號, 2005.

川上哲正「劉思復と辛亥革命」,『呴沫集』第3號, 1981.

川上哲正「中國における劉思復(師復)研究の現在」,『學習院史學』第25號, 1987.

川上哲政「幸德秋水のみた中國」,『初期社會主義研究』第12號, 1999.

坂井洋史「1920年代の中國アナキズム運動と巴金」,『猫頭鷹』創刊號, 1983.

坂井洋史 「近年の中國アナキズムの研究おめぐって」,『中國社會と文化』 3, 東大中國學會 1988.

坂井洋史 「近代中國のアナキズム批判―章炳麟と朱謙之をめぐって」,『一橋 論叢』第101卷 第3號, 1989.

坂井洋史「巴金を讀む」,『季刊中國研究』第16號, 1989.

海老谷尙典「章炳麟における種族革命と無政府主義」,『哲學』第34號, 1982.

狹間直樹「五四運動の精神的前提 ―惲代英アナキズムの時代性」,『東方學報』 第61號, 1989.

狹間直樹 「劉思復と『民聲』―民國初年における中國の無政府主義」,『思想』 第578號, 1972.

後藤彰信　「「八太舟三と日本のアナキズム」ジョン・クランプ―普遍理論へ
　の近づき方」，『初期社會主義研究』第10號，1997.
後藤彰信「幸德秋水と'萬國無政府黨大會'」，『初期社會主義研究』創刊號，1986.

362

366

368

[찾아보기・책명]

372

374

376